民间金融系列研究型教材

交易平台类民间金融理论与实务

刘湘云　郑广瑱　苏国强　主编

中国财经出版传媒集团
中国财政经济出版社

图书在版编目（CIP）数据

交易平台类民间金融理论与实务/刘湘云，郑广瑨，苏国强主编． ――北京：中国财政经济出版社，2021.1
民间金融系列研究型教材
ISBN 978－7－5223－0299－7

Ⅰ．①交… Ⅱ．①刘… ②郑… ③苏… Ⅲ．①民间经济团体－金融机构－中国－教材 Ⅳ．①F832.35

中国版本图书馆 CIP 数据核字（2021）第 013734 号

责任编辑：郭爱春　　　　　　　　　　　责任校对：张　凡
封面设计：楠竹文化

交易平台类民间金融理论与实务
JIAOYI PINGTAILEI MINJIAN JINRONG LILUN YU SHIWU

中国财政经济出版社 出版

URL：http://www.cfeph.cn
E － mail：cfeph@ cfeph.cn

（版权所有　翻印必究）

社址：北京市海淀区阜成路甲 28 号　邮政编码：100142
营销中心电话：010 － 88191522
天猫网店：中国财政经济出版社旗舰店
网址：https://zgczjjcbs.tmall.com
北京时捷印刷有限公司印刷　各地新华书店经销
成品尺寸：185mm × 260mm　16 开　21.5 印张　357 000 字
2021 年 2 月第 1 版　2021 年 2 月北京第 1 次印刷
定价：78.00 元
ISBN 978 － 7 － 5223 － 0299 － 7
（图书出现印装问题，本社负责调换，电话：010 － 88190548）
本社质量投诉电话：010 － 88190744
打击盗版举报热线：010 － 88191661　QQ：2242791300

民间金融系列研究型教材编审委员会

主　编： 李建军　廖检文
副主编： 刘　中　周　芳　黄　翔　吴煜晖
委　员： 方兴锋　唐红军　张晓慧　龚文艳　郭超群　张志峰
　　　　　谢小凤　单小芳　刘星君　孙晓娟　林　嘉　程军强
　　　　　许　昀　邓　波　吴丽婷　董方玉　曾培伟　黄鸿鑫
　　　　　林玟敏

序言 Foreword

我曾在广州工作、生活了8年，直接参与并见证了广州金融业在党的十八大以来的快速发展历程。应该说，金融业在广州的城市战略定位举足轻重，在地区经济中发挥了重要作用。2019年，广州市金融业增加值占GDP的8.6%，对GDP的贡献率达到10.4%，成为当地经济发展的四大支柱产业之一。

广州是中国民间金融创新比较活跃的城市，以小贷公司、融资性担保公司、金融科技公司等为代表的地方金融发展很快，在服务小微企业等方面发挥了积极作用，是现代金融体系的重要补充。与此同时，我们也应当看到，由于民间金融机构监管不充分、自身业务能力局限等内外部问题，发展过程中也出现了一些风险，有的案例影响还比较大。在如何规范民间金融发展方面，广州市进行了很长时间的探索，并积累了一定的经验，具体要从"广州民间金融街"的建设说起。

2012年，在"民间金融街"还处于概念雏形的时候，温州小微企业危机给广州带来了触动。温州小企业面临融资难的困境在广州也普遍存在。当时我们就设想：能不能办一条街，让一些银行、小贷、担保、保险、证券（类）等金融机构或公司聚集于此，以解决企业融资难、融资贵的问题。这对于小微企业来讲，既可以货比三家，选择适合自己的融资方式，又可以完成一站式融资。对于进驻机构而言，聚集效应可以使彼此产生合作，同时也可以形成良性竞争，以改善固有的金融服务。

经过多方调查研究，"民间金融街"最终落在了长堤大马路。长堤大马路，位于珠江北岸，这条全长仅800米的老街，在历史上不仅是全国商贸最繁华之地，还书写过中国金融业发展史的辉煌一笔，被香港媒体称之为"中国金融第一街"。经过8年多的发展，广州民间金融街建设成效显著，这主要表现在以下3个方面：

第一，与旧城改造相结合，将一条"脏乱差"的旧街巷转型升级为保留传统文化、年收入过10亿元的"白富美"。数据显示，2012年长堤大马路规划范围内税收不到2 000万元，沿街商铺平均租金为50元/平方米，有不到10家的银行网点。仅仅8年多时间，截至2020年6月底，金融街入驻机构超300家。其中，小贷公司88家，商业保理33家，融资租赁10家，典当行5家。12家世界500强、26家中国500强、60余家国内外上市公司投资设立机构，实缴注册资本超500亿元，累计提供融资额超5 000亿元，缴纳税收近50亿元。广州民间金融街也先后获批数字普惠金融试验区、公益金融试验区，连续4年在广州市11个区的金融稳定综治考评中排名第一。

第二，贷款效率和透明度高，有效解决了中小企业融资难问题。一方面，有助于疏导民间资本，促进经济活力和公平竞争。民间金融街作为民间资本的集聚试验区，为资金盈余者和资金需求者提供了解决信息不对称问题的新机制和新平台，为民间资本找到了新的投资出路，同时可以有效解决中小微企业的融资难问题。另一方面，广州民间金融街的存在，有助于抑制非法集资和民间高利贷，对稳定地方金融市场环境起到重要作用，同时还创造了大量的就业机会，新增金融类就业岗位超8 000个。

第三，形成了完整的价格体系，构建起市场化的民间资本利率机制。小额贷款公司的资金90%源自民间资本，这意味着企业在用自己的钱放贷，对风险的考虑比政府要成熟，在此基础上搭建的民间融资"广州价格"体系，有助于形成市场化、阳光化、规范化的贷款利率机制。事实也证明了这一点，经过8年多的实践，广州民间金融街已逐渐发展为"立足广州、辐射珠三角、影响全国"的民间资本集散地、民间金融研发中心、民间金融创新中心和民间融资价格风向标。

广州民间金融街的探索和实践，为地方金融监管和规范民间发展提供了一个成功的模式。在此背景下，广州民间金融街提出了民间金融企业高管与从业人员金融能力提升计划，通过举办高端研修项目和专题培训班等形式开展持续性的继续教育，这就需要编辑出版一套适合民间金融企业管理需要的培训教材。

广州民间金融街"民间金融系列研究型教材"编写出版项目包括5本教材,分别是《信贷类民间金融理论与实务》《投融资增信类民间金融理论与实务》《金融科技理论与实践》《交易平台类民间金融理论与实务》《民间金融监管理论与实践》。其中,《信贷类民间金融理论与实务》主要选取针对小贷公司、典当行、融资租赁、农民专业合作社等民间金融组织研究;《投融资增信类民间金融理论与实务》主要选取针对私募股权、融资担保、商业保理、信用评级等民间金融业开展研究;《金融科技理论与实践》主要针对科技与金融融合产生的新业态,选取数字货币、支付科技、互联网借贷、网络众筹、互联网消费金融、供应链金融等科技类民间金融业开展研究;《交易平台类民间金融理论与实务》主要选取针对股权交易平台、互联网财富管理、资产证券化、衍生商品类交易中心等交易平台类民间金融业开展研究;《民间金融监管理论与实践》主要对民间金融监管理论、地方金融监管实践、监管机制设计等重要问题开展研究。这套教材突出了研究特色,加强了对实践发展的归纳总结,对于民间金融理论的创新与发展具有重要的意义。相信本系列研究型教材能够满足民间金融企业高管和从业人员培训学习的需要。

据我所知,国内并没有专门针对民间金融领域的系列化教材,同类研究多以专著形式呈现。从这个角度讲,本系列研究型教材的出版是开创性的,具有重要的学术和实用价值。本教材采用招标形式确定编写团队,广州民间金融街组织了面向全国高校、研究机构、企事业单位的招标工作,最后由中央财经大学金融学院团队中标。该团队由我国民间金融与普惠金融研究领域知名专家李建军教授负责,组织广东财经大学、暨南大学、广东技术师范大学、上海财经大学、华中师范大学、云南财经大学等高校的学者共同编写完成。本教材实现了理论、实务、案例、专题分析、延伸学习、思考与训练等方面的有机融合,通俗易懂,适合继续教育培训使用。

最后,希望广大民间金融领域的监管者、从业者、专家学者们,能够以此为契机,共同为我国民间金融的发展积累经验、提供范式,共同打造好民间金融品牌,为地方金融稳健发展作出贡献。

欧阳卫民

2020 年 7 月 19 日

前言

改革开放以来，我国经济迅速发展，金融深化与创新发展进程不断推进。民间金融与经济的结合越来越深入，产生了一系列新兴金融业态，这些金融业态为经济发展提供了重要支持，对正规金融起到补充作用，成为我国金融体系的重要组成部分；交易平台类民间金融就是其中之一。

交易平台类民间金融的发展意义重大。交易平台类民间金融是交易市场长期发展的结果，也是交易市场与民间金融有机结合的产物；其业务范围广泛，交易产品涵盖股权、债权、知识产权、不良债权资产等一系列产权，交易方式实现了从现货交易到衍生品交易的跨越，具体包括区域性股权交易平台、地方产权交易平台、地方金融资产交易平台、区域衍生品交易平台等诸多形式交易平台。其中，区域性股权交易平台是我国资本市场的重要组成部分，是对上海证券交易所、深圳证券交易所的有益补充，为我国广大中小企业进行直接融资提供了重要的交易场所，同时也是企业自我宣传、提升价值的重要平台，极大地支持了广大中小企业的发展壮大；地方产权交易平台是为企业组织提供物权、股权、债权、知识产权等一系列产权的交易变现的场所，同时也为企业提供了重要的投资渠道，为国有资产保值增值提供了重要保证；地方金融资产交易平台是为金融机构等企业提供金融资产、不良债权资产交易的平台，发挥多方面的功能，成为金融业的新兴细分行业；区域衍生品交易平台结合区域经济特色，提供多种特色产品的衍生品交易，形成了现货延期交易、区域环境权益类金融衍生品交易两大新型产品特色，与实体经济紧密结合，是对我国四大期货交易所的有益补充。尽管这些交易平台在我国金融行业中都扮演着不同的角色，但是它们对国家经济发展起到重要的支撑作用。以广东省为例，作为广东省民间金融的重要组成部分，交易平台类民间金融对广东经济，特别是对粤港澳大湾区经济发展起到重要的推动作用。

毋庸置疑，交易平台类民间金融发展过程中，也存在交易平台种类多与金融风险凸现并存问题。在我国宏观审慎监管日趋完善的环境下，金融监管部门高度关注交易平台类民间金融的有关问题，从2011年下半年开始进行各类交易场所的清理整顿工作，至今尚未结束。有的交易平台已经被纳入金融监管部门的重点监管范围，有的还尚未引起足够重视，仍存在着部分监管空白与风险演化的潜在可能。鉴于交易类民间金融的意义与风险并存，需要深入研究交易平台类民间金融理论与实务。

本书从理论、实务、风控三个层面，深入全面地介绍交易平台类民间金融的相关内容，共分三部分。首先，基本原理与宏观经济篇介绍民间金融的基本概念、分类、历史沿革以及功能发挥机制等内容；其次，业务运作篇从股权交易平台、产权交易平台、金融资产交易平台和衍生品交易平台四种交易平台类民间金融的表现形式出发，具体阐述民间金融交易平台的交易主体、投资目的、功能发挥以及风险提示；最后，风控篇从目前交易平台类民间金融的特有风险识别、评估与防控角度进行具体阐释，并提出相应政策建议。

本书编写人员包括高校专家学者和金融实务部门的负责人，主编为广东财经大学刘湘云教授、苏国强教授和郑广瑨高级经济师，各章参编人员如下：第一章由谭力澜编写，第二章和第八章由韦施威博士编写，第三章由研究生陈瑞川编写，第四章由刘文韬编写，第五章由郑广瑨编写，第六章由王晶编写，第七章由广东财经大学研究生方晓阳编写，第八章由刘湘云主编、郑广瑨参编，第十章由吕泽强、陈瑞川编写，第十一章由周铚翔、刘文韬编写，第十二章由樊瑞华编写，第十三章由暨南大学廖倚洋编写，附录一由广东财经大学研究生方晓阳编写，附录二由广东财经大学研究生王晶编写。

本书在编写过程中查阅了大量文献并进行了实地调研和考察，广州市越秀区金融局、广东交易控股集团、广东股权交易中心等单位提供了业务指导，中央财经大学和中国财政经济出版社领导、专家对教材出版也提供了重要支持和帮助,在此一并表示感谢。由于交易类民间金融发展迅速,相关法规与业务指引尚处于快速变化之中,同时也由于水平有限,本书只对相关问题进行初步探讨,难免存在不足和错误之处,欢迎批评指正。

作者

2020 年 12 月

目 录

基本原理篇

第一章 导论 ········ 3

本章导读 ········ 3
本章学习目标 ········ 3

第一节 交易平台与交易平台类民间金融 ········ 4
　　一、交易平台类民间金融的界定 ········ 4
　　二、金融平台的属性 ········ 4
　　三、我国金融交易平台概况 ········ 6

第二节 交易平台类民间金融的范畴 ········ 7
　　一、我国民间金融交易平台的分类 ········ 7
　　二、交易平台类民间金融的特点 ········ 12
　　三、民间金融交易平台与中央金融交易平台比较分析 ········ 14

第三节 交易平台类民间金融的进程与现状 ········ 15
　　一、萌芽阶段 ········ 15
　　二、发展阶段 ········ 16
　　三、调整阶段 ········ 18
　　四、发展现状 ········ 20

第四节　四类交易平台类民间金融的作用 …………………………………………… 21
　　一、股权交易平台作用 ……………………………………………………… 21
　　二、产权交易平台作用 ……………………………………………………… 22
　　三、金融资产交易平台作用 ………………………………………………… 23
　　四、区域衍生品交易平台作用 ……………………………………………… 24
本章小结 ………………………………………………………………………………… 25
本章重要概念 …………………………………………………………………………… 25
本章思考题 ……………………………………………………………………………… 25
本章参考文献 …………………………………………………………………………… 26

第二章　交易平台类民间金融发展理论 …………………………………………… 27
本章导读 ………………………………………………………………………………… 27
本章学习目标 …………………………………………………………………………… 27
第一节　交易平台类民间金融发展的外在需求 …………………………………… 28
　　一、经济发展与金融本质的必然要求 ……………………………………… 28
　　二、金融自由化、金融脱媒与金融创新发展的必然要求 ………………… 30
　　三、我国金融环境变化的客观需求 ………………………………………… 32
　　四、市场化进程对交易平台类民间金融的影响 …………………………… 35
第二节　交易平台类民间金融发展的内在动力 …………………………………… 36
　　一、市场与客户需求导向的迫切要求 ……………………………………… 36
　　二、金融创新的内部需求 …………………………………………………… 40
　　三、实施国家重大发展战略的内在要求 …………………………………… 42
第三节　交易平台类民间金融发展的理论基础 …………………………………… 45
　　一、金融排斥理论与交易平台类民间金融 ………………………………… 45
　　二、信息不对称、信贷配给理论与交易平台类民间金融 ………………… 48
　　三、其他交易平台类民间金融理论 ………………………………………… 50
本章小结 ………………………………………………………………………………… 53
本章重要概念 …………………………………………………………………………… 53
本章思考题 ……………………………………………………………………………… 53
本章参考文献 …………………………………………………………………………… 54

业务运作篇

第三章 区域性股权交易平台 ... 59

本章导读 ... 59
本章学习目标 ... 59

第一节 区域性股权交易平台概述 ... 60
一、区域性股权交易平台的概念与特点 ... 60
二、区域性股权交易平台的运行模式 ... 63
三、区域性股权交易市场与主板市场的比较 ... 66

第二节 区域性股权交易平台的业务运作 ... 68
一、区域性股权交易平台的业务种类 ... 68
二、区域性股权交易平台的挂牌条件与流程 ... 71

第三节 区域性股权交易平台存在的问题及成因 ... 75
一、区域性股权交易平台的现有管理办法 ... 75
二、区域性股权交易平台存在的主要问题 ... 78
三、成因分析 ... 80

第四节 健全区域性股权交易平台功能的对策 ... 82
一、区域性股权交易平台的功能发挥 ... 82
二、区域性股权交易平台的建设与完善 ... 84

本章小结 ... 88
本章重要概念 ... 88
本章思考题 ... 88
本章参考文献 ... 89

第四章 地方产权交易平台 ... 90

本章导读 ... 90
本章学习目标 ... 90

第一节 地方产权交易平台概述 ... 91
一、地方产权交易平台的概念与特点 ... 91
二、地方产权交易平台的运行模式 ... 92

第二节　地方产权交易平台的业务运作 ·· 93
　　一、地方产权交易平台的业务流程 ·· 93
　　二、地方产权交易平台的交易主体 ·· 95
　　三、地方产权交易平台的交易对象 ·· 97
第三节　地方产权交易平台存在的问题及成因 ······································ 98
　　一、地方产权交易平台的现有管理办法 ·· 98
　　二、地方产权交易平台存在的主要问题 ······································ 101
　　三、成因分析 ·· 103
第四节　健全地方产权交易平台功能对策 ·· 105
　　一、地方产权交易平台的功能发挥 ·· 105
　　二、地方产权交易平台的建设与完善 ·· 107
本章小结 ·· 111
本章重要概念 ·· 111
本章思考题 ·· 111
本章参考文献 ·· 112

第五章　地方金融资产交易平台 ·· 114

本章导读 ·· 114
本章学习目标 ·· 114
第一节　地方金融资产交易平台概述 ·· 115
　　一、地方金融资产交易平台的行业概况 ···································· 115
　　二、地方金融资产交易平台的类型与功能 ································ 119
第二节　地方金融资产交易平台的业务运作 ······································ 122
　　一、地方金融资产交易平台的业务类型 ···································· 122
　　二、地方金融资产交易平台的业务流程 ···································· 126
　　三、地方金融资产交易平台的交易对象 ···································· 130
　　四、地方金融资产交易平台的市场体系 ···································· 133
第三节　地方金融资产交易平台现有管理办法及存在问题 ················ 137
　　一、地方金融资产交易平台的现有管理办法 ···························· 137
　　二、地方金融资产交易平台存在的主要问题 ···························· 139
　　三、地方金融资产交易平台存在问题的成因分析 ···················· 141

第四节　健全地方金融资产交易平台功能的对策建议 ················· 142
　　一、地方金融资产交易平台的功能发挥 ·························· 142
　　二、地方金融资产交易平台的建设与完善 ························ 143
本章小结 ·· 145
本章重要概念 ·· 146
本章思考题 ·· 146
本章参考文献 ·· 146

第六章　区域衍生品交易平台　147

本章导读 ·· 147
本章学习目标 ·· 147
第一节　区域衍生品交易平台概述 ······································ 148
　　一、区域衍生品交易平台的概念与特点 ·························· 148
　　二、区域衍生品交易平台的类型 ································ 150
　　三、各类区域衍生品交易平台的功能 ···························· 153
　　四、各类区域衍生品交易平台对比 ······························ 156
第二节　区域现货延期交易平台的业务运作 ···························· 156
　　一、区域现货延期交易平台的业务流程 ························ 156
　　二、区域现货延期交易平台存在的问题及现有管理办法 ············ 159
第三节　区域环境权益类金融衍生品交易平台的业务运作 ·············· 163
　　一、区域环境权益类金融衍生品交易平台的业务流程 ············· 163
　　二、区域环境权益类金融衍生品交易平台存在的问题及现有管理办法 ····· 165
第四节　健全区域衍生品交易平台功能对策 ···························· 168
　　一、区域衍生品交易平台的功能发挥 ···························· 168
　　二、区域衍生品交易平台的建设与完善 ·························· 170
本章小结 ·· 171
本章重要概念 ·· 172
本章思考题 ·· 172
本章参考文献 ·· 172

风险管理与宏观经济篇

第七章　交易平台类民间金融的风险管理　175

本章导读　175

本章学习目标　175

第一节　交易平台类民间金融风险概述　176
一、交易平台类民间金融风险的界定　176
二、交易平台类民间金融的系统性风险　176
三、交易平台类民间金融的非系统性风险　176
四、交易平台类民间金融风险管理体系的基本框架　177

第二节　交易平台类民间金融风险识别　178
一、交易平台类民间金融风险的主要类型　178
二、交易平台类民间金融风险的识别方法　181
三、区域性股权交易平台的风险及识别　186
四、地方产权交易平台的风险及识别　187
五、地方金融资产交易平台的风险及识别　189
六、地方衍生品交易平台的风险及识别　192

第三节　交易平台类民间金融风险评估　195
一、交易平台类民间金融风险评估概述　195
二、区域性股权交易平台的风险及评估　202
三、地方产权交易平台的风险及评估　202
四、地方金融资产交易平台的风险及评估　203
五、地方衍生品交易平台的风险及评估　203

第四节　交易平台类民间金融风险防控和处理　204
一、交易平台类民间金融风险防控　204
二、交易平台类民间金融风险处理　206

本章小结　209

本章重要概念　210

本章思考题　210

本章参考文献 ·· 210

第八章　交易平台类民间金融与宏观经济 ·· 212

本章导读 ·· 212

本章学习目标 ·· 212

第一节　宏观经济对交易平台类民间金融发展的影响 ························ 213

一、货币政策有效实施过程中交易平台类民间金融的角色与作用 ········ 213

二、保持金融稳定环境下对交易平台类民间金融发展的要求 ············· 221

第二节　交易平台类民间金融发展对宏观经济与经济结构转型的影响 ····· 227

一、交易平台类民间金融在供给侧改革中肩负新使命 ······················ 227

二、交易平台类民间金融在市场化改革中开拓新局面 ······················ 229

本章小结 ·· 231

本章重要概念 ·· 232

本章思考题 ··· 232

本章参考文献 ·· 232

第九章　总论：民间金融与交易平台 ··· 233

本章导读 ·· 233

本章学习目标 ·· 233

第一节　中央金融、地方金融与民间金融 ······································ 234

一、改革开放以来金融业的发展创新 ·· 234

二、金融监督管理体制的改革演变 ··· 235

三、中央金融、地方金融与民间金融概念辨析 ······························ 237

四、中央金融与地方金融工作的发展探讨 ···································· 239

第二节　民间金融与交易平台 ·· 240

一、金融交易平台的概念、历史与现实 ······································· 240

二、发展地方金融交易平台的探索 ··· 243

三、正规金融监管之外的民间交易平台发展探讨 ··························· 245

本章小结 ·· 246

本章重要概念 ·· 246

本章思考题 ··· 246

本章参考文献 ……………………………………………………………………… 247

案例篇

第十章 区域性股权交易平台案例 ……………………………………………… 251

案例一 深圳前海股权交易中心 …………………………………………… 251
一、公司定位 …………………………………………………………… 251
二、公司运作模式及特点 ……………………………………………… 252
三、公司业务介绍 ……………………………………………………… 253
四、公司实践 …………………………………………………………… 255

案例二 广东股权交易中心 ………………………………………………… 256
一、广东股权交易中心概述及发展历程 ……………………………… 256
二、广东股权交易中心业务运作 ……………………………………… 258
三、广东股权交易中心的功能定位与贡献 …………………………… 262
四、广东股权交易中心的未来展望 …………………………………… 267

第十一章 地方产权交易中心案例 ……………………………………………… 270

案例一 广东联合产权交易中心 …………………………………………… 270
一、交易平台以及交易双方背景 ……………………………………… 270
二、交易平台操作 ……………………………………………………… 271
三、案例启示 …………………………………………………………… 274

案例二 广州碳排放权交易所 ……………………………………………… 275
一、广州碳排放权交易所概述及发展历程 …………………………… 275
二、广州碳排放权交易所业务运作 …………………………………… 279
三、广州碳排放权交易所对区域经济的贡献 ………………………… 287
四、广州碳排放权交易所的未来展望 ………………………………… 289

第十二章 金融资产交易平台案例 ……………………………………………… 292

广东金融资产交易中心 ……………………………………………………… 292
一、公司成立背景 ……………………………………………………… 292
二、公司成长路径 ……………………………………………………… 293

三、公司定位与业务介绍 ······ 293
　　四、平台运作方式 ······ 294
　　五、广金中心的贡献 ······ 295

第十三章　区域衍生品交易平台 ······ 296

天津渤海商品交易所股份有限公司 ······ 296
　　一、基本情况 ······ 296
　　二、现货延期交易模式 ······ 297
　　三、风险管理制度 ······ 299

附录一：交易平台类民间金融风险宏观评估指标体系及其解释 ······ 301

附录二：《关于规范金融机构资产管理业务的指导意见》 ······ 306

基本原理篇

日本岩溶

第一章 导 论

本章导读

交易平台类民间金融是我国金融体系的重要组成部分,在促进区经济发展和结构优化、满足企业融资需求、促进金融资产流动等方面有重要的作用。但是目前我国学术界对地方交易平台类民间金融的研究较少,主要集中在民间融资方面。本章从交易平台类民间金融的属性、交易平台类民间金融的分类两方面出发,探讨交易平台类民间金融的特点和类型,并对民间金融交易平台的发展历程进行梳理,对不同类型的民间金融交易平台在区域经济中发挥的作用进行分析,使读者能够更好地了解交易平台类民间金融。

本章学习目标

1. 了解交易平台的平台属性及其特点。
2. 掌握交易平台类民间金融的界定。
3. 了解交易平台类民间金融的分类,掌握四类民间金融交易平台的特点。
4. 熟悉我国交易平台类民间金融的发展历程及现状。
5. 掌握四类民间金融交易平台在区域经济发展中发挥的作用。

第一节　交易平台与交易平台类民间金融

一、交易平台类民间金融的界定

在界定交易平台类民间金融时，可以从监管机构视角与平台功能视角进行界定。从监管机构视角来看，交易平台类民间金融主要服务于地区，由区域内地方政府负责设立审批与监管。以股权交易平台为例，尽管它的成立需要政府监管部门的批准，后期运营需要接受政府的宏观管理，但仍被视作民间金融交易平台。从功能视角来看，交易平台类民间金融是基于市场存在的需求而形成的金融平台，这种平台的形成具有内生性，是由经济活动对融资、定价、交易的需求产生的，这些平台一般由当地政府主导成立并且进行监管，如果地方政府管理存在缺失，则会形成替代性的地下的金融交易平台提供服务，满足市场需求。由于民间金融交易平台所处的市场规模较小、信息交流匮乏、交易主体，交易中往往存在信息不对称及逆向选择问题，需要平台来促进交易达成、降低交易成本。因此，在界定交易平台类民间金融时，可以定义为：在中央"一行两会"和各部委的指导下，经地方政府部门批准，由政府和金融机构设立金融交易平台并接受监管，通过平台为本地区提供金融服务、满足当地经济发展和社会需求的金融活动。民间金融交易平台是交易平台类民间金融的重要载体，是交易平台类民间金融开展业务的重要场所。

二、金融平台的属性

平台是一个具有变革性、融合性、创新性的概念。近十几年来，企业在经济生活的各个方面，如金融、互联网、软件、电子商务、通信、传媒、社交、出行等，利用平台来汇聚行业资源，创造新价值，促进行业的进一步发展。平台在发展过程中依据各行业特色，逐步衍生出了多种形式和业务运作模式，促进了各行各业的发展。

随着我国金融发展水平不断提高，金融市场开始出现金融产品化、标准化、金融服务自助化以及金融产品销售对象多元化的趋势。银行、信托、基金和证券公司在不断地发展中，衍生出更多更加复杂、专业化的产品，这些金融产品提高了投资者的投资门槛。金融机构为了提高金融产品的流动性,需要设立为特定类型金融产品交易的交易场所,因此出现了对金融产品定价、交易的需求。随着信息技术的不断发展,人们获取信息的途径逐步拓宽,相应的金融知识、金融素养也在逐步提高,对金融产品的选择也更加多样化,传统金融机构的金融产品难以满足这些日益增长的投资理财需求。伴随着改革开放以来的金融自由化趋势,新型金融工具类型不断增多、规模不断扩大,这些金融工具需要专门的市场进行流通。综上所述,无论是从卖方需求、买方诉求还是金融产品发展的角度,金融市场的发展都需要搭建各种类型的金融交易平台,包括国家层面的证券交易所、期货交易所等金融交易平台和地方层面的各种民间金融交易平台。

金融交易平台联结着多边用户,用户在平台的作用下进行交易或交互,形成多边市场,满足各自的交易需求。金融交易平台及双边市场具有如下三个基本特征:一是存在有不同金融资产交易需求的交易主体,包括金融资产交易的买方、卖方、信息评估方、资质鉴定方等;二是交易标的相同或具有相似特征,且多为标准化金融产品;三是公开交易形成定价,金融交易平台吸引多边用户在平台进行交易,并且对交易价格进行磋商和匹配,使得成交价格随市场变化出现波动,将金融产品的真实价格显现出来。

金融的平台属性主要由以下三个功能体现:

第一,信息集散与交流功能。很多交易市场上存在典型的信息不对称性现象,为了消除信息不对称性的影响,市场需要利用平台对交易信息进行筛选和排查,这样可以在一定程度上促进市场交易的完成。因此,作为中间人的平台方应当是一个信息的汇集方与发布方,它首要的功能是利用信息化的手段和自身的资源搜集汇集买卖双方的供需信息,为买卖双方搭建固定的联系渠道,为交易双方提供相关信息、沟通真实需求,进一步增大买卖双方匹配的可能性,促进交易活动的达成。

第二,价值发现功能。平台专注于信息公开和撮合交易,因此拥有大量的信息获取渠道和数据处理团队,而平台在将这些信息进行整合处理后,交易主体可以在平台上了解相关信息、进行交易,市场则在大量的交易过程中发现标的的真实价格。公开而透明的有效信息可以使得交易双方的供需要求迅速的反映在市场价格上,从而有助于实现交易主体的机会均等,使交易标的真实价格得到准确反映,而且有效降低了价格发现的成本和议价成本。

第三,降低风险与交易成本。市场行为本身面临各类风险,如逆向选择问题、监管合规问题等，而交易者个人的信息搜寻、监督违约等行为会消耗其大量时间与金钱，而且效率较低，进而推高了交易成本。平台通过信息整理与筛选等手段打通交易双方的信息交流渠道，帮助交易双方了解项目和产品信息，降低风险。平台还能为买卖双方提供产品推介、价值评估、法律咨询等增值服务，促进交易顺利完成。平台通过增加业务种类、拓宽客户范围来降低边际成本，雇用专职人员以提高金融服务效率。

三、我国金融交易平台概况

金融交易平台是在金融领域中，为金融交易提供服务媒介，对交易方当事人进行产品营销、提供产品信息、发布金融交易通告等金融服务的平台机构。金融交易平台是金融服务机构的重要组成部分，其交易产品涉及股权、债券、产权以及衍生品等金融资产，设立的目的是为持有各类金融资产并有交易需求的客户提供互利融通渠道。本书下文提及的交易场所、交易所、交易中心与交易平台的意义相同。我国当前的金融交易平台多种多样，满足多方面的需求。

第一，资本市场方面。金融交易平台的出现，促进了我国资本市场体系的健全和完善。我国的资本市场共分为四级，分别是主板交易市场、二板交易市场、新三板市场和新四板市场，它们的性质和作用不同。主板交易市场属于证券交易市场，在金融市场中为大型企业和成熟企业服务；二板交易市场是创业板市场，主要服务于规模较小但快速成长企业，为他们提供资金；新三板市场属于场外市场，主要服务于创新型、创业型、成长型中小微企业；新四板市场同属场外市场，通常以省为单位设立，为省内的中小微企业提供股权、债券转让和融资服务。沪深交易所作为我国最大的证券交易平台，为上市公司提供直接融资渠道，促进了国民经济的发展。而未能上市的中小企业缺乏公开的金融交易平台，不得不求助于民间金融交易平台，对区域性的股权交易平台产生巨大的需求。截至 2018 年 5 月 1 日，我国区域股权交易平台有 39 家，基本覆盖全国 31 个省市、自治区、直辖市，个别省市建立了一家以上股权交易中心。这些区域股权交易平台为当地挂牌企业提供直接融资渠道，促进中小企业的发展。

第二，资产交易方面。金融交易平台的出现，使相关交易能够在公开平台上进行。由于国有企业改制需求，部分国有企业产权需要进行处置和交易。随着产权交易规模的扩大，多地批准设立产权交易平台，国有企业产权可以在平台上进行交易。这些平台帮助国有企业解决融资问题，使各项实物资产能够得到合理的定价，在国有企业改制期间为国有企业提供了有力支持。此外，随着中国经济的飞速发展，出现了很多新型资产，如知识产权、数字资产、排污权等，这些资产由于出现时间晚，市场缺乏对这些资产的充分认识和价值判断，对这类资产的定价容易与其真实价值偏离，这阻碍了资产交易的顺利完成。为了促进这些新型资产的交易，吸引更多的经济主体参与进来，各省政府牵头成立了各种产权交易平台，包括知识产权交易中心、文化产权交易所、碳排放权交易中心、林权交易中心、水权交易所等。

第二节　交易平台类民间金融的范畴

一、我国民间金融交易平台的分类

根据交易平台业务范围和交易标的的不同，可将民间金融交易平台分为以地区中小企业股权为交易标的的区域股权交易平台，以各类有形资产、无形资产等作为交易标的的产权交易平台，以各种新型产权为基础资产的各种衍生品交易平台，以非上市金融企业的国有产权为交易标的的金融资产交易平台。

（一）区域股权交易平台

区域股权交易平台是为中小企业提供融资与股权交易的重要平台。中小企业作为我国经济发展的重要贡献者，对推动地区经济发展、解决就业问题、促进产业结构转型和科技创新方面有重要贡献。满足中小企业股权流转与融资需求、促进社会资本进入并支持中小企业、将金融服务与实体经济相结合，是区域股权交易平台的重要功能。以天津市、重庆市的区域股权交易平台为例说明有关情况。

天津股权交易所（以下简称天交所）是经天津市人民政府批准设立的公司制交易所，于2008年9月在滨海新区注册营业。天津股权交易所的融资模式主要包括挂牌前私募融资、挂牌后定向增发，同时通过股权质押获得银行贷款以及直接融资带动的与天交所战略合作银行融资方式的银行授信额度增加等间接融资方式，并探索中小企业私募债融资等形式。股权私募融资模式是天交所的特色，天交所结合中小微企业的特点，创造性地设计了"小额、多次、快速、低成本"的特色股权融资模式："小额"即每次融资数额一般不超过5 000万元，"多次"即挂牌企业一年可通过天交所多次实行股权融资,"快速"即每次融资时间在3个月左右,"低成本"即挂牌企业的融资成本远远低于上市成本。根据天津股权交易所网站显示,截至2018年6月30日,天交所累计挂牌企业1 435家,其中,股份有限公司挂牌733家,展示板挂牌企业702家;对挂牌企业建立诚信档案,挂牌企业累计披露定期报告10 213份,包括挂牌交易公告、三会公告、停复牌提示、重大事项及其他自愿披露信息在内的各类临时披露报告16 086份;累计实现各类融资总额合计312.46亿元。其中,直接融资97.08亿元(挂牌前私募42.76亿元,后续增发54.32亿元);间接融资215.38亿元(股权质押融资93.74亿元,带动银行授信贷款121.64亿元)。

重庆股份转让中心成立于2009年7月,承担场外资本市场建设任务。2012年11月,为进一步增强重庆股份转让中心市场竞争力、提升服务实体经济能力,重庆市政府对重庆股份转让中心改制。2013年2月6日,由重庆渝富资产经营管理集团有限公司、西南证券和深圳证券信息公司参股,成立重庆股份转让中心有限责任公司,注册资本1.56亿元。重庆股份转让中心为企业提供综合性融资服务,丰富企业融资渠道,降低企业融资成本,充分利用资本优势和信息优势,帮助企业引入战略投资者或财务投资者,实现定向直接融资。与银行等金融机构开展战略合作,为企业间接融资提供支持。以股权、债权融资为基础,与信托、保险、证券等金融机构进行深度合作,以金融创新促企业发展。对暂不具备条件或不愿意上市的企业,为其提供股权合法、有序转让的平台,使企业在重庆股转中心平台上实现股权的流动和增值,提升企业价值。

(二) 产权交易平台

从广义上讲,产权的内容包括各种金融资源和自然资源,产权交易平台也涵盖各类有形资产和无形资产交易平台。国内产权市场最早服务于国资国企改革,近年来随着环境保护、土地确权、知识产权保护等新概念的提出,产权市场逐步扩展到了公共资源交易、环境权益交易、农村产权交易、林业产权、碳排放权交易等业务,服务于各类要素资源的自由流转和市场化配置。

从2008年起我国相继成立了北京环境交易所、上海环境能源交易所、广州碳排放权交易所等环境资源交易平台,湖北在全国范围率先开展了排放权交易,为搭建碳排放权交易平台奠定了基础,随后在全国各地成立了一大批交易所,探索绿色能源和环境相关的产权交易市场。

北京环境交易所成立于2008年,主要业务设计节能环保技术转让、排污权交易、

CDM 信息服务等领域。业务中心主要是碳交易中心、排污权交易中心和节能量交易中心；产品业务具体包括提供交易鉴证、交易咨询、交易方案设计、项目推介、招标买卖与中介服务等，也提供类似环保宣传、碳汇捐赠等公益服务。

上海环境能源交易所成立于 2008 年，是一家国际化综合性环境能源权益交易市场，实行会员制管理，分为项目类会员和碳排放权交易会员。业务范围涵盖股权、债权、物权、知识产权等环境能源权益交易服务，具体包括项目设计、项目价值评价、经营策划、项目包装、基金运行、项目投融资以及技术支撑、提供节能减排咨询等服务。

碳排放权交易所是发展较为迅速的产权交易平台。为了更好地发展低碳经济，实现节能减排目标，国家发改委于 2011 年 11 月下发了《关于开展碳排放权交易试点工作的通知》。作为"十二五"规划的具体执行措施，该通知明确了建立国内区域性碳排放权交易试点的工作思路和实现路径，并确定自 2012 年开始在深圳市、上海市、北京市、广东省、天津市、湖北省、重庆市 7 省市陆续推广交易试点工作。随着国内各地碳排放权交易试点的陆续开展，国家发改委于 2014 年 9 月下发了《国家应对气候变化规划（2014—2020 年）》，提出了在 7 个省市试点成熟后，建立全国统一碳金融交易市场的战略构想，在同质同价的基础上打破碳金融资产流通的地域限制。2018 年，全国碳市场交易总量达到 8 942.67 万吨，交易金额达 18.32 亿元，较 2017 年同比增长 42.20% 和 51.74%。广州碳排放权交易所成立于 2014 年 10 月，隶属于广州交易所集团，是国内首个依托产权交易所组建的专业化、市场化、集团化、国际化的综合性服务机构。广州碳排放权交易所致力于为企业进行碳排放权交易、排污权交易搭建高效专业的投融资平台，业务范围主要涉及碳排放权、自愿减排量、碳汇、节能减排技术和节能量交易等领域；同时，为减排企业提供主要污染物排放权交易服务及相关的投融资、咨询、培训等配套服务。

专栏 1-1

产权交易市场现状

据中国产权协会统计，2013—2017 年产权交易资本市场累计成交额已突破 20 万亿元，取得了史上最好的发展成果。

各地的产权交易机构普遍依托自身所处的地域和资源优势，延伸开展特色业务。在业务范围上，已经把企业国有产权进场交易的模式复制到行政事业资产交易、金融企业国有产权交易、涉诉资产交易、文化产权交易等所有公权益交易领域，并进一步扩展到与产权相关的要素市场，如排污权交易等。在机构功能上，不少产权交易机构不断增强产权流转和融资服务两大核心功能，充分利用当前热门的互联网、云平台、区块链、绿色金融等概念做文章，与外部机构深度合作，不断延伸和拓展服务领域。

中国产权协会会长吴汝川在2018年中国产权协会井冈山高峰论坛上表示，产权市场以非标准化、非连续交易为标志，不仅可以服务多个领域、多个交易品种的交易，还可服务各种形态、各种属性的非标准化产权的流转或融资，这决定了产权市场能够为数以千万计的大中小微型企业提供服务，很好地弥补了证券市场的不足，是真正能够支撑中国实体经济发展的资本市场服务平台。

（三）金融资产交易平台

金融资产交易平台是为金融资产交易提供各类服务的交易平台，我国最早的金融资产交易平台主要为非上市国有企业交易金融资产提供便利，解决这些国有企业金融资产交易流程复杂、缺乏透明度滋生权力寻租和国有资产流失等问题。随着市场的不断发展，金融资产交易平台的业务也逐步增加，开始为地方政府和国有企业处置不良资产、提供投资管理服务，针对民营企业和个人投资者推出投融资服务。

我国金融资产交易市场起步晚，但发展迅速，2010年国内才首次成立金融资产交易平台，当时主要是为了解决四大资产管理公司对不良资产的处理。在金融资产交易所成立之后，债权转让和资产证券化等业务都有大幅度的改善，不同的交易所也根据自身的情况开发出不同的产品。目前，北京市、上海市、广州市、重庆市等地的金融资产交易平台影响力较大，具有代表性的金融资产交易所有北京金融资产交易所、深圳前海金融资产交易所、天津金融资产交易所以及广东金融资产交易中心等，其他省份也都设立了各自的金融资产交易平台。

北京金融资产交易所是在一行两会、财政部指导下，由北京市人民政府批准成立的金融资产交易平台，于2010年5月正式投入运营，股东包括中国银行间市场交易商协会、北京产权交易所有限公司、信达投资有限公司等，平台在建立时就成为中国银行间市场交易商协会指定交易平台，由于政府的鼓励和支持、股东方实力雄厚、所处区位优势等，在全国范围内的股权交易和资产转让规模远超其他交易所。

天津金融资产交易所是2010年成立的金融资产交易所，最开始是由天津产权交易中心和中国长城资产管理公司合作成立，并由天津产权交易中心控股。2015年10月中国东方资产管理股份有限公司、中信信托有限责任公司和蚂蚁金服入股天津金融资产交易所，注册资本扩大到4 000多万元人民币。截至2018年4月20日，该所的历史成交金额累计2.214万亿元，会员数464.73万，平台累积访问人数10 083.3万。天津金融资产交易所的业务渠道主要包括银行、证券公司、商业保理公司、信托公司等。针对机构间的业务直接在平台上完成交易，如不良资产和债权的转让，定向投资计划等。而对个人理财的业务一般会转到互联网金融平台上进行交易，如在京东金融上销售的京诚宝，在腾讯平台上销售的支信通等。

2011年4月深圳政府牵头成立深圳前海金融资产交易所，其业务如表1-1所示。深圳前海金融资产交易所目前已被平安集团全资收购，注册资本10亿元人民币，是国内注册资本最大的金融资产交易所。深圳前海金融资产交易所正着力于打造全国领先的机构间金融资产交易平台和跨境交易平台，通过产品发行创设、交易系统、客户体系和风险管控，为资产、资金双方提供更加有效的信息耦合服务，促进更加高效的资产流转和资产配置。平台的交易性业务包括不良资产交易和跨境业务。其中，不良资产交易从2015年起开始大量承接于平安银行，从份额上看依旧是不良资产的交易额占有很大的比重。根据官网显示，截至2019年7月已成交15笔跨境业务与3笔外汇收付业务。

表1-1　　　　　　　　　　深圳前海金融资产交易所业务

业务名称	产品介绍
摘挂牌业务	摘挂牌业务是指深圳前海金融资产交易所作为交易平台，为资产卖出方提供挂牌服务，并为资产买入方提供摘牌服务
撮合业务	撮合业务是指在一定的交易结构和交易价格的基础上、多方供给需求下，深圳前海金融资产交易所作为信息中介，为委托方进行信息匹配，达成双方交易，为融资方和资金方实现对接
登记托管业务	登记托管业务是指前交所接受客户委托提供金融资产/财产权益份额的记录、确认及管理服务，登记包括初始登记、变更登记及注销登记
投资管理业务	交易所作为受托管理人，依据有关法律、法规和投资委托人的投资意愿，交易所与委托人签订受托投资管理合同，把委托人委托的资产在金融市场上从事金融工具的组合投资，以实现委托资产收益最优化的行为

资料来源：深圳前海金融资产交易所官网。

（四）衍生品交易平台

衍生产品是一种金融合约，合约的基本种类包括远期、期货、掉期（互换）和期权，衍生产品包括具有远期、期货、掉期（互换）和期权中一种或多种特征的结构化金融工具。根据当前衍生工具交易实践的划分方法，金融衍生工具交易可分为场内交易和场外交易。两者的区别主要体现在契约的标准化与否。一般而言，非标准化的金融衍生工具主要是在集中交易场所之外进行交易，如互换和掉期；而标准化的金融衍生工具则主要在集中交易场所内进行交易。对于标准化的金融衍生工具，按是否证券化可以分为证券类衍生工具和契约类衍生工具。证券类衍生工具实际上已经将标准化的契约转化为一种标准证券，如我国证券市场目前已经推出的权证、可转债等。而契约类衍生工具则表现为一种标准合约，从形式上与场内商品期货合约相似。

衍生品的功能包括以下四点：一是套期保值。衍生品的价值与基础产品或基础变量紧密联系、规则变动，使得市场参与者能够通过衍生品交易，或基础产品与衍生品的交易组合，或者若干衍生品的交易组合，消除或减少价格变化可能造成的不利影响，满足风险规避与资产保值的需求。二是价格发现。衍生品使同一基础产品能够以远期、期货、期权等不同形式频繁交易，提高了市场交易量与活跃度，并通过自由竞价提高了基础产品供需关系与市场信息的透明度，有利于形成基于市场交易的均衡价格。三是分散风险。衍生品将基础资产的各类风险分离开来，并通过分层与转移等技术手段实现对风险的单独定价与交易，满足不同市场参与主体的需求，避免风险过度集中带来的系统性风险隐患。四是投机套利。衍生品多采用保证金交易，具有一定杠杆，为风险偏好较高的市场参与者提供了追逐风险利润的机会，使其能够以较少的资金投入，通过把握不同衍生品间的价格变动差异，实现投机套利目的。

民间金融的衍生品交易平台目前主要由区域股权交易平台、产权交易平台等机构下设的衍生品交易部门开展业务，由于衍生品交易的风险较大，容易引发市场风险，对外部监管、行业自律等要求较高。目前有少量碳排放权衍生品交易、水权衍生品交易和数字资产衍生品交易存在，大多在相关现货交易平台进行交易。

二、交易平台类民间金融的特点

前文对我国民间金融交易平台进行了分类，并对各类交易平台进行了介绍，可以从中总结出交易平台类民间金融的特点：

第一，降低信息不对称。民间金融交易平台利用其金融中介的身份，在处理信息不对称问题上具有比较优势。处理信息不对称问题主要有下列几种方式：一是雇用专业人员和规范化操作，收集、处理、分析、存储各类信息，这是处理信息不对称问题的基础部分，非专业人员和个体难以做到，因为信息管理需要专业知识、时间和经济成本。二是平台可以要求交易对手提供信贷抵押品，以覆盖信息不对称所带来的融资风险。三是平台通过提高信贷合约的完备性，尽可能借助法律约束交易对手，控制不良行为的发生。四是由于平台的规模经济和范围经济来抵消信息成本上升的影响，使单笔业务所占信息成本保持在较低的水平。总之，民间金融交易平台通过公示信息、规范交易、专业运作等模式，解决了交易双方的信息不对称问题，建立交易渠道，降低信息成本。

第二，地方政府对平台发挥引导作用。民间金融交易平台大多是由地方政府主导建立或由民营企业成立并由地方政府监管部门进行监管的。经济发达地区中小企业对投融资的需求促成了股权交易平台的产生、林业发达地区和水资源较为稀缺的地区发展了具有特色的林权与水权交易中心，这些市场很难从国家层面进行调控，也难以统一监管，因此需要地方政府成立交易平台进行介入、引导、扶持和监管，并成立配套设施、发布支持政策帮助市场进一步发展。而市场和民间金融交易平台的发展壮大，又促进政府关注交易平台，发挥地方政府的引导和支持作用，最终使民间金融交易平台成为地方金融体系的重要组成部分。

第三，民间金融交易平台的金融创新频繁，监管体系较为薄弱。民间金融交易平台的金融创新，包括交易标的的创新、交易模式的创新和组织制度的创新。交易标的的创新主要是指民间金融交易平台不断开发新的交易产品，将原本未被列入民间金融资产范围内的排污权、数字资产等资产作为交易标的进行交易。在理论层面对这一类产品进行界定，在实践层面构建产品标准化交易市场。交易模式的创新是指利用金融科技手段，利用互联网技术不断拓展场外交易的边界，利用长尾市场理论将尽可能多的潜在客户纳入市场中，使交易市场更加活跃，平台功能更加完善，市场机制更加健全。组织制度的创新主要是突破相关法律法规的限制和约束，利用平台功能满足社会、政府、企业的需求。金融创新的活跃，同样会带来监管问题以及风险的增加，地方政府往往不能及时地了解市场需求并制定合理的监管规则。在地方政府监管过严的地区，这些民间金融交易平台往往会转入地下，继续开展业务；而在监管缺失的地区，民间金融交易平台也容易出现投资者过度投机、平台盲目扩张等问题。

三、民间金融交易平台与中央金融交易平台比较分析

民间金融交易平台与中央金融交易平台不是简单的竞争关系，两者在一定程度上存在互补的关系。经济发展需要包括资本在内的各个要素的投入，中央金融交易平台在资本、大宗商品等领域能够起到很好的协调作用，但是覆盖领域比较有限，不能面面俱到，需要民间金融交易平台对其进行补充，两者在经济发展中都是不可或缺的组成部分。中央金融交易平台存在的约束及缺陷促使民间金融交易平台的产生，由于金融排斥、金融平台门槛问题，很多经济主体难以从中央金融交易平台获得资金与服务，而这些被拒绝的经济主体只能转而寻找内部支持或者转向民间金融交易平台。

在交易产品方面，民间金融交易的金融产品多样化。产品的多样化、业务范围小的特点导致了金融产品质量参差不齐、流动性较差的问题。中央金融交易平台的产品更加专业化、标准化，业务范围覆盖全国各地，因此要求产品流动性更好，但是品种较少，不能很好地满足市场上不同偏好的投资者的交易需求。

在参与主体方面，中央金融交易平台的门槛比较高，需要符合较高的信用门槛以及一定的资产门槛的资产才能作为交易标的，优点是交易平台更加安全、稳定，参与者较多，资产流动性较强；民间金融交易平台门槛较低，资质较差的企业、非上市国有企业均可参与交易，但是平台可能存在不规范、监管不到位等问题，对参与主体的财产安全保障力度不足。

监管体制方面，中央金融交易平台的监管主体是金融监管机构，包括人民银行、银保监会、证监会等，监管范围大，监管松紧程度往往与宏观经济的发展情况相关；民间金融交易平台的监管主体是地方的监管机构，各地根据自身经济发展需求制定监管方案，监管宽松程度不一，但是比较贴合当地实际情况，有利于地方经济发展。

民间金融交易平台与中央金融交易平台的区别主要表现在以下几个方面：

第一，民间金融交易平台及参与主体的规模较小。民间金融交易平台主要为地区的企业与居民提供金融服务，不论是组织架构还是资金规模，都比中央金融交易平台小。平台规模的大小同样限制了交易主体的规模，大型企业、上市公司对资金的需求较大，通常选择中央金融交易平台获得融资，而中小企业则在民间金融交易平台上获取资金。这种规模上地差异天然的区分了民间金融交易平台和中央金融交易平台的经

营范围和目标客户，有助于平台开发合适的金融产品。

第二，民间金融交易平台对私人信息的依赖程度相对更大。中央金融交易平台交易中，使客户能够主动履行义务的有效方法是法规和对其违约行为进行惩罚的可信威胁。这里的法规除国家的法律法规外，也包括金融交易平台本身的规定。一般而言，客户一旦违约，主要的违约惩戒是通过对客户的抵押资产进行处置来完成，而要达到违约惩戒的有效性，抑制违约行为的产生，需要惩戒行为对客户造成的损害超过客户从违约中获得的收益。民间金融交易平台在实施相关的违约惩戒时，一方面，由于法律法规对平台的保护力度不足，对违约行为的惩罚不够；另一方面，在这类交易中，缺乏有力或有形的违约抵押品，很容易出现抵押品大幅贬值的问题，因此需要以私人信息作为基础。而随着交易平台专业化水平的提高、风险防控能力不断地增强，民间金融交易平台对于私人信息的依赖程度会逐渐降低。

第三，民间金融交易平台业务范围与中央金融交易平台存在差异。民间金融交易平台由于其交易标的与中央金融交易平台存在差异，在业务范围上和中央金融交易平台上不存在太多重合。中央金融交易平台由中央政府批准设立并由监管部门进行监管，平台主要交易各种标准化的产品，服务对象遍及全国乃至全世界，准入门槛较低，市场上交易活动频繁。民间金融交易平台一般由地方政府、金融机构发起成立，由地方监管部门进行监管，平台上标准化金融产品较少，存在很多非标准化的交易标的，服务范围主要集中在一省或一个地区，客户对平台上的交易标的有充分的了解。

第三节　交易平台类民间金融的进程与现状

一、萌芽阶段

改革开放初期至 2000 年，我国的金融体制改革取得了一定的进展，初步形成了以中国人民银行为领导，国有独资专业银行为主体，多种金融机构并存的金融组织体系。但就总体而言，为国有企业服务的国有金融机构占据绝对垄断地位，民间金融机构的数量和规模微乎其微，致使多种所有制的经济成分得不到多种所有制的金融服务配合。而民间金融的发展壮大在一定程度上改变了传统的国有金融一统天下的格局，形成多层次、多种所有制的金融机构共存的新局面，从而弥补原有金融机构体系的不足。民间金融的发展，多种所有制的金融机构体系的逐步形成，推进了我国经济的货币化和工业化程度，改变了非国有经济以往内源融资占主导地位的融资结构，使非国有经济能获得充足的外部资金来源。

由于非国有经济的发展不断内生出对民间金融制度的需求，因此作为一种制度供给，民间金融业就自然会不断存在下去。如果国家抑制其发展，民间金融就转为地下金融。随着对金融业市场准入的逐步放松，民间金融逐步从地下转为地上。这一方面有利于充分释放地下金融所蕴涵的巨大能量，另一方面也将其纳入了国家的有效监管范围，从而有利于规范金融秩序，防范区域性金融风险的发生。

民间金融交易平台的出现，促进了金融资产的规范交易。金融交易平台作为金融资产公开交易、信息公开发布的平台，在交易流程、交易规则、交易标的物、信息披露等各方面要求严格，具有系统性的规定，很大程度上避免了投资者的交易风险和系统性金融风险。而且由于市场需求旺盛、交易规模巨大，市场会自发形成地下交易平台，随着这些地下交易平台规模不断扩大，国家监管逐步规范，这些交易平台逐步转为地上交易平台，并且成为金融服务的重要提供者。随着金融平台的专业化、规范化，其提供的金融服务促进了区域经济发展，并通过金融创新手段，引领信贷服务，帮助地区构建区域金融中心。

民间金融交易平台的设立主要有三种途径。第一种是市场自发形成的，由于正规金融中没有相关金融服务或者相关金融服务的门槛较高，大量有需求的客户无法获得金融服务而自发形成了金融交易平台，如私募股权平台、早期的文化产权交易所等。第二种是地方政府主导的、为增强国有企业的金融资产流动性并推动当地金融体系改革而设立的金融交易平台，这一类平台早期为国有企业改制提供了便利，之后出现的平台则在发展地方经济、防范金融风险方面发挥了重要作用，这一类平台包括地方产权交易平台、知识产权交易平台、金融资产交易中心等。第三种是由现有的交易平台衍生出来的专门金融资产交易机构，如碳排放交易所和碳排放衍生品交易平台、数字资产现货交易平台和期货交易平台。

二、发展阶段

2008年全球金融危机爆发后，区域金融中心建设在全国多个地方和领域引起热议。建设区域金融中心和发展区域资本市场，其实质就是为了解决区域经济发展的资金瓶颈和资源有效配置问题。场外交易市场包括全国性场外交易市场和区域性场外交易市场，其中区域性场外交易市场由地方政府建立与监管，属于民间金融的重要组成部分。从2008年以来国务院对各地区域改革发展的批复来看，先后有天津市、重庆市、上海市、成都市、武汉市、福建省等省市获准探索建立区域性股权交易市场。这种体现地方自主金融权的场外交易市场，不但已经成为区域金融市场标志性的组成部分，而且能够类似深沪交易所那样增量吸引和聚集各类金融机构、金融资本、企业资源和金融人才，成为地方经济发展新的重要推动力。在"十二五规划"中，中央明确指出要加快多层次金融体系的建设，推进创业板块市场建设、扩大代办股份转让系统试点，加快发展场外交易市场，场外交易市场以此为契机，迅速发展起来。2009年以来，全国范围内已经形成天津股权交易所、重庆股份转让中心、深圳中小企业非公开股权柜台交易市场等较具特色的区域股权交易市场。

其他类型的民间金融交易平台发展同样迅速。2009年，江西省挂牌成立南方林权交易所，是江西省林业厅下属正处级单位，主要职能包括整合全省林业产权交易市场，负责全省林业产权市场的总体规划与中长期发展规划，提供林权、林业企业股权、林业科技成果（项目）、大宗林产品转让的服务，开展林权抵押贷款、森林保险、森林资源资产评估、林业法律法规和政策咨询等服务。2010年12月，浙江省成立华东林权交易所，负责持续完善绿色金融服务产业链，实现森林资源资产评估、信用评级、融资担保、林权小额贷款、林木资产收储管理、拍卖交易、政策信息发布等一站式服务。

在文化产权交易平台发展过程中，2009年，上海文化产权交易所在上海市成立；2009年9月，天津文化艺术品交易所在天津市工商行政管理局注册；2010年，深圳文化产权交易所成立，并推出以份额化为特征的艺术品产权交易模式；2011年1月，天津文化艺术品交易所推出类证券化的艺术品份额化交易模式，随后全国先后成立20多家文化产权交易所，大多采用艺术品份额化交易模式。这种创新模式在当时引起很大争议，有些观点认为，份额化交易在民间资本旺盛和艺术品投资需求高涨的环境下应运而生，大大拓宽了艺术品的投资渠道，改变了艺术品投资市场原来只有竞买没有竞卖的特性，是极具意义的一次创新；反对的观点则认为，它缺乏真正的投资基础，没有退出机制的类证券化交易方式导致投资者陷入一场"击鼓传花"的骗局。

在碳排放权交易平台方面，先后成立的北京环境交易所、上海环境能源交易所、天津碳排放权交易所和广州碳排放权交易所等交易平台作为第一批试点，利用产权理论解决企业环境污染的负外部性问题，促进碳排放权交易市场不断发展，并且在近年来逐步形成一个全国统一的碳排放权交易市场。

在这个阶段，各种民间金融交易平台不断出现，平台的组织形式、交易模式也有了很大的突破和创新，这些金融创新促进了资本市场的深化和发展，吸引大量社会资本进入资本市场，为企业的发展、地区经济发展提供充足资金，其中的一些交易平台，如排污权交易中心、林权交易所，通过资产交易的形式促进了社会对这类产权的认可，并以此来解决生产中的环境问题，促进林业的循环发展，在传统产业结构优化、地方经济转型升级上发挥了重要的作用。

三、调整阶段

2011年，国发第38号文《国务院关于清理整顿各类交易场所 切实防范金融风险的决定》出台，该决定指出，"自本决定下发之日起，除依法设立的证券交易所或国务院批准的从事金融产品交易的交易场所外，任何交易场所均不得将任何权益拆分为均等份额公开发行，不得采取集中竞价、做市商等集中交易方式进行交易；不得将权益按照标准化交易单位持续挂牌交易，任何投资者买入后卖出或卖出后买入同一交易品种的时间间隔不得少于5个交易日；除法律、行政法规另有规定外，权益持有人累计不得超过200人。""除依法经国务院或国务院期货监管机构批准设立从事期货交易的交易场所外，任何单位一律不得以集中竞价、电子撮合、匿名交易、做市商等集中交易方式进行标准化合约交易。"2012年，国办发第37号文《国务院办公厅关于清理整顿各类交易场所的实施意见》，对权益类交易、大宗商品中远期交易和其他标准化合约交易进行清理整顿，权益类交易包括产权、股权、债权、林权、矿权、知识产权、文化艺术品权益及金融资产权益等交易；大宗商品中远期交易，是指以大宗商品的标准化合约为交易对象，采用电子化集中交易方式，允许交易者以对冲平仓方式了结交易而不以实物交收为目的或不必交割实物的标准化合约交易；其他标准化合约，包括以有价证券、利率、汇率、指数、碳排放权、排污权等为标的物的标准化合约。

随着这轮清理整顿，大量不合规的交易所被清理整顿，政府监管逐步完善，市场发展走向有序。

专栏 1-2

天津文化艺术品交易所案例

天津文化艺术品交易所（以下简称天津文交所）是由天津济川投资发展有限公司、天津市泰运天成投资有限公司、天津新金融投资有限责任公司及部分自然人共同出资，经天津市人民政府批准，2009年9月17日注册成立。

从2011年1月26日至10月21日，天津文交所共发行了4批共20件艺术品，在2011年3月，其产品《黄河咆哮》单独的月成交量达568 964手，成交额为67 853.21万元，《黄河咆哮》曾达18.7元的峰顶价位，按此单价计算，其市场总值高达1.122亿元，已经远远高于很多艺术大师的名作。从这点上讲，人们入场的理由仅仅是看涨。如果用股票作类比，投资者已经完全脱离了对标的物基本面的判断，甚至连技术面也不再起作用。而无论何种标的物，本身的价值一旦远远脱离其实际价值，总会迎来泡沫破裂之时。这件产品此后也没能逃脱这种命运，开始了一路暴跌。在清理整顿的政策影响下，天津文交所再未发行任何新产品，但也未对原有产品进行退市处理，成交量急剧下降，市场萎缩严重，《黄河咆哮》这款产品到2013年时每份价格只有1.94元，市场总值仅剩1 160万元。

天津文交所在短期内频繁的更改规则让其身陷信用危机。2011年3月21日，天津文交所紧急发布公告称，"为降低投资风险，本月临时设置上市艺术品月价格涨跌幅限制，以3月18日收盘价格为基数计算，月价格涨幅比例为20%，跌幅比例为20%。"此外，文交所对3月累计6个交易日收盘价均达到价格涨跌幅限制的艺术品进行特殊处理。特殊处理的艺术品每日涨跌幅比例调整为1%。艺术品原来每天的涨幅都可以达15%，后来调整到10%，如今月价格涨跌幅比例不超过20%，特殊处理的艺术品每日涨跌幅比例调整为1%，根本不利于大资金进出，新规则实际上相当于变相整顿。

天津文交所的失败，在于其放任游资进入市场，缺乏涨跌幅限制，频繁更改市场规则，对市场和投资者带来了严重的影响，最终在监管浪潮中难以为继，被监管部门清理整顿。

四、发展现状

在 2011—2012 年的整顿之后，民间金融交易平台没有停滞不前，而是继续开拓新的市场，创新金融产品，提供金融服务。随着市场走向规范，很多新型产权交易平台出现，填补金融资产交易空白。农村产权交易平台为农村土地经营权流转提供新渠道，碳交易所的运营探索了用金融手段解决环境问题的新模式，各类衍生品交易平台也逐步出现。随着监管体系的完善，越来越多投资者认同民间金融交易平台，积极参与平台交易，市场相较整顿前更加活跃、交易规模更大、交易标的更多、参与者来源更广。

在水权交易平台上，省级层面成立内蒙古自治区水权收储转让中心、河南省水权收储转让中心、广东省环境权益交易所、山东省水权交易平台等，省级以下层面有甘肃省的石羊河流域水权交易中心、疏勒河流域水权交易平台，新疆维吾尔自治区的吐鲁番鄯善县水权收储转让交易中心等水权交易平台，如表 1-2 所示。

表 1-2　水权交易市场发展历程

时间	地点	具体内容	意义
2011 年	新疆吐鲁番	实现政府有偿出让水权	工业企业与政府签订水权协议
2013 年	内蒙古自治区	内蒙古水权收储转让中心	组建水权收储转让的交易平台
2014 年	新疆玛纳斯县	塔西河灌区水权交易中心	全国首个以灌区为单位的区域水权交易平台
2016 年	北京	中国水权交易所成立	首个国家级水权交易平台

资料来源：编者手工整理。

在农村产权交易市场上，党的十八届三中全会通过了《中共中央关于全面深化改革若干重大问题的决定》，其中明确提出要在坚持和完善最严格的耕地保护制度前提下，赋予农民对承包地占有、使用、收益、流转及承包经营权抵押、担保权能，允许农民以承包经营权入股发展农业产业化经营；此外，对农村集体资产、农村房屋转让及抵押赋予权能。这些赋权的逐步实现，为农村以承包地、房屋为标的的产权流转交易提供了保障，促进了农村产权流转市场的发展，如表 1-3 所示。

表 1-3　农村土地产权制度变更的政策支持

时间	文件法规	具体内容
2007 年	《物权法》	土地承包经营权界定为用益物
2013 年	《中共中央关于全面深化改革若干重大问题的决定》	"稳定农村土地承包关系不变并保持长久不变，赋予农民对承包地占有、使用、收益、流转及承包经营权抵押、担保权能"
2016 年	《关于完善农村土地所有权承包权经营权分置办法的建议》	落实集体所有权，稳定农户承包权，放活土地经营权的具体制度安排和操作办法

续表

时间	文件法规	具体内容
2019 年	《关于坚持农业农村优先发展、做好"三农"工作的若干建议》	健全土地流转规范管理制度，发展多种形式农业适度规模经营，允许承包土地的经营权担保融资

资料来源：编者手工整理。

随着政策的逐步落实，各地纷纷发力建设省、市级农村产权交易平台，目前，全国成立包括四川省、重庆市、湖北省等14个省级或省会级农村产权交易所，县级以上土地流转交易平台达1 324个，乡镇土地流转服务中心达17 268个。其中，比较有代表性的有：铁岭市成立市级农村综合产权交易服务中心，是辽宁省首家市级农村产权交易中心；武汉市在中部地区成立武汉农村综合产权交易所，除传统的农村产权交易业务外，根据武汉市当地农村需求，对集体经济组织养殖水面承包经营权以及农业生产设备使用权进行交易；广州市成立广州农村产权交易所，是一家通过了国务院联席会议审查的全民所有制的国家级综合农村产权服务机构，不但进行农村产权转让业务，还对农业科技成果转化、农产品订单交易等业务建立相应平台，全方位支持农村产权交易市场的发展。

在传统的交易市场中的民间金融交易平台逐步走向规范化、专业化，通过完善平台自身服务功能，不断为中小企业提供融资、项目指导、资产评估、政策咨询服务，促进实体经济健康有序发展。在新兴市场上的民间金融交易平台，通过金融创新，使用金融科技手段拓展市场规模，在摸索中前行，不断为有需求的企业、个人提供金融支持与服务。

第四节 四类交易平台类民间金融的作用

一、股权交易平台作用

建立区域股权交易市场，不仅能够有力推进区域金融中心建设，提升区域竞争力，而且可以较好地解决公司存在的历史遗留问题。部分省区尤其是中西部地区有不少股份有限公司在20世纪90年代初获得批文成立，对当时区域经济体制改革和经济发展产生了明显的推动作用。但由于当时处于资本市场建设初期，市场机制不健全，在股份制改造和公司发展过程中出现了一些不规范甚至违法事件，经1997年、1998年清理整顿之后仍有为数不少的历史遗留问题。股份有限公司不能上市，其股权由地方托管中心托管，其中不乏业绩优秀的股份有限公司。这些公司中存在一批股东人数超过200人、不符合首次公开发行股票和上市条件，又急需通过有效的股权转让平台来实现股权流动，如采取回购社会公众持股的方式来优化股权结构，通过股权置换来引进战略投资者，从市场获得融资，从而规范企业行为，增强自身实力，完善公司治理，尽快向上市企业转变。另外，这些省区尚有数量庞大的有限责任公司，这些公司也需要通过股权登记平台开展股权质押融资，通过股权转让平台新增资本、调整经营方向、化解企业风险等，这也为区域股权交易市场的建设提供了空间。

区域股权交易平台主要功能包括以下几点：

第一，投融资功能。区域性股权交易平台挂牌门槛低，市场参与者主要是机构投资者，能够满足中小企业融资需求，为成长型高新技术企业以及私募基金提供快捷、高效、低成本融资，引入战略合格投资者，为企业发展提供必需的资金、管理支持。同时，也为风险投资基金、机构合格投资者提供具有较高投资价值的交易品种，提供畅通的进入与退出通道。

第二，交易功能。区域性股权交易平台是为非上市中小企业转让股权、债券服务的市场化交易平台，通过平台服务降低股权、债权转让交易成本，减少和避免股权、债权转让中出现的纠纷，促进股权、债权流通，助力非上市公司股权、债权的合理定价，实现挂牌企业价值发现与流通转让。

第三，登记托管功能。组织实施区域内非上市股份公司和有限责任公司的股权登记托管，积极与当地工商管理局对接，为非上市公司提供股权确认、分红派息、登记托管、股权回购等服务，规范公司股权转让行为；为挂牌公司的股权提供登记托管、冻结、解冻等服务。

第四，孵化培养功能。区域性股权交易市场是多层次资本市场中的基础层次，具有培育、推介、扶植广大非上市企业的功能。

二、产权交易平台作用

产权交易市场是在国有企业改革大背景下应运而生的具有中国特色的专业市场，市场成立之初的目的是实现公有产权阳光交易，防止国有资产流失和杜绝暗箱操作，发展到今天其功能定位主要有两点：一是随着企业国资、金融国资、行政事业性国资陆续进场，工信部、文化、农业、林业、交通、司法、地矿、环境等部门也相继出台一系列管理办法，逐步将各类国有资产、公有资产甚至民营资产纳入产权市场交易范围，而且部分行业有出台全国性法律法规的趋势，产权市场已成为体现国有经济结构调整成果的显示器。二是随着大量的非上市企业进入产权市场进行股权托管、私募融资和股权流动，在地方政府的政策支持下，越来越多的中小企业寻求产权市场的帮助和扶持，很多产权交易所以全国性或区域柜台市场为发展方向建立起区域性的非上市企业初级资本市场，以天津市、浙江省、深圳市、重庆市等地为代表已经成为不可忽视的资本市场新力量。

产权交易平台在成立之初，也扮演过只做买卖双方交易鉴证手续的过场服务角色，但在恶劣的环境和生存危机之下，以发挥市场功能，防范交易风险为主的交易模式创新开始不断涌现。特别是党的十六届三中全会之后，全国产权市场很快就显现出勃勃的生机，不断发挥市场的信息推介、传播、扩散功能，创新完善或组合应用拍卖、招投标、电子竞价、网络竞价、多次报价等交易方式，并最终以部门规章或法律法规的形式将上述创新加以规范。很多大的交易平台已经将各类交易模式应用到产权交易系统软件当中，使这种产权市场有独特竞争力的创新成果，在技术上进一步标准化，在操作上进一步简便化，这也是信息化对产权市场基础建设的一大贡献。

产权交易平台发展到今天，在交易主体、产品内容等方面已经出现多样化趋势。交易主体的多样化是指产权交易平台中，不仅有国有企业产权交易主体，还有集体企业、乡镇企业、民营企业及金融机构、私募股权基金、个人投资者等交易主体，这些参与者将大大增加产权交易平台业务范围和市场深度。产品内容的多样化包括产品种类多样化和金融创新活跃，随着规范化产权市场的建立及改革发展的深化，各类权益性资本交易平台也将在产权市场形成，交易品种将涉及各个领域，产权交易机构创新和探索也层出不穷，金融资产交易所、文化产权交易所、环境权益交易所纷纷成立，银行间资产交易、股权托管、文化权益、环境权益、碳排放权交易已经或正在推出，交易规模也随之扩大。产权市场中各不同经济主体之间的博弈也日趋复杂，而且产权交易平台通过与证券市场的合作，寻找更好的资金流通渠道，利用金融创新提升产权交易平台的融资功能。

三、金融资产交易平台作用

由于我国金融体系尚未完善，大量金融资产无法在市场中流通，更缺乏公开平台的支持，仅仅具有交易的潜在可能性。金融资产交易平台是我国多层次资本市场体系中的重要组成部分，在满足企业和政府的金融资产交易需求上发挥了重要的作用，近年来金融资产交易平台发展迅速，为我国金融基础资产流转市场带来了新的发展思路和方向。金融资产交易平台有利于将中国各地较为分散的金融市场集合到一起，形成集中交易的场所，有助于规模交易，在区域、产品、交易方式以及投资者范围等方面增强了提高金融资产流动性的可能。

金融资产交易平台在金融市场上的重要作用，还体现在金融产品研发、创新和专业化的服务上。金融资产存量大、交易需求旺盛，交易平台为了更加方便快捷地促成金融资产交易，需要具备较高的金融创新能力。地方金融资产交易平台的业务范围只限于本省，其可以根据各地经济情况、企业需求设计相应的金融产品。如天津金融资产交易所独创的远程网络电子竞价交易模式和权重电子竞价交易系统，有效提高了交易系统的效率。北京金融资产交易所通过打造金融资产超市的方式，将传统的线下交易模式转变为线上交易模式，大大提高金融业务覆盖的范围及传播的广度。金融资产交易平台的信息公开制度、专业化服务使金融资产交易更加规范，在交易流程、交易规则、信息披露方面都有较为系统的规定，能在很大程度上规避金融风险，减少暗箱操作和利益输送等不良现象，也一定程度上防止了国有企业的资产流失问题。如前海金融资产交易所建立了市场投资风险分级推荐机制和合格投资者制度，有效保护了中小投资者的利益。天津金融资产交易所与重庆金融资产交易所建立了会员制，通过设立不同的会员种类，有效地管理客户。

四、区域衍生品交易平台作用

1990年10月，我国成立了改革开放以后第一个商品期货市场——中国郑州粮食批发市场，该市场以现货交易为基础，引入期货交易机制。随后，各地迅速成立了一大批期货交易所和期货经纪机构，出现了盲目发展的迹象。对此，国务院在1993年11月发出了《关于制止期货市场盲目发展的通知》；1994年5月，国务院办公厅批转的《关于坚决制止期货市场盲目发展若干意见的请示》，标志着我国期货交易所进入全面整顿阶段。1999年9月"一个条例、四个管理办法"的正式实施，标志着我国期货市场规范发展的监管框架正式形成。2004年1月31日，国家颁布的《关于推进资本市场改革开放和稳定发展的若干意见》，标志着我国期货市场的政策由规范整顿转向稳步发展。

近年来随着金融发展的不断深化，衍生品概念在越来越多的领域出现，在产权交易平台中尤甚，逐渐发展出区域衍生品交易平台，区域衍生品交易平台目前主要依托现有的现货交易平台开展业务，投资者通过该平台购买衍生品以达到套期保值和投机的目的。衍生品交易模式，可以吸引更多投资者进入该市场进行投资，也能使市场上原有的交易主体通过套期保值降低风险，此外，也能以期货市场的繁荣帮助现货市场价格稳定，防止出现现货市场较小而被少数交易主体控制的情况出现。

本章小结

本章主要介绍了交易平台类民间金融的类型、发展历史和各类平台在金融系统中发挥的作用，交易平台类民间金融与地方政府的联系较为密切，很多交易平台都由地方政府设立并开展业务，这些平台的产生具有极强的内生性，是由当地企业改制与融资需求、产业转型升级、经济发展等促成的，因此这些交易平台具有民间金融的特点，是民间金融的重要组成部分。根据交易标的和职能定位的不同，本教材将民间金融交易平台分为股权交易平台、产权交易平台、金融资产交易平台及衍生品交易平台四大类，对其中较为典型的平台进行介绍，可以对民间金融交易平台有一个明确的认知，也方便读者查阅民间金融交易平台相关资料，进一步研究交易平台类民间金融。

本章重要概念

内生性需求　民间金融官方金融　股权交易平台　产权交易平台　金融资产交易平台　衍生品交易平台

本章思考题

1. 交易平台类民间金融产生的原因是什么？
2. 民间金融交易平台的交易标的和交易主体都有哪些？
3. 地方政府在交易平台类民间金融的发展中有什么作用？
4. 了解你所在地区存在的民间金融交易平台，并就其开展的业务和职能做一个简报。

本章参考文献

[1] 饶恒. 产权交易平台的转型之路 [J]. 国资报告, 2019 (6): 97-100.

[2] 王珊. 中国金融资产交易所创新研究 [D]. 重庆大学, 2015.

[3] 李勇, 韩雪. 关于推进国内衍生品市场规范发展的思考 [J]. 中央财经大学学报, 2015 (2): 46-50, 82.

[4] 罗敏. 广东产权交易市场整合战略研究 [D]. 华南理工大学, 2011.

[5] 蔡雅. 广东省区域股权市场研究 [D]. 暨南大学, 2015.

[6] 胡梅玲. 加快推进区域性资本市场发展的对策研究 [J]. 西部金融, 2018 (8): 88-91.

[7] 季成, 叶军. 金融平台: 金融、科技大融合的制高点 [J]. 金融科技, 2019 (7): 80-87.

[8] 周友苏, 郑鈜. 区域股权交易市场建设问题研究——兼论国务院38号文清理整顿交易所的影响 [J]. 中共四川省委省级机关党校学报, 2012 (1): 63-67.

[9] 陈硕. 社会资本视角下的我国民间金融发展问题研究 [D]. 北京交通大学, 2015.

[10] 陈少峰, 欧阳天. 文化产权交易所在艺术品份额化交易中的转变、症结和改进方案——以天津文化艺术品交易所为例 [J]. 福建论坛（人文社会科学版）, 2013 (10): 64-70.

[11] 张淞皓. 天津金融资产交易所业务发展和机制创新研究 [D]. 天津商业大学, 2018.

[12] 车丽华. 我国非正规金融规制研究 [D]. 中南大学, 2012.

[13] 马庆强. 我国金融资产交易所发展问题研究——基于北京、天津金融资产交易所的比较 [J]. 华北金融, 2014 (3): 42-46.

[14] 张希慧. 我国民间金融发展研究 [D]. 湖南大学, 2009.

[15] 沙欣欣. 政府在推进国内水权交易市场建设中的作用研究 [D]. 华北水利水电大学, 2018.

[16] 赵鑫. 中国民间金融发展的制度分析与改革设计 [D]. 中共中央党校, 2013.

第二章　交易平台类民间金融发展理论

 本章导读

　　金融发展与资本市场体系建设对国民经济的平稳运行起到了至关重要的作用，金融自由化与金融脱媒浪潮下对金融体系的创新提出了更高的要求。面对我国复杂多变的外部环境与稳中有忧的内部金融环境，在市场化不断加深的进程中，交易平台类民间金融作为我国多层次资本市场的重点建设内容正担当着越发重要的角色。基于此，本章将分析市场需求及客户需求、金融创新和国家重大发展战略背景下交易平台类民间金融发展的内驱力，同时剖析金融抑制、金融排斥以及信贷配给等理论视角下交易平台类民间金融产生与发展的理论机制，以进一步深入了解金融创新与全面深化背景下民间金融交易平台发展的理论支撑、联系民生与推动包容性增长等积极的社会意义和实践价值。

本章学习目标

1. 了解交易平台类民间金融的发展背景并掌握其内在驱动力。
2. 掌握金融相关理论支持下民间金融交易平台发展的理论机制。

第一节　交易平台类民间金融发展的外在需求

一、经济发展与金融本质的必然要求

当前我国供给侧结构性改革持续深入推进，对外开放力度加大，市场化进程不断深入，人民生活持续改善，国民经济运行保持在合理区间，总体平稳、稳中有进态势持续显现。

专栏 2-1

现阶段我国经济概况

据国家统计局数据，我国 2018 年全年 GDP 同比增长 6.6% 达到 90.03 万亿元，稳居世界第二，近些年来国内生产总值均呈现平稳较快的高质量增长。其中，第一产业增加值 64 734 亿元，增长 3.5%；第二产业增加值 366 001 亿元，增长 5.8%；第三产业增加值 469 575 亿元，增长 7.6%；第一产业增加值占 GDP 的比重为 7.2%，第二产业增加值占 GDP 的比重为 40.7%，第三产业增加值占 GDP 的比重为 52.2%。一方面，全年最终消费支出对国内生产总值增长的贡献率为 76.2%，资本形成总额的贡献率为 32.4%；人均国内生产总值 64 644 元，比 2017 年增长 6.1%；国民总收入 896 915 亿元，比 2017 年增长 6.5%；全国万元国内生产总值能耗比 2017 年下降 3.1%；全员劳动生产率为 107 327 元/人，比 2017 年提高 6.6%。另一方面，供给侧结构性改革成效显著，全年全国工业产能利用率为 76.5%。其中，煤炭开采和洗选业产能利用率为 70.6%，比 2017 年提高 2.4 个百分点；全年规模以上工业企业每百元主营业务收入中的成本为 83.88 元，比 2017 年下降 0.20 元。全年生态保护和环境治理业、农业固定资产投资分别比 2017 年增长 43.0% 和 15.4%。新动能持续发展壮大，全年规模以上工业中，战略性新兴产业增加值比 2017 年增长 8.9%。高技术制造业增加值增长 11.7%，占规模以上工业增加值的比重为 13.9%。全年货物进出口总额 305 050 亿元，比 2017 年增长 9.7%。其中，出口 164 177 亿元，增长 7.1%；进口 140 874 亿元，增长 12.9%。对"一带一路"沿线国家进出口总额 83 657 亿元，比 2017 年增长 13.3%。

同时，当前我国宏观经济面临的情况依旧较为复杂，基本面承托较大压力，存在市场预期波动较大等问题。我国经济宏观形势的复杂性集中反映在以下几个方面：一是经贸摩擦存在长期性和持续性，多层次的中美贸易冲突对实体经济冲击加大，覆盖产业转移、投资、出口等多个方面，微观企业外部环境较为严峻。二是消费结构迭代程度显著，同时呈现减缓趋势。消费结构出现明显变化，弹性系数较大的服务类消费超越商品类消费，但由于经济下行压力等原因我国消费增速放缓，居民消费出现阶梯式减缓。三是经济下行和经济结构转型背景下去杠杆具有较为艰巨和反复的历程。

金融的本质是为资金盈余方管理资产，为资金需求方融通资金，具有新用户、杠杆和风险特征，并服务于实体经济，在自我优化的过程中实现资源的有效配置和金融的更高效运行。现代金融具有以下三个功能：第一个功能是推动实体经济发展的功能。金融具有与实体经济融合发展并进一步推动实体经济持续稳定发展的能力。第二个功能是对金融风险的管理功能。预防系统性金融风险的关键在于金融体系能够自我转化风险，而不是造成风险的外溢。金融对风险的转化功能体现在对企业等市场主体的信用风险的吸收能力、对金融体系内风险传染的吸收能力和抵御能力以及对金融损失的吸收能力等方面。第三个功能是对内部缺陷的自我修复功能。现代金融体系是一个有机的整体，需要具备较强的自我修复功能，这一功能体现在两个方面：一方面是金融体系的产品、业务、风险管理等内容能够不断进行自主的改进和优化。另一方面是当金融周期及经济周期的波动导致金融体系发生大面积金融风险时，系统内部能够及时响应并在自我修复的过程中不断提高风险防范和管理能力。

在金融深化与金融创新协同推进的背景下，民间金融在补充正规金融机构业务空缺、调动存量资金活性以及提高资源配置效率等方面具有其独特的作用与活力，并且它也是我国多层次资本市场中的重要组成部分。在供给侧改革下，民间金融在区域信息成本和地方资源配置的优势下较为充分地调动了社会范围内各类存量资金，一定程度上实现了供需双方的精准匹配，较为有效地缓解了广大的中小微企业融资难问题。交易平台类民间金融的区域资源整合和信息交互优势，更是在中小企业资金融通的过程中，起到了越来越大的作用。随着去杠杆政策的持续推进，中国宏观总杠杆率扩张进一步放缓，促进了金融体系的健康发展及韧性的提升，提高了金融供给侧效率，但也对实体经济的流动性和发展造成了一定的影响。去杠杆下实体经济融资显著收紧，社会融资规模出现了较大幅度的回落，金融机构的业务规模及范围也出现了不同程度的收缩和重新布局。监管层处置问题银行、推进金融防风险、"结构性去杠杆"等举措在中长期内作为金融体系发展的基调得到延续，在资管新规等政策的影响下银行等金融机构将会出现较大范围的调整。随着股权交易平台、产权交易平台、金融资产交易平台和衍生品交易中心等交易平台类民间金融近年来的快速发展，其服务于实体经济的作用将不断深化。作为正规金融的有效补充和产业结构转型升级的重要推手之一，民间金融交易平台将在金融供给侧改革和去杠杆背景下获得重要的发展机遇。

二、金融自由化、金融脱媒与金融创新发展的必然要求

（一）金融自由化与交易平台类民间金融

金融自由化常常被认为是解决发展中国家经济增长放缓、社会收入不均、福利水平低下的有效措施之一。从 20 世纪 70 年代开始，各国政府为了促进经济发展、提升福利水平，大力推行金融自由化政策，使得各国金融自由化程度都得到很大提升。金融自由化也称"金融深化"，与"金融抑制"对称。金融自由化理论主张改变政府对金融的过度干预，放松对金融机构和金融市场的限制，增强国内的筹资功能以改变对外资的过度依赖，放松对利率和汇率的管制使之市场化，从而使利率能反映资金供求，汇率能反映外汇供求，促进国内储蓄率的提高，最终达到抑制通货膨胀，刺激经济增长的目的。金融自由化主要涵盖了利率自由化、金融市场自由化、金融业务自由化、资本项目自由化等维度。从国际经济发展历程角度来看，金融自由化是经济发展的大趋势。以欧美为主的发达经济体和部分新兴经济体都经历或正经历着金融自由化的过程。

加入 WTO 以后，中国经历了 10 多年的高速经济发展，金融体系已日趋成熟。为满足当前经济结构调整和产业升级需要，让金融资本更有效地促进产业结构调整，金融自由化已成为中国经济体制改革的一个重要阶段。

现阶段我国民间金融发展迅速，规模空前，形式多样。民间金融作为正规金融机构的有效补充，它推动着金融创新，在一定程度上缓解了中小企业融资难的问题，促进了农村经济的发展。当前我国金融自由化进程持续推进，在审慎监管、风险可控的背景下，充分发挥和提升金融体系各主体的资源配置效率、不断完善多层次资本市场成为当前经济发展的重要内容之一，民间金融获得了更多的功能发挥与服务实体的机会和空间。尤其是以交易平台类民间金融为代表的民间金融新形式充分把握金融自由化的机遇，整合多方资源，通过平台业务的发展逐步探索形成了区域价格、利率以及

资源配置机制,在辐射地方经济、健全我国市场化机制和实践方面发挥着越来越大的作用。但一定的时期内,交易平台类民间金融这类民间金融形式依旧缺乏有效的政策支持,存在着部分监管空白和法律地位的缺失。这需要进一步规范交易平台类民间金融的发展,降低其系统性和非系统性风险,使民间金融更好地服务中国经济。

(二) 金融脱媒背景下金融创新与交易平台类民间金融

Hester 于 1969 年最早提出金融脱媒,认为金融脱媒是资金的获取,从借助中间人的服务转向一个不存在金融交易,或者是金融交易只存在于最终储蓄者和投资者之间的基本体系。金融脱媒又称金融非中介化,是指在金融管制的情况下,资金供给绕开商业银行体系,直接输送给需求方和融资者,完成资金的体外循环。随着经济金融化、金融市场化进程的加快,商业银行作为主要金融中介的重要地位在相对降低,储蓄资产在社会金融资产中所占比重持续下降,由此引发社会融资方式由间接融资为主转换为直接融资、间接融资并重。金融深化,包括金融市场的完善、金融工具和产品的创新、金融市场的自由进入和退出、混业经营和利率、汇率的市场化等,也会导致金融脱媒。

专栏 2-2

金融脱媒现象缘由

金融脱媒始于 20 世纪 60 年代的美国,当时美国政府颁布"Q 条例"对定期存款利率上限实行管制,导致大量银行存款资金流向收益率更高的其他证券化资产,商业银行信用收缩、盈利下降,后来英国、德国、意大利、法国、日本等发达国家在经济发展过程中也都出现了金融脱媒现象。

我国金融脱媒始于 20 世纪 90 年代初,随着我国资本市场的发展以及多层次资本市场的逐步完善,股票、债券等直接融资方式占社会融资规模的比重不断增大。特别是随着创业板和新三板的发展,企业的主要筹资渠道逐渐由传统的商业银行转向资本市场,实体企业对商业银行信贷资金的依赖程度显著降低。近年来,"影子银行"的发展又出现了一些新的融资模式,对银行贷款业务造成侵蚀,银行资产端脱媒日趋严重。不仅如此,以余额宝为代表的互联网金融理财产品的出现,刺激了众多投资者将银行存款资金转出购买这些收益更高的理财产品,这无疑加剧了银行负债端脱媒趋势。一方面，居民在信贷管制、利率管制、外汇管制或因物价上涨导致存款资产出现负收益的环境下，为寻求更高的回报率和更为多样化的资产形式，他们脱离银行等传统的金融中介机构，在金融市场上购买并持有股票、债券、保险、基金等直接证券；另一方面，企业为寻求更为便利的融资渠道和更低的融资成本，脱离银行等审查严格受到较强管制且融资成本较高的金融机构。此外，利率市场化是大势所趋，随着利率市场化的快速推进，商业银行内部以及商业银行与其他金融机构间的竞争将日趋激烈，金融脱媒的趋势将持续下去。

金融脱媒背景下对商业银行这类主要金融中介会产生越来越大的冲击，企业在融资过程中不再将银行信贷等融资形式作为唯一和重要选择，以直接融资为主，或者直接融资与间接融资并重的趋势将越发加快。金融工具、产品与服务的升级与创新，利率市场化进程等金融体系的自我发展均会加速这一影响。股权交易平台、产权交易平台、金融资产交易平台和衍生品交易中心等交易平台类民间金融通过创新金融形式，为金融深化、金融脱媒与金融创新环境下民间金融的发展提供了一个巨大的发展机遇。区域股权、产权交易中心拓宽了中小微企业直接融资渠道，创新企业投融资方式，推动产业、科技与金融资本融合发展，增强了金融服务实体经济和防控金融风险能力。地方金融资产交易平台充分发挥互联网金融资产交易功能，在非标性、私募性金融资产交易方面具有自身的创新优势和特点，业务涵盖了开展金融企业非上市国有产权转让、地方资产管理公司不良资产转让、地方金融监管领域的金融产品交易等，为各类金融资产提供从注册、登记、托管、交易到结算的全程式服务。形式多样的各类地方衍生品交易平台也很大程度上丰富了企业的资产交易形式，创新了实体经济的资源配置模式。在金融脱媒与金融创新条件下，交易平台类民间金融在传统正规金融机构的调整与转型中抓住了发展的机遇，有效补充和完善了我国多层次资本市场对数量庞大的各类型企业的金融服务与支持。

三、我国金融环境变化的客观需求

金融环境影响着金融机构的成长、运行及决策。当前金融环境进入了新的发展阶段，新型金融机构如小额贷款公司、村镇银行、综合理财服务公司等异军突起，成为金融机构的重要支撑力量，为金融行业的发展注入了新的活力。目前，我国金融市场上间接融资占据主导地位。在企业融资过程中，所有权性质是影响融资约束的重要因素。J'anos Kornai 在《短缺经济学》中提出"预算软约束"理论时指出，国家向企业提供资金的机构并未坚持原来的合同约定，而是同意其投资入不敷出的部分项目。现实中由于金融机构管理机制不健全、金融市场信息不对称等因素影响，银行出于政策扶持原因给予企业贷款时，因所有权性质差异，民营企业缺乏预算软约束的预期。另外，由于民营企业自身综合素质的缺陷以及享受的政策有限，从银行等金融机构取得贷款有一定的难度，银行贷款多数流向国有企业，民营企业不得不在市场上寻找成本较高的风险投资。

企业的融资约束不仅与所有权性质有关，还与所处金融环境有关。金融环境越完善的地区，金融市场越发达，金融机构数量相应增加，同时融资方式更加丰富，企业更容易获得外部融资，从而投资更多有前景的项目，增加企业的市场价值，以促进经济增长。我国地域辽阔，省份众多，不同省份资源禀赋、政策存在差异，各省份人工成本、资本密集程度和金融市场发达程度差异也很大，所以不同地区企业融资所面临的外部环境状况不同。

专栏2-3

中国经济体制改革历程

伴随着中国经济体制的改革过程，中国的金融环境变迁过程大致划分为三个阶段：

第一个阶段是财政主导型的融资体制阶段。政府在融资体制中占主导地位，财政是资金配置的主要渠道，企业的融资渠道比较单一，银行发挥的作用较小，银行只为企业提供一些临时性、周转性的中短期贷款。

第二阶段是国有银行主导型的融资体制阶段。企业自筹、发行债券以及其他形式融资规模迅速增加，融资渠道产生多元化。企业成为投资主体，居民成为储蓄主体，银行成为储蓄转成投资的中介机构。该种融资体制在一定时期促进了经济的快速增长和国家经济实力的提高，但企业融资基本还是依靠银行。

第三个阶段是多元化的融资体制阶段。在金融环境变迁的过程中，证券市场建立并日渐完善，证券市场成为企业融资的主要场所，在整个融资活动中能起到连接公众投资和企业纽带的作用。

目前，我国金融环境存在以下几个方面的变化：一是个人金融资产大幅度提升。

截至 2018 年，我国人民币的储蓄存款量超过 177 万亿元，外币存款达 5 万亿元；如果加上信托、寿险等理财产品，人均金融资产可达 13 万元。数据表明，我国国民财富的积累迅速，个人金融资产呈暴涨趋势的同时也为金融资产的管理增加了更多的机会。二是金融竞争不断加剧，直接带来金融服务便利化和普惠金融的实现。消费金融、互联网金融、民营银行、小额贷款公司、村镇银行、资产管理公司、金融租赁公司等金融运作模式和金融机构应运而生且发展迅速。而金融机构的多元化发展势必带来市场竞争格局，这也将带来连锁影响市场份额的变化——大型银行市场份额逐渐下降，中型地方金融机构市场份额逐渐上升，这对更好地分散金融风险、金融宏观调控、市场价格发现无疑有益。三是利率市场化启动，让金融机构逐步拥有自主定价权。自主定价权的放开使商业银行存贷利差缩小，传统的盈利模式受到巨大冲击。利率市场化改革后，商业银行获得了制订存贷利率的权力，商业银行间同业竞争日趋激烈，使得各大金融机构更加看重理财产品的创新和中间业务的发展，同时也降低了作为实体经济主力军的中小企业的融资成本。四是金融业务的多元化和金融机构的业务合作紧密性加强。随着融资融券、券商类贷款等金融业务纷纷涌现，银行类和非银行类金融机构的金融业务多元化和各机构间的业务紧密性大大加强，使得资本市场和货币市场之间的关系被打通，传统金融格局被打破。五是金融风险防控压力不断加大。近年来，随着我国经济进入增速换挡期，在地方政府债务从严监管、流动性趋紧、金融去杠杆、市场利率不断上行的大背景下，过去金融机构依靠高杠杆模式过度扩张的信用风险正在不断累积。同时，当前部分金融机构热衷通道、同业、交易类业务，脱离真实需求进行自我创新、体内循环，容易形成金融泡沫，金融系统自身风险急剧上升。六是金融机构实行"去杠杆"。自金融危机爆发以来，世界主要经济体和国际组织都在积极探索新的宏观调控和系统风险管理工具，宏观审慎管理就是其中之一。随着我国金融经济环境日新月异，新兴金融业态和金融衍生品大量出现，央行将作为货币政策重要支撑的宏观审慎政策作为金融机构"去杠杆"的重要手段。通过关注"资产质量，资金来源稳定性、流动性，经营计划，资产结构"，避免银行金融机构种种"加杠杆"行为。

在这个背景下，民间金融在社会资金融通中存在巨大的需求和发展的必然性，尤其是近些年来我国民间金融发展迅猛，规模不断扩展，形式和类别得到了极大的丰富。交易平台类民间金融作为民间金融在交易平台建设的全面深化与创新，在推动存量资金流动与社会资本高效配置、加强区域股产权市场影响力与辐射范围、探索全面深化市场化改革方向、实体经济综合服务能力提升、有效防范区域性金融风险等方面发挥着独特的作用，显著推动了地方经济与金融协调发展，是我国多层次资本市场建设的重要组成部分。

四、市场化进程对交易平台类民间金融的影响

市场化是指用市场作为解决社会、政治和经济问题等基础手段的一种状态，通过建立国家调节的市场经济体制，并由此形成统一的市场运行机制和市场体系，意味着政府对经济的放松管制，工业产权私有化等影响。市场化改革的实质，是让市场在资源配置和价格形成中起决定性作用，通过制度变革激发经济主体的活力和创造力。经过41年的市场化改革实践，围绕建立和完善社会主义市场经济体制的总体目标，我国成功实现了从高度集中的计划经济体制向充满活力的社会主义市场经济体制的过渡。市场化助推了中国经济发展，主要体现在以下几个方面：第一，中国在成功成为世界贸易组织的一员之后，市场化进程对经济发展和增长的促进作用是显而易见的；第二，在市场化的推进过程中，我国东部地区的经济结构得到改善，经济水平取得了迅速的提高；第三，市场化进程推进了经济多元化的发展和经济体制的转变，各地区施行多样化的经济发展模式，使我国经济呈现多元化的发展；第四，我国建立了带有中国特色的市场经济体制。在2008年的经济危机中，我国的经济遭受影响相对其他各国较小，并且能迅速地恢复，中国特色的市场经济道路具有较强的抗风险性和恢复性。

与此同时，尽管市场化改革取得了令人瞩目的成就，但市场化改革在许多领域并不彻底，如存在大量资源配置效率低下的国有企业，它们在部分行业处于垄断地位，要素市场的发育程度较低等。除此之外，地区间市场化进程的差异也是一个重要方面，具体表现为：各地区的市场化进程并不同步，东部沿海地区政策推行早，改革力度较大，而中西部内陆地区启动较晚，改革步伐相对迟缓。随着改革开放进程的不断深入，市场经济体制逐步得到完善。在信息时代，互联网技术不断改进，以通信设备、电商平台、数字金融、共享经济等为代表，越来越多的新兴行业在市场化运作下飞速发展，并逐步成为经济增长的新动能。在过度市场化与政府监管规制不健全的情况下，新兴行业与实体经济运行层面尚存在一些问题。

当前我国市场化进程不断深化，风险可控前提下宏观审慎监管日趋完善，业务不断放开。中小企业有巨大的融资需求，传统金融机构服务范围有效，数字金融蓬勃发

展,民间金融的发展有广阔的沃土。同时,实体经济对资本市场的业务范围与服务能力也有了更高的要求。在这个背景下,交易平台类民间金融有其非常广阔的市场空间,在推动股产权、金融资产与衍生品市场发展,促进多种所有制企业资产配置升级与升值,增强区域资本市场的市场发动与价格发现功能等方面,具有越来越突出的地位与作用。

第二节 交易平台类民间金融发展的内在动力

一、市场与客户需求导向的迫切要求

企业作为国民经济的细胞,是市场经济活动的主要参加者,是社会生产和流通的直接承担者,同时也是推动社会经济技术进步的中坚力量。目前,我国有超过 4 000 万家中小企业,中小企业数量约占企业总数的 90%。中小企业贡献了中国 60% 的 GDP 总量、50% 的税收和 80% 的城镇就业,是我国市场经济的重要组成部分。

专栏 2-4

> **我国中小企业现状**
>
> 截至 2017 年,我国中小企业名录收录的中小企业已达 7 328.1 万户,其中企业 2 327.8 万户,占国内企业总数的 82.5%;个体工商户 5 000.3 万户,占国内个体工商户总数的 80.9%。中小企业财富创造从 2014 年不足 20 万亿元提升至 2017 年接近 30 万亿元,对 GDP 贡献度从 30.3% 提升至 34%。现阶段,中小企业的行业分布比较集中,占比最高的三个行业分别为批发零售、工业和租赁及商务服务业,合计占比达 2/3;另外,科技型企业占比为 4.62%。近年来,中国中小企业保持快速增长态势,已成为扩大就业的重要支撑,尤其是创新型小微企业的大量涌现,为新常态下的经济结构转换提供了新的动能。

中小微企业为我国高质量发展作出了重要的贡献,但也长时间存在着融资难、融资贵等困境。根据中国人民银行的统计数据,2018 年我国社会融资规模存量达 200.75 万亿元,其中,人民币贷款规模达 134.69 万亿元,同比增速 13.2%。一方面,尽管银

行业金融机构对小微贷款余额稳步增长，同时银监会也要求银行单列全年小微企业信贷计划，执行过程中不得挤占、挪用。但小微贷款占金融机构贷款余额比重也只维持在 25% 左右。银行业金融机构对小微企业贷款余额从 2015 年第一季度末的 21.4 万亿元增长至 2018 年第一季度末的 31.8 万亿元，占金融机构总贷款余额的 25% 左右，与中小微企业巨大的融资需求有着一定的差距。另一方面，只有约 1/3 的中小微企业和个体户能够从正规金融机构获得融资，另外大部分只能通过民间金融融资。值得注意的是，地方小额贷款和融资租赁等金融业务发展迅速，在我国金融市场中具有十分重要的地位。根据中国人民银行数据显示，截至 2018 年，我国共有超过 8 000 家小额贷款公司，贷款余额接近 1 万亿元；从 2007—2018 年，融资租赁公司数量由 2007 年不足 200 家增加到目前的 11 565 家，增长了 50 多倍；截至 2018 年第三季度，我国融资租赁合同余额达到了 65 500 亿元，相比 2017 年增加了约 4 700 亿元，增幅 7.73%；同时，截至 2017 年，我国融资租赁行业资产规模达到 2.46 万亿元。

民间金融虽然总量巨大，但是仍有巨大的增长空间。交易平台类民间金融资源整合效用明显，无论是市场需求还是客户需求导向角度，均有着强烈的宏微观经济发展需要和驱动力，集中表现在以下几个方面：

一方面，传统银行等金融机构贷款门槛高，银行确认贷款发放周期长，中小微企业从正规金融机构获得贷款融资困难重重。中小微企业多为公司起步阶段，企业规模小、资产不足多为轻资产公司、初创企业，尤其是科技型企业初期继续大量持续的资金注入，一旦资金链断裂会造成严重的财务问题，从而影响企业的正常经营，抗打击风险能力弱；这类企业的资金绝大部分都投到了生产环节，用于机器设备、厂房等固定资产的投资有限，融资担保资金较为缺乏，同时中小微企业财务管理不完善甚至存在明显漏洞，各类财务报表不规范问题突出，均对企业的回款能力和信誉度存在较大影响；商业银行等金融机构对风险防控尤为敏感，各类审核制度与流程严格，加上对资金利润等绩效的综合考量，对中小微企业贷款这类资金规模小、不稳定因素偏多、风险较大的业务吸引程度不足；还有，正规金融机构对部分行业认同度不足，对于一些前期投入巨大、资金流较少甚至为负的新兴行业，如信息技术、大数据、云计算等科技产业，前期科技研发资金缺口较大，产品成型、产业化周期较长，但银行等金融机构出于审慎管理角度，对这类产业资金支持有限、甚至从风险度量角度不敢对其发放贷款。这些原因均导致了中小微企业从正规金融机构融资难的问题。

专栏 2-5

中小企业生命周期

美国中小企业的平均寿命为 8 年左右，日本中小企业的平均寿命为 12 年左右，而我国中小企业的平均寿命为 3 年左右，成立 3 年后的小微企业还正常营业的约占 1/3，而小微企业平均在成立 4 年零 4 个月后才第一次获得贷款，也就是说，小微企业安全度过"死亡期"之后，才能获得贷款。

相比之下，民间金融具有自发性特征。一般情况下，民间金融内部进行的资本借贷模式，不需要通过正规的法律程序或者制度，只需要借贷双方签署基本的合同就能够达成，民间借贷的双方往往具有一定的关联性；同时，民间金融在一定程度上缓解了信息不对称问题，周围以及区域地方企业以及个人进行贷款业务，民间金融能够对贷款对象进行较为全面的了解。与正规金融相比，民间金融则没有这样的特点，通过自己的方式就能够全面掌握贷款企业的信息，而且在信息获取方面所花费的成本要低于正规金融公司；民间金融对担保品要求较低，担保物品较为广泛，甚至存在无形担保。这些特征使民间金融对比正规金融机构面对中小微企业贷款融资难问题时具有一定的优势和较强烈的市场客户需求。

另一方面，金融机构普遍存在融资成本高问题。由资本资产定价模型我们知道，资产收益率由无风险利率和风险溢价构成。大中型企业发展成熟、管理完善、财务制度成熟、资金流稳定，中小微企业相比风险系数明显高于此类企业，这造成了中小微企业在获取贷款时，风险溢价较大，贷款利率相比高得多，需要比基准利率上浮 40% 甚至 50% 才能获得贷款。尽管我国人民银行近些年来通过持续性的定向降准在一定程度上降低了部分企业的融资成本，但面对体量庞大的中小微企业，仍需从多方面解决融资贵的问题。

民间金融融资效率高，且具有成本优势，能在一定程度上缓解企业广泛存在的融资难问题。部分民间金融机构尚未纳入金融监管范围中，约束较少，日常运作比较简单，运营成本较低；民间金融在交易方面程序较为简单，不需要过多人力参与，操作灵活，在合同签署方面，只需要借贷双方经过协商确认即可，签署时间短，为中小企业融资节省大量的成本，交易成本较低。民间金融在这些方面为企业融资提供了较高的贷款效率，由于成本优势，也能在资金利率方面进行更多地调整，为解决融资贵问题提供更多的尝试和探索。

除此之外，民间金融尤其是交易平台类民间金融具有普遍性和多样性特征。在我国市场经济快速发展的过程中，我国民间金融也随之发展。民间金融深耕地方市场，能够及时掌握区域企业的经营情况，较为精准地匹配其融资需求，一定程度上贴合了地方企业和经济的发展需求，因此民间资本的普及率相对较高。民间金融有多种形式，不仅包括私人钱庄、担保公司、互助合作社、农民专业合作社、典当行、合会等传统民间金融形式，还包括了地方小额贷款公司、融资担保公司、区域性股权市场、融资租赁公司、商业保理公司、地方资产管理公司等金融机构，以及投资公司、社会众筹机构、地方各类交易所等新形式的民间金融组织和机构。交易平台类民间金融在全国各地方的探索和发展，有力地推动了民间金融的规范化、规模化发展，拓宽了民间资本与企业产业资源的对接渠道，补充了正规金融机构的业务覆盖不足，在一定程度上缓解了融资难、融资贵的问题。

不仅如此，随着金融创新的不断深化和拓展，许多地方出现了区域股权交易平台、地方产权交易平台、金融资产交易平台和衍生商品类交易中心等多种类型的交易平台类民间金融。它们有力地盘活了社会存量资金，为众多中小微企业的发展提供了金融支持。

区域性股权市场运营机构作为地方金融基础设施平台以及中小微企业综合金融服务平台，有效地拓宽了中小微企业直接融资渠道，创新了企业投融资方式，推动产业、科技与金融资本融合发展，增强了金融服务实体经济和防控金融风险能力，为健全多层次资本市场体系作出了一定的贡献。规模比较大的区域股权交易中心有：广东股权交易中心、前海股权交易中心、上海股权托管交易中心和北京股权交易中心等。

地方产权交易平台是多层资本市场的重要组成部分，其职能为产权转让提供条件和综合配套服务，开展政策咨询、信息发布、组织交易、产权鉴证、资金结算交割、股权登记等业务活动。产权交易平台具有信息积聚功能，可以提供产权交易的信息，从而沟通买卖双方。平台还具有价格发现功能，同时也具有中介服务功能，通过实行进场交易委托代理制，简化了产权交易手续，缩短了产权交易过程，提高了产权交易效率。规模比较大的产权交易所：有上海联合产权交易所、北京产权交易所、天津产权交易所等。

地方金融资产交易中心推动了我国金融资产和金融资源交易，增强了金融流动性。金融资产交易平台主要面向非标性、私募性金融资产交易方面，业务范围包括开展金融企业非上市国有产权转让、地方资产管理公司不良资产转让、地方金融监管领域的金融产品交易，为各类金融资产提供从注册、登记、托管、交易到结算的全程式服务。

衍生产品是指其价值依赖于基础资产价值变动的合约，这种合约可以是标准化的，也可以是非标准化的。衍生品交易具有复杂性、高杠杆性、虚拟性、高风险性等特点。我国在市场经济持续发展和金融创新不断深入的背景下，各类地方性衍生品交易中心产生并持续健康发展。他们区别于中国金融期货交易所、郑州商品交易所、大连商品交易所和上海期货交易所等全国性衍生品交易中心，地方衍生品交易中心立足于区域衍生品市场，结合地方经济发展的特点，以某些特殊资产为依托，创新了区域市场的交易形式，补充了我国多层次资本市场在区域经济的实践与发展，其中比较具有代表性的是广州碳排放权交易所。作为第三方公共交易服务平台，广州碳排放权交易所为企业进行碳排放权交易、排污权交易提供规范的、具有信用保证的服务，是国家级碳交易试点交易所和广东省政府唯一指定的碳排放配额有偿发放及交易平台，2013年1月成为国家发改委首批认定CCER交易机构之一。广州碳排放权交易所陆续推出碳排放权抵押融资、法人账户透支、配额回购、配额托管、远期交易等创新型碳金融业务，为企业碳资产管理提供灵活丰富的途径，并全力建设环境能源综合交易服务平台、绿色金融综合服务平台、碳普惠制平台等多个重要平台，为全面深化绿色发展和建设生态文明提供保障。

民间金融及其交易平台灵活性较高，及时有效地满足和匹配了市场及客户需求。一方面，民间借贷具有灵活性特点，借贷方可以根据自身发展需求以及客户需求制定相对灵活的借贷利率；另一方面，因为民间借贷没有健全的风险防控机制，其面临的风险较大。在利率拟定方面，贷款方往往会根据贷款人的信用状况、资产状况、借款时间来确定。此外，中小企业因成立时间短、规模资质、行业特点、运营状况等原因，无法从正规金融机构获取相应的贷款，而往往民间金融机构愿意承担这类型风险，配合其融资需求，愿意为其提供资金支持。全国约2/3的中小微企业通过民间金融及其交易平台筹措资金进行融资，据统计超过5万亿元的市场体量，后期市场前景广阔。

二、金融创新的内部需求

美籍奥地利经济学家熊彼特（Schumpeter）于1912年在其著作《经济发展概论》

中写道:"创新是指把一种新的生产要素和生产条件的'新结合'引入生产体系",首次提出了用创新理论来解释资本主义经济发展和周期。熊彼特认为,创新是建立在一种新的生产函数基础上的,企业家会对生产要素进行重新分配和组合,经济的发展得益于生产体系中不断流入的新的生产要素与生产条件。熊彼特认为创新理论的主要内容有:创新是经济得以发展的源泉;企业家构成了创新体系的主体;金融信用制度是经济社会得以创新的前提条件。现代金融创新概念多源于熊彼特对其描述的延伸。金融创新是指通过金融制度、金融产品、交易方式、金融组织、金融市场等的创新和改革,促进了金融领域各种要素的重新优化组合和金融资源的重新配置,已经成为促进金融市场发育、金融行业发展和经济增长的重要力量,是金融体系促进实体经济运行的"引擎"。金融创新的内涵主要涵盖了三个层面:一是宏观层面的金融创新,其与历史上金融发展的阶段密切相关,创新贯穿于金融行业发展的全过程。其具体包括了金融技术的创新、金融市场的创新、金融企业组织和管理方式的创新、金融服务业结构上的创新,以及金融市场、金融体系、国际货币制度等方面的历次变革。二是中观层面的金融创新,其指的是20世纪五六十年代金融机构特别是银行中介功能的变化,它可以分为技术创新、产品创新以及制度创新。这个视角的金融创新是政府或金融当局和金融机构为适应经济环境的变化和在金融过程中出现的各类问题,为防控分析和提升流动性,基于安全性和盈利性考量而逐步改变金融中介功能,创造和组合一个新的高效率的资金营运方式或营运体系的过程。三是微观层面的金融创新,一般特指金融工具的创新,具体包括信用创新型、风险转移创新型、股权创造创新型等各类金融创新工具。

改革开放以来,尤其是近些年,我国金融创新从金融制度、金融市场、金融产品、金融机构、金融资源、金融科技和金融管理均取得了巨大的进步,有力地推动了社会主义市场经济的发展,为健全多层次资本市场体系发挥着重大作用。一方面,金融产品和金融业务创新成效显著,银行、保险、证券、信托、投资基金、融资租赁、小额贷款等业务规模快速增长,结合互联网、大数据等先进技术的各类新型金融服务与产品层出不穷。在审慎监管背景下我国金融业仍实行较为严格的分业经营,但未来金融行业混业经营的新趋势越发显著,对其进行规范和引导,有利于金融部门间的优势互补,为解决系统性风险和金融监管问题提供探索的方向。另一方面,目前我国衍生金融工具市场发展迅猛,交易规模、产品种类得到了很大程度的提升与丰富,已成为我国金融体系的重要组成部分。

金融是经济体系的枢纽与核心，金融创新的内在需求对民间金融的发展有了更高的要求。针对我国在金融创新过程中存在的金融市场缺乏有序竞争、金融衍生工具风险提升、表外和同质化等金融机构新风险产生、金融创新主动性不足等问题，民间金融以其特有的方式弥补正规金融机构缺位，在盘活存量资金以及提高资源配置效率方面发挥着作用。民间金融机构与银行、证券、保险等各类金融机构小微业务专营部门，以及律师事务所、会计师事务所等中介服务机构，推动形成了多样化的小微金融服务体系。民间金融抓住了我国金融创新发展的机遇，同时也为解决多层次资本市场建设过程中出现的问题提供了多角度的解决路径。近年来，交易平台类民间金融的蓬勃涌现和快速发展，在发挥金融体系职能、支持实体经济方面更是发挥了积极作用。在利率市场化稳步推进的大背景下，股权交易平台、产权交易平台、金融资产交易平台和衍生品交易中心等民间金融交易平台有效盘活经济存量、拓宽企业融资途径、提高经济整体运行效率，是我国新常态下缓解经济增速下滑、缓释金融机构与企业财务风险、提高直接融资占比和构建多层次资本市场的有效工具，未来发展潜力巨大。

三、实施国家重大发展战略的内在要求

（一）供给侧结构性改革与交易平台类民间金融

现阶段，全球宏观经济环境持续萎靡，受外部环境影响，我国经济增长模式发生转变，进入"新常态"阶段。投资边际效应不断降低，依靠出口与投资拉动的经济增长模式不再适应现阶段发展需求。国内产业结构与消费结构不匹配问题逐渐显现，尽管消费网络化等新经济形式和需求不断增加，但从体量规模上看对拉动经济增长作用依然有限，持续发展的消费结构对产业结构升级有着更高的要求。基于上述宏观经济局势，我国提出供给侧结构性改革拉动消费增长的政策。供给侧结构性改革要求优化供给结构，一个重要的领域就是在产业层面上，淘汰僵尸企业，加快国企合并整改，对我国就业形势产生一定影响。与此同时，小微企业管理及组织机构灵活、资金投资小、适应地方经济发展特点，具有明显的地域特征。小微企业的成长壮大不仅可以为当地经济发展注入新的动力，还可以较大程度上吸收和消化地方劳动力。所以，在供给侧改革产业结构层面要求淘汰僵尸企业、消化过剩产能的同时，需扶持当地小微企业。

在我国金融深化与金融创新进程加速的背景下，民间金融作为我国多层次资本市

场中的重要组成部分，起到弥补正规金融机构缺位、盘活存量资金以及提高资源配置效率的重大意义。在我国供给侧结构性改革进程中，民间金融是缓解小微企业融资难、融资贵问题、进而推动产业转型升级的重要推手。金融是经济体系的枢纽与核心，而近年来交易平台类民间金融蓬勃涌现和快速发展，在发挥金融体系职能、支持实体经济方面更是发挥了积极作用。然而，在我国宏观审慎监管日趋完善的环境下，交易平台类民间金融仍存在着部分监管空白与监管套利，存在着演化为系统性风险的潜在可能，值得警惕。这个背景下，中共中央政治局在第十三次集体学习时，提出要深化对国际国内金融形势的认识，正确把握金融本质，深化金融供给侧结构性改革，平衡好稳增长和防风险的关系，精准有效地处置重点领域风险，深化金融改革开放，增强金融服务实体经济能力，坚决打好防范化解包括金融风险在内的重大风险攻坚战，推动我国金融业健康发展。

当前，我国金融体系分布不平衡、发展不充分的问题依然突出，金融成为供给侧改革的重要方面，这有利于解决我国金融部门长期面对的深层次结构性问题，进一步释放和提升金融行业服务实体经济的作用和能力。金融系统出现的这种不平衡、不充分问题主要集中在以下两个方面：一是直接融资和间接融资发展规模不够平衡。尽管随着科创板、注册制等新市场模式的实践不断深化，证券市场发展迅速，各项制度运行不断完善，债券、信托、私募和衍生品市场也得到了较大程度的发展，非银金融直接融资比例不断提升，但银行信贷仍在我国社会融资规模中占主导地位。在当今科技创新主导的社会发展潮流下，以间接融资为主的资本市场无论是在资源配置效率还是在需求匹配度层面，都越来越不适用于发展方向与要求。银行业从改革开放以来为我国实体经济发展做出了突出的贡献，其背后依托的是强大的规模和实力。与此同时，多层次、广覆盖、有差异的银行体系仍亟待进一步建设和完善。金融供给主体，特别是中小金融机构不足，小微、"三农"、绿色等金融服务短板还有待补齐，数量庞大的民间金融及其交易平台，也需要得到进一步的支持和方向引导。二是金融机构服务和市场主体需求不平衡。尽管经过了数十年的发展，目前我国金融业层次结构依然不健全，服务体系依旧不完善。同时，金融业发展具有显著的"需求侧驱动"导向特点，同一行业机构扎堆，对业绩、客户资源、市场占有等过度追求而不太重视业态的健康发展，导致了同质化、粗放型经营现象较为严重。随着新业态、新模式、新技术的融合与应用，当前产业发展已不单纯是融资的需求，还有现金管理、投资交易、财务顾问等多样化的需求，传统信贷主导的融资模式已经无法匹配企业多样化的需求，需要有业务模式和产品服务的创新。针对实体经济对金融业态的新要求、新导向，民间金融及其交易平台不断匹配和满足市场及客户需求，逐渐形成了股权交易平台、产权交易平台、金融资产交易平台和衍生品类交易中心等多种交易平台类民间金融，从区域股权交易、产权交易、金融资产交易和衍生品交易这四个层面，为地方经济发展提供了多维度的资本资产服务平台，更好地推动了中小微企业的成长。

（二）创新驱动、科技金融发展战略与交易平台类民间金融

创新驱动和科技金融等国家发展战略在推动我国科技进步和经济发展的过程中，有效协同我国产业结构升级、大湾区建设等战略部署和规划，对民间金融等多层次资本市场的成长有着强烈的需求。

党的十八大明确提出："科技创新是提高社会生产力和综合国力的战略支撑，必须摆在国家发展全局的核心位置。"强调要坚持走中国特色自主创新道路、实施创新驱动发展战略。2016年5月，中共中央、国务院印发了《国家创新驱动发展战略纲要》。创新驱动发展战略，是以科技创新为核心的全面创新推动经济持续健康发展的战略，其内涵是以创新成为引领发展的第一动力，推动发展方式向依靠持续的知识积累、技术进步和劳动力素质提升转变，促进经济向形态更高级、分工更精细、结构更合理的阶段演进。当今全球化程度不断加深，随着国际分工的持续推进，科学技术已成为推动经济社会发展的中坚力量，把握创新驱动是时代发展的必然要求。习近平总书记指出："实施创新驱动发展战略，是加快转变经济发展方式、提高我国综合国力和国际竞争力的必然要求和战略举措。"创新驱动发展作为我国的一项重大发展战略，在以科技创新为核心的全面创新共同推进下，为经济社会的快速健康发展提供源源不断新的增长动力源泉，从而加快我国从经济大国走向经济强国的行列。

党的十九大报告指出，当前经济发展需要更加注重创新资源和要素的有效汇聚及协同。通过突破新兴产业间的阻滞因素，充分激发产业内部要素的活力和实现深度合作，才能进一步促进我国产业结构优化升级。科技产业尤其是高新技术产业是当前发展活跃且具有较强创新能力的新兴产业。与此同时，交易平台类民间金融这些新的资本市场形式通过金融资源配置与创新培育服务，进一步推动科技产业发展和升级，在一定程度上实现了科技金融与科技产业的有效融合，极大地释放了经济增长能力。

科技和金融是推动新时代经济发展的两个最活跃元素，科学技术是第一生产力，金融在现代经济中处于核心地位。科技和金融相结合不断强化我国的自主创新能力，

进一步刺激经济增长以及促进产业结构优化升级,具有十分重要的战略意义。一方面,金融支持科技发展,金融服务与金融技术的完善和创新有力地加快科技成果的产品化和产业化,加速孵化新兴产业,有效推动高新技术企业创新能力提升与成长。另一方面,科技引领金融服务升级,以信息技术为代表的高新技术成果融合应用于金融领域,这将给金融行业带来巨大的技术创新和效率提升。落实《国家"十三五"科学和技术发展规划》,实现科技和金融深层次融合,培育发展战略性新兴产业,支撑和引领经济发展方式转变,加快建设创新型国家。《关于促进科技和金融结合加快实施自主创新战略的若干意见》指出,不断提升科技金融的引领作用,大力推进科技和金融融合,以建设多层次的资本市场体系为目标,走出了一条具有区域特色的金融改革创新之路,加快形成产业转型升级与金融要素高效对接的体制机制,实现金融科技与产业间的良性循环。促进金融资源与高新技术产业的有效协同与深层次协同发展已成为我国区域经济增长的又一重要发展战略,建立科技金融协同创新与发展体系为目前经济发展的工作重点。

科技资本市场是科技金融系统中最为活跃、占主导力量的部分,而交易平台类民间金融又是其中重要的组成部分。区域股权交易中心、地方产权交易中心等各类民间金融交易平台在支持科技与产业创新的过程中,提供了资本融通、电子商务、投行、公共与市场服务等多种服务,为产业的升级发展和科技创新资源的有效汇聚构建了产股权交易、金融资产交易与直融、要素资源交易、智库支撑与数据信息交易服务平台。交易平台类民间金融在很大程度上有效地补充了我国资本市场的资源配置功能,推动了资金的聚集与快速流动、配套服务的完善与升级、金融活动创新,促进了高新技术产业研发效率提升、技术流动、成果转换周期缩短、企业经营显著改善,进而有效支持当地经济发展。

第三节 交易平台类民间金融发展的理论基础

一、金融排斥理论与交易平台类民间金融

金融排斥是一门起源于20世纪90年代的新兴理论,最初由西方金融地理学家开始研究并阐述其内在机理,重点研究的是金融机构及其服务的指向性问题,随后越来

越多的经济学家参与其研究。金融排斥描述的是社会中一部分群体缺失了参与金融体系的能力与机会,被剥离了获取各类金融服务的资格。20世纪90年代,西方发达国家普遍实行宽松金融管制政策,在信息技术快速发展的推动下,英国、美国等西方国家的金融业步入一个新的业态当中,更加注重细分市场份额的开辟与金融服务的质量水平。同时,受到风险规避的影响,金融机构更加偏向于发展人群层次结构更加合理和优越的市场,而那些处于落后、劣势地区的市场则越发不受重视而逐步消亡,金融排斥现象也随之产生。在这个过程中,身体因素、技能水平、住房条件、家庭环境、收入水平、失业状况等均是影响其获得金融服务的重要因素,影响了其是否被排除在金融服务的范围之内。

专栏2-6

金融排斥及其类型

根据Kempson和Whyley(1999)的界定,目前主要存在五种类型的金融排斥:一是机会排斥,地理位置偏远或金融体系风险管理过程,部分群体被排斥在金融服务体系之外;二是条件排斥,即一些特定的金融限制条件将部分群体排斥在金融服务对象之外;三是价格排斥,即难以负担的金融产品价格将部分群体排斥在金融服务对象之外;四是市场排斥,即金融产品销售和市场定位将部分群体排斥在金融服务之外;五是自我排斥,即由于害怕被拒绝或由于心理障碍而导致部分群体将自己排斥在金融服务体系之外。我国的金融排斥现象也类似于这五种情形。

随着改革开放的不断深入、市场化进程不断加快,我国的金融体系日趋完善,但部分机构和层面仍不够健全,金融排斥现象依然广泛存在,主要集中反映在金融地理排斥和中小企业融资困境两个方面:一是地域排斥现象显著。我国金融业发展规模与分布区域差异性明显,大部分地区农村地域金融服务业覆盖程度显著落后于城市地区。金融组织机构广泛分布于发达城市与地区,而乡镇地带长时间处于发展的真空地区。由于经济发展程度差异,农村地区信息不对称问题尤为突出,加上抵押物缺乏、农村特质性风险和非生产性借贷占主导等问题,使农村地区长期以来正规性金融供给不足。20世纪末推进的中国农业银行机构撤并,乡村地域金融机构很大程度上萎缩,也是加剧了这一金融排斥现象。二是中小企业"边缘借款人"现象依旧突出。尽管多年来,我国大力推动国有银行倾斜向中小企业贷款,并出台各类优惠措施与配套服务着力解决中小企业广泛存在的融资难融资贵问题，但仍有相当大数量的企业得不到覆盖。同时，中小企业经营成长过程的高风险又加剧了商业银行获取这类企业信息的成本，审慎原则下审批流程漫长，企业融资贷款的需求与供给缺口进一步扩大，又形成了一定程度上的信贷配给现象，使很大部分中小企业处于"边缘借款人"的被动状态。

尽管我国金融排斥现象依旧显著，这也在一定程度上推动了民间金融这一正规金融重要的补充形式的发展。正规金融机构在与农村经济和民营机构业务往来时，一个重要的影响因素是信息的获取成本。对于大型正规金融机构而言，各地方经济条件和情况不同，整合庞大的农村和中小企业信息资源显然需要耗费巨大的人力物力，不符合其经营要求，提供精准化的金融服务难度也非常大。而各类根植于地方、土生土长的中小民间金融机构，能够较为全面、广泛地获取地域性的存量信息数据，对在其地方上的中小企业的经营水平、项目进展、发展前景和信用状况等数据信息都能做较为详细的收集和整理，并及时更新，其信息成本远低于正规金融机构在地方的实行，有效地缓解了金融机构与企业间的信息不对称问题。当前以小额贷款、融资租赁等为主要业务的民间金融机构，其短期信贷服务较好地匹配了大部分农村经济和民营经济体短期融通的需要，更好地适应其经营发展的需要，也成为目前企业选择民间金融作为融资对象的主要因素之一。

民间金融及其交易平台在金融排斥现象背景下获得了机遇，但在发展过程中又存在规范化、风险性等问题，这又制约了其发展。随着新型农村金融机构试点、交易平台类民间金融的建立与发展，民间金融在健全我国多层次资本市场体系中的实践探索不断深入，有效地补充了正规金融，实体经济服务能力水平进一步提升。一方面，村镇银行、小额贷款公司等新型农村金融机构的发展缓解了典当行、钱庄、合会等传统民间借贷机构的风险积聚问题，作为规范化经营机构，它们在保障农村民间金融具有成本效益优势，较好地分散了农村金融服务中存在的生产规模小、经营分散、信息闭塞、农产品生产回报周期长等潜在风险因素。另一方面，针对金融排斥下中小企业融资难的问题，交易平台类民间金融的发展可以有效拓宽企业融资渠道，同时对规范民间金融的发展具有重要意义。交易平台类民间金融以地方性交易中心、交易所为载体，创新股权交易、产权交易、金融资产交易以及衍生品交易等多种形式，可以满足企业不同类别、多样性的融资需求与资产交易要求。同时，交易平台类民间金融作为一个有效的资源整合渠道，以服务为契机，可以将众多民间金融机构以及中小企业纳入一个相对科学规范的平台系统中来。随着平台的不断发展完善，以及各项监管措施的落实到位，平台类民间金融无论在风险防控还是规范引导发展方面，均会扮演十分重要的角色。

二、信息不对称、信贷配给理论与交易平台类民间金融

信息不对称广泛存在于各类经济活动中，民间金融在经济发展过程中一个重要的贡献和作用就是发现信息不对称问题并逐步解决。信息不对称指的是交易过程中各群体所获信息程度的差异性。在经济活动中，不同的人员对信息的获取层次和信息量是不同的，存在部分人员或群体拥有其他人员或群体所无法拥有的信息，因此使他们处于有利地位，而信息匮乏的人员则居于劣势，信息不对称问题随之产生。信息不对称可能会导致以下三个问题：一是代理问题。在委托代理关系中，委托人与被委托人的目标并不一致，由于双方之间的契约并不完整，加上信息不对称性，代理人可能会在决策和执行过程中尽可能追求自身利益最大化而并不是以委托人的最大利益为目标决策。二是道德风险问题。信息不对称背景下，不确定或不完全合同使得负有责任的经济行为主体不承担其行动的全部后果，在最大化自身效用的同时，做出不利于他人行动的现象，"搭便车"等道德风险问题也随之产生。三是逆向选择问题。在信息不对称条件下，市场的某一方如果能够利用多于另一方的信息使自己受益而使另一方受损，倾向于与对方签订协议进行交易。

信贷配给现象是与信息不对称问题紧密联系在一起的。信贷配给由宏观层面和微观层面两部分构成。宏观层面下，信贷配给指的是在确定的利率条件下，信贷市场上金融机构与资金需求方之间的贷款需求大于供给规模；微观层面下，其指的是满足了部分贷款需求群体的贷款要求，有一部分群体并未获得贷款，也指一个贷款人的贷款需求被部分满足。这种信贷配给问题的产生是由于信贷市场上广泛存在的信息不对称问题。在信息不对称的影响下，金融市场中逆向选择和道德风险行为较为普遍。信贷市场的逆向选择存在于信贷交易前，由于贷款企业所掌握的企业运营状况、债务水平、盈利能力、违约风险、项目违约风险等自身实际信息远多于银行，银行较难获取企业所处的市场环境、真实财务状况和还款意愿等信息。在这种情况下，银行确定统一、较高的贷款利率时水平往往吸引的是还款可能性较低的企业，而考虑到信息成本问题，那些信誉资质较好的企业大部分选择退出市场不进行借款；而信贷市场的道德风

险问题则产生于信贷交易后。信贷借款人此时拥有借贷资金的控制权和使用权，而银行等金融机构贷款人只拥有资金的收益权。借款人存在着改变投资方向，进行高风险高收益项目投资的可能。在这种情况下，由于借贷双方是有限责任制，借款人只承担着有限的成本，实际上是将企业资金借贷的不确定性风险又转移给了银行。从理性行为人角度，银行即使进行信贷配给，也不会去匹配高利率的贷款需求。由于逆向选择和道德风险效应的存在，信息不对称问题进一步降低了银行的边际收益，甚至对其正常经营产生损害作用，从而进一步推动了银行这类金融机构的信贷配给行为。信贷配给制的存在会对实体经济产生较大的影响。信贷配给可能会扩大外部冲击。受到信贷配给影响的经济体中，利率的调控机制有限，经济外生冲击和信贷配给的相互作用放大了这种外部的影响。尤其是在经济处于下行或衰退阶段时，银行借款人误判、紧缩信贷供给等行为加剧了市场上的逆向选择和道德风险现象，甚至产生排挤中低风险借款人出信贷市场的行为，宏观环境进一步恶化；同时，信贷配给理论在一定程度上也否定了利率自主调节、市场自动出清等市场机制，强调政府市场干预的作用，以及资源配置效率降低、资源错配的可能性。

不难发现，传统的信贷市场有明显的信息不对称性，容易导致逆向选择和道德风险，限制了农村经济和中小企业的发展。民间金融在解决信贷配给难题方面有着天然的优势，构建健全的民间金融体系，能够有效解决信贷配给难题，支持农村经济以及广大中小微企业的发展。一方面，当前我国农村经济中占主导地位的乡镇企业和私营企业一般为中小企业，受规模和资质影响，往往在信贷市场上处于劣势地位。乡镇企业和私营企业大部分是由个体经济、合作制企业和家庭企业发展而来的，家庭、家族成分依然十分显著。由于缺乏规范有效的财务管理制度，金融机构对其进行信用评估的难度十分大，这些企业在很多情况下也不满足贷款条件及要求。这些企业抗风险、抗冲击能力较差，加上自有资本少、融资费用高、抵押担保机制不健全，在正规金融机构的贷款审核中往往处于十分不利的地位。由于信贷配给的存在，在正规金融机构获取贷款渠道受阻的经济体去寻求外部其他资金资源的意向更加强烈。民间金融主要有短期小额借贷、担保抵押等形式，由于在本乡本土开展经济往来，信息不对称问题以及履约问题在乡邻之间一般不太严重。借贷者之间的信息和信用状况较容易被对方获取，信息成本内化于当事人大量平常生活之中。由于利用了当地的私人信息，民间金融在解决信息不对称方面具有一定的比较优势，这也是民间金融产生的重要原因。正规金融机构在贷款活动中所必须进行的贷前调查以建立信贷关系的费用，在民间金融里相当低。因此，民间金融不仅在一定程度上拓宽了乡镇企业的融资渠道，而且可以缓解乡镇企业所面临的信贷配给困境。一定程度上，民间金融当前得以快速发展的原因之一就是它内生于中小企业摆脱信贷配给困境的经济行为过程中。据统计，我国一些地方有超过80%的农户参与过民间借贷，部分乡镇企业超过90%进行社会借贷，企业中民间借贷的体量达到了企业资金总量的30%~40%。相关研究表明，中小企业获得信贷配给的概率显著低于大型企业，盈利能力高的企业受到信贷约束的可能性更低，但值得注意的是，银行对于向中小企业放贷盈利能力并不是其优先考虑的因素。同时，政府在企业贷款中提供帮助会显著影响银行的贷款分配，是银行发放贷款考量的主要指标之一。因此，金融市场化是解决信贷配给问题的重要途径，金融市场化水平的高低显著影响了广大的中小企业融资的难易程度，而大力推动地方中小金融机构的发展是解决这一问题意义十分重大的探索路径。村镇银行、小额贷款公司、融资租赁公司、保理公司等地方性金融企业机构的迅速发展，及时有效地补充了中小企业的资金缺口，各类地方股权交易中心、产权交易所、金融资产交易中心等交易平台类民间金融更是极大地拓宽了企业的融资与资产交易渠道，不仅从平台管理规范化和信息透明化等角度消除了部分信息不对称影响，在服务民间金融和实体经济的过程中同时为推动我国多层次资本市场建设作出了重要贡献。

三、其他交易平台类民间金融理论

交易平台类民间金融理论机制随着金融理论的丰富和演变而不断得到发展，同时，交易平台类民间金融的发展和深化又推动了现代金融理论的扩展与革新，越来越与经济社会发展紧密结合。交易平台类民间金融除了受到金融抑制理论、金融排斥理论和信贷配给理论机制的影响，有效市场假说和金融中介理论等金融理论也在很大程度上推动了交易平台类民间金融的发展。

有效资本市场假说理论是围绕强制性信息披露制度而展开的，是由尤金·法玛（Eugene Fama）于1970年深化并提出。有效资本市场假说有三种形式：一是弱式有效市场假说，该假说认为在弱式有效的情况下，市场价格已充分反映出过去所有历史的证券价格信息，包括股票的成交价、成交量、卖空金额、融资金融等；二是半强式有效市场假说，该假说认为价格已充分反映所有已公开的有关公司营运前景的信息，这些信息有成交价、成交量、盈利资料、盈利预测值、公司管理状况及其他公开披露的财务信息等，假如投资者能迅速获得这些信息，股价应迅速作出反应；三是强式有效市场假说，强式有效市场假说认为价格已充分地反映了所有关于公司营运的信息，这些信息包括已公开的或内部未公开的信息。

有效市场假说理论是与信息公开和信息不对称问题紧密联系在一起的。在有效市场理论的框架下，市场是往有效市场的方向发展的，反映资产价值相关信息的公开程度应得到持续地扩大。在我国当前资本市场发展情况下，尽管监管部门不断加强建设信息披露渠道、完善和规范信息披露内容和形式以及监督信息披露质量，大部分中小投资者获取资产信息的成本依然相当巨大。市场发动、价格发现、价值创造功能就是区域股权交易中心、地方产权交易中心和地方金融资产交易中心的重要作用。

中小微企业普遍存在信用缺失、治理失效、财务混乱等问题，交易平台类民间金融利用自有平台优势，为合格投资者提供企业研究报告和尽职调查信息，与商业银行、小额贷款公司等开展业务合作，为企业提供融资服务和改制辅导、管理培训、管理咨询、财务顾问等相关服务，并推荐企业挂牌和承销可转换为股票的公司债券，推荐本公司承销的可转换为股票的公司债券在区域性股权市场挂牌转让，为证券和金融资产的非公开发行组织合格投资者进行路演推介或其他促成投融资需求对接的活动等。交易平台类民间金融通过自身业务的发展，显著改善了地方投资者间的信息不对称性，降低了获取信息成本，促进中小微企业完善公司治理，提升规范水平，从源头上解决了中小微企业融资难、融资贵问题，从而补齐资本市场功能短板，提高资本市场服务覆盖面。

金融市场的发展历程伴随着金融中介与金融脱媒现象的相互影响过程。在市场经济中，储蓄——投资转化过程是围绕金融中介来展开的，金融中介是储蓄投资转化过程中基础性的制度安排。John Chant（1990）认为，金融中介的本质是在储蓄与投资转化过程中，在最终借款人和最终贷款人之间加入了一个第三方。Freixas 和 Rochet（1999）把金融中介定义为从事金融合同和证券买卖活动的专门代理人或机构。金融中介发展到现在已突破了交易成本、信息不对称的范式约束，开始强调风险管理、参与成本和价值增加的影响，使金融中介理论转向为探讨在转换资产中中介如何为最终储蓄者和投资者提供了增加值的认知过程。风险、不确定性、信息成本和交易费用构成了金融中介演化的客观要求，而制度、法律和技术则构成了中介演化的现实条件。目前的发展方向更多深入地探寻金融中介如何运用资源以博取有用信息、降低交易成本，从而通过改变风险与收益的对比来实现这些转型。20世纪60年代以来，伴随着经济与资本市场的波动与发展，金融中介理论不断地丰富和变化，金融脱媒现象也相应不断得到认知。前文已有金融脱媒的相关介绍，下面将描述金融中介理论视角下金融脱媒现象的演变对银行和金融部门的影响。传统金融中介理论认为，金融中介和资本市场之间存在竞争和替代关系，金融中介通过技术上的规模经济降低交易成本，使之在交易过程中具有优势。但随着交易技术不断改进，传统理论对现实经济现象的描述逐渐得不到更为合理的解释。根据原有理论，技术的进步将逐步淡化金融中介在交易成本层面的优势，金融中介的作用力与影响力的下降将动摇其角色与存在的意义，金融部门层次的金融脱媒也会相应出现。但实际情况是，美国等发达国家通过金融实践表明，随着交易技术的不断进步，金融中介不仅没有消失，反而如雨后春笋般发展壮大。得益于信息经济学和交易成本经济学的发展，从信息和激励层面引发的各类交易成本，如事前搜索成本和事后监督成本等，在特定阶段一度成为新金融中介理论的核心概念，并相较于传统金融中介理论更为精确和具体地对交易成本进行设定。现阶段，金融中介的优势依然集中于对成本的降低，随着市场的不断完善，信息不对称、不完全所带来的成本将呈现显著下降的趋势。由于金融中介在降低特定成本方面的优势在不断减弱，资本市场对金融中介的替代及金融层面的金融脱媒现象将贯穿于市场经济发展中一个相当长的阶段。

银行等传统金融部门特殊的作用在于为其客户提供流动性，并且在不利条件下也能够履行承诺。但是其内部风险的上升弱化了银行的流动性保险功能，导致了银行层面金融脱媒的出现。同时，互联网金融在降低信息成本以及提升交易效率方面的明显优势也在不断地挑战传统金融中介在资源配置方面的影响力与地位。伴随着经济社会的发展，交易技术、交易软硬件的改进以及交易人员综合素质的提升，金融中介受到的冲击将越来越大，对资本市场的要求会显著提高。在这种趋势下，市场参与者会对资本市场存在巨大的需求缺口。在这种背景下，我国重点建设多层次资本市场具有非常重要的价值和意义，这无论是对资源配置还是资本市场的发展都有着非常强劲的推动作用。交易平台类民间金融是多层次资本市场建设的重要组成部分，作为地方资本市场的组织者、协调者与服务机构，通过培育股产权、金融资产、衍生品等多种交易市场，不仅有效缓解广大中小微企业融资难、融资贵问题，更是为产业链提供全方位的综合配套服务，在平台建设过程中不断完善架构、整合各方资源，有效参与了资源配置，更是起到了经济运行润滑剂的作用，对区域经济发展的贡献程度不断提升。

本章小结

在当前供给侧结构性改革持续深入推进、改革开放力度加大、市场化进程不断深入的背景下，为实现我国经济持续健康发展，必将要对民间金融有更高的要求。随着金融创新的不断全面深化，以及金融自由化、金融脱媒现象的越发显著，民间金融尤其是交易平台类民间金融对配置金融资源、盘活存量资金以及弥补金融机构缺位的作用逐步显现。

交易平台类民间金融的蓬勃发展是多层次资本市场建设的必然产物，其发展为我国缓解和解决经济发展过程中出现的金融抑制、金融排斥现象以及存在的信贷配给问题提供了许多宝贵的实践经验，积极推动和探索了适合于中国经济社会发展的民间金融发展路径。

同时，交易平台类民间金融在配合国家实施创新驱动发展、科技金融等重大发展战略的过程中，通过全方位服务平台的建设，培育了初具规模的产股权等多类型区域交易市场，不断满足日益庞大的市场需求与客户需求，切实缓解了广大中小微企业的融资难、融资贵问题，更是通过全链条的实体经济配套服务体系，促进了我国供给侧改革进程以及产业转型升级，具有其强大的发展内驱力。

本章重要概念

交易平台类民间金融　外源动因　内驱力　理论基础

本章思考题

1. 从金融本质视角如何推动交易平台类民间金融的发展？
2. 金融自由化、金融脱媒等现象如何影响交易平台类民间金融的发展？
3. 市场需求以及客户需求的变化对交易平台类民间金融提出哪些要求？
4. 如何理解交易平台类民间金融的发展与实施供给侧结构性改革、创新驱动发展、科技金融等国家发展战略之间的内在联系？
5. 金融抑制、金融排斥和信贷配给等金融理论如何影响交易平台类民间金融的发展？

本章参考文献

[1] 何德旭. 把握金融本质服务实体经济 [N]. 西安日报, 2019-04-08 (006).

[2] 郭念枝. 金融自由化与中国居民消费水平波动 [J]. 经济学 (季刊), 2018, 17 (4): 1361-1382.

[3] 胡其伟. 金融自由化背景下中国商业银行转型发展研究 [D]. 对外经济贸易大学, 2015.

[4] 曾力, 朱民武. 金融脱媒对商业银行经营绩效的影响研究 [J]. 南方金融, 2015 (4): 90-94, 72.

[5] 郑联盛. 金融创新、金融稳定的历史回望与当下风险管控 [J]. 改革, 2014 (8): 81-89.

[6] 赵鹤. 新型金融环境下金融会计风险成因与防范措施分析 [J]. 商业会计, 2016 (1): 49-51, 96.

[7] 阿布都合力力·阿布拉. 金融环境、所有权性质和融资约束——基于A股上市公司的经验证据 [J]. 会计之友, 2017 (23): 79-84.

[8] 张晨霞. 中国金融环境变迁对企业财务战略的影响及对策分析 [J]. 经济研究导刊, 2014 (3): 139-140.

[9] 孙晓华, 李明珊. 我国市场化进程的地区差异: 2001—2011年 [J]. 改革, 2014 (6): 59-66.

[10] 吴利军. 我国市场化进程对经济增长的贡献 [J]. 中国市场, 2018 (10): 60, 65.

[11] 朱沛华, 李军林. 市场化进程、经济波动与地方金融风险 [J]. 改革, 2019 (6): 63-72.

[12] 张华夷. 民间金融对中小企业融资的作用分析 [J]. 现代营销 (下旬刊), 2018 (9): 10-11.

[13] 李朝阳. 从供给侧改革角度看小微企业融资难问题 [J]. 管理现代化, 2016, 36 (5): 14-16.

[14] 刘湘云, 韦施威, 刘兆庆. 群体动力学视角下科技创新与金融创新耦合机制研究——以广东省为例 [J]. 科技管理研究, 2018, 38 (15): 15-25.

[15] 付云舒. 我国农村金融抑制与金融深化问题研究 [J]. 现代经济信息,

2017（15）：300.

[16] 王春超，赖艳. 金融抑制与企业融资渠道选择行为研究 [J]. 经济评论，2017（5）：51-63.

[17] 孔秀叶. 金融排斥与我国民间金融的发展 [J]. 消费导刊，2008（10）：85.

[18] 赵永亮，张记伟，郭祥. 信贷配给、民间金融及农村社会环境 [J]. 新金融，2009（2）：54-57.

[19] 苟琴，黄益平. 我国信贷配给决定因素分析——来自企业层面的证据 [J]. 金融研究，2014（8）：1-17.

[20] 宋旺，钟正生. 理解金融脱媒：基于金融中介理论的诠释 [J]. 上海金融，2010（6）：12-17.

业务运作篇

第三章 区域性股权交易平台

📖 本章导读

区域性股权交易市场是中国特色社会主义市场经济建设过程中出现的新事物，经过十年发展，已逐步成为我国多层次资本市场的重要组成部分。在服务中小微企业和实体经济、推进供给侧结构性改革、促进大众创业万众创新、服务创新驱动发展战略、降低企业杠杆率等方面，区域性股权交易市场发挥了重要作用。本章将从区域性股权平台的运行模式、业务种类、功能发挥等层面深入探讨，将全国各地股权交易市场穿插论述，以加深读者对我国多层次资本市场的认识，并结合深圳前海股权交易中心案例，带领读者深入地了解区域性股权市场的业务种类以及运作模式，为中小企业提供可行的资本运作与外源融资方法，也为即将破壳落地的"珠三角金融改革"添砖加瓦。

📚 本章学习目标

1. 了解区域性股权市场，了解多层次资本市场结构。
2. 掌握区域性股权市场的参与主体与业务种类。
3. 了解区域性股权市场的现有管理办法。
4. 了解区域性股权交易平台存在的主要问题及成因。

第一节　区域性股权交易平台概述

一、区域性股权交易平台的概念与特点

区域性股权交易市场为特定地区的企业提供股权、债券转让和融资服务。区域性股权交易市场既是场外股权交易市场，也是私募股权市场，独立于主板市场、二板市场以及新三板市场之外的新兴资本市场，俗称新四板市场。

区域性股权交易市场对促进企业特别是中小企业的股权交易和融资，鼓励技术创新，激活民间资本，加强实体经济薄弱环节具有积极作用，是多层次资本市场的重要组成部分。区域性股权交易市场的出现，在一定程度上缓解了"中小企业多、融资难；社会资金多、投资难"，即"两多两难"问题。区域性股权交易市场由中央政府允许各地设立的场外资本市场进行试验。

我国的区域性股权交易平台尚未形成统一机制，各地市场虽然互相独立，但是也呈现出一些共同特点。

（一）挂牌标准低，更适合中小微企业

我国中小板首次公开发行上市企业的财务条件必须满足：最近3年连续盈利，且累计净利润不少于人民币3 000万元，发行前股本总额不少于3 000万元。创业板首次公开发行上市企业的财务条件必须满足：最近2年连续盈利，且净利润累计不少于1 000万元，净资产不少于2 000万元等。新三板公开发行上市的标准中不设置财务条件，但必须依法设立且存续满两年且具有持续经营能力，公司治理机制健全、股权明晰等要求。科创板的公开发行上市条件多种多样，企业可根据自身的发展趋势及近况选择不同的门槛，满足其一便可申请科创板上市，但大多条件都与企业的净利润与预估总市值挂钩。

区域性股权交易市场作为场外股权交易市场，其入市门槛更低，对于存在融资需求的中小微企业十分友好。以深圳前海股权交易中心为例，企业挂牌只需要符合"3211"的基础挂牌标准，并采用"十无模式"便可进行挂牌。其中，最重要的是不需要股改（不用承担股改带来的补税、律师会计师咨询费等成本）、无强制性信息公

示（在企业成长初期保留）、无行业限制、无企业组织形态限制等。挂牌成本大幅低于主板市场，企业可以最低成本在区域性股权交易市场挂牌，享受融资服务。

专栏3-1

> **深圳前海股权交易中心"3211"挂牌标准**
>
> 非上市企业存续期满一年，并满足"3211标准"中任意一项，即可在前海股交中心免费挂牌托管，包括：最近12个月的净利润累计不少于300万元；或最近12个月的营业收入累计不少于2 000万元，或最近24个月营业收入累计不少于2 000万元，且增长率不少于30%；或净资产不少于1 000万元，且最近12个月的营业收入不少于500万元；或最近12个月银行贷款达100万元以上，或投资机构股权投资达100万元以上。
>
> "十无模式"：中小企业在前海股权交易中心挂牌无审批；无中介；无改变企业原有形态和方式；无登记托管挂牌费用；无发行方式、批次、数量限制；无强制性信息披露；无行业限制；无企业组织形态限制；对未来转交易所上市无阻隔和为挂牌企业提供无止境的培训。

适合在我国新四板市场挂牌的企业包括以下几类：

第一，不符合主板、创业板、科创板的上市条件，或符合上市条件但不愿意长时间等待，希望加快上市进度的企业。

第二，希望展现企业品牌，提升企业形象，聚集企业发展所需的各类要素与资源的企业。

第三，希望公司股份公开流通，获得市场定价，但又不希望过多披露信息的企业。

第四，希望吸引优秀的机构投资者关注，提高企业议价能力，实现高质量定向融资的企业。

第五，希望通过资本市场拓宽渠道、获得资源、扩大规模、为长远发展铺路的企业。

（二）融资成本低，融资程序便捷

区域性股权交易市场的准入门槛低、挂牌费用较少、监管要求较低，因此企业可在较短的时间内以较少的费用完成挂牌进行交易。若选择在证券交易所上市，不仅准入门槛高,时间成本与资金成本也会同样增加,这对于小微企业来说是极大的负担。新四板作为场外股权交易市场,其低成本、低门槛的特点对于有资金需求的中小微型企业来说是一个合适的选择。

以广东股权交易中心为例,截至 2019 年 7 月,广东股权交易中心挂牌企业 3 600 家,托管企业 3 700 余家,展示企业 11 000 余家,为企业设计私募债、理财产品、股权质押、股票发行、可转债、增资扩股等一系列融资服务,实现融资总金额 1 123 亿元。由于广东省政府对广东股权交易中心发展的大力政策支持,在广东股权交易中心进行融资的中小微企业可以享受丰厚的优惠政策或退税补贴,债权融资平均成本为 7%~8%,远低于中小微企业的社会平均融资成本。

(三) 监管要求低

过于松散的信息披露制度会增加市场的风险,而信息披露制度太严苛又会加大企业的合规成本,失去市场活力。所以,监管对象、监管范围和监管的严格程度都随着资本市场的层级不同而有不同的标准。对于场外交易的区域性股权交易市场来说,其监管要求相对于场内市场要低得多。

以资本市场发展较为成熟的美国为例,证交所内的场内交易监管最为严格,其监管对象包括与上市证券有关的证券发行人、上市公司及其高级职员、证券承销商、会计师及律师等。美国证券交易委员会(SEC)与美国金融业监管局(FINRA)对交易所内的交易活动都制定了严格的信息披露制度并确保其严格执行。纳斯达克市场中的监管制度没有美国证交所般严格,其监管对象主要是证交所会员与做市商;场外柜台交易市场相对于纽约证交所与纳斯达克市场来说,其监管要求更为宽松;粉单市场(Pink Sheet Exchange)只需在每天交易结束时公布挂牌公司报价即可,信息披露要求更低。

(四) 市场风险大,机构投资者为市场参与主体

区域性股权交易市场发展情况各异,参与主体复杂、挂牌公司规范程度和公司治理水平差距很大,市场运行中可能存在利益输送、关联交易、资金挪用等损害投资者利益的市场风险,故全国的区域性股权交易市场均设立了投资者的准入门槛,仅有较强的风险识别能力与承受能力的合格投资者方可参与股权交易,个人投资者的参与比例相对较低。目前我国区域性股权交易市场的参与者以机构投资者居多。

专栏 3-2

合格投资者的界定标准

（一）证券公司、期货公司、基金管理公司及其子公司、商业银行、保险公司、信托公司、财务公司等依法经批准设立的金融机构,以及依法备案或者登记的证券公司子公司、期货公司子公司、私募基金管理人;

（二）证券公司资产管理产品、基金管理公司及其子公司产品、期货公司资产管理产品、银行理财产品、保险产品、信托产品等金融机构依法管理的投资性计划;

（三）社会保障基金,企业年金等养老基金,慈善基金等社会公益基金,以及依法备案的私募基金;

（四）依法设立且净资产不低于一定指标的法人或者其他组织;

（五）一定时期内拥有符合中国证监会规定的金融资产价值不低于人民币50万元,且具有2年以上金融产品投资经历或者2年以上金融行业及相关工作经历的自然人。

注：机构投资者满足前四条之一即可,个人投资者需满足第五条。

二、区域性股权交易平台的运行模式

（一）交易主体

股权交易市场参与者主要包括：政府相关监管部门、交易平台提供者产权交易所、挂牌企业、围绕市场服务的会员（包括综合会员、中介会员、投资会员）、机构投资者及高净值个人投资者、围绕市场服务的商业银行及证券经营机构等。而在区域性股权交易平台直接参与交易的主体大多以机构投资者为主,少数个人投资者也参与其中。

无论是机构投资者还是个人投资者,如果想在区域性股权交易平台投资非上市公司的股权或债权,都需要先在市场上开设交易账户。区域性股权交易市场投资的风险较高,所以区域性股权交易市场执行比较严格的投资者适当性管理制度。无论是机构投资者还是个人投资者,都需要满足一定条件,并且经过交易中心严格审核后,才能开设账户并开始交易。2017年4月，中国证券监督管理委员会公布《区域性股权市场监督管理试行办法》，规定了在区域性股权交易市场发行、转让证券的对象必须是合格投资者。

在《区域性股权市场监督管理试行办法》实行之前，我国各地的区域性股权交易平台对于合格投资者的界定不尽相同，但界定标准基本上都比上述的界定标准更严格。如北京股权交易中心在《区域性股权市场监督管理试行办法》实行之前，对于个人投资者，在北京股权交易中心参与金融产品交易，个人名下各类金融资产总额不得低于人民币300万元。其后全国的区域性股权交易平台对合格投资者准入标准逐步放宽，与《区域性股权市场监督管理试行办法》的要求基本相同；当前更是严格执行《区域性股权市场监督管理试行办法》的各项要求。

（二）组建模式

我国区域性股权交易平台的组建模式重点包含以下四类：第一类，以产权交易部门为主体进行组建，也就是交易所通常是由产权部门占据大部分股份创建而成的融资平台，如由天津产权交易所为主体创建的股票交易所。第二类，由规模较大的地域性国有企业为主体进行组建。如上海股权托管交易中心，上海国际集团持股比例达60%。第三类，由地方政府为主体进行组建。如齐鲁股权交易所的创建起初由地方政府直接引导，2013年11月通过改制，目前由山东省直接管辖，政府参与股份，能够基于政令支撑与企业举荐方面优化协作手段，加大挂牌之后的监督与管理力度。第四类，由券商为主体进行组建。2012年8月，证监会出台《关于规范证券公司参与区域性股权交易市场的指导意见（试行）》，国家降低券商介入区域性股权交易市场的准入门槛。江苏股权交易中心五大股东华泰证券、东吴证券、南京证券、国联证券、东海证券皆为券商，全额持股。持股52%的最大股东华泰证券作为江苏本土券商，营业机构覆盖江苏多个城市，能够有效促进地方中小企业与江苏股权交易所的对接与互动。

（三）商业模式

目前，困扰中小微企业发展的不仅是股权融资困难，债券融资和其他融资方式同样匮乏。此外，除了资金需求，中小微企业还需要品牌包装和宣传服务、专业的管理咨询服务和未来或需的上市辅导服务。这样围绕中小微企业的需求，就可以形成一个庞大的股权市场产业链。

发展至今各个区域性股权交易平台的商业模式虽然不尽相同，但是运营模式大多为提供股权融资、债券融资及其他渠道的融资。许多区域性股权交易平台都会为挂牌企业提供更加深入的管理咨询服务：

第一，为参与市场的企业提供改制辅导、管理培训、管理咨询、财务顾问服务。

第二，为证券非公开发行组织合格投资者进行路演或其他促成投融资需求对接的活动。

第三，为合格投资者提供企业研究报告和尽职调查信息。

第四，为在市场开户的合格投资者买卖证券提供居间介绍服务。

第五，与商业银行、小额贷款公司等开展业务合作，支持其为参与本市场的企业提供融资服务。

第六，中国证监会规定的其他业务。

（四）市场准入模式

我国区域性股权交易平台的准入门槛大多数与待挂牌企业的财务状况挂钩，此门槛的设置在确保挂牌企业盈利能力与偿债能力的前提下，却又在一定程度上缩小了市场的规模。但随着我国资本市场不断深化发展，企业在区域性股权交易市场的挂牌门槛也在逐渐降低，如前海股权交易所与上海股权交易托管中心，几乎不设置挂牌条件，其更加重视的是企业未来的成长性与经营的可持续性。企业在区域性股权交易市场挂牌后需要执行严格的信息披露制度，并遵守出资者庇护制度，执行"宽进严管"的市场化准则，最大化的惠及挂牌企业。

（五）交易定价模式

根据证监会2017年发布的《区域性股权市场监督管理试行办法》要求，在区域性股权交易市场转让证券不得采取集中竞价、连续竞价、做市商等集中交易方式。受政策法规限定，区域性股权交易市场只能实行单一的协议转让制度。协议转让是指股权交易双方在区域性股权交易中心主持下通过洽谈、协商以协议成交的交易方式。

（六）市场结构模式

目前国内区域性股权交易平台的市场结构发展趋势正向着多层次，多板块的市场结构发展。如上海股权托管交易中心设置有Q板与E板两个板块。Q板为中小企业股权网上报价系统,挂牌企业仅在该系统报价,交易与融资均在线下完成;E板为非上市股份有限公司股份转让系统,主要为股份公司提供股份转让、债券融资、股权融资等功能。E板相对于Q板可使中小微企业得到更高的股权融资额度,但Q板的挂牌企业要求更低,且允许未改制企业挂牌转让。湖南股权交易所设立标准板、成长板、优选板三大板块,且符合要求的挂牌公司可申请转板。北京股权交易中心目前已建成了三大业务板块:登记类交易板块、挂牌类交易板块和固定收益类板块,在三大板块的基础上又建立了融资平台、交易平台、孵化平台、改制平台、宣传平台、创新平台六个专业平台,全方位助力小微企业发展。

(七)盈利模式

国内股权交易平台主流的盈利模式为前端收费,对于挂牌企业挂牌前收取一定的审查费、注册费等,在以后为其供应服务时收取相应的服务费用,以融资服务费为基础,以权益手续费为核心,以定向增资的审核费为主体,以培训督导费为有效补充。

(八)监管模式

2017年国务院下发《国务院办公厅关于规范发展区域性股权市场的通知》(以下简称《通知》),中国各区域性股权交易所由此正式进入规范发展阶段,通知中明确了各项规范发展的硬性指标,《通知》为各地方股权交易中心的业务活动规定了相应的条例与法律规范。此后,为正式落实《通知》,中国证券监督管理委员会随后出台《区域性股权市场监督管理试行办法》,对统一区域性股权交易市场的业务规则和监管标准,完善多层次资本市场体系,贯彻落实"大众创业、万众创新"的号召、大力推进供给侧结构性改革、推行企业去杠杆等均具有积极意义。《办法》明确了区域股权市场的管理细节、业务标准、监管体系。这些规范对监管协同机制的进步起到一定作用,能够更好地防范监管空白、套利以及多种违法违规行为,减少金融风险,为投资者的合法权益提供有力保护。我国区域性股权交易市场目前正是缺少法律的规范以及制度的完善,而越来越多的政策法规也标志着我国区域性股权交易市场正朝着稳定规范的方向大步发展。

三、区域性股权交易市场与主板市场的比较

主板市场也称为一板市场,是指我们通常所说的证券市场(通常指股票市场),

是一个国家或地区证券发行、上市及交易的主要场所。主板市场是资本市场中最重要的组成部分，很大程度上能够反映经济发展状况，有"晴雨表"之称。主板市场与区域性股权交易市场间主要区别如下：

一是组织形式不同。沪深交易所目前采用会员制，不以营利为目的，因此证券交易佣金和证券上市费用比较低，有利于扩大证券交易所交易的规模和数量。区域性股权交易市场的运营机构多采用公司制的组织形式，如上海市、天津市、浙江省等地区的区域股权市场即采用有限责任公司的组织形式。

二是市场职能不同。主板交易所市场主要职能是为体量较大的公司提供融资服务、提供证券交易的场所和设施、接受上市申请、安排证券上市、组织监督证券交易、对会员和上市公司进行监管、管理和公布市场信息等。区域性股权交易市场的主要职能为中小微企业提供融资服务、提供股权登记托管等股权增值服务、提供股权转让平台、提供私募股权投资基金进入和退出通道、培育企业进入更高层次资本市场等。

三是交易产品不同。主板交易所市场主要交易上市公司的股权，区域性股权交易市场除挂牌转让非上市公司股权外，还可以交易其他金融产品及金融衍生品，如股权质押贷款、信用贷款、中小企业私募债等。

四是交易方式不同。主板交易所市场采取指令驱动的集中竞价交易制度，而区域性股权交易市场通常采用协议转让制度。

五是准入门槛不同。主板交易所市场上市的公司，主要面向具有较大的资本规模以及稳定的盈利能力或者处于高速成长期的企业，准入门槛较高；区域性股权交易市场主要面向初创期或成长初期的企业，其准入门槛相对低很多。

六是承担义务不同。主板交易所市场上市的公司，不但要履行严格的信息披露义务，还要接受监管部门、交易所、中介机构、投资者和市场各方的监督，对其规范运作提出很高的要求；而在区域性股权交易市场挂牌的企业，其承担的义务相对来说要少。

七是投资者管理标准不同。主板市场对于投资者的筛选并不严格，投资者只要通过证券公司开设A股账户便可在沪深主板市场中进行投资。在区域性股权交易市场中，根据相关规定，要求区域性股权交易市场建立投资者适当性管理制度，要求参与区域性市场的投资者为具备一定风险承受能力的合格投资者，明确合格的机构投资者与个人投资者的界定标准并予以公示。其中，区域性市场合格机构投资者可以是具备一定条件的法人、私募股权投资基金、合伙企业，或经监管部门许可或备案的、金融机构面向特定投资者发行的理财产品。有关法律法规或监管部门对机构投资者投资区域性市场有限制性规定的，应当遵守其规定。区域性市场合格个人投资者应当具备较强的风险承受能力，接受区域性市场会员的风险测评，并承诺自担投资风险。

第二节　区域性股权交易平台的业务运作

一、区域性股权交易平台的业务种类

（一）注册展示业务

企业注册展示业务是指符合区域性股权交易市场规定的企业或项目，利用区域性股权交易市场的信息发布渠道，进行企业形象展示、品牌和服务宣传、发布融资意向咨询等活动。企业在区域性股权交易中心注册展示相当于在资本市场中的亮相，展示过程中企业对外披露公司信息，发布融资或转让信息，引导投资者发掘投融资机会，深度介入公司。

通过平台提供的挂牌前展示、媒体发布、推介会等服务活动，展示企业可以将企业基本信息、股东情况、竞争优势、产品与服务、发展规划、融资需求等信息充分对外界资本市场投资者进行展示，可以提高企业的社会知名度，充分展示企业投资价值。

《区域性股权市场监督管理试行办法》从扶持中西部地区小微企业发展方面考虑，对企业跨区域展示预留了一定的空间，但是跨区域展示只能发布融资或转让信息，交易实现和登记托管必须回到当地市场，展示时间不得超过1年。

（二）挂牌业务

挂牌是指符合区域性股权交易中心挂牌条件的企业，申请在中心网站向投资者展示其企业信息，并由中心提供信息展示服务的行为。新四板挂牌主要目的是通过股权交易中心平台全面的、充分的展示企业自身竞争优势和投资亮点，发掘投融资机会。

与注册展示业务相比，挂牌业务是指非上市的股份有限公司在区域股权交易平台

披露企业信息，并在平台开展股份托管、交易及融资等业务。挂牌交易主体类型限定于股份有限公司，且要求满足：第一，依法设立且存续满 12 个月，有限责任公司按原账面净资产值折股整体变更为股份有限公司的，存续时间可以从有限责任公司成立之日起计算；第二，业务明确，具有持续经营能力；第三，公司治理机制健全，合法规范经营；第四，股权明晰，股票发行和转让行为合法合规；第五，推荐机构会员推荐并持续督导；第六，所挂股权交易中心规定的其他条件。

区域性股权交易平台的融资牌照可以带来的价值主要体现在以下五个方面：

第一，提高企业社会知名度。企业挂牌后将获得股交中心提供的代码和企业简称，在公众中的形象和知名度都能得到显著提升。对于客户来说，企业在四板挂牌上市，有利于提升客户对公司的信任度，从而提升企业的公众形象。对于员工来说，挂牌的行为可以让员工感受企业的发展决心，员工也会更加有自豪感。

第二，帮助挂牌企业获得非上市公众公司地位，更快速对接金融机构，提升公司的融资能力。无论是获得股权融资、政府资金还是获得债权性质融资（股权质押贷款、信用贷款、中小企业私募债等）的可能性、便利性大大提升。企业挂牌后，通过股交中心的项目路演活动、融资辅导活动等，可以增加企业在市场上亮相的机会，吸引投资人的目光。同时，企业挂牌相当于企业获得了一个融资牌照，在四板市场中通过定向增发股票、可转债等产品，可以在市场融到一定资金。在目前市场上，众多的企业路演和融资辅导参差不齐，鱼龙混杂。而各区域性股交中心无论在活动质量、投资机构质量以及服务效果上都属于上乘。

第三，建立企业与政府联系。挂牌之后的直接效果是使挂牌企业迅速进入当地政府的视野，从而建立起与政府联系。在中国，政府在大多数情况下是企业的最早投资人。通常各地的地方政府对于企业的挂牌行为都有着不同的优惠政策以及金额不一的补贴，企业通过挂牌后从政府领取补贴或得到政策激励，与政府建立联系。对于初创企业，科技型企业等政府大力扶持的企业，联系建立后，政府会提供后续的不同方面的支持政策，对于公司的成长壮大有极大的益处。

第四，增强企业信用。通过挂牌股权交易平台，企业已经进行了一轮推荐前的辅导，平台虽然实行备案制，但也对企业进行了一定程度的挂牌前书面审查，挂牌成功意味着企业的信用实际上已经有一定程度的增加。目前各家银行也在纷纷开拓中小企业市场，寻找经过背书和认可的企业源，这将会极大地方便银行的展业，也是银行等金融机构愿意设计产品来为这部分企业提供贷款的原因。目前，几乎所有区域性股权交易平台均与当地银行联合开发了与企业挂牌挂钩的信贷产品，无论在利率和服务上都比一般信贷产品有竞争力。

第五，贴身的咨询培训服务。企业挂牌之后，推荐机构和区域股权交易平台都还会提供后续的咨询服务与培训服务。这些服务都是围绕企业股权融资展开的，涉及税务、会计、法律以及行业等各个方面。咨询培训服务专业系统，收费合理，且政府往往支持企业就该咨询业务申请政府补助。对于尚无力承担专业中介机构费用的初创企业，通过股权交易中心提供的相关服务运营企业，在保证咨询质量的同时，也降低了企业的运营成本。

（三）登记托管业务

股权登记业务是指区域性股权交易平台作为有社会公信力的独立机构，依法接受该地区非上市股份公司、有限责任公司、合伙企业的委托，代理其通过设立和维护持有人名册，确认持有人对应股权份额事实的行为。股权登记业务针对的是企业或企业产品，业务范围包括初始登记、变更登记、注销登记、质押登记、冻结登记。

股权托管业务是指区域性股权交易平台作为有社会公信力的独立机构，依法接受该地区非上市股份有限公司、有限责任公司、合伙企业的股东或持有人的委托，对客户股权、债权及其他权益类产品进行安全保管，并提供账户管理、协议转让、清算交收、信息查询等服务的业务。股权登记业务针对的是企业的股东或产品的持有人，业务范围包括股份权益分派、股权查询、股权证明及挂失、股权管理信息披露、专业咨询等。

股权登记托管是股权融资以及其他股权业务的前提，在办理股权融资及其他股权业务之前，企业的股权权属关系必须厘清，即要对股权权属结构进行登记。唯有在保证权属关系准确、清晰、合法的前提下，才能顺利进行后续业务的办理。在业务过程中，区域性股权交易平台代为公司置备股东名册，对企业股权实施集中管理，按照相关法律法规进行股权的登记、过户、挂失、查询、分红等。

股权登记托管业务对政府、企业、企业股东三方都有正向促进作用。

第一，在政府视角下，股权登记托管业务有利于非上市股份公司股权的规范管理，加强国有资产管理，防止国有资产流失；有利于构筑多层次资本市场，优化资源配置，促进产业升级；该业务对产业和金融资本融合的过程起到了促进作用，实现了产权交易创新。

第二，在企业视角下，股权登记托管业务有利于企业规范运作，增强企业股权管理透明度，提高企业股权管理效率，降低成本；拓宽企业投融资渠道，吸引社会资本，实现多元化发展。企业可以得到区域性股权交易平台的专业服务，如股权变更、质押、限售管理等，并且能获取平台提供的包括股权、债权各种方式的一站式融资服务，涵盖信息发布、组织撮合、资金监管、交易结算、登记确认等各个环节。对于拟上市的公众公司，股份的集中登记托管为股权的合理、规范流动奠定了基础，扩大企业知名度和公信力，有助于企业缩短上市时间，为其股票公开发行上市创造条件。

第三，在股东视角下，股权登记托管业务通过集中托管、代理分红、代办转让等服务，监督各非上市公司实行同股同权同利，维护所有股东的合法权益不受侵害。集中托管可以为拥有不同公司股权份额的股东提供集中管理股权的服务，满足股东的专业化理财需求，在安全、高效、顺畅的流通市场实现资本的有效流动、顺畅进出。区域性股权交易平台作为具有公信力的第三方专业机构，能够以公平的立场为企业提供股权转让市场，且工商部门对企业的股权交易登记施行全方位支持，确保登记信息的翔实、合法、准确，保障股东的合法权益。

二、区域性股权交易平台的挂牌条件与流程

挂牌是区域性股权交易市场的核心业务。目前全国众多的区域性股权交易市场对于公司挂牌的标准有所区别，流程也不尽相同。本部分我们以目前国内规模最大的股交平台——深圳前海股权交易中心为例，说明公司在区域股权交易中心挂牌所需要的条件、需要提交的资料以及挂牌的具体流程。对于拟在其他区域股权交易中心挂牌的公司，也可将这些条件和流程作为一个参照。

（一）挂牌条件

目前，前海股权交易中心主要有三个板块：标准板、孵化板和海外板。企业在这三个板块挂牌，需要满足不同的标准。

1. 标准板挂牌条件

标准板，即最基础的新四板板块。这个板块对挂牌企业的资质有一定的要求。具

体来说，如果非上市企业存续期满一年，并且满足以下四项标准之一，即可在前海股权交易中心挂牌。

（1）盈利指标：最近12个月净利润累计不少于300万元。

（2）营业收入和成长指标：最近12个月营业收入累计不少于2 000万元；或最近24个月营业收入累计不少于2 000万元，且增长率不小于30%。

（3）净资产和营业收入指标：净资产不少于1 000万元；且最近12个月营业收入不少于500万元。

（4）金融机构增信指标：最近12个月银行贷款100万元以上；或最近投资机构股权投资达100万元以上。

2. 孵化板挂牌条件

孵化板是前海股权交易中心专门为尚处于初创期或者资质较差的小微企业提供上市融资服务的板块。该板块挂牌条件非常宽泛，绝大多数小微企业都可以达到标准。

具体来说，只要是在中华人民共和国境内依法注册成立并合法存续的公司、企业或者其他合法组织，并满足以下要求，均可申请在前海股权交易中心孵化板挂牌：

（1）有固定的办公场所。

（2）有满足企业正常运作的人员。

（3）有合法有效的营业执照或其他合法执业证照。

（4）不存在重大违法违规行为或被国家相关部门予以严重处罚。

（5）企业的董事、监事、经营管理人员不存在《公司法》第146条所列属的或违反国家其他相关内容法律法规的情形。

（6）本中心认定的其他情形。

3. 海外板挂牌条件

对于申请在前海股权交易中心海外板挂牌的企业，首先应当满足自成立之日起合法存续满12个月。对于其中有限责任公司按原账面净资产值折股整体变更为股份有限公司的，存续时间可从有限责任公司成立之日起计算。

此外，交易中心对企业财务指标的要求与标准版的挂牌条件相类似。企业的财务指标折算成人民币后应满足下列指标之一：

（1）盈利指标：最近12个月净利润累计不少于300万元。

（2）营业收入和成长指标：最近12个月营业收入累计不少于2 000万元；或最近

24个月营业收入累计不少于2 000万元，且增长率不小于30%。

（3）净资产和营业收入指标：净资产不少于1 000万元；且最近12个月营业收入不少于500万元。

（二）挂牌流程

企业确认自身符合前海股权交易中心的挂牌标准后，下一步需要向股权交易中心提出挂牌申请，并开始挂牌的一系列流程。企业的挂牌流程如下：

（1）拟挂牌公司召开董事会和股东大会就挂牌事项作出决议。

（2）拟挂牌公司与场内主办机构签订挂牌推荐服务协议，并聘用前海股权交易中心认定的会计师事务所、律师事务所、资产评估机构提供相关专业服务。

（3）针对挂牌公司，前海股权交易中心认定的会计师事务所进行独立审计并出具审计报告、律师事务所进行独立调查并出具法律意见书、主办机构进行尽职调查并形成尽职调查报告、企业挂牌说明书与调查工作底稿三项文件。

（4）主办机构向前海股权交易中心提交柜台市场挂牌交易申请文件。

（5）前海股权交易中心审核委员会核准，并报深圳市人民政府金融发展服务办公室备案。

（6）拟挂牌公司向前海股权交易中心申请股份简称和代码，并与前海股权交易中心签订挂牌协议书，办理股份登记托管。

（7）挂牌前三日，拟挂牌公司在前海股权交易中心指定网站披露《企业挂牌说明书》《公司章程》《审计报告》与《法律意见书》。

（8）股份公司挂牌交易。

小贴士

> **前海股权交易中心挂牌费用**
>
> 企业在前海股权交易中心挂牌的过程中，如果选择了挂牌辅导、授牌仪式、传播服务、全景展示等服务，则需要向前海股权交易中心支付一定的费用。这些费用统一在交易所官网在线缴纳。

根据2016年的收费标准，前海股权交易中心提供的增值服务及价格如表3-1所示。

表 3-1　　　　　　　　　　前海股权中心挂牌费用一览表

服务名称	服务内容		服务价格
挂牌辅导	协助企业完成在前海股权交易中心提交材料和挂牌全过程		80 000 元
授牌仪式	为中心挂牌企业提供挂牌展示机会，为企业进入资本市场提供宣传推广，使企业获得资本市场的关注。具体内容包括： 尊享顾问"一对一"辅导挂牌 百企汇聚，鸣锣宣示，参加授牌典礼 中心自媒体宣传，传播企业品牌 邀请嘉宾观礼，共同见证企业荣耀时刻		30 000 元
	（可选）企业宣讲	挂牌企业 10 分钟宣讲，内容包括挂牌感言、企业简介、合作愿景等	20 000 元
	（可选）独家挂牌公告 - A	《中国证券报》头版"挂牌公示"	24 000 元
	（可选）独家挂牌公告 - B	《中国证券报》头版"挂牌公示"	48 000 元
	（可选）企业风采展示	挂牌企业以静态/动态的形式展示企业风采，若提供宣传片素材，时长不超过 3 分钟	5 000 元
整合传播	中国证券报公示	二版公示：二版黑白，1/32 版 6.4cm×7.3cm 挂牌企业独家公示	6 000 元
		头版公示：A 叠头版全彩 1/32 版 9.6cm×4.5cm 挂牌企业独家公示	24 000 元
		头版公示：A 叠头版全彩 1/16 版 9.6cm×9.5cm 挂牌企业独家公示	48 000 元
	深圳地铁拉手广告	罗宝线（1 号线）、蛇口线（2 号线）、龙华线（4 号线）、环中线（5 号线）地铁拉手广告，广告规格：165mm×111mm 或 210.5mm×149.5mm	32 888 元
	企业宣传片拍摄	素材整理、素材精剪、音乐合成（不含音乐版权）、片名合成	26 000 元
		素材拍摄 1 天、素材精剪、音乐合成（不含音乐版权）、片名合成、画面小包装合成	60 000 元
		文案策划、素材拍摄 2 天、素材精剪、音乐合成（不含音乐版权）、片名合成、画面包装合成（包含特殊包装）	100 000 元
全景展示	谷歌街景式企业展示 让投资人身临其境：展示生产线、办公场地及设备等硬实力，让投资人和客户仿佛置身现场考察企业 把企业带在身边：随时随地通过电脑、手机向投资人和客户展示企业实景 服务套餐：各基础采集点及后期制作；路演报告、企业宣传视频及图片嵌入；1 年托管、1 年 500M 多媒体空间 服务流程： 1. 企业顾问前期需求沟通，挖掘企业亮点，确定展示宣传方案 2. 采集人员至企业布置采集现场，完成全景采集 3. 搜集企业宣传视频、图片及文字等宣传资料。完成后期制作 4. 上传至中心服务器，提供展示链接，企业可在网站、手机等各种应用场景进行企业展示		36 888 元

资料来源：前海股权交易市场官网。

第三节　区域性股权交易平台存在的问题及成因

一、区域性股权交易平台的现有管理办法

2017年1月，国务院颁布《关于规范发展区域性股权市场的通知》（以下简称《通知》），随即证监会发布《区域性股权市场监督管理试行办法》（以下简称《办法》），正式将区域性股权市场纳入统一监管范围、明确其法律定位，我国多层次资本市场金字塔式的架构得以真正确立。区域性股权交易平台的现有管理办法概括如下：

（一）市场发展定位

区域性股权市场运营机构要立足本省级行政区域开展业务，不得跨省级行政区域经营，不得在省外设立分支机构，不得公开或变相公开发行证券；开展挂牌公司的筛选和审核，形成挂牌公司进退有序的良好机制，做好精细化分层管理，不要盲目追求数量规模，坚决避免良莠不分、鱼龙混杂；对于市场参与者的违法违规行为，采取自律管理措施，并按规定报告地方金融监管部门和证监局。

（二）分类分层

区域性股权市场可根据企业资质类型和自身意愿为企业提供挂牌、展示、纯托管等不同类别的服务，运营机构应根据《办法》规定明确相应的条件和要求，严格区分挂牌、展示、纯托管等服务类型。运营机构可制定具体标准，对不同资质的挂牌企业实施分层管理，按不同层级实施差异化的信息披露。运营机构要向企业明示挂牌、展示、纯托管等服务的不同条件要求以及有关的权利义务，不得误导企业挂牌。

根据《办法》规定，区域性股权市场应建立退出机制，明确摘牌条件和程序，对于严重违法违规和不符合挂牌条件的企业，及时进行摘牌。区域性股权市场已挂牌公司应在2019年底前完成股权登记托管，有限责任公司参照挂牌的应符合上述规定条件和要求，否则转为展示企业或纯托管企业或者作摘牌处理。

展示企业在区域性股权市场公示基本信息，可发布一次性融资或转让信息。异地

展示企业须在注册地区域性股权市场登记托管股权,异地展示时间不得超过12个月,超过期限的应报经企业注册地省级地方金融监管部门同意。

纯托管企业仅在区域性股权市场进行股份或股权登记存管,不挂牌、不展示、不发布融资或转让信息,运营机构可以为其提供股权过户服务。纯托管企业应是注册在本省级行政区域内的企业,股东可以不受200人的限制。从全国中小企业股份转让系统摘牌的公司,可在注册地区域性股权市场进行股份登记托管,符合区域性股权市场挂牌条件的可以在当地挂牌。

(三)交易转让业务

《办法》明确规定,除区域性股权市场外,地方其他各类交易场所不得组织证券发行和转让活动。省级行政区域内其他交易场所违规开展证券发行或转让业务的,地方金融监管部门应当及时叫停并组织清理。运营机构要加强交易转让的基础设施建设,建立规范的信息披露、行情发布、价值评估、交易促成、单向竞价等制度,积极引入机构投资者,提供便捷的交易服务,逐步形成良好的市场生态,为省级行政区域内国有股份、债转股等各类股权资产进场交易提供必要的基础条件。支持区域性股权市场发挥信息集中、资本集聚和专业服务优势,为国有企业混合所有制改革、市场化债转股提供服务,促进国有企业完善治理结构,国有股权形成市场化价格,推动国有资产保值增值。

(四)可转债业务

地方金融监管部门要督促区域性股权市场制定完善的可转债业务规则,对可转债发行人的资质条件、信息披露、募集资金用途、募集资金托管、偿还保障、转股安排、审核要求、风险处置等事项作出明确规定,建立完善可转债发行负面清单,合理安排发行规模。

除《办法》第十一条规定的条件外,区域性股权市场可转债发行人原则上应为生产经营性公司,单一法人主体,且能提供至少一个完整会计年度经审计的财务会计报告。募集资金应用于自身生产经营需要,不得将所募资金转借他人。

发行人设置的转股条款应明确转股定价和转股方式等信息,转股申报期和转股价格合理,转股路径具备可操作性,不得将转股对象设置为发行人之外的公司。发行方案应符合《公司法》的有关规定。

（五）登记托管服务

区域性股权市场应建立健全登记托管业务规则和操作规程，配备熟悉证券登记托管法律法规和实务操作的人员。办理登记托管业务时应采取走访、访谈、公证、律师见证等措施，保证公司证券持有人名册和登记过户记录真实、准确、完整，并注意工作留痕，凡通过尽职调查形成的工作记录，由运营机构工作人员和相关当事人签字确认。区域性股权市场为登记托管的股份有限公司出具股份登记托管情况证明的，运营机构承担相应的法律责任。

运营机构要积极拓展登记托管的企业种类和范围，为辖区内未上市商业银行、保险公司等金融证券机构提供良好的股权登记托管服务。省级人民政府可出台文件进一步明确区域性股权市场股份登记托管的职责效力，支持其开展省级行政区域内除上市公司或新三板挂牌公司外所有股份有限公司的股份集中登记托管。

（六）合格投资者

为保护投资者合法权益，区域性股权市场实行投资者适当性制度，《办法》规定了区域性股权市场合格投资者的条件和类型。运营机构要及时清理存量不合格投资者，清理完成前不得允许其认购和受让证券；已经认购或者受让证券的，只能继续持有或卖出；违反规定的，地方金融监管部门要严肃处理。要严格管理开户机构，建立完善证券账户管理制度，采集完整的投资者证券账户信息，确保新开户投资者材料的真实性、准确性、完整性，妥善保存证券账户业务资料。区域性股权市场运营机构可以委托证券公司为合格投资者开立证券账户。

（七）监管责任

地方金融监管部门每年至少组织一次全面或专项现场检查，及时处置发现的问题和风险。各证监局应加强对地方金融监管部门的政策指导，督促其做好日常监管工作，落实好各项政策要求，通过监管信息平台、投诉举报、舆情监测等方式加强风险监测和评估，提升监管的前瞻性和有效性。

地方金融监管部门要督导区域性股权市场充实统计力量，提高统计数据质量，及时发布年度报告，完善统计报送机制，确保区域性股权市场各项数据及时、准确报送。年度报告内容包括基本情况、公司治理、业务数据、财务状况及其他重要事项。地方金融监管部门要对运营机构报送的信息进行复核校验,发现问题的应当要求其及时处理。

区域性股权市场运营机构发生下列重大事项时,要按照省级人民政府有关规定履行程序,并向中国证券监督管理委员会备案:

(1) 控股股东、实际控制人发生调整(包括股权转让、委托行使表决权等)。

(2) 法定代表人、董事长、总经理发生变更。

(3) 运营机构股本、持股(包括表决权)5%以上股东发生变动。

(4) 修改《公司章程》及重要自律规则。

(5) 地方金融监管部门根据审慎原则认定的其他重大事项。

二、区域性股权交易平台存在的主要问题

(一) 中介机构数量和服务能力不足

区域性股权市场中的会员中介机构以民间投资公司、会计师事务所、律师事务所为主,银行、券商、保险、创投、私募、担保等专业金融机构参与热情与市场渗透度不高,会员整体实力不强,无法满足快速增长的挂牌企业多样化、专业化的服务需求。目前,一方面,中央出台各项政策要求区域性股权市场大力支持中小微企业发展;另一方面,大部分证券公司因区域性股权市场业务风险较高,预期收益低,从而参与积极度较低,甚至个别公司从区域性股权市场退出。

(二) 挂牌企业市场参与度不高

区域性股权交易市场作为场外市场中的低层级市场,对其市场中流通的企业资质及相关流动条件要求较低,服务的企业与股权众筹的初创企业相吻合,所以众多不符合上市条件的企业选择在平台挂牌流通,解决融通资金的问题。但是区域性股权交易平台作为新兴的资本市场,仍然存在使用率低、股权流动性差、交易量与换手量过低等问题。国务院办公厅《关于规范发展区域性股权市场的通知》(国办发〔2017〕11号)、中国证监会《区域性股权市场监督管理试行办法》(证监会令第132号)均明确提出:区域性股权市场是地方人民政府扶持中小微企业政策措施的综合运用平台。经过多年发展,区域性股权交易中心争取和聚集了部分政策资源、服务资源和企业资源,但在争取政府扶持中小微企业政策综合运用方面的能力还不足,部分

省级政府尚未把区域性股权市场作为扶持中小微企业政策措施的综合运用平台来规划。

根据现行政策规定，区域性股权市场不得采取集中竞价、做市商等方式进行交易；不得将权益按照标准化交易单位持续挂牌交易；股东人数不能超过 200 人；只允许从事定向私募增资和备案发行私募可转换债券等融资工具。交易规则和融资工具的限制导致区域性股权市场挂牌企业的股权交易转让不活跃、流动性较差，挂牌企业的股权难以形成公允市场价格，由此带来创业投资基金、私募股权投资基金等股权投资机构、信贷机构的定价困扰。在区域性股权市场挂牌的中小微企业普遍规模不大、利润总额和单次融资额普遍较小，且无法承受较高的融资成本。政策层面上，还缺少对挂牌企业的直接投资进行风险补偿的制度安排，导致金融资本和民间资本不敢对区域性股权市场进行大规模的长期直接股权投资。此外，与沪深交易所的债券承销机构以券商为主不同，区域股权市场的债券承销机构多为非券商的投资、担保等机构，一般专业人员有限，承销能力较差。中国证券业协会发布《证券公司参与区域性股权市场情况》报告显示，2017 年 6 月，证券公司参与区域性股权交易市场业务活跃程度仍然相对较低。

（三）区域性股权市场私募产品缺乏有效政策支持

目前，区域性股权市场融资产品主要包括私募股权融资、可转换公司债和股权质押融资，这三类产品分别面临着以下不同的问题：

1. 私募股权融资方面

一是区域性股权市场挂牌企业多为创新成长型企业，多数处于发展初期，上市遥遥无期，未形成明显行业竞争力，与股权投资机构投资要求差距较大，导致这些机构投资积极性不大。二是 2015 年，国务院出台的《关于国有企业发展混合所有制经济的意见》（国发〔2015〕54 号）第二十三条明确了"建立规范的区域性股权市场，为企业提供融资服务，促进资产证券化和资本流动，健全股权登记、托管、做市商等第三方服务体系"的要求，但有关区域性股权市场采用做市商制度的配套政策一直没有出台，导致股权交易极不活跃，挂牌企业价值很难通过市场交易体现，投资机构通过区域性股权市场卖出持有股权的退出渠道不畅通。

2. 可转债融资方面

一是区域性股权市场作为新兴市场，可转债产品的社会认知度与影响力较低，市场尚未聚集相当的合格投资者群体。二是区域性股权市场可转债属于非标准化产品，这类产品都需要银行、券商等大型金融机构的总部审批，由于需要逐级汇报，拉长了审批时间，且很多产品到达总部后因规模小等原因最终无法通过审批。三是为债券备案发行提供承销、审计、法律、担保业务的中介服务机构一般按照企业融资规模的百分比收费，区域性股权市场发债主体多为中小企业，融资规模小，付费少，导致中介机构服务中小企业的意愿低。

3. 股权质押融资方面

推动企业股权质押融资可以有效解决困扰中小微企业担保增信措施缺乏等难题，化解企业联保互保风险，维护地方金融稳定。但许多地方工商部门没有与区域性股权市场形成联动，一些地方工商部门以无法掌握相关股东变动情况为由，拒绝受理非上市股份公司股权出质登记，导致中小微企业股权质押融资难度较大。

（四）政府对挂牌企业支持政策措施落实不够

一方面，配套规则未落地，很多优惠政策无法实现。以内蒙古股权交易中心为例，目前，内蒙古自治区本级及盟市政府陆续出台了若干支持区域性股权市场发展的政策和措施，但普遍存在力度不足、政策和支持经费落地慢等问题，如乌海、鄂尔多斯、乌兰察布等地都出台了鼓励企业挂牌和直接融资的支持政策和专项资金安排，但政策的实施细则尚未出台导致企业申领补贴和享受政策有难度，企业登陆区域性股权市场的积极性不增反降。

另一方面，优惠政策有限，企业实质性推动相关工作积极性不足。多地政府仅对企业挂牌和首次实现直接融资进行补贴，对企业进行股份制改造、实现规范发展和股权转让交易等方面尚缺少税收方面的优惠支持，导致企业不愿意改制、不愿在资本市场披露历史遗留问题及现行生产经营问题，企业改制和挂牌上市积极性差。

三、成因分析

区域性股权交易平台存在的一系列问题，可大致归结为以下四点原因。

（一）市场对区域性股权市场功能的效应认识不足

作为场外市场的区域性股权交易市场，经过近几年的发展，虽然已经取得明显成效，但为中小微企业提供综合金融服务的功能总体上还比较弱，提供的金融服务还满足不了实体经济和小微企业的融资需求。政府部门、中介机构和企业主体对区域性股权市场功能的认识存在一定差距，服务企业的金融资源、政策资源、中介资源还没有充分聚集。

（二）区域性股权交易市场挂牌企业质量参差不齐

从整体上看，目前在区域性股权市场挂牌的企业规模普遍较小，盈利能力和吸引社会资本的能力不强。在沪、深证券交易所和"新三板"等"国家队"与区域性股权市场"省队"之间，绝大多数基础较好、成长性强的优质企业都更愿意选择"国家队"，目前尚无区域性股权市场挂牌培育、预先规范。众多优质的场外企业宁愿观望和排队，也要等待在"新三板"或沪、深证券交易所挂牌上市。

（三）区域性股权交易市场挂牌企业股权交易的不确定性

根据现行政策规定，区域性股权市场不得采取集中竞价、做市商等方式进行交易；不得将权益按照标准化交易单位持续挂牌交易；股东人数不能超过200人；只允许从事定向私募增资和备案发行私募可转换债券等融资工具。交易规则和融资工具的限制导致区域性股权市场挂牌企业的股权交易转让不活跃、流动性较差，挂牌企业的股权难以形成公允市场价格，由此带来创业投资基金、私募股权投资基金等股权投资机构、信贷机构的定价困扰。在区域性股权市场挂牌的中小微企业普遍规模不大、利润总额和单次融资额普遍较小，且无法承受较高的融资成本。政策层面上，还缺少对挂牌企业的直接投资进行风险补偿的制度安排，导致金融资本和民间资本不敢对区域性股权市场进行大规模的长期直接股权投资。

（四）区域经济发展水平差异导致区域性股权市场发展的不平衡

由于各地经济发展不平衡，导致在经济相对落后的县域，好企业、好项目、好产品相对较少；产品结构初级化，初级产品多，深加工、高附加值产品少；企业组织结构小型化，管理方式家族化，规模以上企业少，规模优势不明显，支柱企业支撑力不强等因素，影响了区域性股权市场和其他金融资源对当地经济发展的支持力度和效果。

第四节　健全区域性股权交易平台功能的对策

一、区域性股权交易平台的功能发挥

(一) 区域性股权交易平台对各层次资本市场业务的影响

多层次区域股权投资市场发展的目标模式是在平衡考虑股票市场布局和功能定位的基础上，逐步建立起满足不同类型企业融资需求的多层次股票投资市场体系，为创新型中小企业提供多元化的融资渠道，防范和化解企业融资金融风险。我国自2010年开始，区域性股权交易平台得到发展，已经实现了场内、场外多层次股权投资市场体系的布局与衔接。构建并完善多层次的资本市场体系，在不同的投资者和融资者之间搭建投资平台，满足不同投资者和资本需求者对融资金融服务的需求是完善我国融资环境的重要手段。

新四板对现有资本市场的影响从长期来看，作为中国资本市场多层次结构的重要组成部分，新四板对现有市场会产生竞争性作用。若想增量企业的融资需求，就必须增量资金与机构投资供给，也需要金融服务加速开放来配合。中期来看，创业板、新三板等的优质企业多了新的资本市场方向，融资、交易更有利，部分估值中枢将上升。短期来看，一些创投概念的炒作会逐渐回归理性，对有潜力的新四板挂牌企业进行领先投资的公司有望兑现收益。

新四板上市联盟是为弥补全国股份转让系统而生，为尚未满足新三板甚至主板上市条件的众多中小微企业提供规范自身、融资发展、改革创新的服务平台。但对于大多数中小微企业而言，并不具备这样的战略眼光与金融知识储备，这就需要新四板上市联盟这样的专业平台通过培训、引导、发现、解决企业的一系列问题来让企业在资本市场中找到自身的精准定位。对于场外股权投资者来说，新三板与新四板之间转板机制的落地将会给投资者提供有效的退出通道，高效地兑现投资收益，可以积极地促进投资者的投资热情。

主板和场外股权交易市场的制度衔接正在紧锣密鼓的筹划中，不仅为在场外股权交易市场挂牌的企业提供了资本市场的晋升通道，也为这些市场股权定价提供了有效的外部参考，有利于显著改善我国场外股权交易市场流动性不足的困境。

区域性股权交易市场自其推出落地，强调的是对资本市场的多层次结构的完善，不必对其他现有板块产生冲击与负面影响，反而可以推动促进其他板块改进制度，提高服务质量，各司其职，形成良性竞争。当然，2019年的科创板落地后短期内可能会对其他板块产生一定的"抽血"效应，且与其功能最为相似的新四板受到的影响最大，但从资本市场长期发展的角度来看却不足一论。随着区域股权交易市场指导政策的逐步落地、完善，我国资本市场也将得到有益的补充和完善，可以肯定的是，区域性股权交易市场的持续发展将对整个市场产生极为积极、深远的影响。

（二）区域性股权交易平台在资本市场改革中的影响

目前，全国上下响应资本市场改革的号召，多层次的交易所市场与场外市场共同构成的资本市场组织体系已经建立。但是，市场准入门槛高、包容性不足，实体经济多元化和多层次的需求无法得到有效满足；交易场所间既缺乏有机联系又缺乏竞争，也在一定程度上影响了市场服务的改善。深化多层次资本市场改革，完善以信息披露为核心的发行监管制度与建立竞争开放的场外股权体系，不仅可以有力地促进市场公平公正公开，还将提高市场包容性，有效服务实体经济。故发展区域性股权交易市场意义重大，符合资本市场改革发展方向，是资本市场发展新的历史使命的必然要求。

1. 补齐资本市场功能短板，提高资本市场服务覆盖面

多层股权投资市场体系的建设，最终要实现金融资源的合理配置，提升资本市场的竞争力。沪深交易所由于制度安排、机制设计的原因，主要服务大型企业，而券商作为中介机构凭借牌照垄断，不愿意服务小微企业。区域性股权交易市场以股权为纽带，把大量中小企业和服务机构纳入资本市场服务体系，建设构建资本市场基础层次，填补空白。

2. 满足投融资双方需求，激发资本市场活力

区域性股权交易平台的发展充分利用当前资本市场改革发展的有利时机，积极引导和推动企业加快改制，借助资本市场的力量拓宽民营中小微企业的融资途径，促进资源优化整合与产业转型升级，加快提升企业法人治理水平和综合竞争力，培育和做强了优势产业，推动了经济的稳定发展。

从资金供给方面来看，区域性股权交易市场针对不同风险偏好的投资者，提供了不同的投资标的可供选择，如股权投资、私募债投资、私募理财产品投资等，营造了不同层次的投资市场体系，满足各类风险偏好群体的投资需求。从资金需求方面，区

域性股权交易市场针对处于不同发展阶段、不同规模、不同行业、不同风险环境的企业提供多角度的股权融资渠道。特别的、多层次的股权投资市场体系满足创新驱动发展战略背景下新兴产业及高新技术企业的融资需求，解决了具有创新性、高成长性的中小企业的融资难题，帮助创新型初创企业发展壮大，激发资本市场活力。

3. 构建地方金融体系，推动金融服务实体经济

传统金融机构如银行、券商、保险公司等实行垂直化管理，地方政府难以主导推动，使其高效地服务实体经济。金控集团、产业基金、区域性股权交易市场是地方政府推动金融产业服务实体经济的三个重要抓手。区域性股权交易市场聚集企业资源与政策资源，通过对小微企业的专属政策帮扶与适当的资源倾斜，可以促进地方金融资源向中小微企业聚集。目前，山东省、湖北省、安徽省等正举全省之力，大力支持区域性股权交易市场建设。

二、区域性股权交易平台的建设与完善

区域性股权交易市场是中国特色社会主义市场经济建设过程中出现的新生事物，在看到成绩的同时，也应看到其发展过程中面临的诸多困难，还有很多地方需要进一步探索。

（一）明确场外交易市场的定位

场外股权市场对于一国资本市场的健康发展具有不可替代的作用，这一点已经为国内外实践所证明。与企业需求相比，目前我国场外市场的发展还远远不够，在相当程度上制约了实体经济的发展。目前我国中小微企业的注册数逐年攀升，作为经济增速贡献的排头兵，中小微企业的融资困难问题应当获得当局的重视。目前地方政府对于发展场外市场确实十分积极，但是因为缺少规范，在发展过程中已经出现风险苗头。在中央政府层面，对场外市场地位、作用、发展方向和模式等问题的认识尚未统一。对此，建议有关部门要提升对区域性股权交易平台市场的关注度，不断完善顶层设计，明确政策导向，推动区域性股权交易市场的规范发展。

首先，区域性股权交易平台需认真开展挂牌公司的筛选和审核，形成挂牌公司进退有序的良好机制，做好精细化分层管理，不要盲目追求数量规模。

其次，地方政府应当适当支持区域性股权交易市场集聚地方金融要素，建设以股

权融资为核心的综合金融服务平台，为中小微企业提供改制辅导、融资转让、财务顾问、信息咨询、管理培训、路演宣传、培育孵化等一揽子服务；鼓励地方上市后备企业到区域性股权交易市场挂牌进行规范培育，鼓励符合条件的区域性股权交易市场挂牌公司到新三板挂牌或证券交易所上市。

（二）制定统一的市场准入机制

目前我国已设立的区域股权交易平台有 30 余家，各交易机构的市场准入条件、交易规则制度、交易登记结算系统等通常都是独立的，且各个机构在市场运作机制、挂牌企业准入门槛等方面差异较大。

由于各区域已设立的股权交易市场大多有跨区经营的目的，纷纷向全国企业开放，但又缺乏统一有效的监管，容易出现盲目降低投资和挂牌的门槛、操纵价格等无序竞争；另外，缺乏统一有效的市场准入制度，也为今后的统一监管、统一规范与有序发展制造了障碍。

在资本市场发展得比较成熟的国家中，场外交易市场都拥有比较成熟的市场准入标准。例如，挂牌公司在美国场外柜台交易市场首次上市时，市场虽对净利润、净资产与销售量无特别限制，但要求其至少拥有三位做市商，有会计报告和财务审计报告，股东人数至少 80 名。在粉单市场上，对挂牌公司的净利润、净资产与销售量没有限制要求，但要求其至少拥有一位做市商，股东人数至少 40 名，不必提交财务报告。

区域股权交易市场有必要建立宽严适度的低门槛准入制度与高强度的终身保荐制度，保荐人对符合标准的保荐企业全程负责，这样监管机构就只需要对保荐机构进行监管，这种监管既可以激发企业的挂牌热情，又可以建立良好的准入秩序，这在一定程度上抑制了市场上现存的监管风险。

（三）做实做精股权融资业务，平稳开展交易转让业务

股权融资业务是区域性股权交易市场的核心业务。地方政府应支持运营机构充分发挥交易场所的制度、业务和监管优势，不断提高信息搜集、估值定价、销售交易、登记托管、财务顾问等方面的服务能力，有重点地将场外优质企业的 A 轮、B 轮、C 轮等私募股权融资引导至区域性股权交易市场规范进行。鼓励在区域性股权交易市场挂牌的有限责任公司增资改制为股份有限公司，在此过程中运营机构应做好改制顾问和融资配套服务。

运营机构要加强交易转让的基础设施建设，建立规范的信息披露、行情发布、价值评估、交易促成、单向竞价等制度，积极引入机构投资者，提供便捷的交易服务，逐步形成良好的市场生态，为省级行政区域内国有股份、债转股等各类股权资产进场交易提供必要的基础条件。支持区域性股权交易市场发挥信息集中、资本集聚和专业服务优势，为国有企业混合所有制改革、市场化债转股提供服务，促进国有企业完善治理结构，国有股权形成市场化价格，推动国有资产保值增值。

（四）场外股权交易市场挂牌公司股东人数可适度突破200人限制

现有对证券发行人数的限制（200人以上为公开发行，需向有关部门报备）值得商榷。当初制定这一限制，主要是在证券市场起步时期缺乏秩序的情况下做出的特殊规定，200人标准的由来与公募、私募界分密切相关。根据现行《证券法》，证券发行对象累计超过200人即为公开发行。在此框架下，按照"非公即私"的思维惯性，2012年底颁布的《证券投资基金法》第88条规定，非公开募集基金应当向合格投资者募集，合格投资者累计不得超过200人。我国监管层将资产证券化产品先验性划定为私募，也就有了发行和转让200人的上限。

随着我国金融市场的发展，这一规定执行比较困难，因为现实中，非公开发行证券的持有人完全可以通过拆细的方式将证券通过非公开交易的形式转让给多数人，从而突破该限制。目前，各地方股权交易市场挂牌企业的股东人数均受到200人限制，在很大程度上抑制了场外市场的发展。未来可能会出现一种尴尬局面：主板、创业板、新三板、科创板挂牌企业可以超过200名股东，不上任何板块的企业也可以超过200名股东，唯有区域性股权交易市场中的挂牌企业股东数不能超过200名。新三板现已打开200人限制，对场外股权交易市场也应该放开限制，尽早形成良性竞争态势。

（五）建立健全转板机制

在多层次资本市场体系中，各板之间应设立合理的转板以及退柜机制，可以在场外交易市场与交易所市场之间建立一种相互连通的机制。场外交易市场的企业在符合交易所市场的准入条件后可以进入交易所市场，从而使发展良好、有潜力的企业上升到更高层次的资本市场中。对于落后、不遵守信息披露制度、财务指标不再符合柜台交易标准的企业则给予退柜处理。

不同层级股票市场的递进关系，对于完善证券市场运作机制十分重要。尽管我国多层次资本市场的构架已基本成型,但相关的升降级制度并不完善,特别是区域性股票市场,尚未被纳入该制度之中,为此提出如下建议:

第一,鼓励IPO排队企业前往场外市场挂牌,以分流IPO蜂拥的现状,同时也可以减少企业一上市就变脸等恶劣现象的出现概率。

第二,努力打通各场外市场之间的互通对接。不仅允许鼓励各地场外市场的挂牌企业前往新三板挂牌,同样也要积极支持新三板挂牌企业转至各地区域性股权交易平台挂牌交易,要充分尊重企业意愿,给予企业及全体股东充足的决策空间。让企业切实享受到场外市场对于实体经济的促进作用,从而推动各个场外市场良性发展。

第三,设立严格的转板条件,允许符合条件的优秀挂牌企业转板至新三板或主板市场进行交易,构建场内场外市场的联通与对接,形成合力,促进新兴企业成长和产业结构优化。

(六)监管机构出台原则性和指导性的标准

若相关法律条款落后于形势,监管制度创新的脚步跟不上证券市场的创新速度,就无法实现证券市场的健康持续发展。如何建立科学有效的监管制度已成为民间股权交易市场体系发展迫切需要解决的问题。

作为多层次资本市场的组成部分,各区域性股权交易市场可根据当地的经济发展水平、资本市场发达程度等因素设立个性化的标准,如各运营机构均设立了不同的挂牌板块,并对应不同的挂牌条件和要求,且审核标准不一、业务规则尺度各异,但建议监管机构明确符合资本市场发展的基本原则和底线要求,出台原则性和指导性的意见,引导运营机构设立不同板块和执行审核标准,增强运营机构的平台运营能力,加强对相关中介服务机构的指导,以规范指导各区域性股权交易市场的良性发展。

(七)在部分区域性股权市场开展股权众筹等创新业务试点工作,深化融资服务平台功能

聚集各种金融资源,深化融资服务平台功能,以"草根"金融为特色,多方协作丰富融资渠道、持续扩大普惠金融成果。

第一,要引导金融机构主动进入区域性股权市场,积极探索挂牌企业的各类金融产品创新业务,落地更多中小微企业融资措施。

第二,要推动银行等金融机构为托管挂牌企业进行股权质押融资,引导银行、信

托、典当、小贷公司等为区域性股权市场托管挂牌企业开展股权质押融资业务。

第三，依靠运营机构自身平台功能，探索开展私募范畴的股权、基金、承销、投顾等平台产品及服务。

第四，强化金融服务抓手，收购、创立或者联合建设担保、基金、小贷、互联网金融等机构，设立股权投资基金、债权信贷基金等。

本章小结

区域性股权交易市场是中国特色社会主义市场经济建设过程中出现的新事物，经过十年发展，已逐步成为我国多层次资本市场的重要组成部分。《国务院办公厅关于规范发展区域性股权市场的通知》《区域性股权市场监督管理试行办法》印发以来，区域性股权交易市场逐步走上规范发展的道路，历史问题得到基本解决，基础制度不断健全，业务风险总体可控，服务支持了一大批民营企业和小微企业。在服务中小微企业和实体经济、推进供给侧结构性改革、促进大众创业万众创新、服务创新驱动发展战略、降低企业杠杆率等方面，区域性股权交易市场发挥了重要作用。

服务小微企业是区域性股权交易市场的使命和责任，但探索和发展的历程也充满了艰辛和挑战，凝聚着辛勤和汗水。下一步，全国各区域性股权交易市场应该在习近平新时代中国特色社会主义思想的指导下，深化区域性股权交易市场的改革，服务实体经济的需求，防范金融风险，不断完善基础性制度，使其成为多层次资本市场坚实的塔基，充分发挥好市场功能，助力小微企业的成长发展，推进为地方经济的转型升级、为国家经济的高质量发展贡献力量。

本章重要概念

新四板　场外市场　中小微企业融资渠道　多层次资本市场

本章思考题

1. 区域性股权交易平台有哪些特点？在资本市场中的定位如何？
2. 挂牌有什么作用？企业挂牌需要达到什么门槛？
3. 区域性股权交易市场与主板、新三板之间有何共同点？有何不同点？
4. 投资者需要防范哪些风险？监管机构需要防范哪些风险？

本章参考文献

[1] 姚禄仕,赵佳卉.区域性股权交易市场融资效率及影响因素研究——基于不完全信息博弈的分析[J].华东经济管理,2019,33(4):84-89.

[2] 潘越.区域股权市场转板至新三板公司的融资效率研究——基于齐鲁股权交易中心20家转板公司的分析[J].证券市场导报,2018(9):4-10,20.

[3] 孙菲菲,蒋冠.论区域性股权市场的功能建构[J].证券市场导报,2018(3):59-63,77.

[4] 山珊.区域性股权交易市场功能开发研究[J].经济问题,2017(12):56-59.

[5] 董彪,郭红.区域性场外市场发展趋势及规制[J].商业经济研究,2017(10):108-110.

[6] 张玮.证交所抑或场外市场——央地关系视野下的多层次资本市场建构模式考察与解释[J].商业研究,2016(6):81-88.

[7] 陈德富,刘伟平.加快推动我国区域性股权交易市场建设研究——从海峡股权交易中心的实践来看[J].福建论坛(人文社会科学版),2015(12):21-27.

[8] 罗红梅.场外交易市场的监管:1986—2016年[J].改革,2016(5):101-113.

[9] 辜胜阻,庄芹芹,曹誉波.构建服务实体经济多层次资本市场的路径选择[J].管理世界,2016(4):1-9.

[10] 冯文婷.区域股权市场私募债发行创新与规范——基于互联网金融平台的视角[J].证券市场导报,2015(12):1.

[11] 孙当如.完善区域性股权市场个人合格投资者制度的探讨[J].证券市场导报,2015(11):52-56.

[12] 国元证券和合肥工业大学联合课题组,蔡咏.我国区域性股权市场的发展、问题和改革研究[J].金融监管研究,2018(4):55-70.

[13] 罗红梅.场外股权交易市场自律监管之有效性——依据监管数据的对比分析[J].商业研究,2017(8):99-108.

第四章　地方产权交易平台

本章导读

产权交易市场作为中国经济体制改革过程中的特殊产物，发展已逾30年。产权交易资本市场作为现代化经济体系的重要构成，是市场化配置各类要素资源的主战场。在产权交易市场中，产权交易平台在推动国有资产公开交易、国有资本有序进退、国有资产保值增值等方面发挥了重要作用。本章从地方产权交易平台的概念与业务运作模式、现有的管理办法、存在的问题与成因以及功能定位等方面展开探讨，并结合广东联合产权交易中心案例，引领读者深入地了解产权交易市场。

本章学习目标

1. 掌握地方产权交易平台的概念与特点。
2. 掌握地方产权交易平台的参与主体及业务种类。
3. 熟悉地方产权交易平台的现有管理办法。
4. 了解地方产权交易平台存在的主要问题及成因。

第一节 地方产权交易平台概述

一、地方产权交易平台的概念与特点

2015年8月,中共中央、国务院出台《关于深化国有企业改革的指导意见》(中发〔2015〕22号),提出:"支持企业依法合规通过证券交易、产权交易等资本市场,以市场公允价格处置企业资产,实现国有资本形态转换,变现的国有资本用于更需要的领域和行业",首次将产权交易市场与证券市场平行并列为"资本市场"。2016年7月,国务院国资委会同财政部联合发布《企业国有资产交易监督管理办法》(32号令),明确将企业国有产权转让、增资扩股、资产转让行为一并纳入产权交易市场,在资产交易和变现的基础上,赋予了产权交易市场股权融资的资本市场功能。党的十九大报告提出,经济体制改革必须以完善产权制度和要素市场化配置为重点。在中共中央、国务院的政策引领下,在国务院国资委和有关部委精心培育下,中国产权交易市场进入了资本市场定位发展的新时代。

产权交易是指资产拥有者将自己的资产权和经营权全部或部分转让的一种经济活动。这样的经济活动是以实物形态为基本特征的卖出财产收益的行为,是多种资本市场的重要组成部分,产权交易所就是对产权交易提供条件和综合配套的服务,开展政策咨询、组织交易、资金结算交割、信息发布、产权鉴定的不以盈利为目的的国家组织部门。

产权交易机构应由政府根据相关法律批准成立,主要从事产权交易活动,具有独立法人资格。国有产权交易机构的成立也应由政府依法核准,经省级国资监管机构遴选确定,并应在国务院国资委和财政部备案。至2018年,加入中国企业国有产权交易机构协会的机构260家,其中常务理事机构23家,理事机构49家,机构会员44家,服务会员42家,特别会员机构1家。在组织形式方面,绝大多数产权交易机构中采用公司制;少数产权交易机构采用事业制。

产权交易所(中心)是产权交易市场的核心和龙头,从组织结构角度而言,产权交易所(中心)是一个实现产权买卖双方达成交易的中介机构,是一个有组织的市场。它的成立为国民经济产业结构、布局调整搭建了一个平台,也成为中国公有资产和非公有资产重组、国内资本和境外资本结合的桥梁。产权交易所(中心)是固定地、有组织地进行产权转让的场所,是依法设立的、不以赢利为目的的法人组织。产

权交易所（中心）作为产权交易的中介服务机构，它本身并不参与产权交易，只是为产权交易双方提供必要的场所与设施及交易规则，保证产权交易过程顺利进行。作为中国经济体制改革过程中的特殊产物，一直以来，中国各地产权交易机构都在"摸着石头过河"，随着国有资产逐步退出竞争性行业，以及逐渐向民营资本和外资开放，产权交易机构的作用正在被强化。

产权交易所（中心）的主要职责是组织会员单位为全社会的各类产权交易提供场所、设施、信息等综合性服务。产权交易所（中心）遵循"公开、公平、公正"的原则，促进国资与民资、外资与内资、科技与经济、有形资产与无形资产、增量资产与存量资产的置换，推动各类产权的跨行业、跨地区、跨所有制流动，促进全社会资源的优化配置。具体而言，产权交易所（中心）目前主要作用体现在信息发布、项目推介、并购策划、政策咨询、投资引导、项目融资及交易鉴定等方面。

作为国有企业改革、结构调整、国有经济退出竞争性领域的平台载体，产权交易所（中心）在产业发展与资本市场之间架起了一座相互融通的桥梁，为实现产权的顺畅流转起到了不可或缺的作用，同时也对缓解企业融资困境发挥了良好的促进作用。

二、地方产权交易平台的运行模式

为服务国企产权改革，各地财政部门和国资管理部门专门设立了产权交易平台（所、中心）。2000年以前，交易所大都定位是不以盈利为目的、具有行政色彩的、政府主导性的政府出资的、国有性质的事业法人体制。2000年之后，在推进产权交易市场化的过程中，以新成立的产权交易平台（所、中心），以及部分经过重组改制成为公司制的产权交易机构为代表，形成了市场化运作、企业化经营、逐步建立政府监管与行业自律和自我监管的新体制。显然，后者体现了政府职能的转变并顺应了市场化运营的需求，这也是今后交易所运行模式的发展方向。为了促进科学技术成果的转化，在国家科技部的指导下，各地科技部门成立了技术产权交易平台（所、中心）与民营的产权交易平台（所、中心）。

因为要与当地的经济发展环境相吻合，在业务范围、执行方式与组织结构方面，各地产权交易平台（所、中心）不完全一样。一般而言，产权交易平台（所、中心）从事的业务主要包括：企业产权和技术成果转让、股份制改造、债务重组、知识产权、战略联盟、顾问咨询、资产评估、交流展示推介、技术鉴定、挂牌、拍卖、产权纠纷调解、股权登记托管、信息服务和法律、会计等配套服务等。此外，交易所还承担着政府部分有关国有产权的管理职能，如有关产权法规的制定、产权评估、产权监督等。

目前,全国各地交易所一般都采取了会员制度或交易商席位制度。会员制度有利于交易所的正规化发展,但该制度也有两个弊端:一是增加了市场的交易成本,二是产权交易双方不能直接进入产权交易中心,而必须委托经纪人进行交易,容易增加会员内部自我成交的比率,不利于增加交易所的成交量。

第二节 地方产权交易平台的业务运作

一、地方产权交易平台的业务流程

产权交易平台(所、中心)的产权交易流程分为转让前、场内交易以及转让后三个阶段,其中转让前准备工作包括:确定转让主体、制定转让方案、职工会审议安置方案、债权债务处置、履行审批或决策程序、清产核资审计评估等;场内交易工作包括:受理转让申请、发布转让信息、登记受让意向、组织交易签约、结算交易价款、出具交易凭证等;转让后相关工作包括:价款结算、资产交接、产权权证变更等,如图4-1所示。

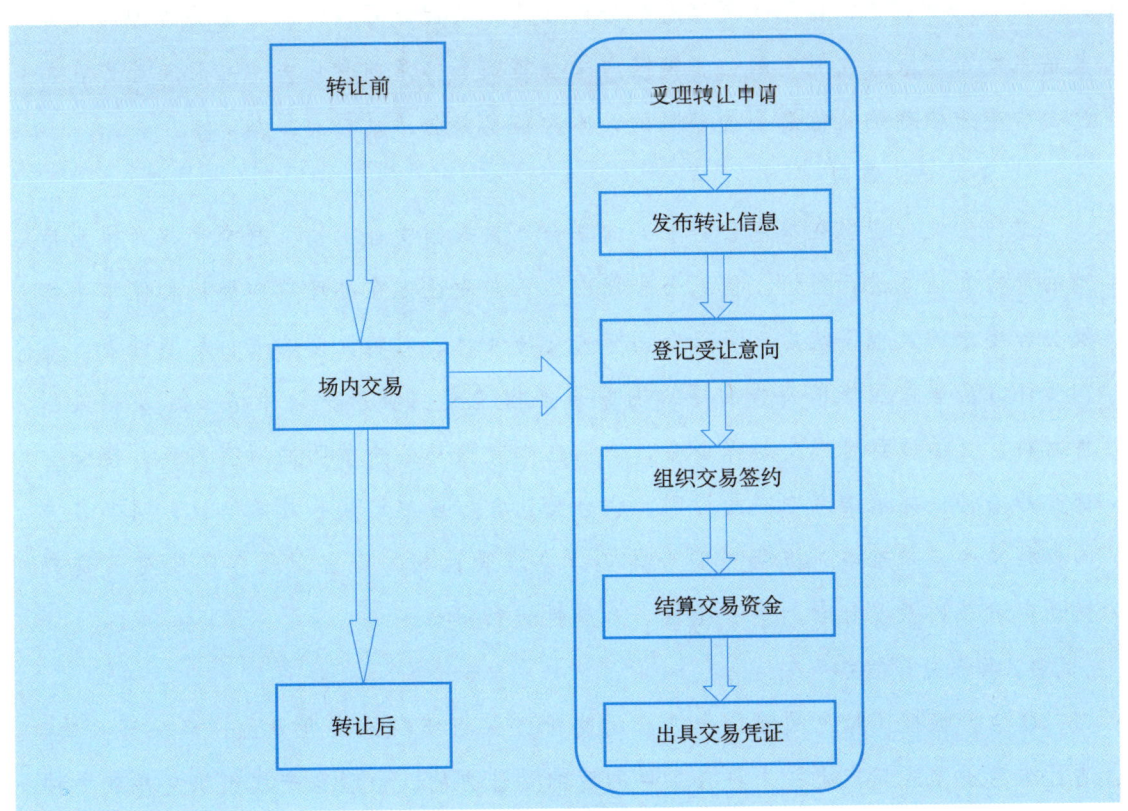

图4-1 产权交易业务流程图

专栏 4-1

产权交易流程

以广东联合产权交易中心（以下简称联合产权）国有企业资产交易为例，场内交易工作包括以下六点。

1. 受理转让申请

转让方向联合产权提交《资产转让申请书》等材料；转让方所提交的材料符合齐全性要求的，予以登记。联合产权在收齐资产转让申请材料之日起3个工作日内，对转让方提交资料的规范性审核。转让申请通过规范性审核的，联合产权向转让方出具受理通知同时办理信息发布等交易手续。审核未通过的，联合产权应当及时将审核意见告知转让方。

2. 发布转让信息

转让信息在联合产权官方网站公开发布。转让方可以根据转让标的情况合理确定信息公告期限，以联合产权网站发布之日为起始日。在规定的公告期限内未征集到合格意向受让方，且不变更信息公告内容的，转让方可以按照信息公告的约定延长信息发布期限。在规定的公告期限内未征集到合格意向受让方，并且转让方在信息公告中未明确延长信息公告期限的，本次信息公告活动自行终结。

3. 登记受让意向

意向受让方应当在信息公告期间向联合产权提出受让申请。联合产权对提出申请的意向受让方进行登记。信息公告期内，意向受让方在办理意向登记和保密手续及公告要求的其他手续后，可以查阅有关交易文件，对转让标的进行尽职调查。意向受让方应当按照信息公告的要求向联合产权递交《资产受让申请书》及相关附件材料，交纳诚意金或交易保证金，确认已知晓信息公告载明的所有内容，接受全部交易条件，并承诺遵守交易规则。联合受让各方应签订联合收购协议，明确各方的权利义务，并推举一方代表联合体各方办理受让相关事宜。联合产权对《资产受让申请书》及受让材料的齐全性、合规性进行审核。

4. 组织交易签约

联合产权按照信息披露公告披露的竞价方式组织实施公开竞价；经公开征集，通过非竞价方式只产生一个符合条件的意向受让方的，由联合产权组织交易双方按转让底价与受让方报价孰高原则直接签约。转让方和受让方根据公告或约定签订交易合同。联合产权依据法律法规的相关规定，按照信息公告的内容以及交易结果等，对交易合同进行审核。资产交易合同生效后，联合产权将转让结果通过联合产权网站对外公告，公告内容包括交易标的名称、转让标的评估结果、转让底价、交易价格，公告期不少于5个工作日。

5. 结算交易资金

资产交易各方应当按照相关规定和交易合同通过联合产权进行交易资金的结算。受让方应在约定的期限内，将交易价款支付到联合产权结算账户。受让方已交纳的保证金可根据约定转为交易价款。因特殊情况不能通过联合产权结算的，应当向联合产权提供转让行为批准单位的书面意见及受让方付款凭证。对符合交易价款划转条件的，联合产权应当及时向转让方原额无息划出交易价款。

6. 出具交易凭证

资产交易合同生效后，自受让方按照合同约定支付交易价款，且交易双方足额支付服务费用之日起3个工作日内，联合产权在出具资产交易凭证。联合产权出具交易凭证前，应对交易合同和交易资金结算情况进行核对，有关资料与信息公告等交易文件不符的，可以要求交易当事人作出书面说明。资产交易凭证出具后，相关主体提出交易双方在资产交易过程中存在主体不合法、程序不合规、提交虚假材料等违规情形，经确认出具资产交易凭证的前提条件不能成立时，联合产权通过网站公告等方式撤销该项目的资产交易凭证。

二、地方产权交易平台的交易主体

产权交易主体是指参与到产权交易市场中，进行产权买卖的法人机构或代理人，包括产权出让主体和产权受让主体。产权出让主体是指在产权交易活动中出让产权的法人、其他组织和具有完全行为能力的自然人；国有产权的出让方，根据《公司法》及《企业国有产权交易管理暂行办法》规定，只能是国家授权投资的机构或者国家授权的部门，以及对出让企业直接拥有出资权的国有企业单位，被出让企业本身不得成为产权交易主体。产权受让主体是指在产权交易活动中接受产权的法人、其他组织和具有完全行为能力的自然人。产权出让主体是产权的原始主体；产权受让主体是产权的未来所有主体。国有产权的受让方应该是包括国有企业、外资企业、私营企业以及各种形式的股份制企业在内的一切市场主体。从产权结构和产权所有者的属性划分，产权交易主体一般有国有、非国有，以及法人、自然人等多种划分方法。

国有企业的投资主体包括国有企业的资产管理机构、全资控股公司、国有资产经营公司等一系列对企业进行投资并负有管理其资产职能的机构。国有企业的投资主体一般是指出让主体，出让主体决策企业产权出让与否以及收受产权出让所得。国有企业的产权出让既可以在国有经济内部进行，即出让给其他具有独立经济地位的全民法人投资机构，也可以面向国有经济之外的其他投资者进行。出让国有企业产权，有利于使国有独资经营形式向现代公司制方向转变。

集体企业一般规模较小，集中程度低，生产要素流动较自由，产权出让的决策过程比国有企业要简单一些。集体企业的产权定价多以有形资产为主要内容，除了有传统特色的老字号和少数条件优越的企业外，一般都缺少技术优势和知识优势，无形资产价值少。产权转让价格随市场行情波动较大，与交易双方的具体谈判密切相关。

随着改革的深化，市场竞争的激烈，一些私营企业由于技术和资金原因，产生出让产权的要求。私营企业的规模小，在转让中多采用有偿售让、拍卖或破产清理等，交易款项一般也是一次性结清。

各类主体的成交合同和交易金额，反映了市场参与者的构成和份额；从出让或受让的角度进行统计分析，还可以评价各类主体通过市场配置经济资源的进退状况和活跃程度。中国传统的企业制度，在企业经济性质的结构上主要分全民所有制企业和集体所有制企业两大类：在企业产权主体结构上，全民所有制企业产权主体单一，集体所有制企业产权主体关系模糊，多数企业难以说清企业的产权主体是谁；在企业经营方面，只存在企业产品或商品生产经营，而不存在企业资本经营，企业的构建也受制于地方行政区域经济，大而全、小而全，使得企业效率与效益低下，重复投资且难以获得最佳投资回报；在企业用工和劳资方面，实行国家统招统配和不定期的统一晋升工资制度，企业缺乏合理的人才激励机制等。在这种体制下，产权交易市场长期以来一直以整体或部分产权为主，并且又以国有产权交易为主。

国有企业产权交易是国有产权所有者或代表者的行为，国有企业本身实际上只拥有经营权，企业的所有权是由政府的有关部门掌握和行使的。各地产权交易所（中心）从事的早期职能是建立国有资产产权交易监管体系，以盘活存量国有资产、防止国有资产流失为主要目标，以国有企业间的产权交易为主体，以政府行政撮合为主要交易手段。实践中，由于产权主体的不明确或缺位问题致使企业产权交易不能正常开展的情况屡屡发生。这尤其体现在集体企业情况上。集体所有制企业投资来源复杂，投资方式多样、企业又几经集体转全民及全民转集体的体制变革，至今产权主体关系模糊，到底谁是产权主体，谁是企业资产所有者的授权代理人，多数企业不能明辨。企业产权转让主体的缺位，直接影响企业产权交易的微观运作和资产交易的市场价值体现，影响了产权交易市场的微观运作。

这种政资不分往往导致的就是政企不分，其后果一方面使得企业面对"政出多门"的局面难以掌握机遇；另一方面，国有资产的专职管理职能也未能实现，国有资产的战略性调整与重组缺乏统筹规划，资产的流动与重组往往受多个政府部门的干预。因此，企业要想真正进入市场，必须明确企业产权的交易主体，把政府的社会管理职能与国有资产所有者职能分开（两权分离），即政资分离，并按照市场经济的原则规划、塑造多元化产权交易主体。

三、地方产权交易平台的交易对象

中国的产权交易市场是在建立与社会主义市场经济体制相适应的现代企业制度，以及为国有企业改制重组和产权交易的服务过程中逐步形成和发展起来的，已经发展为我国多层次资本市场的重要组成部分。产权交易资本市场作为国有资产转让、资源优化配置的重要平台，交易范围主要包括：

- 国有企业物权、股权、债权、知识产权；
- 行政事业单位物权、股权、债权、知识产权；
- 国有金融类企业物权、股权、债权、知识产权；
- 国有企业增资和国有企业资产合作；
- 国有实物资产；
- 国有企事业单位国有资产经营权、租赁权、采购权；
- 政府特许经营权、矿业权等公共资源产权；
- 国有林业产权；
- 用能权、碳排放权、排污权等环境资源产权；
- 涉诉国有资产等。

产权交易平台已经或正在探索开展下列交易品种：

- 不良金融资产交易；
- 农村土地经营权流转；
- 非上市股份有限公司的股权登记托管；
- 股权质押融资和股权私募融资；
- 金融产品创新业务；
- 其他各类性质企业物权、股权、债权、知识产权交易；
- 民营企业增资；
- 涉诉资产等。

第三节　地方产权交易平台存在的问题及成因

一、地方产权交易平台的现有管理办法

2016年6月，《企业国有资产交易监督管理办法》（国务院国资委财政部令第32号）公布，明确了企业产权转让、资产转让、增资扩股等国有产权交易行为，须在产权交易市场公开进行交易。

鉴于目前各地产权交易平台管理办法不一，下面主要以华南地区规模最大的广东联合产权交易中心（以下简称中心）国有资产交易业务管理办法为例，介绍产权交易平台的基本管理办法。广东联合产权交易中心为构建统一、规范、高效的产权交易资本市场，实现自身及下属子平台的交易系统、交易规则、信息发布、交易鉴证、收费标准和业务监管"六统一"，根据《企业国有资产交易监督管理办法》（国务院国资委财政部令第32号）、《关于印发〈企业国有产权交易操作规则〉的通知》（国资发产权〔2009〕120号）和《关于印发〈广东省整合建立统一产权交易平台整体方案〉的通知》（粤国资产权〔2017〕2号）等文件的规定，结合实际，制定《广东联合产权交易中心国有资产交易业务管理办法》（以下简称办法）。

在广东省行政区域内进行企业国有资产交易，包括企业产权转让、企业增资和企业资产转让，适用本办法。该办法所指的统一范围，包括南方联合产权交易中心、广州产权交易所、深圳联合产权交易所和珠海产权交易中心（以下简称子平台）开展国有资产交易中使用的交易系统、交易规则、信息发布渠道、交易鉴证、收费标准和交

易业务中的风险控制及监管流程。

中心是广东省产权交易市场统一的规划和服务平台，以"六统一"制度模式对子平台的营运进行行业指导、业务规范和运营监督，其主要职责包括：制定交易规则和收费标准、对产权交易行业进行战略规划、监督国有资产交易过程等。子平台是广东省企业国有资产交易业务的具体实施平台，在中心的指导、管理和监督下，按"六统一"制度模式开展具体的全省企业国有资产交易业务，其主要职责包括：遵守并落实中心制定的规章制度、提供交易场所、开展国有资产交易业务等。

广东联合产权交易中心及子平台的"六统一"是指：

（一）统一交易系统

子平台从事企业国有资产交易业务的，应当通过中心的交易系统实现全流程在线交易，由中心出具交易凭证，并接受中心的业务监督。交易主体提交纸质材料应为原件或复印件加盖公章，否则子平台不予接收。子平台应在交易系统中提交其接收纸质材料的扫描件，应与交易主体提交纸质材料保持一致。

中心按照国务院国有资产监督管理委员会（以下简称国务院国资委）和省国资委规定的技术标准和数据规范建立全省企业国有资产交易系统，为子平台、市场主体、社会公众和行政监督部门提供企业国有资产交易活动技术联通、信息交互、资源共享、交易录入登记、程序流转、竞价评审和数据归集等服务，建立在线业务监督机制，运用大数据挖掘和交易预警分析等方式，对交易实施全过程在线监管。

子平台应当与中心的企业国有资产交易系统对接联通，实现信息实时交换、报送。子平台应当确保所交换、报送的信息的准确性与时效性。

中心应当归集各子平台数据信息，并进行数据分析，与国务院国资委、财政部、省国资委和省公共资源交易平台的交易系统和电子服务系统对接联通，并交换共享数据信息。

（二）统一交易规则

中心依照法律、法规、规章及地方性政策规范等文件制定企业国有资产交易规则和收费标准，所制定的有关交易制度应当报省国资委和省联席会议办公室备案，并对外公布。子平台应当按照相关规定及中心交易规则开展企业国有资产交易业务。

子平台应当按照国家法律、法规、规章及地方性政策规范等文件的规定，在国有资产交易主体履行决策批准程序后，通过中心进行信息披露，开展企业产权转让、企业增资、企业资产转让等业务。

企业国有资产交易程序包括但不限于受理转让申请、发布转让信息、登记受让意向、组织交易签约、结算交易资金和出具交易凭证。中心应当根据相关法律、法规、规章及地方性政策规范等文件的规定，结合企业国有资产交易的类别特征，依程序制定实施全省分类统一的交易制度、流程、标准和技术规范等。

子平台应当以中心的名义接受交易主体委托，开展国有资产交易业务。办理业务委托时，应当要求委托方提供从事交易的权限和程序的相关证明文件，向委托方充分解释政策规定、交易规则、交易程序和揭示有关风险，获取必要的交易保证，明确在市场变化情况下委托方违约和相关交易资金的处理。

子平台应当在法律和政策的框架内审慎经营、履行交易程序，建立风险识别和预警机制，严格根据政策法规规定对交易主体提供的申请文件及相关交易文件进行审查。

中心及子平台对各方（意向）主体所提交有关资料进行规范性审核。参与国有资产交易的各方（意向）主体对所提交相关材料的真实性、完整性、准确性及合法有效性负责。

中心施行交易资金统一进场结算制度，中心开设统一的结算账户，组织收付国有资产交易资金，保证资金结算的安全，不得挪作他用。

（三）统一信息发布

子平台开展国有资产交易业务必须在中心独立对外的官方门户网站和交易系统进行同步信息发布，面向社会公开。在不同媒体发布的同一交易项目的公告，其内容应当与在中心官方网站发布的信息保持一致。

交易项目发生中止、终结交易情形的，子平台应当及时通过中心及子平台同时发布中止、终结交易公告，及时告知相关当事人。

交易合同生效后，交易结果应当通过中心网站对外公告，子平台网站联动发布公告，公告内容和公告期按照相关监管办法及中心交易规则执行。

（四）统一交易鉴证

交易合同生效，且受让方按照合同约定支付交易价款、交易双方支付服务费用后，由中心统一出具交易凭证。子平台应当依照中心有关规定整理并保存所涉及的信息披露、交易文件、竞价文件等交易全过程文书、录音录像和电子资料等档案材料。

（五）统一收费标准

中心和子平台实施统一的场所设施标准和服务标准，按照统一收费标准提供服务。交易双方服务费用由中心专用结算账户统一结算，子平台不得自行收取。对出具交易凭证的项目，符合服务费用分配条件的，中心在每月 10 日前按照约定将上月服务费用分配结算至子平台。

（六）统一业务监管

中心明确设定交易业务可接受的风险程度，制定识别、监测和控制风险的程序和措施，建立有效的风险决策机制，指导子平台制定防范和化解风险的对策，指导重大、复杂项目的风险控制及决策，保障交易活动规范、有序进行。交易项目应当依据法律、法规规定的条件和程序进行交易。违反规定的条件和程序进行交易的，具体项目的承接子平台应当依法承担相应责任。

中心发现子平台未按相关法律、行政法规和规章要求执行的，视情节轻重对其进行提醒、暂停直至停止从事企业国有资产交易业务。因子平台违法违规或过错造成中心损失的，中心有权从应分配子平台的服务费用中扣除。如损失无法抵补的，中心有权追究违规子平台法律责任。中心及子平台从事国有资产交易有关的工作人员应当忠于职守、依法办事、公正廉洁，不得利用职务便利牟取不正当利益，不得泄露所知悉的有关机构和个人的商业秘密。中心及子平台工作人员在开展国有资产交易业务时，与本人或者其亲属有利害关系的，应当回避。

联合产权中心整合了现有产权交易市场资源，进一步完善了政策法规体系，统一了广东省内的产权交易市场，一定程度上解决了产权交易机构相互竞争、市场分割、合力不足和监管乏力等问题。但是由于行业、政策等方面的局限性，产权交易机构乃至整个产权交易市场仍存在一些问题。

二、地方产权交易平台存在的主要问题

（一）产权交易管理办法的问题

管理办法落后于形势需要而且规范性不足。目前的产权交易管理办法主要以防范

交易风险，保证国有资产保值增值为前提，相对而言限制较多，不够灵活。国务院国资委、财政部 32 号令出台后，部分规章逐步放宽，但仍存在相当部分有待商榷。国有资产交易在做好防范国有资产流失方面关注较多，但考虑国有资产的交易效率则较为不足，交易环节过多，交易成本过高，不能很好地满足国有企业参与市场竞争的需要。虽然 32 号令的出台在一定程度上弥补了此前法规的不足，并根据新一轮国资改革的形势，对产权交易流程进行了简化，但是并未从根本上改变产权交易政策法规的现状——未能在法律的层面上对产权交易进行约束，各部门出台的规条分散且不全面，往往解决一个实际问题需要翻查多份文件，效率不高。同时，政策之间存在相互重叠、真空甚至矛盾的问题，这都有待产权交易立法工作的推进而解决。

（二）产权交易平台的问题

市场分割现象较为普遍。从 20 世纪 90 年代末期开始，随着政府对产权交易行为以及产权交易机构的统一规范，各地政府就开始推进对产权交易机构的合并。国务院国资委成立后，全国产权交易机构整合步伐进一步加快。从总体上看，我国各地的产权交易机构是由各地政府自行批准自发筹建的，在设立之时没有统一的国家批准部门和监管法律，受地方政府传统的体制思维和政府多头管理的影响，不少产权交易市场仍存在着按地方或行业割裂的现象，使各地产权交易机构各自为政，阻碍了产权交易机构的做大做强，使产权交易跨地区的流动较难实现，不能充分发挥价格机制的优势，不利于社会资源的优化配置和经济结构的合理调整。从区域范围看，产权交易机构重复设置的问题十分严重，导致机构规模普遍较小，一般只限于本地区的产权交易活动，辐射范围狭窄。更为严重的是，由于存量国有资源实际是有限的，为了争夺资源，产权交易机构间的恶性竞争十分常见。

目前，广东省内四家产权交易机构之间也存在着互相争夺资源的现象。尽管联合产权中心整合了广东省内的产权交易市场，一定程度上解决了产权交易机构相互竞争、市场分割、不能形成合力、监管乏力等问题，四家机构的资源整合形成共同市场的阻力仍然很大。广东省内四家产权交易机构的规划和定位并不明确，各产权交易机构在业务拓展和创新上大同小异。甚至有机构不顾业务开展的可行性，盲目开发新业务、搭建新平台，而仅仅是为了抢占市场份额，造成较大的资源浪费。

（三）监管机构的问题

监管机构与市场主体重合。国资监管机构作为产权交易的监管主体，其本身同时是国有企业的出资人,即国有资产转让行为的发起者。同时,国资监管机构也是产权交易机构的出资人,在企业国有产权交易活动中,国资监管机构既当运动员,参与在产权交易活动中,又是裁判员,监督产权交易活动的全过程,一定程度上还从产权交易活动中分享交易服务费。国资监管机构的双重身份,虽然在实际上起到了监督管理的作用,但从制度建设逻辑上违背了公平公正的原则。一方面,不利于维护产权交易的公平性、公正性;另一方面,作为国有资产的转让方,国资监管机构会按其意愿,主导某部分产权交易活动。国资监管机构的多重身份,多重利益诉求,使其无法处于中立地位,导致的结果是影响了交易的效率,削减了产权交易市场的公信力,降低了政府的监管威信。

为了遵守国有资产进场交易制度,又为了保证国有资产转让给中意的受让方,在实际操作中,国资监管机构可以利用监管主体的身份,一边制定游戏规则,一边操作游戏规则,按其意愿实行国有企业的产权交易,大量牵手进场交易的存在,一方面确实存在国资监管部门对其自身资源的调配;但从另一方面考虑,其实质不利于国有资源反映其真实价值,更不利于按市场机制实现资源的有效配置和国有资产的保值增值,使产权交易机构难以促进产权交易市场的发展和起到产权交易反贪防腐、防止国有资产流失的作用。

虽然广州产权交易所、深圳联合产权交易所、珠海产权交易中心有限责任公司和南方联合产权交易中心在业务上均由国资委管辖,但南方联合产权交易中心从属省国资委管辖,其业务范围也更多与省属国有企业相关,在产权交易活动中同时接受广东省其他政府部门监管,同样地,广州产权交易所、深圳联合产权交易所、珠海产权交易中心有限责任公司则对应接受各地市级政府部门监督。从出资人的角度看,虽然同属国资监管机构,但广州产权交易所由广州市财政局管理,其他三家机构则是直接或间接受国资委管理。出资人或业务监管部门的不一致,产权交易机构的监督效果也会因此而受到影响。

三、成因分析

产权交易平台存在的问题可大致归因于以下三点:产权交易的特殊性、历史遗存问题以及监管部门体制不完善。

(一)产权交易的特殊性

产权交易是一个跨部门的新事物,尤其经过广东产权交易机构扩充有关业务后,产权交易已涉及很多行业，其专业性使管理办法的制定难度增大。产权交易的特殊性包括以下三点：

第一，产权交易是在深化国有企业改革、国退民进的背景下产生的，是我国特有的资本流转形式，产权交易的核心是国有资产的流转、交易。对产权交易的监管，必须立足在国有资本的监督上，而这基本没有案例可循。因此，监督内容和形式难以借鉴外国情况，仅依靠中央出台的相关政策法规和产权交易机构的信息反馈难以及时对产权交易机构进行监管。

第二，产权交易涉及多个交叉学科，政府监管部门既缺少一个可以联络各部门、熟悉多个领域的专业部门，也缺乏拥有产权交易经验、熟悉多个交叉学科的专业性人才。因此，在双方的沟通上往往效率较低，部分政府部门甚至还不能理解产权交易的内容，以至于制定有关交易办法时脱离产权交易实际或监管不到位。也就是说，产权交易的专业性使政府相关监管部门对广东产权交易机构进行管理难度较大。

第三，产权交易机构还从事着公共资源交易相关业务，且对应多个政府部门，如碳排放交易由发改委监督指导、小汽车增量指标竞价由交通委监督指导、技术产权交易由科创委监督指导，各个部门要求不一，而且不了解产权交易活动的全过程，使这些业务的开展效率较低，监督碎片化，且容易形成监督缺位。由于产权交易的特殊性，制定法规暂时无先例可循，在深化国有企业改革的不断推进中，相关政策的改变也使相关法律法规作出同步改变，造成了法律法规的滞后。

（二）历史遗存问题

20世纪90年代，我国开始进行国有企业改革，民间资本逐渐进入国有企业，地方政府依据中央文件精神开始组建产权交易机构。在国家提出国有企业改革的背景下，产权交易市场潜力巨大，各地政府都希望尽快抢占市场，由于当时设置产权交易机构的审批权仍在地方政府，考虑到产权交易机构除了较强的经济性以外，在反腐倡廉、保证国有资产保值增值方面有显著作用，广东省四家产权交易机构应运而生。但正因为各地方政府仅依据政策和文件的引导，未经深入调研讨论，欠缺考虑便草率设立产权交易机构，使交易机构重复设置，相互竞争十分严重，众多的行政壁垒制约了多层次资本市场的形成。

就整个体系而言，产权交易机构更应该自上而下、统筹设置，但因为涉及各地方政府的利益等诸多问题，形成了目前各地的差异情况。正因为设置时的差异，目前广东产权交易机构的架构以及监管体系都不尽相同，形成了各地方政府、各产权交易机构间各自为政的局面，使政府在监管产权交易机构上难以提升效能。尽管联合产权中心整合了广东省内的产权交易市场，一定程度上解决了产权交易机构相互竞争、市场分割、不能形成合力，监管乏力等问题，但广东省内四家产权交易机构的资源整合形成共同市场的阻力仍然很大。

（三）监管部门体制不完善

监管部门自身的体制问题是导致广东产权交易机构政府监管问题的根本原因。目前国资监管机构实际履行两类职能，即企业出资人代表职能和国有资产监管职能。按照《企业国有资产监督管理暂行条例》（国务院令378号）的规定，国资监管机构对国有企业负有管理职责，其中最主要的就是履行企业出资人职责，保证国有企业运行畅顺，国有资产保值增值。与此同时，国资监管机构也对国有企业负有监督的职责，确保国有企业合法合规，国有资产的各项流转、配置工作得以公正施行。两项职能看似相近，但实质上，前者更多考虑国有资本利益最大化，效率优先；后者更多考虑符合规范、降低风险，公平优先。两职能集中在同一机构下本来就存在着矛盾。

在产权交易行为发生时，产权交易机构作为组织产权交易活动的主导方，本身也是国有企业（全资或控股），受国资监管机构监督管理。也就是说，在产权交易活动中，国资监管机构既参与交易活动，又作为监督人监督交易活动，这就很容易造成监督缺位的情况。相当于在赛事中同时充当裁判员与运动员，从而控制比赛结果。例如，国资监管部门可以利用作为产权交易机构出资人的身份，通过交易条件设置和信息披露不完全等手段，干预或操控产权交易活动，实现其所希望的国资流转。

第四节　健全地方产权交易平台功能对策

一、地方产权交易平台的功能发挥

产权交易平台在推动国有资产公开交易、国有资本有序进退、国有资产保值增值等方面发挥了重要的作用。目前，我国国有企业改革工作不断深入，以资本重组作为改革的重点，即通过针对产权制度改革来促进混合所有制经济的发展，实现国有企业产权多元化，促进国有资本的有序流动，与非公资本共同发展。因此，产权交易平台在创新发展过程中，需要为国有企业改革发展和投融资活动提供一站式服务，全面提高国资国企服务的深度，为国资国企改革发展提供资本运作平台。随着我国经济体制改革的不断深化，要素价格市场化成为改革的重点领域，一直以来要素市场化都存在一定的滞后性，而且各类要素资源都掌握在政府手中，这些资源的配置过程中市场无法发挥应有的作用。基于非市场化的配置，导致资源配置效率较低，浪费和腐败问题频繁发生。针对这种情况，产权交易平台可以更好地发挥信息集聚和资源优势，实现资源要素的市场化配置。

在当前全方位金融服务体系构建过程中，产权交易平台作为金融要素市场体系中的重要组成部分，通过产权交易平台，资金供应者和资金需求者能够交易，产权交易平台有效地促进了资本的集中和转换，能够更好地满足社会再生产过程中的投融资需求。而且还能够通过不断创新产品和业务，进一步带动金融要素的市场化配置，促进区域多元化金融服务体系的完善。另外，产权交易平台也是区域经济改革发展战略的实施平台，其通过完善市场的内在功能，更好地发挥市场对区域经济的促进作用，可以为区域经济发展战略提供一个更具专业化和市场化的产权流转和投融资平台，为区域资本要素流转和区域经济资源配置优化提供优质的服务。

综上所述，产权交易市场属于资本市场，拥有投融资、资源配置和风险定价三大资本市场功能。同时，产权交易平台又具有信息积聚与辐射、价值发现、制度规范和中介服务功能。具体体现为以下六点功能：

第一，投融资功能。通过产权交易平台，产权转让主体以公允价作为对价进行资产处理，资产形态相应改变；通过增资扩股实现直接融资。投资主体通过产权交易平台受让产权或参与企业增资获得投资收益。

第二，资源配置功能。通过产权交易平台的评价、选择和监督机制，促使产权和资金流向高效益地方和更优秀的管理者，实现优化配置。

第三，信息积聚与辐射功能。产权交易平台通过互联网技术聚拢产权收购或转让信息并传递到全国甚至全世界，当交易信息突破物理边界，交易的效率和达成率将大幅提升。这是产权交易市场最基本的功能。

第四，价值发现功能。以充足的投资者为基础，产权交易平台可引入招投标、网上竞拍等方式，以深入挖掘产权价值，在报价博弈中控制交易风险。

第五，制度规范功能。产权交易平台的交易必须遵循相关法定程序，如产权审核、登记挂牌、合同签约、鉴证交割、档案保存等，在上述制度的规范下，产权交易将公开公平公正进行，各方权益将得到有效保护，最终市场得以有序运转。

第六，中介服务功能。一系列中介服务机构的完善能确保产权交易市场的公开透明，保证交易的公平公正，如拍卖机构，审计评估机构，可以为交易双方提供询问筹划、审计评估、交易代劳等服务。

二、地方产权交易平台的建设与完善

（一）构建与完善综合型交易平台

相关部门应采取多种手段和措施来积极构建大型综合交易平台，进一步促进市场要素资源的优化配置。目前，国有产权交易市场之间虽然存在差别化的竞争优势，但市场和产品也存在严重重叠的情况，这不仅影响了竞争的高效性，而且增加了建设消耗。另外，当前国有产权交易市场还存在投入少而散的问题，资源利用率不高，行业规模不大，资金运用规模较小，实际运营效果并不理想。针对这种情况，则需要加大扶持力度，打造具有良好基础及规范运用的产权交易机构，使其起到良好的示范效应。同时，还要加大对国有产权交易机构整合的力度，在统一运作框架下实现多元化子平台的协同运营，针对交易业务进行整合和细分，实现资源的共享，并深入挖掘专业交易品种市场潜力，促进国有产权交易市场的规模化发展。

（二）构建与完善信息化体系

在"互联网+"的环境下，许多行政事业单位拥有行业市场建设和信息化建设专项资金预算，由于不同行业的互联网交易系统既有共性又有个性，各自独立建设，存在应用率不高及资源浪费的问题，可以将这部分经费的一部分进行整合和集中，用于构建一个高效的信息化服务网络体系，打造综合交易的大数据平台，由产权交易市场统一进行维护，供区域相关部门和单位共同使用，这不仅有利于推动区域经济的发展，而且能更好地凸显出国有产权交易平台的服务的质量。以广东省为例，广东省交易控股集团致力于建设产权交易资本市场一体化服务体系，推进互联网、大数据、新智能等信息技术的应用，建设适合资源要素进场交易的共享平台，打造"线上+线下"的整合服务新模式，提升客户交易体验。该集团建设了统一商城"交e汇"，丰富交易产品，提升交易体验，实现产权交易资本市场全程在线，推进与中产协信息化平台、e

交易等平台的信息化对接，打造跨区域、多方位、一站式电子商务平台，助推全国统一市场体系建设，实现行业互联互通信息共享。

（三）打造专业化管理团队

产权交易市场是我国现代新兴的多层次的资本市场，要面对当前深化国企改革、供给侧改革、金融创新、互联网技术日新月异的形势，急需相应的法律、金融、互联网等相关专业人才及管理团队。目前，国有产权交易市场现有的机构和人才队伍无法满足国有产权交易市场创新发展的要求，因此，需要重视人才的引进，打造专业化的管理团队，从而为国有产权交易市场的创新发展提供充足的人才保障。

（四）构建与完善信息化体系

我国多层次资本市场的构建，是场内市场多层次和场外市场多层次并存，全国统一市场和地方分散的市场并存：一是由主板、二板、三板等组成的全国性以纵向为主多层次资本市场；二是由各区域性证券交易所及地方产权交易机构组成的地方区域性的以横向为主的区域性资本市场。理论和实践都已证明，我国产权交易市场的交易规则和监管制度日臻完善。相关部门应本着防范风险、增强流动性、监管有效的原则，发挥产权交易市场的作用，健全资本市场层次，使我国资本市场在国民经济发展中发挥更大的作用。

（五）未来展望

1. 完善市场定位

为了有利于产权交易市场集中力量发展要素市场作用，切实推进要素市场化配置进程，提出产权交易市场的新定位："产权交易市场是以国有产权和国有权益要素交易为主、以非标准产品和非连续交易方式为各类性质的产权和要素提供市场服务的金融资本市场。"在这里，市场新定位的提法是参照了粤港澳大湾区市场实际提出的建设性意见。

2. 复制市场制度

实践证明，产权交易市场制度具有可复制性。建议政府通过不断深化改革，逐步消除制度藩篱，在粤港澳大湾区内不再建设同质化的交易市场，让已运行20多年的广东产权交易市场配置更多的各类资源要素，这是政府减少市场建设费用的有效制度安排。

3. 优化法治环境

依据依法治国大政方略，产权交易市场承担着保护产权要素的重要职责。同样，粤港澳大湾区金融基础设施的核心功能是法律基础，法律法规也是保护资源要素合法交易的保证。所以，推进产权要素市场法律法规的修订进程是建设粤港澳大湾区金融基础设施的关键，立法部门应从以下两个方面进行工作推进。

（1）明晰法律法规修订步骤。首先，建议由国务院国资委和财政部联合修订《企业国有资产交易监督管理办法》（32号令）。比照《证券法》，增加非上市（证券等标准市场以外）企业的国有产权和国有要素的定义、交易程序、交易机构、经纪机构及服务机构、登记结算机构、行业协会、监管机构等章节；在进一步完善32号令的基础上修订《企业国有资产法》，增加产权和要素的交易程序、交易规则等的相关章节，在此基础上更名为《企业国有资产交易法》，提请全国人大进入法律修订议程。其次，建议由国家相关部门对《企业国有资产交易法》进一步修订，更名为《产权要素交易法》。该法与《证券法》相似，主要调整各类非标准的产权和要素的市场交易行为，成为规范各类性质的产权要素、金融要素、资本要素、资源要素等其他权益要素交易行为的国家大法。

（2）加快法律法规修订进程。党的十八届四中全会提出依法治国的大政方针，产权交易市场要在市场配置资源中发挥决定性作用，特别是实施《粤港澳大湾区发展规划纲要》、实现三地的金融市场和资本市场的制度融通，法律保护和法律规范是不可或缺的基础制度和支撑体系，必须加快推进法律法规修订进程。在推动国家层面修订相关法律法规的同时，粤港澳大湾区三地政府也可以向全国人大提出涉及资源要素市场建设的立法和修法的动议，经全国人大批准后先行先试并逐步完善。

4. 共建金融基础

创新要素跨境流动和区域融通是粤港澳大湾区发展的必然路径。推进服务粤港澳大湾区战略的金融基础设施建设以提升产权要素市场功能的路径如下。

（1）引进战略投资者共建产权资本市场。广东省国资委已向国务院国资委报送关于"广东联合产权交易中心"开展央企产权交易等业务的请示，获批后粤港澳大湾区的产权交易市场将新增11.35万亿元的央企资产总容量，每年预计新增2 000亿元央企资产交易规模。扩容后的粤港澳大湾区产权交易市场预计每年交易总规模超过5 000亿元，有望实现产权交易总规模位居全国第一。扩容后的粤港澳大湾区产权交易市场还必须优化治理结构和增加融资功能，为此，交易控股集团拟进行股份制改革并增资扩股，引入具有相关资源的金融类中央企业作为战略投资者，共同申请中央企业交易（产权转让、实物资产转让及企业增资）资质。共建后的"广东联合产权交易中心"将成为粤港澳大湾区不同所有者产权交易的大市场。

（2）引进战略投资者共建要素与商品市场。交易控股集团拟引进具有金融资质的战略投资者共建广东金融资产交易中心，共同争取银行间发债业务资格，拓展应收账款票据、融资租赁资产等非标准化金融资产交易，形成互联互通的跨境投融资平台，有望激活10万亿元规模的金融资产交易市场。依托广东省股权托管中心非上市公司股权托管等资质，共建全省统一的商事服务平台，构建集股权的登记托管、质押融资、交易见证、第三方结算等功能于一体的市场平台，完善区域性私募股权交易市场运营机制，提升中小企业融资服务水平，预计每年可实现1 000亿元的融资规模。共同建设粤港澳大湾区资源要素（大宗商品）交易中心，依法合规拓展各类要素与大宗商品交易品种，做优做强绿色金融服务平台，做大广州知识产权交易中心、申报国家知识产权运营公共服务试点平台，共建广东省大数据交易中心，提高各类要素与商品市场化配置和流转效率，加快实现与港澳资源要素市场的对接连通。

5. 完善监管制度

有效的市场监管是粤港澳大湾区金融基础设施的重要功能。现代金融监管旨在提高金融市场信息效率，保护投资者免受欺诈和渎职的侵害，保持市场透明和稳定运行。对于建设粤港澳大湾区资源要素市场化配置和流转的金融基础设施来说，需要三地政府依法构筑高效公平的市场监管制度，保障市场健康高效运行。

6. 加强风险管控

粤港澳大湾区内的产权要素市场属于非标准资本市场，要素等新品种不断进入市场的同时也带来相应市场风险。因此，更需要粤港澳大湾区产权要素市场自觉接受政府监管，遵守法律法规管制，加强风险管控。首先，接受"负面清单"约束，履行一线监管职责，清晰要素品种创新和要素违规交易的界限；其次，增加粤港澳大湾区三地的市场风险控制部位，及时引进国际信用指标体系和信用评价机构；最后，适时发布市场信用指标和市场运行透明指标，减少要素市场参与者的违规行为和失信风险。

7. 建立新型智库

国内外金融市场和资本市场历来高度重视智库建设。新型智库的建设，对市场未来预期评判、提高市场竞争能力、引导市场高质量发展等方面起到至关重要作用。广东交易控股集团以下属的"广东要素市场研究院"为依托，建设粤港澳大湾区产权要素市场的新型智库。首先，争取政府部门和行业协会支持，积极协调同行业机构参与；其次，抓紧筹备"粤港澳大湾区创新要素大讲堂"，立足粤港澳大湾区、面向全国产权交易市场开展要素业务培训；最后，推广这一要素市场模式，逐步实现《规划纲要》提出的辐射带动泛珠三角区域等其他区域市场共同发展的总体目标。

本章小结

受益于国家推动供给侧结构性改革、国有资本布局优化和结构调整，以及一系列国企国资改革带来的政策红利，我国产权交易市场实现了跨越式发展。发展至今，我国产权交易市场已建成较为完备的市场体系，成为引入社会资本、推动国有企业实现"混改"的主力军。地方国企"混改"也从"混"的表象走向"改"的攻坚，随着"混改"的不断深入，产权交易量、质的提升进一步加快。

在经济新常态下，产权交易市场的交易主体对产权交易业务模式的创新要求更为迫切。随着业务综合性的不断提升，业务模式自发性地由单一业务模式向全要素、全产业链、多元化的业务模式转变，此举也为全要素市场化改革提供了更为通畅的途径。

虽然我国产权交易市场发展势头迅猛，但与标准化资本市场相比，产权交易市场有较多的不确定性和较大的风险，我国产权交易市场距离成熟的资本市场仍有一定的差距。未来产权交易市场发展要牢牢把握服务国企改革和要素资源配置的资本市场定位，站在服务国家战略、服务国企发展的高度，拓展业务领域，开展业务创新，并坚持在规范基础上创新发展，切实防范风险。

本章重要概念

产权　产权交易市场　产权交易机构

本章思考题

1. 什么是产权交易平台？
2. 简述产权交易平台的功能？
3. 产权交易平台现存的问题及对策？

本章参考文献

[1] 侯婧，朱莲美，尹夏楠. 国有产权性质下高管权力配置与企业技术创新——基于异质性创新动机视角 [J/OL]. 华东经济管理，2019：1-10.

[2] 安磊，沈悦，徐妍. 金融化、产权与企业内收入分配 [J/OL]. 经济评论，2019（5）：77-91.

[3] 陈金勇，朱正冲. 中国上市公司无形资产现状、成因及对策研究——基于三维度的沪、深两市主板数据 [J]. 湖北大学学报（哲学社会科学版），2019（5）：158-167.

[4] 蒋秋菊，贾莹丹，蒋大双. 企业内部控制缺陷及其改进与风险承担——基于不同产权性质视角 [J/OL]. 会计之友，2019：1-6.

[5] 唐玉荣. 产权性质、CEO 权力与公司特质风险 [J]. 会计之友，2019（18）：49-54.

[6] 王曙光，王琼慧. 产权—市场结构、技术进步与国企改革——基于企业和行业视角 [J]. 中国特色社会主义研究，2019（2）：32-40.

[7] 廖红伟，郑姣姣. 产权结构、市场结构对国企创新行为的综合影响——基于中国制造业市场绩效的实证检验 [J]. 江汉论坛，2018（9）：24-32.

[8] 范秀红. 对国有资本产权交易中企业高级管理人员行为的研究 [J]. 经济研究参考，2016（49）：83-86.

[9] 李延喜，曾伟强，马壮，陈克兢. 外部治理环境、产权性质与上市公司投资效率 [J]. 南开管理评论，2015，18（1）：25-36.

[10] 张卫东，孙颖. 企业国有产权交易的"一体化模式"研究 [J]. 管理世界，2014（11）：182-183.

[11] 郑太福，张杰. 国有股转让与股东优先购买权行使冲突的实证研究 [J]. 江西社会科学，2014，34（5）：166-171.

[12] 李刚，宁超. 我国产权交易市场中股权交易信息披露问题研究 [J]. 经济问题，2012（12）：107-110.

[13] 戴国华，王总胜. 基于中央企业产权登记的新思考 [J]. 财务与会计，2012（12）：28-30.

[14] 宋旭超，崔建中，韩彩欣. 论国有产权竞价交易方式创新 [J]. 商业时代，

2012 (13): 78-79.

[15] 宋旭超, 崔建中, 韩彩欣. 试论产权交易市场功能与业务创新 [J]. 企业经济, 2012, 31 (4): 179-182.

[16] 陈小先. 国企改制对中国产权市场的影响 [J]. 亚太经济, 2012 (2): 106-109.

[17] 姜长云, 洪群联. 加强产权和技术交易服务体系建设的探讨 [J]. 首都经济贸易大学学报, 2012, 14 (1): 20-31.

[18] 田银华, 陈建伟, 师文明. 我国国有产权交易方式的绩效分析 [J]. 华中科技大学学报 (社会科学版), 2011, 25 (4): 86-91.

[19] 李泉. 国有资产产权交易中存在的问题及对策研究 [J]. 财会研究, 2008 (9): 53-55.

[20] 许绍双, 田昆儒, 万青. 产权交易信息披露研究: 一个基于竞争市场的理论框架 [J]. 特区经济, 2008 (4): 76-77.

[21] 王明虎. 产权交易市场中国有产权转让价格影响因素的实证分析 [J]. 财政研究, 2008 (4): 49-52.

[22] 熊广勤, 张卫东. "一体化"国有产权交易模式下的资产流失及其对策 [J]. 经济体制改革, 2008 (1): 23-29.

[23] 王祥军. 完善企业国有产权交易制度的思考 [J]. 法学杂志, 2008 (1): 131-133.

[24] 曹玉贵. 国有企业产权交易定价中的道德风险博弈分析 [J]. 工业技术经济, 2007 (10): 101-104.

[25] 张延锋, 田增瑞. 产权所有制、交易方式与交易绩效相关性研究——来自上海产权市场的经验数据检验 [J]. 财经研究, 2007 (7): 92-101.

[26] 张卫东. 基于特殊供给和需求的产权交易模式研究 [J]. 河南社会科学, 2007 (2): 22-27.

[27] 李宪普. 论企业国有产权交易管制及其限度——以企业国有产权向管理层转让的法律管制为例 [J]. 当代法学, 2006 (1): 101-106.

[28] 张先吉. 构建规范化的国有企业产权流动与交易市场 [J]. 经济体制改革, 2004 (6): 39-42.

[29] 朱志刚, 倪吉祥. 国有企业产权交易问题研究 [J]. 经济研究, 1994 (10): 42-47.

第五章 地方金融资产交易平台

本章导读

改革开放以来,我国经济快速发展,催生了诸多金融细分行业。金融资产交易日渐活跃,金融资产交易平台行业作为新的金融细分行业应运而生。地方金融资产交易平台是办理特定金融资产交易业务的市场。地方金融资产交易平台业务主要是交易类业务,但是有多方面特点,可以分为多种类型,发挥多方面功能,有力地促进了地方经济社会发展。金融资产交易平台的情况到底怎么样?其业务运作情况如何,其管理还存在哪些值得改进之处,有什么措施可以完善与发展市场?这些正是本章所要研究的问题。

本章学习目标

本章从经济发展与金融创新入手,介绍了地方金融资产交易平台的发展历程与现状,从业务监管的现状提出地方金融资产交易平台的概念、特点、类型与功能,介绍当前的业务运作情况与现有管理办法,讨论存在的问题,提出相应的建议。通过本章的学习,要求把握地方金融资产交易平台产生的背景,掌握其概念与特点,了解其业务类型、流程、交易对象,与市场体系等情况,思考和探索地方金融资产交易平台未来的发展道路以及相应的金融创新趋势。

第一节　地方金融资产交易平台概述

一、地方金融资产交易平台的行业概况

（一）地方金融资产交易平台的概念

地方金融资产交易平台，亦称金融资产交易场所，是办理特定金融资产交易业务的市场，一般以有限责任公司制的形式进行运营。

地方金融资产交易平台业是一种新型的金融细分行业，为金融资产交易提供信息和中介服务，在金融业生态系统中起重要的作用。其本质上是一种产权交易平台，其特殊之处在于交易品种是金融资产或与金融业务有关的资产产品。目前，国家正在对各类具有金融属性的交易场所进行清理整顿，地方金融资产交易平台作为各类交易场所中的一类场所，其业务范围、市场定位与相关概念还处于易变阶段，今后还有可能随着监管政策的变化而改变。地方金融资产交易平台让社会金融资产得到盘活和流转，必将继续在社会经济金融活动中发挥重要作用。

（二）地方金融资产交易平台的由来

金融创新随经济发展而产生。我国从改革开放以来，经济进入高速发展期，市场交易不断活跃扩大，商业模式不断创新，金融业不断发展，细分行业不断丰富。到了21世纪第一个十年，全国出现了多种多样的交易市场，经营着各种各样的商品，从大宗商品到地方特色商品，从现货交易到衍生品交易，其中也包含着不少金融产品或者与金融业务有关的资产。

市场交易的需求与国家政策的要求催生了金融资产交易平台。金融机构存在大量需要流转交易的资产，这就需要一个公开、公正、公平的交易市场。最初由产权交易所经营金融资产交易业务。以北京市为例，北京产权交易所（成立于2004年2月）当时就负责此类业务。后来国家政策明确作出了要求金融资产交易业务专业化经营。2009年3月，国家财政部颁布的第54号令提出，非上市金融企业国有产权的转让应当在依法设立的省级以上（含省级）产权交易机构公开进行，不受地区、行业、出资或者隶属关系的限制。为了更专业地经营金融资产产权交易，2010年5月，北京产权

交易所拆分金融资产交易业务，组建成立北京金融资产交易所。北京金融资产交易所与天津金融资产交易所一道，成为我国成立最早的两家专业化金融资产交易平台。在2010—2011年，安徽省、重庆市等多地也相继成立了各自的金融资产交易平台，当时一般称为金融资产交易所。

当时全国各地兴起创立与经营各类交易场所的浪潮。很多地方将创立交易场所作为金融创新或者推动本地经济发展的抓手，各种交易市场在全国多地大量发展，有力地支持实体经济发展。金融资产交易行业的存在和发展就有力地支持了金融业的资产交易。市场上存在包括金融资产交易行业在内的多种类型交易场所，这些交易场所虽然有很多是好的，但是也存在良莠不齐、鱼龙混杂现象，有的交易所存在脱离实体经济、投机坐庄的问题，损害投资者利益，存在诸多风险和隐患。2011年中央决定对各类交易场所进行清理整顿。当年11月，国家出台了《国务院关于清理整顿各类交易场所切实防范金融风险的决定》（国发〔2011〕38号）。2012年7月，国家出台了《国务院办公厅关于清理整顿各类交易场所的实施意见》（国发办〔2012〕37号）。中国证监会牵头，成立清理整顿各类交易场所部际联席会议对各类交易场所进行整治和验收，国家各有关部委、各地区各级政府积极清理整顿各类交易场所，稳妥处置了遗留问题和风险，有序撤并整合了许多交易场所，有效地维护了金融安全和社会稳定。联席会议的日常工作由清理整顿各类交易场所部际联席会议办公室（下面简称清整联办）负责，清整联办实际负责全国包括地方金融资产交易平台在内的各类交易场所的业务管理工作。金融资产交易平台与其他各类交易场所，一起处于清理整顿的范围之中。

在国发〔2011〕38号文件出台之前已经成立的交易所，如果得到省级人民政府和部际联席会议的认可，可以继续沿用交易所的名称并正常经营。在清理整顿工作开始之后，迄今为止，事实上已经不审批任何带有"交易所"名称的交易平台了，部际联席会议将设立交易场所的审批权下放到省级政府，相应地，新设立的金融资产交易平台的名称上也只能是"金融资产交易中心"，但是业务范围和常规的"金融资产交易所"并没有区别，监管上也相同。因此，在现有的金融资产交易平台中，有的名称为"金融资产交易所"，有的则称为"金融资产交易中心"，这仅仅反映成立的时间不同而已。本书以交易平台命名，在实际业务中，交易所、交易中心、交易平台或者交易市场虽然名称不同，但是意义都是相同的。

以广东省为例，深圳前海金融资产交易所是全省设立的第一家金融资产交易平台,该公司于 2011 年 3 月注册成立,属于清理整顿工作之前设立的交易场所,2012 年经过清理整顿验收合格,2015 年被平安集团全资收购,成为平安旗下的重要成员。2012 年底,广东省启动筹建省属金融资产交易平台工作,2013 年 10 月,广东金融资产交易中心正式注册成立并于同年 12 月正式开业运营,这是广东省第二家金融资产交易平台。

(三)地方金融资产交易平台的现状

清理整顿与发展相伴而行。在清理整顿开始之后,各地继续成立了各自的金融资产交易平台。经过近十年的发展,截至 2018 年底,全国已经有 70 多家金融资产交易平台。这些交易平台都是公司制企业,其中有十几家在清理整顿前设立,以"地域名称+金融资产交易所"命名;其他的在清理整顿以后设立,以"金融资产交易中心"命名。除了极个别省区以外,全国每个省、直辖市、自治区至少成立了 1 家金融资产交易平台,有的一省多家。东部省份较多,西部相对较少,但是有的省也有多家,如贵州省有 4 家。广东省现有 5 家金融资产交易平台,分别是广东金融资产交易中心、广州金融资产交易中心、深圳前海金融资产交易所、招银前海金融资产交易中心、广东华侨金融资产交易中心,下面作简要介绍。

广东金融资产交易中心是经广东省人民政府批准设立、财政部备案的省级资产交易中心,由广东省产权交易集团有限公司(2018 年 9 月经广东省政府批准同意,更名为广东省交易控股集团有限公司)、珠海金融投资控股集团有限公司和珠海大横琴投资公司于 2013 年在中国(广东)自贸区横琴新区发起设立,营业地点在广州市和珠海市。

广州金融资产交易中心是经广东省人民政府批准设立的国有综合性金融资产交易平台,于 2013 年设立的,营业地点在广州市高新技术产业开发区。

深圳前海金融资产交易所成立于 2011 年,系中国平安集团旗下企业,总部办公地点在深圳市福田区,在北京市与上海市都设有办公地点。

招银前海金融资产交易中心是经深圳市金融办批准设立的交易平台,于 2015 年由招商局集团和招商银行旗下公司共同出资,在深圳前海注册设立,办公地点在深圳市福田区。

广东华侨金融资产交易中心是经广东省政府批准设立的,由中国青旅实业发展有限责任公司、华侨经济文化合作试验区国有独资公司汕头市东海岸投资建设有限公司，并联合海丝（深圳）金融控股有限公司、深圳前海新资本金融控股有限公司共同发起，于2016年9月13日设立于汕头华侨试验区，营业地点在汕头市龙湖区。

（四）地方金融资产交易平台的特点

总结全国各地金融资产交易平台的情况，发现其具有如下特点及共性：

第一，交易品种非标准化特点明显。金融资产交易平台与证券交易所之间形成分工。前者专注于非标准化资产市场，后者专注于标准化资产市场。非标准化的资产，特别是流动性不强的不良债权资产，更需要在公开、统一、透明、投资者众多的市场中进行交易，才能使资产获得更公平的价格，保全金融机构的资产与权益，维护金融系统安全。地方金融资产交易平台提供了这样的功能和相应的交易场所。标准化的资产或者资信评级较高的资产更容易通过证券交易所等中央金融管理部门管理的金融机构渠道进行交易。

第二，业务与产品结构相似。从产品结构和经营范围看，金融资产交易平台主要从事交易类业务，表面上看，各个交易平台各有各的特色，但是由于业务模仿的门槛较低，因而各个交易平台的产品结构及业务模式有很多类似之处。国发〔2011〕38号文件明确叫停了交易所集合竞价、连续竞价、电子撮合、匿名交易、做市商等操作模式。清整联办要求把金融资产交易平台的业务限定在交易类业务之中，金融资产交易平台业务创新不易。

第三，交易通常使用单向竞价交易的方式进行定价。按照《商品现货市场交易特别规定（试行）》的相关规定，所谓单向竞价交易，是指一个买方（卖方）向市场提出申请，市场预先公告交易对象，多个卖方（买方）按照规定加价或者减价，在约定交易时间内达成一致并成交的交易方式。在金融资产交易业务中，卖方经过评估，设置挂牌价与加价幅度，买方在规定的期间内给出报价，价高者领先；如果价格相同，按照出价的时间先后排序。卖方还可以设置保留价，如果最后的成交价达不到保留价，则交易不成功。

第四，资产投资风险得到一定程度的控制。很多交易平台是国有企业或者国有控股企业，承担着风险防控的社会责任。而且，经过清理整顿，许多平台企业认识到风险防控是企业经营的生命线，因而在企业经营的各个环节中贯彻这一理念。平台公司在业务经营中采取多种措施，如使用担保或者保险的手段，给交易的资产增信，尽量防止挂牌资产出现高风险的情况，希望交易双方能够以市场公允的价格成交。由于资产的非标准化，个别资产也可能存在高风险与高回报并存的情况。

第五，市场分散，地域界限明显。金融资产交易场所由地方金融管理部门按照属地原则进行监督管理，各省一般都有各自的交易平台，业务限定在本省范围内。在这个行业中，市场分散于各个地区，地域界限明显。

第六，金融资产交易平台公司的股权以国有资本为主。在清理整顿交易场所的背景下，各地政府在设立金融资产交易平台公司时，既要考虑有利于本地发展，也要考虑防范金融风险，因此在挑选股东时，首先选择国有股东；或者说国有经济在申报设立金融资产交易平台公司时，比较容易取得当地政府的信任，而获得批准。

二、地方金融资产交易平台的类型与功能

（一）地方金融资产交易平台的类型

就全国范围来看，地方金融资产交易平台的业务较为相似，但是还可以从几个角度区分其类型。

第一，以成立时间的先后，现有平台可以分为金融资产交易所与金融资产交易中心。如前所述，可以2011年11月发布国发〔2011〕38号文件为时间节点，在此之前成立的地方金融资产交易平台较为简单，称为"金融资产交易所"，这些交易所当时成立较早，主要是各省级政府发起设立的国有交易平台。在该文件发布之后，各地政府设立地方金融资产交易平台的要求较为严格，只设立"金融资产交易中心"。虽然现在原则上已经不再设立新的金融资产交易平台，但是也不能完全排除今后重新设立"金融资产交易所"的可能性。广东省现有金融资产交易所1家，金融资产交易中心4家。

第二，按照业务区域范围，可以分为省级金融资产交易平台和其他金融资产交易平台。金融资产交易平台的业务监管权虽然归属中国证监会，但是其授权各地方政府与其金融管理部门具体管理，所以大部分的金融资产交易平台由省级政府批准设立，由其金融管理部门负责具体的管理，也有一些金融资产交易平台由副省级或者地市级政府批准设立并由其金融管理部门管理。按照中国证监会的要求，地方金融资产类交易场所的业务范围仅限于所在省级行政区域内。虽然希望每个省级地区只设立一家金融资产交易平台，但是也会因各种原因设立多家金融资产交易平台。按照证监会的有关精神，现在金融资产交易平台的数量已经过多，原则上不再批准设立新的金融资产

交易平台。以广东省为例，现有省级金融资产交易所1家，其他金融资产交易中心4家。

第三，按照企业名称的不同，可以分为金融资产交易平台和互联网金融资产交易平台。前者命名为"金融资产交易所"或者"金融资产交易中心"；后者命名为"互联网金融资产交易中心"，以移动互联网作为主要的业务媒介。虽然后者希望利用互联网作为业务拓展和业务经营手段，但是监管部门高度重视互联网金融的业务风险，这方面的业务创新与拓展需要更加慎重。

虽然金融资产交易平台可以分为上述多种类型，但是事实上这些平台之间的业务与公司治理差异并不大，平台之间相互模仿和借鉴的门槛也不高，业务有趋同化之势，平台之间的主要差异在于所在的地域不同，省际边界也成为平台之间的业务边界。

（二）地方金融资产交易平台的功能

按照监管部门的要求，现在法定的业务范围只能限于"交易"，以及经中央金融管理部门核准的其他业务。仔细分析地方金融资产交易平台的业务，可以发现它还是具有多方面功能的，最核心的功能是"交易"。这些功能的有效发挥，可以引导金融要素流入实体经济，支持实体企业健康发展，促进经济社会发展。

第一，交易功能。交易是金融资产交易平台的主要功能，卖方在交易平台上发布信息，通过单向竞价交易的方式定价并达成交易。在这个过程中，交易平台还会为卖方寻找合适的买方，有效地撮合买卖双方达成交易，从而盘活社会金融资产，提升资产效能。

第二，价格发现功能。金融资产交易平台能够吸引众多的投资者进行竞价，交易者众多，减少了套利机会，使得资产的价格更加趋近于其内在的价值。相比于一些非公开交易，经过金融资产交易平台能够有效减少交易价格被低估的情况，保护拍卖者的利益。

专栏 5-1

不良债权资产通过交易平台竞价实现大幅溢价交易

2016年11月，广东省某国有银行将其表外两笔不良债权资产在广东金融资产交易中心（以下简称广东金交）进行挂牌转让，委托广东金交进行信息披露及寻找意向受让方。广东金交在接受委托后，迅速组织专业团队进行跟进，在跟进过程

> 中广东金交发现上述两笔资产形成时间较早，存在资产项下抵押物情况复杂、查封时效即将到期等诸多历史遗留问题。在与委托方详细沟通后，秉承公开、透明等交易原则，广东金交一方面详尽披露资产瑕疵，另一方面发动全员及合作机构寻找意向受让方，在各方的配合及努力下，于次月挂牌截至日收到两家意向受让方的受让申请。广东金交基于公平、公正等原则，组织两家意向受让方进行现场网络竞价。最终某投资发展公司以 1 190 万元竞价价格完成了上述两笔资产的受让，相比挂牌价格 452.12 万元溢价 163%。此次不良资产的溢价幅度远远超过了委托方的心理预期，最大化地实现了不良资产的价值回收。
>
> 2017 年 5 月，广东省产权交易集团和广东省农村信用社联合社签署了《战略合作协议》。广东金交作为省产权交易集团的金融要素交易平台在本次战略合作中明确作为省内农合机构不良资产处置的合作交易平台之一，为省内各地农合机构提供最优的不良资产交易方案。2018 年 6 月，省内某农合机构在广东金交挂牌不良资产包进行处置，挂牌价格 19 066.67 万元。广东金交积极对外发布挂牌信息，走访各地金融资产管理公司以扩大受众范围，组织开展了多场次现场尽调工作，对接了多家意向受让人并成功吸引了竞拍者，历经 27 轮的激烈角逐，该资产包被省内地方金融资产管理公司以 21 766.67 万元竞得，溢价率 14.19%。本次资产包的转让方是广东金交最早合作不良资产交易业务的农合机构，通过与广东金交的密切合作，成功降低了自身贷款不良率，化解不良贷款近 5 亿元，实现不良贷款率下降超 3%。
>
> 截至 2019 年 6 月 30 日，广东金交协助各银行及金融机构实现不良资产挂牌金额达 800 亿元，成交金额 350 亿元，实现竞价成交笔数占总成交笔数的 16.35%，平均溢价率 34.44%，最高溢价率 302.06%，凸显了金融资产交易平台价格发现功能，为不良资产的高效处置发挥了积极作用。

第三，信息耦合功能。金融资产交易平台一般都提供登记结算等一系列信息耦合功能。此外，还可以发挥平台市场交易者众多、信息灵活的优势，为金融业务的拓展提供相关信息，形成相应的业务。

除了上述业务功能以外，以前金融资产交易平台经营一些资产管理类、融资类业务，现在这些业务已经不被允许，因而也不能成为金融资产交易平台的基本功能；但是平台公司如果经过中央金融管理部门的批准，还可以经营这些业务，使这些业务成为交易平台的拓展功能。

(三) 发展地方金融资产交易行业的意义

地方金融资产交易平台业务功能的有效发挥，对金融、经济与社会发展等多方面具有积极意义，发展地方金融资产交易行业存在诸多重要作用。

第一，提高非标准化资产的流动性。缺乏流动性是非标准化金融资产的外在特征，而非标准化金融资产正是地方金融资产交易平台的业务所长。金融资产交易平台的存在拓宽了非标准化金融资产的交易渠道，有助于发掘并盘活实体企业的有效资产，通过资产交易解决企业融资需求，服务实体经济。国内非标准化金融资产市场还远远未被开发，地方金融资产交易市场的发展空间还很大。

第二，为投资者增加投资品种和渠道。在资产收益率趋于下降的时代背景下，广大投资者需要有较高收益的投资品种。金融资产交易平台提供多种多样的投资品种，既有收益较为稳定、价值易估的收益权资产，也有非标准化、对专业性要求高、收益率可能更高的不良产权资产，满足不同投资者的需求。

第三，有助于地方经济发展。交易平台的建设广受各地方政府的重视，其对本地经济发展的推动作用主要体现在两个方面：一是积聚金融资源。通过建立区域中心的金融要素交易平台，促使资产和资金向本地汇集，让本地成为周边地区聚集要素资源和信息的高地，对打造金融桥头堡起到重要的磁场作用。二是助推实体经济发展。通过金融资产交易，可以让社会金融资产流转，将更多的资金注入实体经济。

第四，提高市场透明度，实现阳光交易。交易平台通过公开竞价，实现资产交易的公开化与价格公平性，从而破除闭门交易，有利于提高市场透明度，实现资产交易的公开公平，推动市场建设不断完善。虽然地方金融资产交易平台目前与其他交易场所一道还处于清理整顿之中，但是相信经过清理整顿之后，行业将更加健康地发展，未来将对金融、经济与社会发展发挥更加重要的作用和影响。

第二节 地方金融资产交易平台的业务运作

一、地方金融资产交易平台的业务类型

按照清整联办的要求，金融资产交易平台的业务包括开展金融企业非上市国有产

权转让、地方资产管理公司不良资产转让、地方金融监管领域的金融产品交易三类。地方金融资产交易平台不得非法从事中央金融管理部门监管的金融业务，涉及人民银行、银保监会、证监会业务许可事项的，应取得相应业务牌照；未经批准，不得发行、销售（代理销售）、交易中央金融管理部门负责监管的金融产品；不得直接或者间接向社会公众进行融资或者销售金融产品，不得与互联网平台开展合作，不得为其他金融机构（或一般机构）相关产品提供规避投资范围、杠杆约束等监管要求的通道服务。

金融资产交易平台的业务一般只能限定在交易业务的范围之中，其业务流程涉及从金融资产的登记、交易到结算的全程式服务。这是金融资产交易平台的基本业务范围，但是如果经过中央金融管理部门许可，也有可能经营其他业务，因而不同的金融资产交易平台之间业务范围有可能有所差异。下面把上述业务分为两类：一是上述的基本业务，二是拓展的业务，即以前有过但是已经不合规的或者是经过中央金融管理部门许可的业务。

（一）基本业务

金融资产交易平台的基本业务虽然只是交易类业务，但是也涉及资产登记、交易到结算的全过程服务链，可以划分为交易类业务和信息耦合类业务两种。

1. 交易类业务

交易类业务包括金融企业非上市国有产权转让、地方资产管理公司不良资产转让、地方金融监管领域的金融产品交易三大类。

第一，金融企业非上市国有产权转让。市场上有大量的非上市国有产权需要交易转让。交易的卖方主要是银行业金融机构，既有国有银行，也有股份制银行、城市商业银行、城市信用社或者农村商业银行、农村信用社、村镇银行等。银行业金融机构需要交易的产权主要是因为资产业务而形成的。交易对象主要是非上市国有产权，其范围包括企业产权，以及其他资产，如房产、汽车等。而上市国有产权可以在证券交易所进行交易，不必在金融资产交易平台上交易。

近年来，我国实施供给侧结构性改革，推进三去一降一补，降低企业的杠杆率，给企业纾困，大力推动债转股工作。2016年国务院发布《关于市场化银行债权转股权的指导意见》，鼓励银行通过金融资产管理公司、保险资产管理机构、国有资本投资运营公司、银行下属资产管理公司等实施机构开展市场化债转股。银行可以债转股的方法，通过资产管理公司等渠道盘活资产。此外，银行业也可以通过资产管理公司盘活不良资产，或者直接通过金融资产交易平台进行盘活。2018年末，商业银行不良贷款余额达2.03万亿元，不良贷款率为1.83%，大量的银行不良资产需要金融资产交易平台这样的渠道直接盘活。举例而言，2017年广东省产权交易集团和广东省农村信用社联合社达成战略合作，以广东金交为广东省内农村合作机构处置不良债权，提供相应的服务，相应的业务持续进行中。

除了银行业以外，非银行业金融机构中的信托公司、融资租赁公司、融资性担保公司等非银机构也有非上市国有产权需要通过金融资产交易平台的渠道盘活。以信托业为例，根据信托业协会的统计数据，截至2019年第二季度，信托行业风险项目共有1 100个，资产规模为3 474.39亿元，信托资产风险率为1.54%，近年来风险项目个数与风险资产规模呈现总体上升趋势，对金融资产交易市场的交易需求旺盛。

金融企业所需要转让的产权资产主要有两类：一类是不良债权资产，简称为不良资产。不良资产是一个泛概念，针对会计科目里的坏账科目。不良资产形成的主体有金融机构，也有非金融企业等。任何因为不能按照约定的期限、利率收回的债权都可以形成不良资产。金融机构中不良资产规模最大的是银行业，银行因为不能收回到期贷款而形成了不良贷款资产。其简称为不良贷款，即指借款人不能按期、按量归还本息的贷款。除不良贷款以外，不良资产还有不良债券等。另一类是投资形成的资产。除了不良资产以外，金融机构也有可能主动投资一些产权，这些也都需要有适合的渠道进行转让。

第二，地方资产管理公司不良资产转让。在不良资产处置市场上，除了长城、信达、华融、东方四大国有资产管理公司以外，每个省级地区均可设立两家地方资产管理公司。此外，还有银行系金融资产投资公司与大量非持牌机构。收购与处置不良资产是地方资产管理公司的主要业务，资产管理公司不良资产的来源主要有银行、非银行金融机构、非金融企业三类。除了金融企业的业务有可能形成不良资产以外，非金融企业也有不良资产，主要是由各种货款、工程款被拖欠所形成的。近年来，经济下行压力加大，非金融企业的不良资产增加。根据国家统计局数据，截至2018年末，全国规模以上工业企业应收账款余额达14.3万亿元，比2017年增长8.6%，这些应收账款的回收很多需要通过资产管理公司的渠道解决。根据《中国地方资产管理行业白皮书(2018)》数据，2018年全国地方资产管理公司收购的不良资产价值总额约达4 000亿元。

地方资产管理公司的不良资产盘活渠道有拍卖公司、证券交易所、金融资产交易平台等，证券交易所主要为债权等资产提供资产证券化业务服务，金融资产交易平台一般不能从事资产证券化业务，金融资产交易平台与拍卖公司之间有很多业务相同。

第三，地方金融监管领域的金融产品交易业务。根据中央部署，地方政府对金融的监督管理权限范围是"7+4"。具体为：负责对小额贷款公司、融资担保公司、区域性股权市场、典当行、融资租赁公司、商业保理公司、地方资产管理公司等金融机构实施监管，强化对投资公司、农民专业合作社、社会众筹机构、地方各类交易所等的监管。地方金融资产管理公司还可以向地方金融管理部门［通常是向省级金融办（局）］申请地方金融监管范围内的金融业务，如开展与小额贷款公司、商业保理公司、地方资产管理公司的业务合作，小额贷款公司将小贷资产收益权、商业保理公司将应收账款在金融资产交易平台上挂牌出售。

2. 信息耦合类业务

交易是金融资产交易平台的核心业务，在交易的过程中，交易平台在市场上发挥其中介功能，提供备案登记、资产挂牌、托管服务、资金结算等服务。这些服务可以统称为信息耦合业务，可以有效地为金融资产交易提供便利，成为平台核心业务之外的附属业务。

围绕着交易核心业务，平台发挥交易者众多、信息灵活的优势，通过信息耦合，对接诸多业务。举例而言，广东金交于2014年初推出了"担保资产增信交易业务"（以下简称保信易）为中小企业提供了信用增进措施，对接企业、银行与平台上的投资方，可以让企业在无法偿还到期贷款的情况下，将抵押物在平台上迅速找到买家变现，归还银行，从而增强银行对企业放款的信心。

（二）拓展的业务

除了上述基本业务以外，一些金融资产交易平台还经营着需要经过中央金融管理部门许可的一些业务。这些业务如果经过中央金融管理部门的批准，则可以成为该金融资产交易平台的合规业务；这些业务如果没有经过批准而经营，则需要接受清理整顿，不能新增此类业务，原有的业务存量需要解决。这些拓展的业务的存在成为不同平台的差异化特色，这些业务的审批许可还没有形成明确规则，只存在于个例中。

北京金融资产交易所（以下简称北金所）是这方面业务开展得比较多的平台。北金所是中国人民银行批准的债券发行、交易平台，是中国人民银行批准的中国银行间市场交易商协会指定交易平台，也是财政部指定的金融类国有资产交易平台，还是积极稳妥降低企业杠杆率工作部际联席会议办公室授权的"市场化债转股信息报送平台"技术支持及运营维护机构。北金所可以开展其他金融资产交易平台所不能开展的多项业务。

1. 定向债务融资

中国银行间市场交易商协会授权北金所进行定向投资人管理，可以开展定向债务融资业务，这使得北京金融资产交易所的业务不仅包括交易，也包括融资，业务流程将在后面进行详解。

2. 银行承兑汇票交易

北金所可以为银行承兑汇票的贴现和转贴现业务提供信息发布服务、资源整合以及完整的票据金融供应链解决方案，帮助交易双方和第三方经纪人提高交易效率、降低交易成本。

3. 信用风险缓释工具（CRM）发行与交易

信用风险缓释工具是指信用风险缓释合约、信用风险缓释凭证及其他用于管理信用风险的简单的基础性信用衍生产品。北金所交易平台提供信用风险缓释工具（CRM）的发行与交易服务，并对在北金所平台发行和交易的产品进行市场管理。

4. 资产证券化

金融资产交易平台可以把未来稳定的现金收益的基础资产重组打包形成资产池，必要时还可以引入第三方增信手段，进行结构化产品设计，形成可以在市场上流通的证券对平台的会员发行，平台也提供交易服务与市场管理。常见的基础资产有实物类资产如地方融资平台资产，以及各种存量金融资产如应收账款收益权、小贷资产收益权、融资租赁收益权、商业票据收益权、正向保理收益权、反向保理收益权、购房尾款收益权、贸易资产收益权、项目预计回款等。金融资产交易平台发行资产证券化产品必须面向特定、具有资质的投资者，而且投资者数量不能超过200。

二、地方金融资产交易平台的业务流程

下面分别举例说明上述业务的流程。

（一）基本业务

1. 交易类业务

以不良债权资产转让为例进行说明。金融机构向金融资产交易平台申请资产挂

牌，平台将对资产进行审核，如果不合规，不通过，即终止此次业务并告知金融机构。如果合规，审核通过，则在平台上发布转让公告，并征集相关意见、确定交易方式，进入正式的组织交易阶段，经过竞价，确定受让方，进行交易资金结算，并办理资产移交手续。业务流程如图5-1所示。

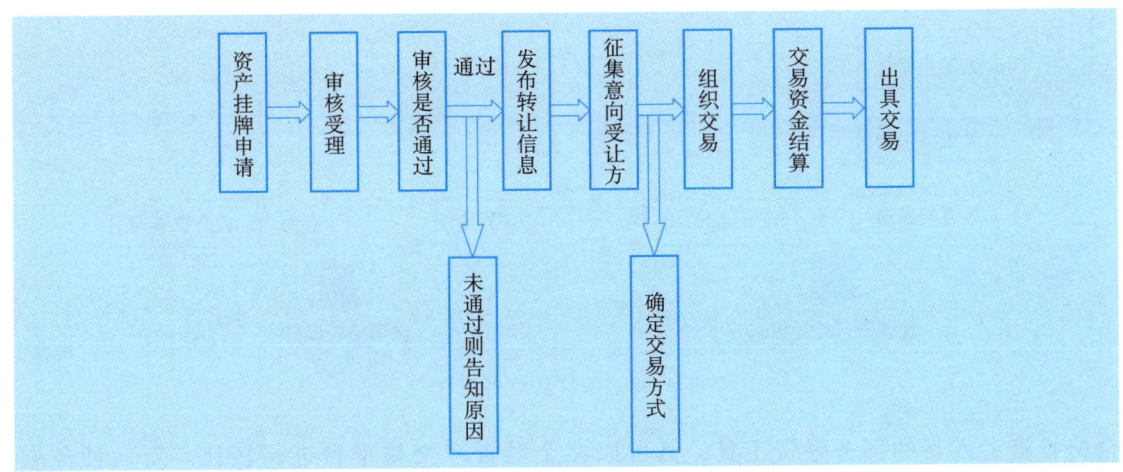

图5-1 不良债权资产转让业务流程

交易平台利用市场化手段，创新不良资产处置方式，挖掘资产处置价值，提升处置速度，有力地支持金融机构处置不良资产。

2. 信息耦合类业务

以广东金交的保信易业务为例进行说明。在传统的银行信贷业务中，企业向银行贷款，如果不能偿还到期的贷款，银行将通过资产管理公司处置企业抵押物，资产管理公司最终也将金融资产交易平台作为处理渠道。在保信易业务中，企业向银行贷款，如果不能偿还到期的贷款，银行可直接将金融资产交易平台作为处理抵押物的渠道。具体的情况是，借款方以自身或者第三方（以下统称资产所有方）有权处分的财产作为担保。在金融机构向借款方发放贷款前，资产所有方、金融机构与金融资产交易平台共同约定，由金融机构与金融资产交易平台联合对担保资产的交易可行性进行评估，当未来借款方发生违约情况时，资产所有方、金融机构与金融资产交易平台分别作为委托方、交易代理人和受托方，将约定的担保资产通过金融资产交易平台进行公开转让，实现担保资产变现偿还贷款本息的目的。其交易结构如图5-2所示。

(二) 拓展的业务

1. 定向债务融资工具

定向债务融资工具是指具有法人资格的非金融企业，使用非公开方式，向特定的

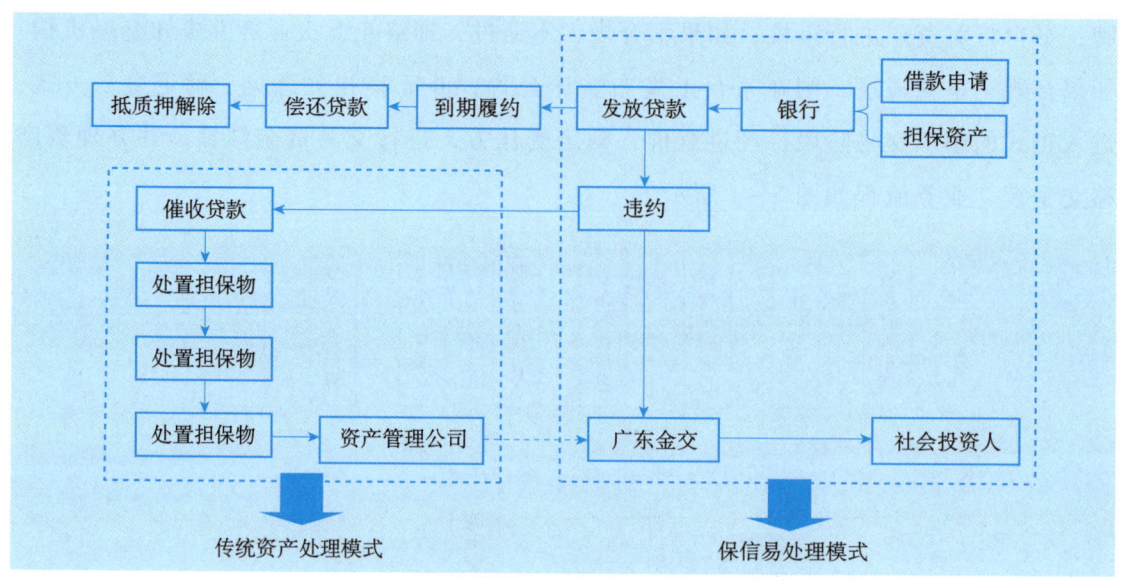

图 5-2 保信易业务流程

合格投资者发行的债务融资工具，其可以在金融资产交易平台进行转让。定向债务融资工具适合非金融机构短期融资，期限在 1—12 个月。企业需要融资时，可以向金融资产交易平台提出申请，平台对其申请条件审核，有需要时还可以引入第三方增信，在将项目包装成为定向债务融资工具产品后，在平台的会员中选择一定数量的投资者，作为定向债务融资工具的投资人。其发行方式具有灵活性强、发行相对便利、信息披露要求相对简化、适合投资者个性化需求、有限度流通等特点。定向债务融资工具发行完成以后，可以在平台上挂牌交易。投资者可进行买卖交易，并且定期获得收益。金融机构在业务中可以发挥承销、资产购买、第三方增信等作用。业务流程如图 5-3 所示。

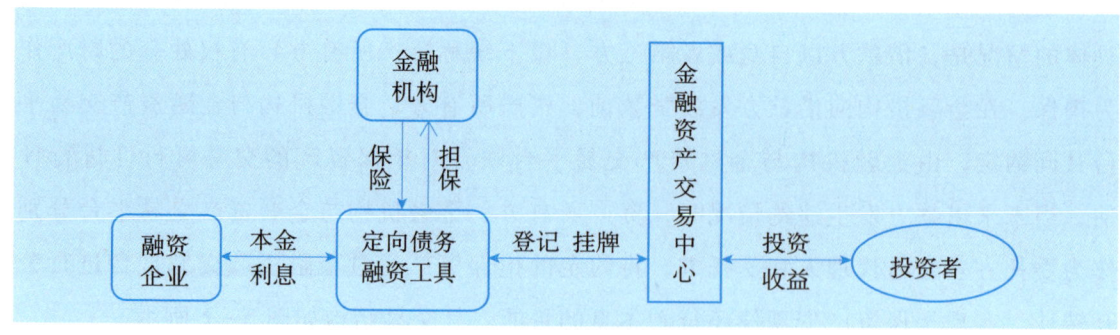

图 5-3 定向债务融资工具业务流程

非公开发行不对产品结构做太具体的规定，鼓励市场成员自主创新，通过引导市场主体自发创新，发挥市场主体自主协商的契约意识，减少事前管制，不强制要求信用评级，把风险防范的部分微观职责交给投资人自主承担。

2. 应收账款收益权挂牌转让

金融资产交易平台从事一些类资产证券化的业务，其将资产打包作结构化处理，以份额的形式转让。相应的，基础资产多种多样，其中很重要的就是应收账款。企业通过这种业务获得融资。

应收账款收益权挂牌转让常与供应链金融有关。举例而言，在供应链中，A 企业向 B 企业供货，按照供货销售条件，B 企业将在远期向 A 企业付款，A 企业因而持有应收账款。如果 A 企业与 B 企业都信用良好，则平台公司可以帮助 A 企业寻找保理公司出售其持有的应收账款，为了使保理公司更容易接受，还可以采取措施以增强应收账款的还款保障，如 A 企业购买贸易信用险或者引入了第三方担保公司为应收账款提供增信，于是 A 企业找到了 C 保理公司，C 保理公司购买了上述应收账款，成为标的应收账款的债权人，并将应收账款之收益权结构化处理，在金融资产交易平台上挂牌转让应收账款收益权产品，金融资产交易平台的会员（合格投资者）就可以向产品的挂牌方保理公司进行认购。业务流程如图 5-4 所示。

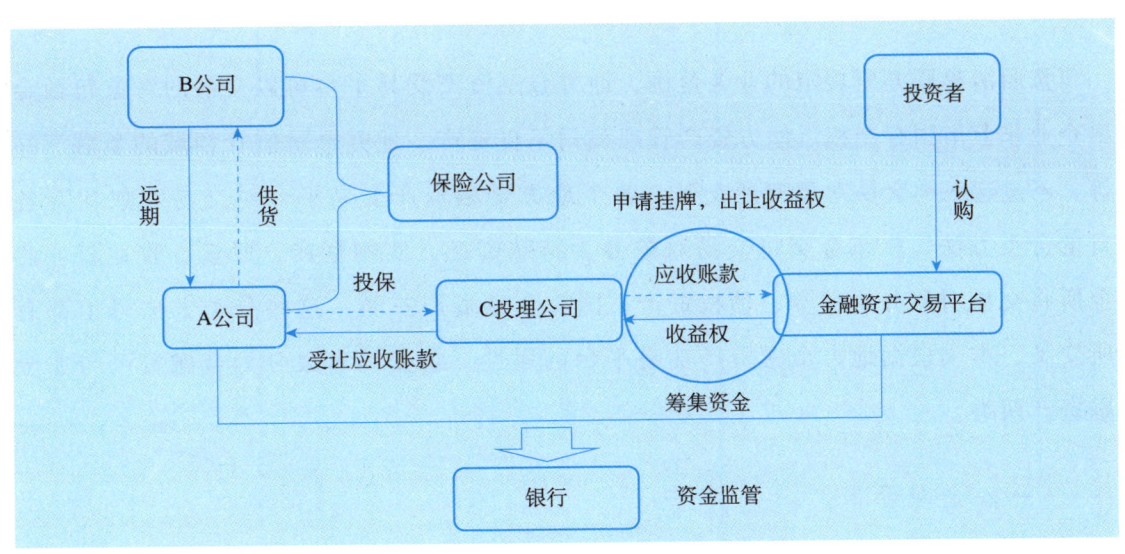

图 5-4 应收账款收益权挂牌转让业务流程

通过应收账款收益权转让交易，A 企业将应收账款变现，转让给了合格投资者，这是在银行以外进行应收账款贴现，实现企业融资手段与渠道多样化，投资者取得投资产品。该业务的开展丰富了金融产品，促进社会储蓄高效转化为投资。

为保障投资者权益，严控金融风险，完善业务流程，金融资产交易平台需要做多方面工作。第一，要求基础资产应收账款的形成，必须真实有效齐全，相关证明资料必须在平台备案齐备。融资企业须提交买卖合同、收货确认单、真实发票、信用保险保单等多种材料，保理公司须提交保理合同、应收账款转让合同、银行划款流水单等多种材料。第二，应收账款的转让必须得到原始债务人的确认。平台要与A企业、B企业以及C保理公司签订《应收账款债权转让通知确认书》，并在中国人民银行征信中心的应收账款登记公示系统办理应收账款债权转让及质押的相关手续。第三，严格把关风险，落实增信措施。平台除了严格审核业务，评估A企业与B企业的资信外，还可以要求融资方A企业采取购买保险、引入第三方担保、承担不可撤销无限连带赔偿责任等措施，增强还款保障，防范兑付风险。第四，引入银行现金管理手段，开立银行专户，让产品资金闭环流动。C保理公司及A企业就应收账款收益权产品挂牌转让业务开立银行专用账户，资金流动均由交易平台复核后进行操作，实现闭环流动，确保资金安全。第五，充分信息披露，揭示产品风险。交易平台制作《风险揭示书》及《风险评估问卷》，在投资人认购上述产品前，充分揭示产品风险。

三、地方金融资产交易平台的交易对象

按照清整联办所规定的业务范围，地方金融资产交易平台可以交易的对象包括金融企业非上市国有产权、地方资产管理公司不良资产、地方金融监管领域的金融产品等，不过这三类交易对象有所交叉。各个地方金融资产交易平台对交易对象均有各自的分类方法，广东金交将交易对象分为特殊资产、实物资产、股权、收益权。北金所将交易对象分为债券、债权资产、国有金融资产三类。这些分类方法恐怕都有所交叉，本书根据地方金融资产交易平台的属性，将交易对象分为金融资产与非金融资产两类。

（一）金融资产

按照统计部门所使用的国民经济核算体系，金融资产包括七类：一是货币黄金和特别提款权；二是通货和存款；三是股票以外的证券（包括金融衍生工具）；四是贷款；五是股票和其他权益；六是保险专门准备金；七是其他应收/应付账款。根据实际业务情况，可以将地方金融资产交易平台交易的金融资产分为企业所有权、债权、收益权资产。

1. 非上市企业所有权

非上市企业所有权是金融资产交易平台上常见的挂牌交易对象。挂牌的企业所有

权，主要是有限公司的股份，也有的是合伙制企业份额。以专栏 5-2 介绍合伙制企业份额的转让。

专栏 5-2

广东广电网络投资一号有限合伙企业份额挂牌出售

中国信达资产股份有限公司广东省分公司将其持有的广东广电网络投资一号有限合伙企业约 18.68% 的合伙份额委托广东金交进行挂牌交易。该标的物的一号合伙企业持有广东省广播电视网络股份有限公司（以下简称广东广电公司）10.48% 的股权，相当于间接持有广东广电公司 1.96% 的股份。广东广电公司拥有广东有限广博电视网络股份有限公司、广东省内 19 个地级市分公司和 68 个县级分公司，用户规模达 1 400 多万户，2018 年末总资产达 175.28 亿元，净资产为 118.23 亿元，当年营业收入为 54.07 亿元，净利润为 3.75 亿元，从 2014 年起，每年均有分红。标的物资产质量优良。

更多情况下，转让出售的企业所有权资产是有限公司股权。出售企业产权有时候是投资获利的需要，而有时候则是处理不良债权资产的需要。以专栏 5-3 介绍企业股权交易，其来源于不良资产。

专栏 5-3

不良债权资产项目惠州市鼎晨实业发展有限公司挂牌出售

广东揭东农村商业银行股份有限公司因为拥有不良债权资产，而需要在广东金交挂牌出让惠州市鼎晨实业发展有限公司。该公司的注册资本为 100 万元，股东为广东巨洋集团有限公司（占股 95%）与惠州鼎晨塑料制品有限公司（占股 5%），经营范围为处理覆铜板边角料、生产经营塑料制品、拆解废旧电器等。借款人欠银行借款本金余额 3 900 万元，欠息 2 681.74 万元，垫付诉讼费 26.68 万元，累计债权总额为 6 608.42 万元。该项目的挂牌价格为 4 600 万元，使用一次性付款的支付方式，挂牌的信息披露期为 2019 年 8 月 30 日 10 时至 2019 年 9 月 13 日 17 时。通过网络进行竞价，价高者领先，挂牌期满，按照最高价成交，进行股权转让。挂牌价格为债权总额的 69.61%。

在上述两项资产中,广东广电网络投资一号有限合伙企业的信息较多,经营状况也较好,投资分析较为容易;惠州市鼎晨实业发展有限公司项目所提供的信息有限,需要找到更多的信息,才有可能分析其投资价值。

2. 债权类资产

债权类资产较为常见,包括企业贷款或者借款、债券、中期票据、定向债务融资工具、应收账款、商业汇票等。地方金融监管的范围内,小额贷款公司的贷款资产也在交易对象的范围之内。

3. 收益权类资产

虽然收益权资产不在上述七类金融资产之中,但是其往往可以作为融资的基础资产,又因其具有金融的性质,也可将其作为金融类资产。具有收益权的资产可以将所有权和收益权分离,在平台上交易的品种常有基础设施收费权、知识产权收益权等。基础设施收益权的交易可以为基础设施建设筹资,服务于实体经济。有时候债权类资产也可以变换为收益权类资产进行交易。如果经过中央金融管理部门的批准,收益权类资产可以转换为资产证券化产品在交易平台上面向合格投资者发行。

(二)非金融资产

地方金融资产交易平台所交易的非金融资产可以分为有形资产和无形资产两类。

1. 有形资产

有形资产的范围很广,但是地方金融资产交易平台所交易的有形资产通常是由于不良债权而形成的,往往是价值较高的抵押品。金融机构所接受的抵押品范围有限,经常是房地产、汽车、艺术品、机器设备、存货等,这些资产较为容易拍卖和流转。

在金融机构回收的资产中,房地产是最常用的品种,其价值较容易评估,投资者较多。下面以专栏5-4为例说明。

专栏5-4

湛江市源通硅砂有限公司抵债资产之房地产项目

广东华兴银行与湛江市源通硅砂有限公司、其保证人及抵押人之间存在债权债务问题,债务人无法偿还到期债务,债权人提起诉讼后,经过法院裁定将该资产交付委托方以物抵债,形成了等待处理的不良资产。于是,广东华兴银行佛山分行委托广东金交将其持有的位于湛江市霞山区民有路1号及3号湛立大公寓一层商场的房地产挂牌转让，该商场面积达 3 397.95 平方米，该商场附近人流量较大，交通便利，正在对外出租，年租金约为 360 万元。

2. 无形资产

常见的无形资产有专利权、著作权、商标权、商誉等，还包括采矿权等。以采矿权举例说明。

专栏 5-5

湛江市源通硅砂有限公司抵债资产之采矿权项目

上述案例中，除了房地产项目资产以外，还有一项采矿权资产。位于湛江市乾塘镇石英砂矿的采矿权，该矿保有资源储量为 50.48 万吨，矿山生产规模约为 8.76 万吨/年，产品为 I 级玻璃用硅质原谅石英砂，采矿回报率为 90%，按照当前的石英砂价格计算，年产值约为 1 700 万元。该采矿权已于 2016 年 12 月 15 日过期，2017 年 12 月 27 日法院裁定采矿权以 3 008.42 万元抵债，2018 年 5 月 24 日深圳市国众联矿业资源咨询有限公司评估认定该矿权的市场评估价为 3 004.41 万元，并出具评估报告。

在专栏 5-3 到专栏 5-5 的三种资产中，资产房地产项目较为简单，最容易评估其市场价格。采矿权资产的估值可以通过聘请专业机构和专业人员评估其市场价格，非公开上市的企业股份则是最难评估投资价值的资产。外人由于难以掌握企业的足够信息，很难仅凭已披露的信息分析出其应有的投资价值。对投资者来说，房地产项目的投资门槛相对低一些，因此也容易成为最吸引投资者的资产。

四、地方金融资产交易平台的市场体系

地方金融资产交易平台业是金融业的一个细分行业，有多类市场主体参与，形成完整的市场体系。

（一）市场交易参与者

1. 市场参与者标准

市场交易包含着投融资与交易行为，参与这些业务的都是市场交易参与者，即是

平台公司的会员。监管部门规定了市场交易参与者最低标准，各平台公司据此制定了各自的会员标准。

专栏 5-6

监管部门规定的市场参与者最低标准

监管部门对投资者规定了严格的市场参与门槛，要求金融资产交易平台制定投资者（包括交易类业务的买方）适当性制度，投资者适当性标准不低于中国人民银行、中国银行保险监督管理委员会、中国证券监督管理委员会、国家外汇管理局于 2018 年 4 月发布的文件《关于规范金融机构资产管理业务的指导意见》（银发〔2018〕106 号）要求的合格投资者标准，并在开户环节对投资者进行实名检验、风险识别能力和风险承担能力测试。

银发〔2018〕106 号文件规定："合格投资者是指具备相应风险识别能力和风险承担能力，投资于单只资产管理产品不低于一定金额且符合下列条件的自然人和法人或者其他组织。

（一）具有 2 年以上投资经历，且满足以下条件之一：家庭金融净资产不低于 300 万元，家庭金融资产不低于 500 万元，或者近 3 年本人年均收入不低于 40 万元。

（二）最近 1 年末净资产不低于 1 000 万元的法人单位。

（三）金融管理部门视为合格投资者的其他情形。

合格投资者投资于单只固定收益类产品的金额不低于 30 万元，投资于单只混合类产品的金额不低于 40 万元，投资于单只权益类产品、单只商品及金融衍生品类产品的金额不低于 100 万元。

投资者不得使用贷款、发行债券等筹集的非自有资金投资资产管理产品。"

符合这些规定的投资者就可以成为合格投资者。

按照监管部门的规定，交易平台的交易业务属于场外交易、非公开交易。必须符合两条标准。一是合格投资者的标准，即上述规定。合格投资者有别于不特定社会公众，后者没有上述的那些要求。二是投资者数量限定。交易平台必须对每一项交易资产设定投资者数量上限为 200 或者更低。在我国的金融法律体系中，把投资者（或者存款人）的总量 200 作为划定是否公开发行证券或者非法集资的标准，交易平台必须严格遵守此标准，控制每项资产的投资者数量不超过200。2012年颁布的《国务院办公厅关于清理整顿各类交易场所（中心）的实施意见》中规定权益持有人不得超过200人。

2. 市场参与者分类

市场参与者有机构和自然人。机构可以是法人或者其他组织，可以是金融企业或是非金融组织。如果从市场行为的目的看，交易主体可以分为三类：

（1）资产出售者。金融机构等企业把金融资产、实物资产在平台上挂牌出售。

（2）融资者。有一些平台可以有融资功能，如企业可以通过北金所，发行定向债务融资工具等债权类工具，获得资金。

（3）投资者。金融资产交易平台实施投资者适当性管理，挂牌资产仅限于合格投资者认购。平台对不同的交易主体的资格有不同的规定。

当然，市场参与者也还可以有更多的分类方法，如根据投资能力的高低，分为普通投资者和专业投资者。普通投资者的投资经验不多、缺乏专业水准、无法对投资品进行专业研究，他们适合投资低风险、收益稳定的产品。专业投资者具有专业的、丰富的投资经验和能力，适合投资门槛较高的专业化较高的产品，常见的有房地产、非上市企业股权、二手汽车、采矿权等，这些产品往往不具有足够的信息，或者变现的手续较为复杂，不适合普通投资者投资。

（二）金融资产交易市场组织机构

1. 金融资产交易平台

这是本章研究的主要对象，金融资产交易平台在金融资产交易市场的组织结构中处于核心的位置，发挥着多方面职能：

第一，为金融资产交易市场制定发行与交易规则以及其他规章制度，并组织实施，确保交易公平有序地进行。

第二，为金融资产交易市场的发行与交易工作提供专门的市场和设施。

第三，为金融资产交易市场充当中介，吸引资产出售者、融资者和投资者成为平台的会员，参与到市场交易中，并组织有关的机构为市场业务的开展提供必要的服务。

第四，为金融资产交易市场的发行与交易提供备案登记、资产挂牌、托管服务、资金结算等功能。为交易活动提供必要的履约担保，使每一笔成交的业务都能真实有效地执行。

第五，监督、管理交易平台上所进行的业务活动，避免或者调解和仲裁市场主体之间因交易而产生的纠纷和争执。

第六，有可能开展但并非必要的服务，包括对会员开展投融资咨询和承销等业务。

2. 第三方增信机构

第三方增信机构往往有融资性担保公司、财产保险公司。在企业的融资业务或者交易业务中，为了增加交易对手的信任，可以对交易的标的物进行第三方增信，通常的做法有购买财产保险、请融资性担保公司作担保等。

3. 其他中介服务机构

资产的交易可能还涉及保理公司、投资咨询服务公司、资产评估机构等其他中介服务机构。平台上的登记结算功能，也有可能独立成为法人企业，成为相应的中介服务机构。

（三）金融资产交易市场监督管理机构

金融资产交易市场的有效管理是市场顺利运转的必要保证，可以保证市场稳定运行，为地方经济社会稳定和发展作出积极贡献。

1. 国务院清理整顿各类交易场所部际联席会议与中国证券监督管理委员会

金融资产交易市场的最高管理权在国务院清理整顿各类交易场所部际联席会议。联席会议负责统筹协调有关部门和省级人民政府清理整顿违法证券期货交易工作，督导建立对各类交易场所和交易产品的规范管理制度，完成国务院交办的其他事项，其日常办事机构为清理整顿各类交易场所部际联席会议办公室（以下简称清整联办），设在中国证券监督管理委员会，具体的承办机构设在中国证监会打击非法证券期货活动局（以下简称打非局）。金融资产交易市场的日常监督管理权由中国证监会负责，统一管理包括金融资产交易市场在内的各类交易场所。

2. 地方政府及其金融管理部门

按照国发〔2011〕38号文件精神，金融资产交易场所由省级人民政府按照属地管理原则负责监管，并切实做好统计监测、违规处理和风险处置工作，各省级人民政府要立即成立清理整顿各类交易场所领导小组，按照属地管理原则负责监管，领导小组的日常办事机构设在政府金融局（办）。省级以下的市、县两级政府通常也设立相应的领导小组，按照属地管理原则负责清理整顿辖区内的各类交易所。如上文所述，除了清理整顿之前已经设立的金融资产交易所，在清理整顿开始以后设立的金融资产交易场所，一般由省级人民政府批准设立，其他个别由所在的副省级城市政府批准设立。按照央地金融管理权限的划分，地方政府要强化对地方各类交易场所的监管，也包括金融资产交易平台的监管。金融资产交易场所的日常监管权由省级政府金融局（办）或者相应的副省级城市金融局（办）负责。

第三节　地方金融资产交易平台现有管理办法及存在问题

一、地方金融资产交易平台的现有管理办法

（一）行业法规

我国对金融业实行分业管理体制。金融业的各个细分行业一般都有各自的法律法规进行管理，也有明确的监督管理部门。以大行业银行业、保险业、证券业为例，分别有《商业银行法》《保险法》与《证券法》进行管理与规范，也有银保监会和证监会作为监督管理部门。如果以小行业融资性担保公司为例，也是如此。国家层面有《融资性担保公司管理暂行办法》，各省还有《＊＊省融资担保公司管理办法》这样的规范性文件，明确规定融资性担保公司的设立、变更、终止、经营及其监督管理操作办法；在监管工作方面，银监会设立了专门机构统筹全国的监督管理工作，具体工作由各地方政府金融管理部门负责。

虽然各地的金融资产交易平台与相关业务蓬勃发展，但是地方金融资产交易平台却没有相应的国家层面法律法规进行规范，也没有专业的金融管理机构进行监督管理。现有关于地方金融资产交易平台的最重要的法律法规则仅为国发〔2011〕38号与国发办〔2012〕37号两份开展清理整顿工作的文件，这两份文件将包括金融资产交易平台在内的各种交易场所列为需要限制发展与清理整顿的行业。

虽然现在还没有全国性的法律法规对金融资产交易平台进行规范管理，但是全国多个省级地区还是出台了一些地方性法规，规范金融资产交易平台的管理。在全国大陆31个省市自治区中，有20几个地区已经出台了交易场所的管理办法。以北京市为例，2012年11月北京市政府出台了《北京市交易场所管理办法（试行）》，2016年2月北京市金融工作局印发了《北京市交易场所管理办法实施细则》，对有关问题做了详细规定。值得一提的是，该文件规定"新设交易场所拟申请的交易品种，原则上不

得与本市已获批交易场所正常交易的交易品种相互重复",这就为各类交易场所行业作了初步的划分。北京市政府在 2019 年 6 月又印发了《北京市交易场所管理办法》,上述两份文件对交易场所的设立、开业、变更及终止、经营管理、风险防控和违规处理作出了明确规定,在全国各地的类似文件中具有较强的代表性。目前,广东省内的深圳市也出台了类似的文件《深圳市交易场所监督管理暂行办法》(2017 年 9 月)。这些文件为金融资产交易场所的管理提出了具体的意见,但还不是专门针对金融资产交易的管理办法。

(二) 业务操作指引

1. 基本业务

金融业一般都有业务操作指引,这些规定通常由一行两会所指定。虽然一行两会还没有就金融资产交易场所专门下发业务指引,但是也有一些类似的文件。

(1) 清理整顿各类交易场所部际联席会议的有关精神。清理整顿各类交易场所部际联席会议已经召开了四次会议,会议精神中关于金融资产交易场所的部分可视为金融资产交易平台的业务指引。

(2) 清理整顿各类交易场所部际联席会议办公室(简称清整联办)的文件。清整联办印发的一些文件中,关于金融资产类交易场所的要求,也可视为业务指引。如清整联办印发的《关于稳妥处置地方交易场所遗留问题和风险的意见》(清整联办〔2018〕2 号)明确规定,金融资产类交易场所的业务范围,并对清理整顿金融资产类交易场所提出了要求。

(3) 一行两会的相关文件。一行两会印发的一些业务指引,虽然不一定明确涉及金融资产类交易场所的业务,但是有些也是适用的。例如,上文中所提及的《关于规范金融机构资产管理业务的指导意见》(银发〔2018〕106 号)中关于资产管理业务合格投资者标准的要求,就适用于金融资产交易平台的投资者管理。

2. 拓展的业务

金融资产交易场经过中央金融管理部门审批同意,可以经营相关业务,即上文所述的拓展的业务,可以参照中央金融管理部门及其下属机构下发的业务指引执行。例如,平台如果经批准可以经营资产证券化业务,就可以参照中国证监会对证券公司及基金公司的有关管理办法,2014 年中国证监会《证券公司及基金管理公司子公司资产证券化业务管理规定》第三条规定:"(资产证券化的)基础资产可以是企业应收款、租赁债权、信贷资产、信托受益权等财产权利,基础设施、商业物业等不动产财产或不动产收益权,以及中国证监会认可的其他财产或财产权利。"又如,北金所是中国银行间市场交易商协会的会员单位,相关的业务可以执行该协会的有关规定。

二、地方金融资产交易平台存在的主要问题

(一)从合规上看,地方金融资产交易平台还存在一些乱象

按照证监会打非局的说法,一些金融资产类交易场所未经批准开展信贷、票据、理财等金融产品交易,有的违规从事吸存、放贷、资管金融业务,有的还利用互联网平台销售金融产品,将私募产品公募化,游离于监管体制外。一些交易场所脱实向虚,以新金融、金融创之名从事非法集资、非法证券期货、金融诈骗等违法犯罪活动,扰乱金融秩序,危害社会稳定。2017年提出推进清理整顿"三年攻坚战",目前全国各地金融资产交易平台的债权类资产存量还较多,清理整顿工作还没有完成,要争取到2020年底全部化解所有违规业务。

(二)从发展上看,地方金融资产交易平台发展参差不齐

地方金融资产交易平台需要有较强的业务能力,才能开展好业务。金融资产交易平台的发展,需要有专业水准较高的业务团队。一些地方金融资产交易平台的业务量有限,难以吸引人才加盟,自身的业务发展能力薄弱,难以吸引投资者参与,也难以开拓创新业务,业务发展艰难。近年来,多个金融资产交易所借助互联网,希望打造属于自己的线上平台,但这些线上平台发挥的作用十分有限,通常只是满足备案挂牌信息的发布和产品的介绍等基本要求,交易和服务的信息化、数据化、专业化水平有限。有些地方金融资产交易平台的交易量很少,恐怕难以长期经营下去。

(三)从市场上看,监管的分割导致了市场的分割

第一,金融资产交易市场分割为金融资产交易平台行业与其他行业。金融资产交易平台业所经营的业务或者产品,与其他金融细分行业有所交叉或者重叠,如银行业信贷资产登记流转中心也经营银行业金融机构信贷资产收益权转让业务,淘宝、京东等互联网交易平台也有金融资产的拍卖与交易。管理部门并没有将金融资产交易市场集中到一个行业中,这就导致同类的产品与业务在众多的行业平台上同时出现。市场

分割，有可能导致同类产品在不同市场的价格不同，削弱市场的价格发现功能。

第二，金融资产交易平台行业内部也存在市场分割问题。按照中国证监会的有关要求，地方金融资产交易平台只能开展本地区的业务，不得吸引跨地区的业务。这就导致每个省级地区至少需要设立一家金融资产交易平台，形成每省拥有一家或者多家金融资产交易平台的局面。由于金融资产交易平台业的业务与其他金融细分行业的业务相似度较高，这也导致了市场业务的分割。市场的分割有多方面的弊病：一是有些平台业务量不足，难以长期发展。全国各个省级地区的经济、金融规模相差很大，各个省的市场规模也相差很大。每个省至少有1家平台，这就导致有的地区市场规模不足，域内金融资产交易平台经营维系不易。二是市场分散，难以形成全国统一的大市场。只有能够代表全国市场供给与需求双方所需要的大量的卖者和买者通过竞争性报价而形成价格，才能真正发挥价格发现功能。切割或者分裂的市场不具有大量的卖者和买者，其形成的价格并不能反映全国市场供求关系。

（四）从法规上看，法规的缺失导致行业发展缺乏方向

金融资产交易平台行业的全国性管理办法还尚待建立，相应的管理工作处于清理整顿之中，这只是临时性的状态。金融资产交易平台缺乏业务运作的法律规范，有时候难以确认其合法或是违规。金融资产交易平台有时甚至将业务拿到地方金融办备案，希望以此确认合法性，但是也难以明确其业务的合法性。各个平台公司对有关法规的执行尺度松紧不一。行业的发展缺乏明确的方向，容易有短期行为。

（五）从监管上看，可能还存在相关的漏洞

在地方金融资产交易平台上所交易的诸多资产品种，在拍卖公司的拍卖活动中也经常出现。互联网拍卖公司的交易品种最为齐全，以淘宝拍卖、京东司法拍卖的影响力最大，这些拍卖公司拍卖的品种琳琅满目，也有金融资产与实物资产，与地方金融资产交易平台在很多业务上形成竞争。

目前，商务部门是拍卖公司的行业管理部门，以国家商务部制定的《商品现货市场交易特别规定》作为管理办法。有关管理规定对交易品种并没有具体规定，虽然没有规定拍卖公司不允许拍卖金融产品或者不良资产；但是中央提出的行为监管要求，只要涉及金融资产交易行为，都应该接受金融管理部门的监管。拍卖公司拍卖金融资产，没有受到中央或者地方金融管理部门的监督管理，游离于金融监管的范围之外，

与地方金融资产交易平台所接受的监管形成强烈的反差。

三、地方金融资产交易平台存在问题的成因分析

地方金融资产交易平台存在的主要问题是由多方面原因所造成的。

（一）国家层面对地方交易场所发展的战略定位还没有明确公布

第一，地方交易场所与国家级交易所之间的业务分工定位还没有明确公布。我国大陆现有上海证券交易所、深圳证券交易所两大证券交易所，以及上海期货交易所、郑州商品交易所、大连商品交易所、中国金融期货交易所四大期货市场，这些交易所是中国证监会直接监管的机构。此外，还有经国务院批准、中国人民银行组建的上海黄金交易所。上述这七大交易所可谓是交易所的"正规军""主力军"、中央金融、国家级交易所。这些交易所的发展和监管都有了明确定位。而在经济社会发展的过程中，还需要其他的资产交易，有可能形成其他的交易市场行业形态，地方交易场所可以在业务经营上与七大交易所形成互补，共同促进经济与金融的发展，但是目前还未能对其他交易所的业务给出明确的定位。在这种情况下，其他各类交易所为了生存和发展，就有可能四面出击，从事各种有可能做的业务，就会产生混乱以至于违法的行为。清理整顿从2011年开始，至今还没有完成，如果能够尽快完成，明确行业的定位，将有利于行业的长远发展。

第二，金融资产交易平台与其他交易类机构之间的业务分工还不明确。虽然全国已经有了70多家金融资产交易平台，这是一股不可忽视的市场力量。金融资产交易平台与一些金融机构、其他交易场所、拍卖公司之间的业务分工还没有完全明确。这导致了行业层面的市场竞争与市场分割的存在，市场的价值发现功能受到削弱。

第三，金融资产交易平台监督管理工作还没有实现日常化。金融资产交易平台的日常管理放在中国证监会打非局的职责中，各地对各类交易场所的管理也还没有完全明确责任，还是处于临时性、过渡性的做法之中，行业没有明确具体的管理办法和行业指引，行业的发展还处于由各地各自摸索的阶段。

（二）全国性大市场的发展要求与属地管理原则之间存在矛盾

市场经济要求有统一的大市场，当前在很多市场领域已经突破国界，逐步形成全

球统一的大市场。各类交易所实行属地管理，只能在本地范围内开展业务。虽然这有利于地方政府管理本地区事务，防范和化解风险，也不失为临时性的好办法；但是如果把临时性的办法变成长期性的，则把全国统一市场切割成了几十个市场。好的金融资产交易平台公司业务无法做大，惠及全国；差的金融资产交易平台即使没有业务或者业务很少，也还得继续坚持。金融资产交易平台公司的优胜劣汰、兼并重组是市场发展的必然现象，但是由于属地管理原则的限制，其无法实现。

（三）金融管理还需要进一步完善

金融管理体制历经多次改革，但是有些行业还游离于监管之外，还存在通过改革提高管理效率的空间。改革只有进行时，没有完成时。如果通过金融管理体制改革，可以进一步推进国家治理体系和治理能力现代化。

第四节 健全地方金融资产交易平台功能的对策建议

在健全地方金融资产交易平台功能的进程中，一方面应该注重其功能发挥，另一方面应该推动其建设与完善，为地方经济高质量发展提供金融支持。

一、地方金融资产交易平台的功能发挥

在规范管理的基础上，深入挖掘平台的功能，促进平台的长远发展。

（一）继续坚定不移地推进清理整顿各类交易场所工作

按照中央及有关部委的要求，坚持把清理整顿各类交易场所作为"三大攻坚战"与"稳金融"工作的重要一环，清理整顿金融资产交易平台是治理金融秩序的重要部分，以高度的政治使命感做好这项工作。按照联席会议专题工作会议明确限定金融资产类交易场所业务范围，不得新增违规业务，按照交易类、债权类、资产管理类等业务类型分类化解存量风险。未经中央金融管理部门批准不得从事信贷、证券、保险、信托等金融产品交易，其他类别的交易场所均不得超范围违规从事金融资产类业务。

（二）从战略高度对金融资产交易平台在内的各类交易场所作出定位

只有明确金融资产交易平台的战略定位，才能发挥其功能。第一，尽快完成清理整顿各类交易场所的工作，把临时性的清理整顿转变为日常性的监督管理。第二，明确规定各类交易场所的业务范围，包括明确金融资产交易平台的业务范围，从而为交易场所行业的长远发展做出规划。当前金融资产交易平台与其他类别交易场所之间的业务功能存在部分重合，要明确各自的业务范围，使各类交易所之间的业务功能不至于重复。在考虑七个国家级交易所业务的基础上，对地方各类交易场所的业务范围作出明确定位，与这些交易所的业务有所区分。同时，区分金融资产交易平台与地方其他交易场所之间的分工定位。

（三）建立金融资产交易平台法规与监管体系

只有建立法规与监管体系，才能更好地促进行业健康发展。第一，为避免业务工作无法可依的尴尬局面，建议尽快建立一部全国性的交易场所管理办法，规定交易场所的设立、经营、退出与监管办法，使相关工作做到有法可依，有法必行。第二，在结束临时性的打非局面之后，建议在全国性监管部门中，指定业务部门负责包括金融资产交易平台在内的各类交易场所的日常监管工作。第三，建议监管部门建立金融资产交易平台的业务指引工作，规定较为详细的业务经营办法。第四，突出行为监管，将所有从事金融资产交易业务的机构都纳入金融监管之中，适用于金融资产交易平台法规与监管办法。

二、地方金融资产交易平台的建设与完善

从行业发展的需求看，按照属地管理原则，每省建立一家或者多家金融资产交易平台，这不利于金融资产交易平台的功能发挥，有悖于金融资产交易平台的发展规律，建议采取措施改革地方金融资产交易平台的管理原则。多措并举，为金融资产交易平台企业的发展注入活力。

（一）对金融资产交易平台进行分类管理

目前金融资产交易平台一般只能开展基本业务，但是有些平台则可以经过审批，

开展拓展的业务。哪些平台可以开展拓展的业务？目前还没有明确规定。建议把金融资产交易平台分为一级平台与二级平台两类。规定标准，对业务量大、合规经营、业务专业、风险低的平台划定为一级金融资产交易平台，允许其在全国范围内跨省级区域经营，并允许经营一些需要经过中央金融管理部门批准的业务。对于业务发展情况一般的交易平台，划定为二级金融资产交易平台，严格限定其业务经营范围只能在本省（直辖市、自治区）范围内经营。制定全国性的行业退出机制，划定行业经营标准，对不达标且期限内无法合格的平台，勒令关停退市，以此重构市场秩序，减少交易平台数量。

（二）建立金融资产交易平台跨地区经营监管办法

鉴于金融资产交易平台由地方政府负责日常监管的事实，对于一级金融资产交易平台的监管，可以参照跨国银行设立分支机构的监管办法进行监管。第一，允许一级金融资产交易平台企业跨省设立分支机构或经营跨省业务。第二，一级金融资产交易平台由总部所在地政府金融管理部门负责实施监管。第三，一级金融资产交易平台跨区域设立分支机构，事先须经当地政府金融管理部门同意。第四，分支机构所在地政府金融管理部门有权从其交易平台总部索取业务信息，并与总部所在地政府金融管理部门沟通信息和合作。第五，如果分支机构所在地政府金融管理部门认为达不到其要求，则有权对分支机构的业务采取限制性措施，直至关闭分支机构。

（三）鼓励金融资产交易平台合并重组，逐步建立起全国性大市场

目前，金融资产交易行业中，各家公司发展分化明显。有的平台公司规模较大，业务发展较好，有的平台公司业务甚少。未来在金融资产交易平台跨区域经营的背景下，行业将呈现优胜劣汰的规律，大平台发展良好，小平台业务发展举步维艰，建议鼓励平台之间合并重组。经过兼并重组，以及市场退出机制，大幅度压缩地方金融资产交易平台的数量，发展起具有全国影响力的金融资产交易平台企业，进而逐步建立起全国性的大市场，实现金融资产配置优化有序，价格发现功能完善；届时，由于平台数量较少，监管的压力也会减轻，行业发展趋于常态化。

（四）采取措施推动地方金融资产交易平台企业发展

在全国范围内，选择几家优质的一级金融资产交易平台企业，通过注入资本金，

兼并重组周边的平台企业，迅速组建起大规模的平台企业，做优做强，成长为全国性金融资产交易平台。第一，资本迅速扩大。资本扩大才有能力开展大规模的市场交易业务。第二，人才队伍迅速优化。大量引进和培养各类优秀的业务人才，适应业务发展的需要。金融资产交易平台所挂牌的资产不仅有金融资产，需要金融专业人才开发和包装，也还有实物资产，如房地产、艺术品等贵重资产，需要有这类专业人才去甄别真伪和投资价值。第三，发挥互联网与人工智能等科技对金融的推动作用，在多个方面不断推进行业的整体发展。第四，金融资产交易平台吸引更多的合规投资者参与交易，增加交易需求，才能使交易活跃，实现交易平台的价格发现功能，为地方经济发展服务。

地方金融资产交易平台业是新兴的金融细分行业，是金融资产交易行业的重要组成部分。近年来，多个平台企业的发展取得了重要进步，有效促进各地经济社会发展。虽然在发展的过程中还存在一些困难和不足，但是只要规划得当，各方协力，金融资产交易行业在未来必将取得更大的进步，对国家金融事业和经济社会发展起重要的推动作用。

本章小结

1. 金融的创新与经济的发展相伴而行。改革开放以来，我国的金融创新不断涌现，近十年来出现与发展了地方金融资产交易平台行业。目前全国范围内一共设立了70多家金融资产交易平台，广东省也设立了5家。地方金融资产交易平台是办理特定金融资产交易业务的市场，为金融资产提供流动性服务功能，一般以有限责任公司制的形式进行运营。地方金融资产交易平台有多方面特点，可以分为多种类型，发挥多方面功能，有力地促进地方经济社会发展。各类交易场所也正处在清理整顿之中。

2. 地方金融资产交易平台的业务主要是交易类业务，全部业务可以分为基本业务和拓展的业务两类。交易对象多种多样，但也可以相应地分为金融资产与非金融资产两大类。地方金融资产交易的市场主体包括市场参与者、市场组织机构、市场监督管理者三大类，这些构成了完整的市场体系。

3. 地方金融资产交易及其平台还缺乏国家层面的管理办法与正式的业务操作指引，不过各地出台了相关的地方性法规。地方金融资产交易虽然发展良好，但也还存在不少问题，还需要有长远的战略规划。

4. 继续推进清理整顿各类交易所工作，争取早日完成这些工作。从战略的高度对地方交易场所的发展作出定位，建立金融资产交易平台管理制度与监管体系。对金融资产交易平台实行分类管理，鼓励兼并重组。多措并举，推进地方金融资产交易平台的建设与完善。

本章重要概念

地方金融资产交易平台　业务　管理　功能

本章思考题

1. 试述地方金融资产交易平台的历史脉络与现状。
2. 地方金融资产交易平台的概念、功能和特点是什么？
3. 地方金融资产交易平台的业务类型如何划分，举例说明其业务流程和交易对象。
4. 试述地方金融资产交易市场体系。
5. 试述健全地方金融资产交易平台功能的对策。

本章参考文献

［1］国家与地方的有关法规.

［2］北京金融资产交易所网站.

［3］广东金融资产交易中心网站.

［4］有关调研材料.

［5］Phonnie.《金融资产交易中心行业现状分析》. http://www.woshipm.com/it/2298050.html.

［6］安得财富.《金融解读：金交所的来源和功能》. http://www.sohu.com/a/311898017_120009499.

［7］东方成安.《金融资产交易所的兴起及未来发展》. https://www.sohu.com/a/258923647_99906119.

［8］翟立宏，杨朝晖.《中国地方资产管理行业白皮书（2018）》. http://www.nbd.com.cn/articles/2019-03-31/1316223.html.

第六章 区域衍生品交易平台

本章导读

近年来,衍生品市场成为全球金融业发展最快的市场。衍生品交易所在实行电子化交易、不断提供新的产品组合方面发展迅速,同时交易所之间开始加速整合和全球化。"中央对手方清算制度"在场内市场和场外市场上均取得了越来越广泛的应用。此外,基于互联网的新型市场对衍生品交易所的发展产生了深远影响。然而,除全国性衍生品交易中心外,各地区还存在着区域衍生品交易中心。那么,现存的区域衍生品交易中心有哪些类型?具体交易流程又是如何呢?这是本章将回答的问题。

本章学习目标

1. 了解我国衍生品交易的发展历程。
2. 认识区域衍生品交易平台发展的重要意义。
3. 掌握区域衍生品交易平台的分类及发展趋势。
4. 掌握衍生品、区域衍生品交易平台的内涵。
5. 认识区域衍生品交易平台的功能和本质。
6. 把握区域衍生品交易平台的运作方式及其发展趋势。

第一节　区域衍生品交易平台概述

一、区域衍生品交易平台的概念与特点

(一) 区域衍生品交易平台的概念

1. 衍生品概念

衍生品是指在基础产品上衍生出的其他产品，其概念最先应用于金融领域，之后在各个领域都得以发展，比较有代表性的领域是环境权益类产品。

金融衍生品最早是在欧洲萌芽，后在古希腊和古罗马兴起，而现代意义上的金融衍生品交易是随着芝加哥期货交易所的成立而诞生的。从萌芽至今，交易者们相继开发出了商品期货、国债期货、外汇期货、股指期货、认证股权等一系列衍生金融工具。目前，金融衍生品主要包括远期、期货、期权、互换等。

近几年，随着各行各业不断发展，体现一定的金融衍生品特性的类金融衍生品概念在不同领域中屡见不鲜。其中，最有代表性的是环境权益类金融衍生品。随着生态建设、绿色金融等概念的兴起，环境权益类产业得以蓬勃发展，行业内部由简单的环境权益使用权交易发展出了各类衍生品，其交易规模也在不断扩大。本书将环境权益类金融衍生品定义为在自然资源的使用权附以价值进行交易的基础上衍生出的金融产品。

综上所述，围绕基础产品开发出的一系列产品，都可以称为该基础产品的衍生品，其常见类型如表 6-1 所示。

表 6-1　　　　　　　　　　常见衍生品类型

基础产品	衍生产品
大豆	大豆远期
短期存款	利率期货
长期债券	债券期货
股票指数	股指期货
排污权	排污权期货
黄金	黄金 T+D
碳排放权	碳期货
贵金属	贵金属延期

2. 衍生品交易中心发展历程

衍生品交易中心的建设得到了国家的大力支持，除了成立全国性的衍生品交易中心以外，各地政府也根据当地相应情况成立了一些地方性的衍生品交易中心，在这些交易中心中，两个或者多个交易主体之间会形成一个协议，以约定价格在未来时点进行交割。由于本书将重点介绍传统的金融衍生品和环境权益类衍生品，故只针对这两类衍生品交易中心进行介绍。

（1）传统的金融衍生品交易平台发展历程。中国金融衍生品市场发展几经波折，从最初经营商品期货的期货交易所到经营金融期货的期货交易所，再到类期货交易平台的蓬勃发展，中国金融衍生品市场的发展一路高歌猛进。但由于各地衍生品交易中心管理制度的不规范，出现了一系列金融乱象，2017年国家对衍生品全行业进行了整顿，目前，现存的合法的期货交易所只剩下五所：上海期货交易所、中国金融期货交易所、大连商品交易所、郑州商品交易所及上海国际能源交易中心，区域金融衍生品交易陷入停滞阶段，但由于互联网行业的大力发展，现货延期交易应运而生，补充了区域金融衍生品交易的空缺。

（2）环境权益类金融衍生品交易平台发展历程。在经济发展与环境保护之间的矛盾日益凸显的大背景下，我国逐渐建立了一系列的环境权益使用权交易机制，全国半数以上的省市试行环境权益交易，多地建立了环境权益使用权交易中心。这些环境权益使用权交易机制的建立使得资本市场上衍生出了各种金融产品，投资者也可以通过当地的环境权益交易中心进行环境权益类金融衍生品的交易，如碳期货交易。

3. 区域衍生品交易平台的概念

区域衍生品交易平台是指经"一行两会"批准，由地方政府下发牌照成立的衍生品交易中心，其业务范围是跨区域的，不仅包括区域现货延期交易中心（介于现货和期货之间的金融衍生品），还包括区域环境权益类金融衍生品交易中心等交易中心。由于上海期货交易所、中国金融期货交易所、大连商品交易所、郑州商品交易所及上海国际能源交易中心这五大交易所都是经国务院同意，证监会批准的期货交易所，所以不属于区域衍生品交易中心的范畴。同样，由于金融衍生品如期货、期权等都是各个期货经纪商通过上述五大交易所完成交易结算的，故也不属于本书讨论范围。但厦门石油交易中心（厦门）、齐鲁商品交易中心（青岛）、前海油金所国际石油中心（深圳）、新华商品交易所（大庆）、广州碳排放交易中心（广州）、广东省环境权益交易所（广州）等交易中心则属于区域衍生品交易中心。

（二）区域衍生品交易平台的特点

我国的区域衍生品交易受经济发展和各地政府政策的影响，各地市场相对独立，但其共同特点可归结为以下几点：

1. 跨期性

衍生品是交易双方通过对基础产品价值或变动趋势的预测，约定在未来某一时间按一定的条件选择是否交易的合约。在区域衍生品交易中心交易时，无论是哪一种衍生品交易，其跨期交易的特点十分突出，交易双方的判断准确与否直接决定了双方的盈亏。

2. 零和博弈

在衍生品交易中，交易双方的盈亏是完全负相关的，而且交易双方的净损益为零。因此，区域衍生品交易中心的交易是一种零和博弈。

3. 不确定性或高风险性

基础产品价格变化莫测，这就导致了在区域衍生品交易中心交易的双方对未来的预测和判断的准确性有极大不确定性，因此盈亏的不确定性也很大，在区域衍生品交易中心交易具有高风险性。

4. 交易目的的多重性

衍生品交易通常有套期保值、投机、套利和资产负债管理四大目的。其交易的主要目的并不仅在于所涉及的基础商品所有权的转移，而且还在于转移与该基础商品相关价值变化的风险或通过风险投资获取经济利益。环境权益类金融衍生品交易通常是为了获取自然资源的使用权或者将使用权转化为企业价值。

5. 联动性

联动性是指衍生品的价值与基础产品紧密联系。通常，其联动关系既可以是简单的线性关系，也可以是非线性关系或者分段函数关系。

6. 契约性

衍生产品交易是对基础产品在未来某种条件下的权利和义务的处理，从法律上理解是合同，是一种建立在高度发达社会信用基础上的经济合同关系，具有契约属性。

二、区域衍生品交易平台的类型

由于区域衍生品交易中心体系的建立还不完善，根据目前国内市场上现存的衍生品交易中心，可对区域衍生品交易中心按基础资产、产品形态两个标准进行分类。

（一）根据基础资产分类

1. 现货延期交易平台

现货延期是指买卖双方在签订现货订单合同后，可以在任一交易日申请实物交收或者转让所持有的合同，同时引入延期补偿费（以下简称延期费）机制来平抑供求矛盾的一种现货交易模式。有一定比例的保证金就可以开始交易，但是又没有按月交割的时效限制。

现货延期业务与现货业务的区别体现在：第一，现货延期业务在开盘前引入了集合竞价过程；现货延期业务交易过程中实行首付款制度；第二，现货延期业务在交易环节中，引入持仓与头寸的概念；第三，现货延期业务交割环节引入了中立仓、延期补偿费机制满足交割需要，平抑供需矛盾；第四，现货延期业务日中结算，实行每日无负债制度。

现货延期业务与期货业务的区别体现在：第一，现货延期业务一般没有交割时间期限的限制，是按合同规定的条件，在投资者付清全部货款后可随时进行交割，而期货是有交割时间期限限制的标准合约；第二，现货延期业务没有会员身份限制，而期货交易只有通过会员进行代理交易。

2. 区域环境权益类金融衍生品交易平台

生态环境保护是可持续发展的内在要求。推动加强生态文明建设，着力构建"互联网＋环境资源要素配置＋绿色融资服务"综合型交易与服务平台，支持绿色产业发展，建立全方位绿色管理体系和全过程绿色运营模式，撬动更多利益相关方共建绿色生态圈，助力建设"天更蓝、山更绿、水更清"的优美环境，深入贯彻"绿水青山就是金山银山"的理念是地方环境权益类衍生品交易中心的建设宗旨。

近年来我国环境权益制度体系逐步完善，内部共有用水权、排污权、碳排放权、节能量交易、用能权和绿色证书六套制度并行，根据以上六套制度建立了水权交易平台、碳市场综合服务平台、排污权交易平台、城市矿产交易平台、危险废物集中交易平台等的地方环境权益类衍生品交易中心，其中，水权交易平台是通过交易沿江沿河流域用水总量和地市区域内用户之间取水权来实现平台运转的，并通过跟进各地区之间的水权交易项目来优化水权交易平台。目前，除碳排放权交易于2017年启动全国市场外，我国大部分环境权益交易制度仍然以区域性、行业性试点为主，如排污权、用水权、节能量、用能权交易等均选择部分省市区作为试点对象,绿色电力证书交易则主要集中于电力行业。

伴随着环境权益交易规模的扩大,资本市场上出现了各类以环境权益使用权作为基础产品的金融衍生品,各地政府也成立了一系列交易中心。

专栏 6-1

广东省环境权益交易所

广东省环境权益交易所有限公司(以下简称广东环交所)成立于 2010 年 6 月 23 日,是经广东省人民政府批准,由南方联合产权交易中心出资设立的省级交易平台,是集各类环境权益交易服务为一体的专业化市场平台。可通过 http://www.gdhjs.com/ 查看详细内容。

环境权益交易赋予了环境权益潜在的价值。环境权益类衍生品交易中心为市场主体提供了一个广阔的资金融通的平台,拥有富余环境权益的转让方可以通过交易进行融资,而拥有富余资金的受让方则可以在市场上投资。以环境权益交易为核心构建的以绿色信贷、绿色基金、绿色期货、绿色期权等为内容的环境权益类金融体系,在国际金融市场动荡的背景下,不失为一条新的金融发展路径。另外,环境权益交易的兴起也衍生出环境权益的货币属性。环境权益类货币(如碳货币)的产生,对于重构国别货币主导的国际货币体系,推进国际货币多元化直至建立环境权益类货币本位具有重要的战略意义。这为我国人民币国际化发展提供了机遇,也契合了我国对超主权储备货币的呼吁。

(二) 根据产品形态分类

1. 现货中远期交易平台

伴随着商品现货电子交易的诞生,各类大宗商品电子交易平台为大宗商品的买卖双方提供了一个网上交易以及行情分析的平台,通过这个平台生产商和销售商可以实现大宗商品的订单、现货、拍卖、招标、挂牌等多种交易处理。而现货中远期交易平台得以应用于大宗商品电子交易平台,它是一种以现货仓单为标的物,采用计算机网络进行的集中竞价买卖在集中交收日统一撮合成交,统一结算付款,价格行情实时显示的交易方式,由于区域衍生品交易中心的发展还不完全,其主要业务还是围绕着这种现货中远期交易平台开展的。

2. 期货交易平台

期货通常指的是一份合约，这个合约是由期货交易所统一制定的，合约内容是在将来某一特定时间和地点交割一定数量的标的物。这个标的物又称为基础资产，对期货合约所对应的现货，可以是某种商品，如大豆或贵金属；也可以是某个金融工具，如短期利率；还可以是某个金融指标，如三个月同业拆借利率。在本书中，期货的基础资产除了以上三种外，还包括环境权益的使用权和大数据。期货交易是市场经济发展到一定阶段的必然产物。

期货交易是一种期货合约买卖交换的活动或行为。期货交易特有的套期保值功能、防止市场过度波动功能、节约商品流通费用功能以及促进公平竞争功能对于发展中国日益活跃的商品流通体制具有重要意义。所有区域衍生品交易中心都存在一定的类期货交易。

3. 期权交易平台

期权交易是指在基础产品买卖过程中，双方按协定的价格，就将来是否购买或是出售某种基础产品具有的选择权。期权交易具有较大的灵活性，且对合同持有人而言，当价格对其有利时，便采取不交割的措施，从而使其价格风险损失小于或等于期权费。由于区域衍生品交易中心业务发展还不完善，期权交易开展较少，在本书中也不多做介绍。

三、各类区域衍生品交易平台的功能

（一）现货延期交易的功能

现货延期交易既区别于现货交易，又区别于传统的金融远期及期货交易，其市场功能主要有以下几点：

1. 投资功能

传统的现货交易由于受到地域、货物质量、投资者的财力、专业水平的限制，对于普通的投资者来说，几乎没有投资价值。现货延期交易市场由于交易的是标准化电子交易合同，货物质量有保证；电子交易，没有地域的限制；保证金交易，投入资金少，普通投资者可方便介入，从而获取经济利益。

2. 价格发现功能

价格发现功能是指在现货延期交易市场通过公开、公正、高效、竞争的交易运行机制形成具有真实性、预期性、连续性和权威性价格的过程。

传统交易模式由于受到地域的限制，加上参与的投资者少，形成的价格往往有着明显的地域性，而现货延期交易由于参与的投资者众多（包括众多的商品生产者、销售者、加工者以及进出口商等），同时参与交易的投资者大都熟悉某种商品行情，有丰富的经营知识和广泛的信息渠道以及一套科学的分析、预测方法，这样形成的价格基本反映了供求变动的趋势。

3. 规避风险功能

规避风险功能是指生产经营者通过在现货延期交易市场上进行套期保值业务，有效地规避、转移或分散现货市场上波动的风险。

套期保值之所以能有助于规避风险，其基本经济原理在于某一特定商品的远期交易与现货在同一时空内会受相同经济因素的影响和制约，因而一般情况下，两个市场的变动趋势相同。以棉粕为例，棉粕上涨会给以棉粕为原料的经营者增加生产成本，如果大量存入现货，又会占用大量的资金，同时造成仓储、人力、物力、财力的极大浪费。在这种情况下，可以在现货延期交易市场上买入仓单。随着棉粕价格的上涨，虽然现货采购的成本增加了，但是在现货延期交易市场中买入的仓单会由于价格的上涨带来一定的盈利，从而弥补现货的亏损，达到规避风险的目的。

4. 标准化交易功能

以追逐利润为目的的传统的现货交易，为假冒伪劣产品的出现提供了滋生的土壤，而在现货延期交易市场当中，由于买卖的是标准化的合同，而标准化合同所代表的是规定质量标准的现货商品，同时这些现货商品在进行注册时要经过指定的质量检查机构进行检查，不跟买卖双方发生任何利益上的冲突，因此，能够保证现货商品的质量，杜绝假冒伪劣商品的出现，保护买卖双方的利益。

5. 违约约束功能

买卖双方在进行交易时，市场会冻结部分资金作为双方履约的保证金，而且随着现货延期交易合同履约日期的临近，保证金的比例会相应的提高，这样不仅能够保证合同的履行，也能够避免三角债问题，并维护了市场正常有序的发展。

6. 降低费用、稳定产销功能

现货延期交易中心不仅提供给广大的投资者方便快捷的电子交易平台，而且也提供了发达的物流配送体系，给众多的生产经营企业大大降低了流通的费用，减少不必要的支出，同时方便的交易模式，也为企业提供了一种全新的物流采购销售体系，使得可以及时销售或者采购相关商品，稳定产销关系。

（二）环境权益类金融衍生品的属性

1. 权利属性

环境资源是指作为资源总和的环境整体。各种自然资源包括水、空气、土地、动植物、矿产等和它们组合的各种状态，是人类赖以生存与发展的物质基础。环境权益正是在一定的限度内对环境资源的占有、使用和收益的权利，是权利人根据政府或者环境主管部门分配的环境权益拥有额享有的依法对环境资源占有、使用和收益的权利。环境权益的客体是环境资源，环境资源是国家为了防止对环境资源的滥用而动用国家权力对环境资源的所有权加以控制，进而采用行政管制、税收、收费、补贴或其他市场化手段对环境容量资源进行优化配置和利用的国有资产。权利人享有的环境权益是国家通过行政许可、公开拍卖或定价出售等方式分配的。

2. 商品属性

只有具备了商品属性的环境权益才可以在市场中进行交易，环境资源的有限性和环境权益的行政分配性使得环境权益具有了稀缺性，因此区别于公共物品并具备了交易价值，能够作为商品进入流通领域。环境权益交易中心表现出一些我们常常在金属、石化产品等商品交易中看到的特征，在同质市场上，环境权益可以像商品一样进行交易。例如，碳排放权单位既可以出于即时的需要而进行现货交易，也可以进行期货合约交易。

3. 货币属性

环境权益类金融衍生品的商品属性已经得到了国内外的普遍共识，但其货币属性还在探讨阶段。环境权益类金融衍生品种类繁多，目前，在环境权益类货币中，国内外专家学者对"碳货币"的探讨是一个理论热点。首先，碳排放权交易市场的建立和发展壮大是碳货币产生的前提。《京都议定书》中的三种减排手段使得碳排放权交易获得了国内外的广泛认可，这也赋予了碳排放权以潜在的金融价值，也为碳货币的诞生提供了可能。其次，碳排放权的自身特性也使得碳货币成为可能。碳排放权的政府信用基础、稀缺性、普遍接受性、可计量性、易于分割性和可储存性等特性使其具备了充当一般等价物的商品属性，能够作为构建国际货币的基础。甚至有学者指出，碳排放权有一般等价物商品的先天属性，并且碳排放权的一般等价物商品属性是基于国内法和国际规则的信用秩序而建立，使得碳货币本身不同于传统的、纯粹的商品本位或信用本位，而是近似于一种全新的"商品信用本位"，由此显现其特殊性和优越性，可以有效避免金本位制下的刚性供给和信用本位制下无约束的货币滥发。如此看来，未来的国际货币体系可能会在"碳本位"的基础上重建,即让碳排放权成为继黄金、白银、美元之后的另一个国际货币基础,"碳货币"有可能发展成为一种新超主权货币。

环境权益属于"受规制的所有权利",它们在本质上是公权利和私权利的混合体,具有行政给予和私人财产权的双层特性。一方面,配额和信用的所有者通常具有占有、转让、使用的权利,政府不得任意没收,配额和信用所代表的权利相对于其他私人实体能够强制实施;另一方面,这些权利的行使受到规制者一定的限制,因为政府必须保持对所创制配额的整体控制。

四、各类区域衍生品交易平台对比

前文已经介绍了区域衍生品交易中心的相关类型,由于按基础产品进行分类的方法相较产品形态分类方法更明晰,故本节采用以基础产品分类的区域衍生品交易中心为分析对象,对各类地方衍生品交易中心进行对比,详细阐述各类地方衍生品交易中心的特点。本书从基础资产及其形态、产品形态、交割形式、风险特征、市场功能等方面阐述了衍生品交易中的特点,如表6-2所示。

表6-2　　　　　　　　　　区域衍生品交易平台对比

	区域现货延期交易平台	区域环境权益类金融衍生品交易平台
基础资产	大宗商品、贵金属、金融资产等	内部共有用水权、排污权、碳排放权、节能量交易、用能权和绿色电力证书
基础资产形态	商品	使用权
产品形态	现货中远期交易	现货中远期交易、期货期权交易
投资用途	实物交割或价值投资	实际使用权交割
风险特征	风险高低不定	基本无风险
市场功能	套期保值,短期投资收益等	促进企业向生态友好型发展

第二节　区域现货延期交易平台的业务运作

一、区域现货延期交易平台的业务流程

(一)区域现货延期交易平台交易主体

交易商是现货延期交易中心的交易主体,而交易中心对交易商有适当性要求。交

易商分为买方交易商和卖方交易商,买方交易商须满足三个条件:一是依法成立的注册地在中国大陆境内的中国企业法人、其他经济组织或合格的自然人;二是具有现货市场贸易的经验或相关交易商品的消化能力;三是不属于有操纵市场行为或者其他涉及现货交易欺诈行为、违反交易所的有关规章制度或散布虚假信息、扰乱市场秩序造成严重后果的个人,以及法律法规规定或交易所认定的其他"市场禁入者"。

卖方交易商须满足两个条件:一是依法成立的注册地在中国大陆境内的中国企业法人或其他经济组织;二是不属于有操纵市场行为或者其他涉及现货交易欺诈行为、违反交易所的有关规章制度或散布虚假信息、扰乱市场秩序造成严重后果的机构,以及法律法规规定或交易所认定的其他"市场禁入者"。

(二) 区域现货延期交易平台交易对象

区域现货延期交易中心以贵金属现货延期交易为主,其中,黄金现货延期交易虽然在国内尚属探索阶段,但在国际上已经历史悠久。黄金现货延期交收交易几乎与黄金大规模生产同时出现并发展。

19世纪初,最大的黄金生产地是南非,最大的黄金交易场所在伦敦。南非生产的黄金运到英国后,由伦敦的各大金行、黄金银行(商业银行)转卖到世界各地。和其他商品一样,黄金生产商与黄金银行、各大金行签订购销合同,然后组织生产、物流、交货,完成交易。

国内对"黄金可延期交易"比较陌生,是因为2001年前,黄金在我国实行"统销统配"政策,与市场无关。直至2010年8月3日《关于促进黄金市场发展的若干意见》出台以后,黄金在中国才真正进入了市场发展的轨道。黄金作为商品的一种,已经走下神龛。而被市场培育出来的包括"延期交易"在内的特别交易手段正应用于黄金等贵金属交易。

(三) 区域现货延期交易平台交易策略

现货延期交易是指以保证金交易方式进行交易,客户可以选择合约交易日当天交割,也可以延期交割。现货延期合约的交割采用实物交收申报制度(以下简称交收申报)。

现货延期合约的开盘价为合约开盘集合竞价产生的成交价格,开盘集合竞价未产生成交价格的,以集合竞价后的第一笔成交价作为开盘价。收盘价为合约收盘前最后五笔成交的加权平均价。结算价是指某延期合约整个交易日的成交价格按照成交量的加权平均价。

1. 电子交易合同的标准化

电子交易合同的标准化指的是除价格外,合同的所有其他条款都是预先规定好的,具有标准化的特点。这种标准化的电子交易合同一经注册,便成为仓单。

2. 双向交易

双向交易指的是投资者可以通过对仓单的低价位买入,高价位卖出获利;也可以高价位卖出,低价位买入获利。交易方式更加灵活,增加交易机会。

3. 对冲机制

对冲机制指的是对电子化合同采取反方向的操作,达到解除履约责任的目的。

4. 当日结算制度

每日对投资者账户进行核算,避免债务纠纷,达到控制风险的目的。

5. 保证金制度

保证金制度是指对交易双方冻结适当的保证金,以达到保证合同履行的目的,同时起到资金的杠杆作用,充分利用资金。

6. T+0 交易制度

T+0 交易制度是指交易当天就可以对订立的合约进行转让处理,当日获利,当日就可以对冲平仓,充分利用资金,同时减轻长期持仓带来的风险,操作灵活。

本书以贵州国际商品交易中心的其中一笔交易为例介绍其交易制度,如表 6-3 所示。

表 6-3　　　　　　　　贵州国际商品交易中心现货延期交易机制

交易品种	铜杆				铝锭			镍铁		
规格	1T	5T	15T	25T	1T	5T	10T	1T	3T	5T
参考价格	50 000 元/吨				15 000 元/吨			115 000 元/吨		
报价单位	元/吨				元/吨			元/吨		
最小变动价	1 元/吨				1 元/吨			1 元/吨		
手续费	100	490	1 455	2 400	105	520	1 030	510	1 515	2 500
价差	1				1			1		
最大单笔	30	30	30	30	30	30	30	30	30	30
最大持仓	90	90	90	90	90	90	90	90	90	90
保证金	5%	4%	3%	3%	4%	3%	3%	4%	3%	3%
延期费	成交金额的万分之一									
交易时间	周一 6:00 至周六 4:00 连续交易									
结算时间	每日凌晨 4:00—6:00									

续表

交易品种	铜杆	铝锭	镍铁
交易制度	T+0（当日买卖次数不限制，可买涨买跌）		
风险控制	当客户账户的持仓风险率小于100%时，客户交易保证金不足，需要追加交易保证金；否则，客户只能减少持仓，直至客户账户风险率等于或者大于100%。当客户账户的持仓风险率低于70%时，客户的未平仓合约将被全部强行平仓。 持仓风险率：客户账户净值/持仓占用交易保证金×100%		

目前，现货延期交易方式可以总结为四种，如表6-4所示。

表6-4 现货延期交易方式

交易方式	交易手段
延期开多仓	多头开仓买入
延期开空仓	空头开仓买入
延期平多仓	多头开仓卖出
延期平空仓	空头开仓卖出

如投资者预测某基础商品价格将上涨（做多），买入5手，只需在交易系统上输入开仓价格196元，手数5手，买多（开仓）便可成交；一天后商品价格升到200元/克，投资者想平仓获利，平仓价格200元，手数5手，卖多（平仓）便可交易。

买入价：196元/克

卖出价：200元/克

交易手数：5手

盈亏：（200－196）×1 000×5＝20 000（元）

二、区域现货延期交易平台存在的问题及现有管理办法

（一）区域现货延期交易平台现有管理办法

国内现货延期交易的管理办法相对完善，为规范区域地方商品交易平台的现货延期交易行为，保障交易各方的合法权益，各区域商品交易中心会根据国家法规、政策和政府颁布的《管理办法》来管理现货延期交易，分别从"上市品种和交易时间""电子交易合同""交易商""授权服务机构""现货延期交易业务""结算业务""交割业务""风险控制""异常情况处理""信息发布""监督管理"及"违约与处理"等方面制定更为详细的管理办法来进一步管理现货延期交易。

(二) 区域现货延期交易平台存在问题

1. 跳空缺口

国内延期交易合约报价有跳空缺口，由于延期交易合约在交易中心挂牌交易，受到交易中心开市闭市时间和国内假期休息时间的影响，并不是 24 小时连续交易业务，但是贵金属等大宗商品一般具有全球 24 小时连续报价，因此，当第二个交易日开盘时，可能由于国际价格已经发生了较大的波动而导致国内开盘跳空高开或者低开产生缺口。

2. 保证金比例各地不同

保证金比例越低，杠杆越大，其杠杆风险也越大。保证金比例会根据交易所公告及市场情况适时调整，各地代理行的保证金比例不同。

3. 投资门槛低，风险相对大

现货延期交易具备杠杆放大功能，在可能获得高投资收益的同时也可能发生巨额损失，存在短时间内发生巨额盈亏、持仓被强制平仓、投资资金损失殆尽且不足以弥补交易亏损的巨大风险，投资者务必充分阅读、理解交易规则，且充分分析自身的风险承受能力，充分了解产品的特点和风险。

(三) 成因分析

1. 市场开发与风控体系的矛盾

据不完全统计，2015—2016 年度最高峰时期，全国经营衍生品业务的现货交易场所在 300—500 家，"拿来主义"盛行下的同质化经营导致市场展业成了主旋律，随之而来的是交易场所风控体系的土崩瓦解。"板块外包"下的风控缺失更易导致矛盾的加速出现，交易中心的存活期俱减，政府"一刀切"的行政管理更使得交易场所无法有效经营。

只有具有特色的衍生品业务，结合交易场所的自身特点进行业务开展，培养出价值观、理念相近的配套服务单位并适用合理的风控体系，才能最大限度地展现出各平台衍生品业务的特色，有助于交易场所的良好有序发展。

2. 政府监管与交易场所的矛盾

交易场所在申请批文初始阶段，向政府部门进行了各类的承诺，相关的承诺主要为：交易模式合法合规、有效促进实物流转、发展当地特色商品、有效的税收收入。

批文拿到后承诺就不履行了,最终导致政府部门监管不力。发达地区的政府手起刀落,如某直辖市现货交易场所的统一去杠杆或发达地区现货交易场所业务全部暂停。目前经营的交易场所主要集中在欠发达地区。而只有交易场所及相关配套服务机构的智慧与共同努力,才能发挥一套合理的衍生品交易模式的作用,即促进商品交割、产生合理税收和发展当地特色商品。

目前,政府部门较为认可的交易模式有:挂摘牌模式(即协议转让)、调期模式(山东省期现结合交易场所)、中远期、订货权模式(部分省份职能部门或明示或默示)。

3. 交易场所与会员单位、市场参与主体之间的矛盾

交易场所、会员单位、市场参与者既是共生体,也是矛盾体。水能载舟亦能覆舟,三方主体相互制衡,三方的任意组合为衍生品市场的稳定运行添加了较高的不确定因素。

随着衍生品交易模式的不断发展,有部分交易场所尝试研发剥离会员单位的存在,意图有效减少引起矛盾的发生点,实现衍生品商业逻辑架构的改变,为百花齐放的衍生品市场增添了新的动力。

专栏 6-2

会员单位

交易所一般采用会员制组织形式,如上海黄金交易所的会员由在中华人民共和国境内注册登记,从事黄金业务的金融机构和从事黄金、白银、铂等贵金属及其制品的生产、冶炼、加工、批发、进出口贸易的企业法人,并具有良好资信的单位组成。现有会员162家,分布在全国26个省、市、自治区;交易所会员依其业务范围分为金融类会员、综合类会员和自营会员。

4. 交易场所内部管理不足所导致的矛盾

本书总结了涉嫌刑案的交易场所的行为,涉嫌刑案的交易所有:湖南国兴贵金属销售有限公司、湖南华夏有色金属交易市场有限公司、江苏大圆银泰、河北邮币卡、河北滨海大宗、广东贵金属、吉林商品、湖北华中矿产品、湖南澳鑫商品、上海石油化工、上海长江联合、南京石化、无锡太湖国际、大连再生资源等。总体可归纳分解为如下原因:

(1)交易软件系统的卡顿,导致莫名的亏损。

(2)客诉处理不及时所致。

(3) 管理层内部矛盾所致。

(4) 法律知识及风控体系匮乏所致。

专栏 6-3

现货中间仓交易

现货交易模式中,中间仓交易与现货延期交易最为常见,本书简要介绍中间仓交易流程以做知识拓展。中间仓交易商每日通过提供资金或实物满足每交易日交割申报差额部分的交割需求来获取延期交割补偿金收益的交易行为。其交易机制如图 6-1 所示。

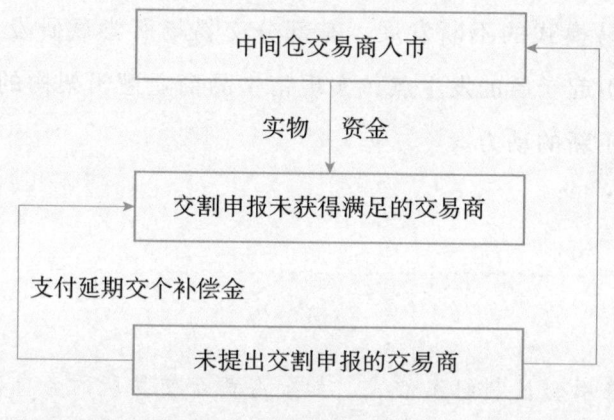

图 6-1 现货中间仓交易机制

举例:假设中间仓自有资金,螺纹钢仓储资金 0.15 元/吨/天,那么收益如表 6-5 所示。

表 6-5　　　　　　　　　　　中间仓交易收益表

日期	中间仓交易商操作	盈利	仓储成本
周一	补充交割时段申报买入 1 000 吨螺纹钢(系统自动反向生成 1 000 吨螺纹钢卖出订立合约,价格 4 791 元/吨)	3 832.8(元)= 1 000 × 4 791 × 0.000 8	150(元)= 0.15 × 1 000
周二	卖出申报交割,未匹配成功,获得延期交割补偿费,当日结算价 4 791 元/吨	3 832.8(元)= 1 000 × 4 791 × 0.000 8	150(元)= 0.15 × 1 000
周三	卖出申报交割,匹配成功	0	150(元)= 0.15 × 1 000
三日盈利	7 215.6(元)= 3 832.8 + 3 832.8 - 150 - 150 - 150		
折合年收益率	18.07% = (7 215.6/1 000 × 4 791) × (360/3)		

第三节　区域环境权益类金融衍生品交易平台的业务运作

一、区域环境权益类金融衍生品交易平台的业务流程

党的十八届三中全会提出"使市场在资源配置中起决定性作用",那么建立全国统一的环境权益交易市场体系,将有利于有限的环境权益在不同地区、三大产业、不同行业和企业之间自由流转,实现环境权益在不同部门、不同地区之间的高效配置。环境权益交易市场的建立,旨在为环境权益定价、为低碳发展融资,用市场机制解决不断恶化的环境问题。目前,随着各类环境权益交易平台的相继成立,环境权益的交易规模日益增加,其中碳排放权交易引领整个行业的交易,其余环境权益的交易规模也随之扩大。

在碳交易基础上发展起来的碳金融市场,成为低碳融资的新路径。当前,随着我国七省市碳排放权交易试点的不断深化和全国碳排放权交易体系的启动,我国碳金融市场建设进入崭新阶段。碳金融产品方面,区域环交所不仅推出了碳配额场外掉期、碳配额场外期权等产品,还在研发环境权益抵质押融资、碳远期等工具,为交易双方提供更多的价格发现、风险管理和融资工具。

(一) 区域环境权益类金融衍生品交易平台的交易主体

环境权益类衍生品交易中心由于其特殊性,作为交易所会员的交易主体,可以分为受让方、转让方,可以是个人投资者和机构投资者,也可以是企业和地方政府,根据不同的发展情况,不同类别的环境权益类衍生品交易中心的交易主体也不尽相同,以碳排放权交易中心和水权交易中心为例,其交易主体如表6-6所示。

表6-6　环境权益类金融衍生品交易主体

	碳排放权交易中心	水权交易中心
交易主体	纳入交易体系的控排企业、单位和新建项目企业;机构投资者、个人投资者等	地方政府、企业、交易所会员等
硬件前提	成为碳排放权交易所会员	地理条件、引水工程

(二) 区域环境权益类金融衍生品交易平台的交易对象

区域环境权益类金融衍生品交易平台的交易对象主要是用水权、排污权、碳排放

权、节能量交易、用能权和绿色证书六类环境权益。多层次环境权益交易市场以统筹解决环境、能源、资源问题为出发点，构建了一个涵盖内部共有用水权、排污权、碳排放权、节能量交易、用能权和绿色证书六类环境权益以及整合配额市场、减排量市场、普惠市场三种市场类型的多层次综合性市场体系。多层次环境权益交易市场的实施遵循循序渐进原则，从已积累大量建设和运行经验的配额碳市场入手，纵向延展构建多层次碳排放权交易市场，借鉴其体系框架横向扩展建设多层次排污权、用能权、水权交易市场，最终建设形成多层次环境权益交易市场。

（三）区域环境权益类金融衍生品交易平台的交易策略

各类环境权益类衍生品交易中心的交易策略各有不同，投资者可根据交易所官网公布的交易规则进行交易，本书以碳期货及碳期权为例，介绍区域环境权益类金融衍生品交易平台交易策略。

1. 碳期货

碳期货与现货相对。碳期货是在将来进行交收或交割的二氧化碳排放量的金融合约。交收期货的日子可以是一星期之后，一个月之后，三个月之后，甚至一年之后。买卖碳期货的合同或者协议称为碳期货合约。买卖碳期货的场所称为碳期货市场。投资者可以对碳期货进行投资或投机。对碳期货的不恰当投机行为，如无货沽空，可能导致碳金融市场的动荡。

由于碳期货交易是公开进行的、对远期交割二氧化碳的一种合约交易，在这个市场中集中了大量的市场供求信息，不同的交易主体对各种信息的不同理解，通过公开竞价形式产生对远期价格的不同看法。碳期货的交易过程实际上就是综合反映供求双方对未来某个时间供求关系变化和价格走势的预期。这种价格信息具有连续性、公开性和预期性的特点，有利于增加市场透明度，提高资源配置效率。

2. 碳期权

碳期权是在碳期货基础上产生的一种碳金融衍生品，是指交易双方在未来某特定时间以特定价格买入或卖出一定数量的碳标的的权利，其本质是一种选择权，碳期权的持有者可以在规定的时间内选择买或不买、卖或不卖的权利，可以实施该权利，也可以放弃该权利。看涨碳期权是指买方向卖方支付一定数额的"权利金"后，即拥有在合约的有效期内，按事先约定的价格向卖方买入一定数量的碳标的，但不负有必须买进的义务。而期权卖方有义务在规定的有效期内，应买方要求，以事先规定的价格卖出碳标的。看跌碳期权是指买方向卖方支付一定数额的"权利金"后，即拥有在合约的有效期内，按事先约定的价格向卖方卖出一定数量的碳标的，但不负有必须卖出的义务。而期权卖方有义务在规定的有效期内，应买方的要求，以事先规定的价格买入碳标的。

碳期权的交易方向取决于购买者对于碳排放权价格走势的判断。以 CER 期权为例，当预计未来 CER 价格上涨时，CER 的卖方会通过购买看涨期权对冲未来价格上升的机会成本，如果未来 CER 价格下降，则通过行使看涨期权 CER 卖方获得收益。

因此，与碳期货一样，碳期权可以帮助买方规避碳价波动所带来的不利风险，具备一定的套期保值功能。期权的购买者能够通过购买看涨期权或者看跌期权锁定收益水平。此外，还可以通过对不同期限、不同执行价格的看涨期权和看跌期权的组合买卖来达到锁定利润、规避确定风险的目的。

首支碳期权是 2005 年 EXC（欧洲气候交易所）推出的 EUA（欧盟排放配额）期权，源于全球金融市场的动荡所带来的避险需求。碳期权合约是交易双方签署的合法凭证，通常为交易所拟定的标准化合约，规定期权的买方向卖方支付一定数额的权利金后，即可获得合约有效期内的选择权。合约中除了价格是由市场公开竞价形成，其他条款都是事先规定好的，它与期货合约的区别在于期权合约的买方有权利而没有义务一定要履行合约。目前，比较常见的合约为：EUA（欧盟排放配额）期货期权、CER（核证减排量）期货期权以及 ERU（英国能源研究单位）期货期权。

二、区域环境权益类金融衍生品交易平台存在的问题及现有管理办法

（一）区域环境权益类金融衍生品交易平台现有管理办法

环境权益类金融的发展与创新，取决于环境权益交易市场的发达程度，但我国区域环境权益类金融发展仍处在探索初创阶段，其中发展较为迅速的是碳排放权交易市场。本书以碳排放权交易市场为切入点介绍环境权益交易市场的基本情况。

碳排放权交易市场自 2013 年开始，在北京市、天津市、上海市、重庆市、湖北省和广东省六个省市陆续试点运行；2016 年 12 月，又新增福建省和四川省两个试点省。试点市场相关立法均以当地的《碳排放权交易管理暂行办法》为基础，而由国家发展和改革委起草的《碳排放权交易管理条例》目前还未获得国务院的正式批准，市场缺乏立法基础。

在注册登记系统的基础设施方面，各试点在不断加强建设和运营。虽然取得了一定的进展，但仍需健全登记簿管理体制、完善系统的安全机制，并解决各试点的注册登记系统与其他系统的对接等问题。全国碳市场的登记注册系统设在湖北省，交易结算系统设在上海市。目前，由湖北碳排放权交易中心和上海环境能源交易所牵头正在做相关系统的基础建设工作。

在碳核查方面，除了四川省外，各试点均制定了核查指南，但在行业分类、术语、细则等方面有明显差异，存在标准不统一、核查边界模糊和核算数据具有不确定性等问题，影响核查的公平性和准确性。另外，有资质的第三方核查机构数量较少，难以保证碳核查的质量。

（二）区域环境权益类金融衍生品交易平台存在问题

1. 定价机制不合理

为环境权益定价是建设环境权益交易市场的关键内容之一。我国的环境、资源权益交易价格很难反映资源以及环境容量的稀缺程度，难以指导资源进行有效配置，导致从事环保、发展绿色产业的动力和激励不足。建设合理的环境权益交易市场定价机制将使环境权益的价格信号更加清晰，有利于资金向更绿色、更环保的领域流动和倾斜，也有利于基于环境权益的绿色金融创新。

2. 市场参与积极性不高

尽管目前多个省份甚至一些地区都建立了环境权益交易所，各部委也陆续开展了相关环境权益交易试点工作，但是有关部委近年来组织的调查摸底结果显示，相关交易在试点省份并不活跃，部分企业参与的积极性不足，存在"叫好不叫座"的尴尬局面。

3. 环境权益分配方式不统一

由于各地的环境权益交易主要分散在地方交易所，存在区域性市场发展不平衡、环境权益分配方式不统一等问题。环境权益市场交易并不适合分散经营，只有适度统一才能扩大交易规模和数量，产生流动性，然后形成合理定价。未来可以探索将碳排放配额在全国范围内进行整体分配。

（三）成因分析

1. 环境权益金融发展缺乏有效的市场基础

环境权益金融的良好发展依赖于环境权益市场的健康稳定和活跃交易，但当前我国环境权益市场建设存在的问题无疑会阻碍碳金融的发展。

（1）市场缺乏流动性。各个试点市场的交易都集中发生在各自的履约期月份，企业主要是为了获得环境权益而非出于交易需求，企业的履约意识有待加强。很多缺口企业在临近履约期、履约工作启动后才开始入市购买配额，在冲刺阶段产生大量刚性需求，带动市场交易量和交易价格大幅度攀升。其他时间段内，市场活跃度很低，导致非履约期市场流动性严重不足。

（2）价格波动较大导致企业难以对环境权益的定价形成合理预期，参与交易的风险增加，因此加大了企业进入市场的担忧，形成恶性循环。

（3）各试点环境权益市场的信息透明度有待提高。市场参与者不了解市场情况，无法形成稳定的预期，缺乏理性决策的基础。

（4）数据的准确性有待提高。数据是市场良好运行和发展的重要因素，这需要完善的 MRV（监测、报告与核查）体系来保障。目前，中国环境权益市场在 MRV 管理机制建设和具体执行层面都存在问题，相关制度有待细化，具体执行的方法、流程有待完善，监测方面的系统建设速度有待提高。

2. 利益相关方对环境权益金融认识不足

环境权益类金融在我国的发展时间不长，对于很多人来说是一个陌生的新名词，缺乏了解和参与度，政府对于其推动市场良性发展的作用认识不足，企业和金融机构没有意识到发展碳金融对自身的作用。

政府的关注点集中在环境保护上，并未太多考虑至市场交易层面，造成市场机制的设计不完善，并未有意识真正引导社会各方参与其中，对于新兴金融模式的了解和推进较为缓慢和保守，在顶层设计上缺乏配套的法律法规和实施细则。

企业对环境权益金融的广度、深度以及体制、机制等不了解。大多企业对于环境权益类金融的发展尚存疑虑，处于观望阶段，一般不采取行动，并没有意识到环境权益金融项目可以给企业带来的潜在绿色商机和利润空间。

金融机构也未系统、全面地了解环境权益金融市场，对业务的流程和规则不熟悉，缺乏内部支持政策，对于应用于环境权益市场的操作模式、风险管理等研究不足，具备相关知识的人才也很少，导致金融机构不敢轻易行动，仅有少数机构开拓了环境权益金融领域，但产品数量和品种都有限，供客户选择的余地较小，限制了市场交易量。

3. 以环境权益资产为基础的金融产品风险较高

环境权益类资产价格日波动率较大，使得拥有环境权益的风险较高。另外，政策的不确定性也加大了环境权益价格的波动,增加了其风险。

环境权益类金融产品是以环境权益为基础的金融市场活动,在环境权益风险较高时相关环境权益类金融产品的风险也一同增加。同时,由于环境权益类金融交易的产品内容的复杂性、交易的杠杆性、交易结果的不确定性等特征,环境权益领域的市场风险、流动性风险、操作风险等在环境权益类金融交易中更加凸显,增加了环境权益类金融产品的风险程度。

第四节 健全区域衍生品交易平台功能对策

一、区域衍生品交易平台的功能发挥

(一)区域现货延期交易平台

我国大宗商品进口依存度不断上升,又缺乏产品定价权,这使得我国企业对规避价格风险的需求迅速增加,除了国内期货市场提供套期保值避免风险的特性外,区域现货延期交易中心也为企业和投资者提供了规避风险的另一大金融衍生工具。因此,我国应加快步伐,建立起多品种、多层次的大宗商品现货延期市场体系,建立健全相关法律法规,完善市场监督机制,促进市场健康快速的发展,使得企业能通过跨商品、跨期及跨市场的交易降低大宗商品的价格风险。

1. 丰富大宗商品现货交易模式

目前现货市场交易模式单一,区域现货延期交易是在现有交易模式的基础上发展出的新型交易模式,对于继续完善现货延期交易,补充现有现货交易体系,满足各种品种、各种类型交易的需要有着重要意义。

2. 发展非标准化中短期合约及场外交易市场

区域现货延期交易,引入了非标准化的中短期合约和集中交易模式的变化相结合。为降低连续交易程度,可以改变集中竞价交易的时间段,在每个现货连续交易日结束之后,为大型现货交易商、大宗商品生产商等机构,提供中短期合约的公开集中报价。

3. 为物流金融做铺垫

现货交易除了形成现货交易市场,发挥价格形成机制作用,更体现在现货的物流

链整合、融资功能和结算功能上，区域现货延期交易在丰富现有现货交易模式、交易品种的同时，具有加强物流、贸易企业集聚和融资结算功能的作用。另外，在促进现货交易的同时，为现货交易模式创新提供了更多的空间。

4. 加强期货与现货对接

发展区域现货延期交易，加强期货交易所期转现合作，推出相应的现货交易品种，实现现货与期货交易品种的对接。区域现货延期交易设计与期货合约相似的现货订单交易合约并组织相关交易商参与。

（二）区域环境权益类金融衍生品交易平台

金融创新是环境权益类金融衍生品市场不断前进和发展的动力源泉。在环境权益类金融市场的完善过程中，衍生品交易不可或缺，在环境权益类金融市场高度发达的未来，环境权益类金融衍生品甚至可能会成为市场的主要交易对象。

1. 规避环境权益价格风险

环境权益类金融衍生品将单一的环境权益价格拟合成了一条曲线，反映了市场对环境权益价格的判断，如果预判正确，可有效降低市场风险。由于企业使用环境权益的周期往往较长，通过现价交易模式不能为企业提供最优方案，而此时企业便可通过环境权益类金融衍生品交易中心，锁定环境权益的价格。

2. 满足政策需求

考虑到我国自然资源面临短缺风险，有必要建立区域环境权益类金融衍生品中心，不断发展和创新环境权益类金融衍生品品种，充分利用金融市场满足环境保护的政策需求，并充分利用其套期保值功能，抑制市场的过度投机行为，在促进企业发展的同时，也推动生态的良性发展。

3. 提高我国国际竞争力

全球主要的发达国家都在积极推动本国环境权益市场的建设和环境权益类金融衍生品的交易，但由于政治、经济、文化等方面的差异，已经建成的环境权益交易体系大都呈现区域化的特点。在我国，由于环境权益类金融衍生产品市场的建设开始较迟且发展缓慢，在国际交易中往往缺乏对其定价的话语权，这反过来又抑制了我国环境权益类金融衍生产品市场的发展和进步。发展区域环境权益类金融衍生品交易中心加快了环境权益类金融衍生品的创新和发展，由于未来环境权益类金融衍生品可能会发展成各国普遍认可的衍生品，所以未来我国环境权益类金融衍生品的发展程度会影响我国的国家竞争力。区域衍生品交易平台的功能如表 6-7 所示。

表 6-7　　　　　　　　　　区域衍生品交易平台的功能发挥

平台种类	区域现货延期交易平台	区域环境权益类金融衍生品交易平台
平台功能	1. 丰富大宗商品现货交易模式 2. 发展非标准化中短期合约及场外交易市场 3. 为物流金融做铺垫 4. 加强期货与现货对接	1. 规避环境权益价格风险 2. 满足政策需求 3. 提高我国国际竞争力

二、区域衍生品交易平台的建设与完善

(一) 加快建立和健全区域衍生品交易平台

区域衍生品交易中心的发展依托于完善的区域金融市场，因而区域金融市场的发展显得尤为重要。我国区域金融市场的发展走的是从区域到整体的路线，从区域市场的建设中总结经验和不足。同时，还根据我国的实际情况，借鉴国外发展经验，完善相关领域的法律法规，逐步放开对区域衍生品中心的过度管制，让衍生品的价格真正随市场供需合理波动，真正发挥价格发现的功能。

(二) 丰富区域衍生品交易平台的交易品种

由于我国区域衍生品交易中心的交易品种不够丰富，现货延期交易也多用于大宗商品中的贵金属交易，其他大宗商品涉及不多，而环境权益类金融衍生品的发展也以碳金融衍生品为主，其余环境权益的金融衍生品产品开发还不完全，因此，今后在期货市场的发展中必须重视丰富大宗商品和环境权益交易品种，根据我国的能源结构来设计和创新衍生品交易，同时也要借鉴其他国家发展中的成功经验。

(三) 发展标准化的金融衍生品合约

现今我国的区域衍生品中心主要以非标准化的合约为标的进行交易，基本上还没有发展起标准化的期货期权业务，主要原因是在制定标准化合约过程中存在不少技术难题。另外，政府政策也对衍生品业务有所限制。但发展期货期权又是必不可少的，因为随着全国金融衍生品市场的完善，区域金融衍生品市场的参与者将会越来越多，如果届时我国区域衍生品交易还是以单一的延期交易为主，将不利于区域金融市场长期的良性发展。其实根据现货市场的情况，并结合我国期货的发展规律，通过不断改

进技术，制定标准化的合约还是可行的。

（四）加强引导，注重交易专业性

对于确有需求的交易方，政府或区域衍生品交易中心主管部门应积极引导，破除局限，打开思路，进行多方座谈、磋商，积极创造有利条件。区域衍生品交易中心属新生领域，需要在专业平台上规范操作。引导交易方利用衍生品交易中心的套期保值功能，而非过度投机。

（五）推动商业银行在区域衍生品交易平台的功能发挥

在未来衍生品市场的发展中，银行是不可或缺的重要一环。商业银行可以充分发挥其资金、人才和信息优势，开拓与其挂钩的信贷业务，参与区域金融衍生产品的设计和创新，为个人和机构投资者提供信息咨询服务，同时更为关键的是，商业银行的介入有效降低了市场交易的风险，使得区域金融衍生品的交易从过度管制逐渐向市场化过渡。

本章小结

1. 我国区域衍生品交易中心的主要业务是现货延期交易以及环境权益类金融衍生品，其中现货延期交易业务的主要运作方式以及监管方式还在探讨，环境权益类金融衍生品则是较为重要的一种交易平台类衍生品。

2. 区域现货延期交易平台的业务运作与期货市场类似，但具体交易规则有一定的区别，区域现货延期交易平台存在的主要问题有：跳空缺口、保证金比例各地不同、投资门槛低，风险相对大。

3. 区域环境权益类金融衍生品交易平台业务运作与衍生品市场类似，只不过标的并非是金融产品而是环境权益，区域环境权益类金融衍生品交易平台存在的主要问题有：定价机制不合理、市场参与积极性不高、环境权益分配方式不统一。

4. 总体来看，目前我国交易平台类民间金融正处于要继续深化改革、健全风险管理方案，以促进实体经济发展，维护区域或地方经济稳定的现代金融体系建设过程中，区域衍生品交易中心的发展有着重要的意义。区域衍生品交易中心有利于进一步提升我国区域金融市场、环境权益类交易市场发展，有利于推动我国区域经济创新驱动、转型发展，有利于提升区域经济在全国乃至全球经济中的地位和综合竞争能力。发展区域衍生品交易中心，对服务实体经济和区域经济具有重大意义。

本章重要概念

区域衍生品交易中心　现货延期交易　环境权益类金融衍生品　碳期货

本章思考题

1. 现货延期和期货一样吗？（以黄金 T+D 和黄金期货为例）
2. 碳期货与传统金融期货有什么区别？
3. 区域衍生品交易中心市场化遇到哪些问题？

本章参考文献

[1] 柴尚蕾，周鹏. 基于非参数 Copula-CVaR 模型的碳金融市场集成风险测度 [J]. 中国管理科学，2019，27（8）：1-13.

[2] 齐绍洲，张振源. 碳金融对可再生能源技术创新的异质性影响——基于欧盟碳市场的实证研究 [J]. 国际金融研究，2019（5）：13-23.

[3] 刘琦铀，张成科. 广州构建碳金融市场的国际经验借鉴及实施路径选择 [J]. 生态经济，2018，34（10）：35-39，102.

[4] 李丽，石攀. 基于 LMDI 的碳金融效应对区域碳排放的影响研究 [J]. 统计与决策，2018，34（14）：164-167.

风险管理与宏观经济篇

古代慈業文化的出現

第七章　交易平台类民间金融的风险管理

本章导读

创新和风险永远是金融发展史上一对密不可分的孪生兄弟,随着交易平台类民间金融的发展和创新,面对日益复杂的国内外政治贸易风险,民间金融交易平台的风险管理及其监管政策显得日益重要,本章将对一般风险管理基本框架以及民间金融交易平台的特有风险进行系统介绍,从而为创新与风险之间的协调和平衡提供系统性风险以及非系统性风险的识别、评估和防范的一般措施,进而为民间金融交易平台的风险管理提供一个简要的参考模板和理论支持。

本章学习目标

1. 掌握民间金融交易平台风险的风险类型以及划分方法。
2. 掌握民间金融交易平台风险管理的基本框架以及流程。
3. 熟悉不同民间金融交易平台风险类型的异同。
4. 了解民间金融交易平台风险识别的一般方法和适用范围。
5. 熟悉民间金融交易平台风险评估的基本流程、步骤以及类型。
6. 理解民间金融交易平台风险宏微观评估体系的异同。
7. 了解民间金融交易平台风险评估的模型体系以及优缺点。
8. 掌握民间金融交易平台风险防控和处理的基本措施。

第一节　交易平台类民间金融风险概述

一、交易平台类民间金融风险的界定

本章主要对交易平台类民间金融的风险管理进行阐述，本章提及的交易平台类民间金融风险是特指以区域性股权交易平台、金融资产交易中心、产权交易所以及地方衍生品交易中心为主要代表的民间金融交易平台，由于金融变量的不确定性所引起的未来资产或者其组合收益的不确定性，既包括个别交易平台或者业务流程的非系统性风险，也包括整个民间金融交易平台所形成的系统性风险。

二、交易平台类民间金融的系统性风险

交易平台类民间金融的系统性风险是指特定地区因多种外部或内部的不利因素经过长时间积累没有被发现或重视，由于一系列连续损失在一连串的机构和市场构成的系统中发生共振，从而导致损失无法控制，最后加大了平台及投资者遭受潜在巨大损失的可能性。系统性风险对市场上所有参与者都有影响，无法通过分散投资来加以消除。系统性风险主要是由政治、经济及社会环境等宏观因素造成的，包括政策风险、利率风险、购买力风险和市场风险等。风险的溢出和传染是系统性风险发生时最为典型的特征，另一个重要特征是风险和收益的不对称性。

三、交易平台类民间金融的非系统性风险

交易平台类民间金融的非系统性风险是指由于个体特殊因素造成的特质化风险，这类个体因素是非预期的、随机发生的，它只影响一个或少数平台，不会对整个市场产生太大的影响。这种风险可以通过多样化投资来分散，即发生于一家平台的不利事件可以被同类型平台的有利事件所抵消。由于非系统风险是个别公司或个别资产所特有的，所以也称为特有风险，由于非系统风险可以通过投资多样化分散掉，也称为可分散风险。

交易平台类民间金融在经营范围、市场结构和治理结构等方面与通常意义上的正规金融机构有着明显的差异，其特质化风险主要体现在区域性风险、制度性风险以及功能性风险。区域性风险主要体现在由于民间金融交易平台服务范围的区域性所导致的风险特征具有局部性蔓延和扩散的特征。制度性风险主要体现在：一方面，由于交易平台在中国计划经济体制改革过程中明显地带有先天性的不足和不完善的公司治理结构，因此承担了过多的不良资产和富余人员等历史包袱，需要耗费大量的精力来剥离和处理，这些构成了地方金融机构在制度变迁中的风险；另一方面，由于民间金融交易平台主要归属于地方政府监管，地方政府对当地金融机构不合理、不科学的规划，以及某些地方官员不道德的行政干预和以权谋私等非市场化因素造成了交易平台的制度性风险。功能性风险主要是由于规模和历史的原因，民间金融交易平台无法与正规金融机构相抗衡，其推出的业务品种单一，范围较窄，无法满足客户快捷、多样、高效的金融服务需求，因此在同业竞争中处于不利地位所造成的风险。

四、交易平台类民间金融风险管理体系的基本框架

交易平台类民间金融风险管理体系是指通过对交易平台类民间金融市场风险的评估、度量和综合分析将风险控制在可控范围内以及当风险发生时将风险损失减少到最小的一系列体制、机制、系统和手段。交易平台类民间金融风险管理体系的目标由两部分组成：风险发生前的风险管理目标和风险损失发生后的风险管理目标。前者的目标在于避免或减少风险的形成机会，后者的目标在于减少风险损失、缩小风险影响。

交易平台类民间金融风险管理的基本程序应当包括风险预防、风险识别、风险评估、风险处理等环节。风险预防是指根据各种交易平台类民间金融行为的特点设定的减少其风险发生概率的规则或措施。风险识别是指对某一区域或组织所面临的潜在的风险加以判断、归类整理，并对风险的性质、来源进行鉴定的过程。风险评估是指在风险识别的基础上，通过对所收集的大量资料加以分析，估计或预测风险发生的概率及风险爆发后的损失程度。风险处理是指当风险水平高于可接受范围时所采取的阻止风险的继续扩大或降低风险损失发生后的不良影响等管理措施。交易平台类民间金融风险管理体系的主体包括四个部分：交易平台类民间金融风险防范机制、交易平台类民间金融风险识别机制、交易平台类民间金融评估机制和交易平台类民间金融风险处理机制。本书将交易平台类民间金融风险管理体系分为四个部分：交易平台类民间金

融风险识别机制、交易平台类民间金融风险评估机制、交易平台类民间金融风险防控和处理机制。如图7-1所示。

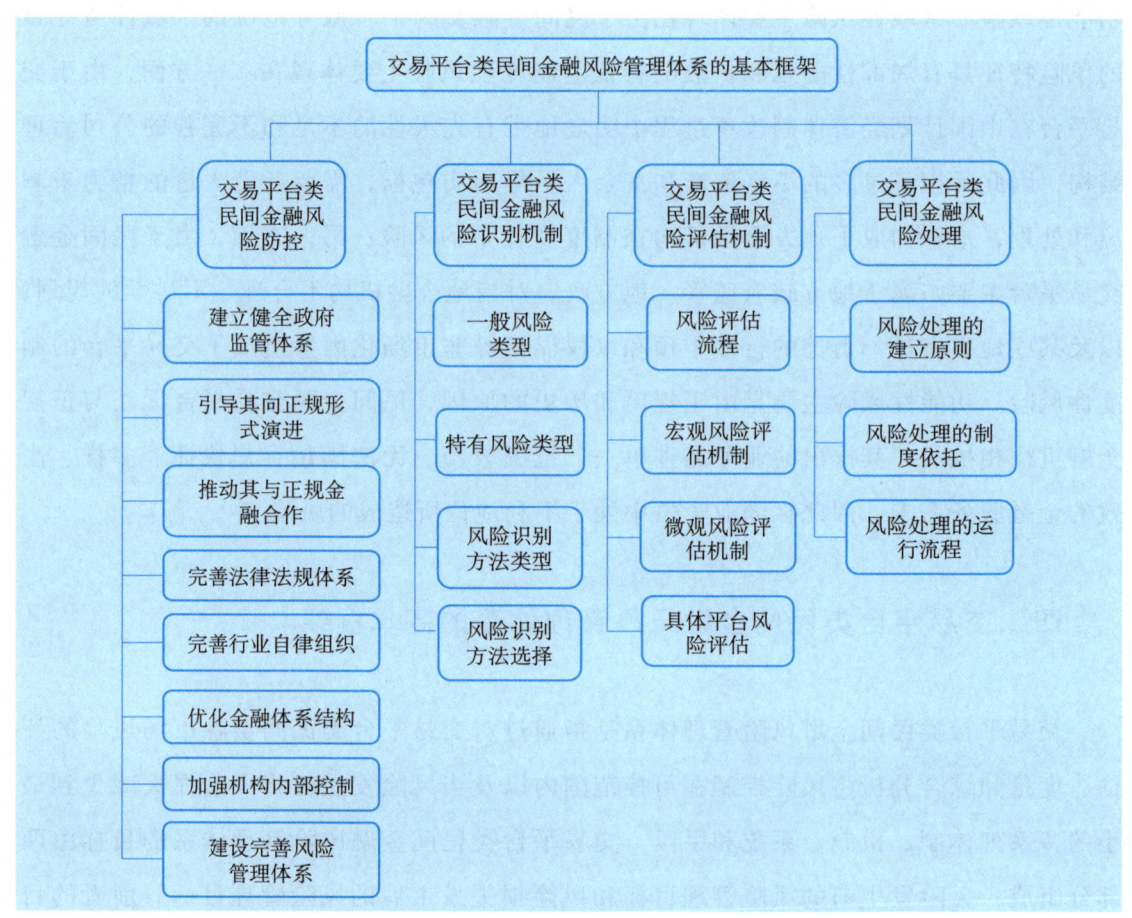

图7-1 交易平台类民间金融风险管理体系的基本框架

第二节 交易平台类民间金融风险识别

一、交易平台类民间金融风险的主要类型

本书主要从市场主体、风险的测度和评估以及机构实操的角度对风险主要类型从不同维度进行简要分类。

从市场主体的角度出发,交易平台类民间金融风险可划分监管者所关注的社会风险,交易平台的运营风险,交易双方的投资风险。社会风险包括经济运行风险以及社会治安风险，经济运行风险是指对国民经济健康运行产生影响和破坏并带来经济损失的风险，社会治安风险是指交易平台破产倒闭或卷款跑路对社会长治久安所造成的恶劣社会影响。交易平台的运营风险包括交易风险、内控风险、流动性风险、监管风险、财务风险等平台业务运行流程中各个维度的风险。交易双方的投资风险则包括违规操作风险、受骗欺诈风险、经济损失风险等。

从风险测度和评估的角度出发，交易平台类民间金融风险可划分为宏观经济风险和具体平台的微观风险，宏观层面和微观层面并不是对立的关系，微观构成宏观的个体机理而宏观则是微观的综合和概括。宏观风险因素主要是从宏观经济状况、对外经济的状况、银行体系状况、政府债务状况、股市房市状况等几个维度进行综合分析。由于交易平台类民间金融风险与正规金融、实体经济存在风险传染渠道且其具有区域性的特点，因此通常可转化为区域金融风险的测度，从而符合成本效益的原则。而微观层面的金融风险具有多种表现形式，对于交易平台而言，形成风险的因素是多方面的，其划分种类也是复杂多变的。因此，下文的风险测度和评估从宏观经济风险和具体平台的微观风险角度进行综合考虑，并结合具体交易平台的风险特征进行针对性阐述，多角度多层次地对其风险类型进行剖析。

从平台实操的角度出发，普华永道会计财务咨询公司在其编写的《公认风险准则》一书中，将金融机构面临的风险归纳为信用风险、市场风险（含相关性风险、股票风险、利率风险、货币风险、商品风险和信用价差风险）、资产集中性风险、流动性风险、操作风险和业务或事件风险六个方面。我国传统的金融风险包括信用风险、流动性风险、利率风险、市场风险、操作风险五类风险以及金融机构面临的法律风险、国家风险、转移风险、政策风险、环境风险、声誉风险等。

下文从约定俗成的惯例出发，将其主要分类为信用风险、市场风险、操作风险、流动性风险以及政策法律风险。

(一) 信用风险

信用风险即参与交易平台类民间金融的各个主体不能正常履约或者履约能力下降而导致交易平台遭受损失的可能性，由违约风险和信用价差风险两部分组成。违约风险是指借款人到期无力还本付息而给贷款人或者担保人造成损失的风险。信用价差风险即借款人履约能力的下降而给贷款人或者担保人带来潜在损失的可能性。民间金融交易平台由于其特殊的业务对象而导致了较高的信用风险。平台主要的借款人以中小微企业为主，由于其自身条件的限制，给贷款方带来了较高的信用风险。

(二) 市场风险

由于利率、汇率等金融变量以及资产价格变化引起交易平台类民间金融平台未来收益的不确定性构成金融机构的市场风险。利率风险是指利率因素给交易平台类民间金融主体所带来的损失的可能性。对于正规金融而言，利率风险主要有期限结构风险、存贷款利差变动风险、净利息头寸风险、提前偿还贷款或提前提取存款风险、多种债券的利率变动而产生的风险等。而对于交易平台类民间金融而言，利率相对能够反映市场资金需求价格水平，所以传统正规金融面临的利率风险对交易平台类民间金融影响较小，交易平台类民间金融面临的主要是高利率风险。随着利率市场化进程的加快，利率风险将成为交易平台类民间金融机构运营的主要风险。汇率风险是指持有以外汇形式存在的债权债务的经济主体，由于外汇价格变动而存在损失的可能性。在我国交易平台类民间金融领域，外汇平行市场和非正式借贷市场是其重要的组成部分。价格风险是指由于资产市场价格发生反向的大幅度波动，从而使交易平台类民间金融机构所持有的资产价格大幅贬值而蒙受损失的风险。

(三) 操作风险

按照巴塞尔新资本协议对形成操作风险的内部和外部两个因素进行分析。从内部因素来看，在交易平台类民间金融领域，由于基础设施、管理素质、技术含量、生态环境等多种因素的制约，操作风险表现得更加复杂和严重。其主要表现为决策风险、运作风险和道德风险三个方面。在金融活动的决策和运作过程中，操作风险表现为客观因素或失误导致的单因素风险、道德风险导致的单因素风险、客观因素和道德因素结合导致的双因素风险三种情况，可以概括为纯技术风险、纯道德风险和技术道德的组合风险。纯技术风险包括两个方面：一是决策风险，二是运作风险。纯道德风险是业务人员受自身利益或其他利益驱动，违反法律制度的故意行为导致的损失风险。组合风险则是明知风险较大，但受利益驱使，管理人员或业务人员在业务决策或运作过程中夹杂道德的因素而导致业务损失的风险。而从外部因素来看，操作风险主要表现为两种情况：一种是金融机构的客户由于生产经营出现严重危机而导致的客观信用风险；另一种是行为人出于自身利益的不良目的，采取骗取金融机构信任、拉拢内部人员等手段，诈骗金融资产的主观行为而导致的风险。

(四) 流动性风险

流动性反映金融机构在一定时间内以合理成本获取资金用于偿还债务或者增加资产的能力。流动性风险是金融机构无法为负债的减少或者资产的增加提供融资而造成损失或破产的可能性，交易平台流动性风险主要体现在交易平台由于系统维护而导致交易中断从而致使各方交易主体对平台的挤兑。流动性风险一旦发生，就很容易发生挤兑危机。

(五) 政策法律风险

政策风险是指国家政策的变动对我国交易平台类民间金融所产生的损失的不确定性。在社会主义市场经济的大背景下，金融活动因其创新性而呈现出无穷的活力。但国家的监管往往处于滞后的地位，如对虚拟货币的监管政策以及许多民间金融交易平台从事的灰色地带业务的监管。现阶段，我国交易平台类民间金融形式多样，国家对于这些新事物的态度模糊，就使得我国交易平台类民间金融仍然面临着较强的政策风险。除此之外，国家的产业政策和宏观调控政策的变动对交易平台类民间金融的影响也不容忽视。除了针对交易平台类民间金融的政策外，国家实施货币、财政、产业、地区发展政策的不确定性也给我国的交易平台类民间金融带来了不同程度的影响。

二、交易平台类民间金融风险的识别方法

风险识别的技术与方法很多，既有定性分析，也有定量分析，这取决于不同的风险识别技术和方法。风险定性分析，往往带有较强的主观性，需要凭借分析者的经验和直觉，或者是以行业标准和惯例为风险各要素的大小或高低程度定性分级，虽然看起来比较容易，但实际上要求分析者具备较高的经验和能力，否则会因操作者经验和直觉的偏差使分析结果失准。定量分析是对构成风险的各个要素和潜在损失的水平赋予数值或货币金额，当度量风险的所有要素都被赋值时，风险分析和评估过程和结果就得以量化。定量分析比较客观，但对数据的要求较高，同时还需借助数学工具和计算机程序，其操作难度较大。

而目前使用的风险识别方法，也可以分为宏观领域中的决策分析（可行性分析、投入产出分析等）和微观领域中的具体分析（资产负债分析、损失清单分析等）。风

险管理的技术与方法同样也可以在交易平台类民间金融中使用。本节主要介绍头脑风暴法、德尔菲法（Delphi Method）、失效模式影响和危害度分析法（FMECA）、流程图分析法（Flow Charts Analysis）、马尔科夫分析法（Markov Analysis）、风险评估系图法、情景分析法、敏感性分析法、事件树分析法（ETA）、决策树法、统计推论法。

（一）头脑风暴法

头脑风暴法又称智力激励法、BS法、自由思考法，是指刺激并鼓励一群知识渊博、知悉风险情况的人员畅所欲言，开展集体讨论的方法。头脑风暴法又可分为直接头脑风暴法（通常简称为头脑风暴法）和质疑头脑风暴法（也称反头脑风暴法）。前者是专家群体决策，尽可能激发创造性，产生尽可能多设想的方法；后者则是对前者提出的设想、方案逐一质疑，分析其现实可行性的方法。将头脑风暴法应用于风险识别，就是由指定的主持人提出与风险有关的问题，然后要求小组成员依次在第一时间给出对问题的看法。之后由风险管理小组对集体讨论后识别的所有风险进行复核，并且认定核心风险。

（二）德尔菲法

德尔菲法（Delphi Method）又名专家意见法，是指在一组专家中取得可靠共识的程序，其基本特征是专家单独、匿名表达各自的观点，同时随着过程的进展，他们有机会了解其他专家的观点。德尔菲法采用背对背的通信方式征询专家小组成员的意见，专家之间不得互相讨论，不发生横向联系，只能与调查人员发生关系。通过反复填写问卷，搜集各方意见，以形成专家之间的共识。

（三）失效模式影响和危害度分析法

FMECA（Failure Mode Effects and Criticality Analysis），即失效模式影响及危害度分析法，是一种bottom-up分析方法，可用来分析、审查系统的潜在故障模式。FMECA按规则记录系统中所有可能存在的影响因素，分析每种因素对系统的工作及状态的影响，将每种影响因素按其影响的严重度及发生概率排序，从而发现系统中潜在的薄弱环节，提出可能采取的预防措施，以消除或减少风险发生的可能性，保证系统的可靠性。根据其重要性和危害程度，FMECA可对每种被识别的失效模式进行排序。FMECA可提供以下多种支持：协助挑选具有高可靠性的替代性设计方案，确保所有的失效模式及其对运行成功的影响得到分析，列出潜在的故障并识别其影响的严重性，为测试及维修工作的规划提供依据，为定量的可靠性及可用性分析提供依据，为定性及定量的故障树分析提供数据支持等。

（四）流程图分析法

流程图分析法（Flow Charts Analysis）是对流程的每一阶段、每一环节逐一进行调查分析，从中发现潜在风险并找出导致风险发生的因素，分析风险产生后可能造成的损失以及对整个组织可能造成的不利影响。流程图是指使用一些标准符号代表某些类型的动作，直观地描述一个工作过程的具体步骤。流程图法将一项特定的生产或经营活动按步骤或阶段顺序以若干个模块形式组成一个流程图系列，在每个模块中都标示出各种潜在的风险因素或风险事件，从而给决策者一个清晰的总体印象。在民间金融交易平台的风险识别过程中，运用流程图绘制民间金融交易平台的经营管理业务流程，可以将与交易平台类民间金融各种活动有影响的关键点清晰地表现出来，结合民间金融交易平台中这些关键点的实际情况和相关历史资料，就能够明确交易平台类民间金融的风险状况。

（五）马尔科夫分析法

如果系统未来的状况仅取决于其现在的状况，那么就可以使用马尔科夫分析法。这种分析通常用于对那些存在多种状态（包括各种降级使用状态）的可维修复杂系统进行分析，马尔科夫分析是一项定量技术，可以是不连续的（利用状态间变化的概率）或者连续的（利用各状态的变化率）。虽然马尔科夫分析可以手动进行，但是该技术的性质使其更适合于计算机程序。马尔科夫分析方法主要围绕"状态"这个概念展开。随机转移概率矩阵可用来描述状态间的转移，以便计算各种输出结果。

（六）风险评估系图法

用以评估风险影响的常见定性方法是制作风险评估系图。风险评估系图用来识别某一风险是否会对企业产生重大影响，并将此结论与风险发生的可能性联系起来，为确定民间金融交易平台风险的优先次序提供分析框架。

（七）情景分析法

情景分析可用来预计威胁和机遇可能发生的方式，以及如何将威胁和机遇用于各类长期及短期风险。在周期较短及数据充分的情况下，可以从现有情景中推断出可能出现的情景。对于周期较长或数据不充分的情况，情景分析的有效性更依赖于合乎情理的想象力。在识别和分析那些反映如最佳情景、最差情景及期望情景的多种情景时，可用来识别在特定环境下可能发生的事件并分析潜在的后果及每种情景的可能性。如果积极后果和消极后果的分布存在比较大的差异，情景分析就会有很大用途。

情景分析需要分析的变化可能包括：外部情况的变化（如技术变化）；不久将要作出的决定，而这些决定可能会产生各种不同的后果；利益相关者的需求以及需求可能的变化方式；宏观环境的变化（如监管及人口统计等）。有些变化是必然的，而有些是不确定的。有时，某种变化可能归因于另一个风险带来的结果。例如，气候变化的风险正在造成与食物链有关的消费需求发生变化。局部及宏观因素或趋势可以按重要性和不确定性进行列举并排序。应特别关注那些最重要、最不确定的因素。可以绘制出关键因素或趋势的图形，以显示哪些情景是可以进行开发的区域。

（八）敏感性分析法

敏感性分析法是针对潜在的风险性，计算研究项目的各种不确定因素变化至一定幅度时其主要经济指标变化率及敏感程度的一种方法。敏感性分析是在确定性分析的基础上，进一步分析不确定性因素对交易最终效果指标的影响及影响程度。敏感性因素一般可选择主要参数进行分析。若某参数的小幅度变化能导致效果指标的较大变化，则称此参数为敏感性因素；反之，则称其为非敏感性因素。该分析从改变可能影响分析结果的不同因素的数值入手，估计结果对这些变量变动的敏感程度。

敏感性分析可用于风险分析的如下方面：通过找出影响最大、最敏感的主要变量因素，进一步分析、预测或估算其影响程度，找出产生不确定性的根源，采取相应有效的措施；通过计算主要变量因素的变化引出项目评价指标变动的范围，使决策者全面了解项目方案可能出现的效益变动情况，以减少和避免不利因素的影响；通过可能出现的最有利与最不利的效益变动范围的分析，为决策者预测可能出现的风险程度，并为原方案采取某些控制措施或寻找可替代方案，为最后确定可行方案提供可靠的决策依据。敏感性分析最常用的显示方式是龙卷风图。龙卷风图有助于比较具有较高不确定性的变量与相对稳定的变量之间的相对重要程度，它因其显示形式像龙卷风一样而得名。

(九) 事件树分析法

事件树（Event Tree Analysis，ETA）是一种表示初始事件发生之后互斥性后果的图解技术，其依据是为减轻其后果而设计的各种系统是否起作用，它可以定性地和定量地应用。其适用于故障发生以后，在各种减轻事件严重性的影响下，对多种可能后果的定性和定量分析。

(十) 决策树法

决策树（Decision Tree）是考虑到在不确定性的情况下，以序列方式表示决策选择和结果。类似于事件树，决策树开始于初始事项或是最初决策，同时由于可能发生的事项及可能做出的决策，它需要对不同路径和结果进行建模。决策树用于项目风险管理和其他环境，以便在不确定的情况下选择最佳的行动步骤。

决策树开始于最初决策，如继续项目 A，而不是项目 B。随着两种假定项目的继续，不同的事项会发生，同时需要做出不同的可预见性决定，并用树型格式表示。事项发生的可能性能够与路径最终结果的成本或用途一起进行估算。有关最佳决策路径的信息是富有逻辑性的，考虑各条路径上的条件概率和结果值可以产生最高的期望值。决策树显示采取不同选择的风险逻辑分析，同时给出每一个可能路径的预期值计算结果。

(十一) 统计推论法

统计推论是进行项目风险评估和分析的一种十分有效的方法，它可分为前推、后推和旁推三种类型。前推就是根据历史的经验和数据推断出未来事件发生的概率及其后果。如果历史数据具有明显的周期性，就可据此直接对风险作出周期性的评估和分析，如果从历史记录中看不出明显的周期性，就可用一曲线或分布函数来拟合这些数据再进行外推，此外还得注意历史数据的不完整性和主观性。后推是在手头没有历史数据可供使用时所采用的一种方法，由于很多风险事件具有一次性和不可重复性，所以在这些风险事件风险评估和分析时常用后推法。后推是把未知想象的事件及后果与一已知事件与后果联系起来，把未来风险事件归结到有数据可查的造成这一风险事件的初始事件上，从而对风险做出评估和分析。旁推法就是利用类似风险事件的数据进行外推，用某一风险事件的历史记录对新的类似风险事件进行评估和分析，当然这还得充分考虑新环境的各种变化。这三种外推法在风险事件评估和分析中都得到了广泛采用。

三、区域性股权交易平台的风险及识别

区域性股权交易平台作为专门服务地方中小微企业的中介平台，其面临的特有风险主要为制度性风险、功能性风险、流动性风险以及监管风险。

（一）区域性股权交易平台的制度性风险

区域性股权交易平台的制度性风险主要体现在信息披露制度不完全，缺乏整体市场规划与政策引导，没有明确的市场发展、定位指引等问题。

1. 信息披露制度不完全

我国区域性股权交易市场经过近几年的规范化发展，基本上已经形成了一定的信息披露制度框架，但是仍然存在许多问题。首先，我国区域性股权交易市场的信息披露制度缺少顶层法律层面的指导。其次，针对具体的区域性股权交易市场运营平台而言，各平台基本上都有自己的信息披露规则，但是披露的信息范围和披露规则都不尽相同，没有一个统一的信息披露规则。

2. 缺乏整体市场规划与政策引导

有关区域性股权交易市场的整体发展规划仍然没有确定，市场如何发展、怎样发展都存在着较大的分歧。特别是决策部门意见不统一、定位不明确的情况下，各地的股权交易市场更是自寻出路，发展模式多样，这也使得创建的地区政府与相关监管部门产生很多的困扰。区域性股权交易市场的发展没有相关政策的引导，其监管条例和业务操作指引大多出自证监会的文件，大多数股权交易市场由所在地的省金融工作办公室监管，从某种层面上来看，金融工作办公室并不对股权交易市场的发展、定位做任何指引，其监管能力和监管水平亟待提高。这也使得一部分股权交易市场突破经营范围或绕过监管框架进行"先行先试"而引发风险，监管部门的听之任之，更是加大了风险点触发的可能。

3. 没有明确的市场发展、定位指引

各股权交易市场纷纷发展自认为合理的业务模式，特别是在股权交易市场业务覆盖重叠的地区，容易引起不同创新主体之间的非理性、不公平竞争。另外，由于整体规划的不确定性与政策指引的缺失，有可能造成各股权交易市场在发展中相互模仿依

赖，难以突破新三板或主板模式的框架。就算得以突破，形成新的发展模式，也往往得不到政策的认可与支持。

（二）区域性股权交易平台的功能性风险

区域性股权交易平台的功能性风险主要体现在运营机构建设水平有限，金融管理人才缺失，制度设计不完善，从而制约了其发展的空间以及效益。我国区域性股权交易市场在建设摸索过程中，逐渐发展成为一个具有很强包容性的资本市场平台。平台管理运营者的管理及金融等专业性水平在一定程度上决定了平台的发展方向及活跃度。目前来看，我国各大区域性股权交易运营平台金融管理人才都存在缺失的情况，尤其是中西部等偏远省份人才缺失情况更为严重。此外区域性股权交易运营机构还受资金、基础设施等一系列的因素限制，无法对新产品或新服务功能的开发进行科学全面的研究和实践，因此很可能带来潜在的金融风险。

（三）区域性股权交易的流动性风险

区域性股权交易市场的股权流动性较低，而投资者对其投资对象存在流动性要求。监管制度不完善、交易制度不灵活、转板制度不明确等问题是导致区域性股权交易市场功能难以发挥的重要原因。由于监管制度、交易制度、转板制度等各项制度的不健全，使得整个市场交易效率低，缺乏流动性。

（四）区域性股权交易的监管风险

从监管风险的角度来看，区域性股权交易市场主要由行政区划内的政府及金融监管机构负责监管，而对于区域股权交易市场的发展，由于各地区也在逐步探索过程中，因而存在监管不到位的情况，从而可能引发潜在的金融风险。此外，在具体的监督管理过程中，由于区域性股权交易中心的建立基本上都是由当地政府牵头的，是政府对区域经济建设的工作业绩表现。因此，地方政府在一些监管过程中监管力度和监管要求并不会到位。由于我国区域性股权交易市场监管体系的不健全，各省市地方政府对区域性股权交易市场的重视程度及监管水平也参差不齐，管理制度上的漏洞很容易被不法分子钻空子。

四、地方产权交易平台的风险及识别

地方产权交易平台主要是以地方产权交易所为代表，地方产权交易所是由政府部门出资主要涉及企业国有产权交易、公共资源交易、涉诉资产交易、知识产权、农村产权、碳排放权、体育资源等新型产权交易的产权交易平台，其面临的主要风险为国有资产流失风险、资产交易风险以及监管风险。

（一）国有资产流失风险

国资监管机构作为产权交易的监管主体，它本身既是国有企业的出资人，又是国有资产转让行为的发起者，同时还是产权交易机构的出资人。在企业国有产权交易活动中，国资监管机构既当运动员，参与在产权交易活动中；又当裁判员，监督产权交易活动的全过程，一定程度上，还从产权交易活动中收取交易服务费。国资监管机构的双重身份，虽然在实际上起到了监督管理的作用，但从制度建设逻辑上违背了公平公正的原则。一方面，不利于维护产权交易的公平性、公正性；另一方面，作为国有资产的转让方，国资监管机构会按其意愿，主导某部分产权交易活动。国资监管机构的多重身份，多重利益诉求，使其无法处于中立地位，导致的结果是影响了交易的效率，伤害了产权交易市场的公信力，降低了政府的监管威信。因此，地方产权交易平台存在较为严重的国有资产流失现象。

（二）资产交易风险

资产交易风险主要体现在法律责任方面的风险、财务专项审计账面问题、资产评估方面的风险、转让价格方面的风险、进场交易方面的风险以及产权交易中的风险。

法律责任方面的风险主要体现在企业产权虚设，产权不清，主体缺位，隐匿资产和恶意压低价格。在财务专项审计账面问题上，按照现行的法律法规，企业国有产权转让必须履行的程序主要有：可行性分析方案、内部决策、清产核资、资产评估、报经国资委和相关部门审批以及产权中心挂牌交易转让等多个环节。在每一环节的具体操作会出现隐匿资产、虚增亏损、暗箱操作、利用行政手段使国有资产缩水等问题。资产评估方面的风险主要是以下多方原因造成的：转让资产企业自身造假的违规行为；外聘的中介机构，如会计师事务所、法律事务所和评估机构顾及客户利益失去独立客观性；评估机构自身角色定位模糊，被动执业，迎合企业要求恶性竞争，评估价值偏低，对评估报告质量审核把关不严；地方政府存在部分职能"越位"和"缺位"下通常采取行政干预评估价格等。转让价格方面的风险主要是因为政府职能部门和企业经营者往往会在幕后操纵国有产权转让定价过程，这种违规、违法的操作必然导致国有产权转让价格缩水。进场交易方面的风险主要是因为缺乏明确统一的产权交易规则和部分地方进场交易制度贯彻落实不到位所造成的，产权交易中的风险主要是由于产权交易的中介组织不完善、政府过度的行政干预造成的。

（三）监管风险

监管风险主要从宏观层面、中观层面和微观层面来分析。从宏观层面的角度来看，第一，产权交易平台面临国资监管机构的双重身份以及管理机构多元、监管碎片化的问题。目前，以国资监管机构为主，财政、工商、金融、监察等政府部门为辅的产权交易机构政府监管体系已初见雏形。但是仍然缺乏一个机构能覆盖产权交易活动的各环节、贯穿产权交易活动的整个过程，对各部门间的信息进行反馈的主管部门。第二，对于新型产权交易品种的审批，由于审批权的不明确以及业务指导部门与国资监管部门之间的角度立场不一致，导致审批手续繁复且时间过长。第三，对产权交易活动中其他机构监管薄弱，最典型的现象就是对资产评估机构的监管不足，由此而产生产权交易机构在产权交易活动中与评估机构串通、控制评估价格等现象。单从产权交易机构的监督中难以限制此行为，从而形成了监管漏洞。

政府监管产权交易机构中观层面存在的问题主要以各地产权交易机构重复设置，监管架构政出多门、规则各异，国资监管机构难以单独履行出资人职责等问题。政府监管产权交易机构微观层面则存在政府主导交易行为、过度监督、产权交易管理办法不够完善、多部门联合抽检的机制成效不大等问题。

五、地方金融资产交易平台的风险及识别

地方金融资产交易平台主要是以地方的金融资产交易所为代表，由于其在主体属性层面存在法律定位不明确，交易产品层面存在结构设计不规范，交易规则上存在制度建设不完善，监管主体层面上存在监管框架不合理等问题，因此存在法律法规风险、制度缺陷风险和监管不力风险。

（一）法律法规风险

由于地方金融资产交易平台（以下简称金交所）相关的法律法规不够健全完善，亟待提高，因此其在日常业务运行管理中很可能带来违规操作的风险，主要体现在以

下三个方面。

1. 上位法缺位，顶层设计不明晰

目前，关于金交所的规范性文件主要是国发〔2011〕38号文、国办发〔2012〕37号文以及各省市制定的交易场所监督管理办法。通过对当前规范性文件的梳理发现，金交所法律定位不明确的原因主要在于：第一，法律规范缺少针对性。从整个法律规范体系的建设来看，当前并无专门针对金交所的规范文件，大多是将其置于"交易场所"的范围进行统一规制。并且多以通知的形式出现，而"通知"的形式多用于公文写作，不属于法律制度的规范体系，具有较强的政策导向，这也导致地方监管运行机制难以制度化、常态化。第二，法律规范立法层级较低。国务院发布的38号文、37号文均属于政策性的规制文件，不属于行政法规的立法体系，文件效力需要行政强制力保证实施。地方政府制定的交易场所监管办法，属于地方政府规章，立法层级较低，交易场所的监管一般没有体现在地方性法规层面。

2. 营利性与公共性并存，利益冲突明显

金交所为金融资产交易提供场所和设施，同时又承担规范市场交易秩序的职能，体现了其市场运营者和自律监管者的身份。但金交所又是采取公司制形式成立的法人，其经营目标具有一定的盈利性。金交所作为营利性的商业主体，其逐利性影响了其进行自律管理的主观能动性。尤其是金交所从事的金融资产转让和为中小微企业融资的业务，虽为交易提供场所和服务，但也存在通过关联企业参与金融资产交易的情况，使其在进行市场交易管理中很难保持公共性和中立性。

3. 交易产品结构设计不规范，存在违规风险

目前，针对金交所的业务类型进行规范的文件主要是国发〔2011〕38号文和国办发〔2012〕37号文。在国务院的这两个规范文件中，虽未明确规定交易场所可以从事何种经营业务，但是采取了"负面清单"的形式规定了金交所不得从事的行为，如不得将金融资产权益拆分为均等份额公开发行，不得违规从事保险、信贷、黄金等金融产品交易等。在金融资产交易实践中，由于法律规范的不完善，使得金交所的业务经营具有较强的自主性，金融产品和交易模式创新程度高，在不同程度上都存在着是否合规的问题。

（二）制度缺陷风险

地方金融资产交易平台的制度缺陷风险主要从投资者资质审核、相关信息披露以

及风险防控和管理三个方面进行简要阐述。

1. 缺乏合格个人投资者准入标准

我国金交所个人合格投资者认定在法律规范上并无明确规定，多数省份在交易场所监管办法中规定："交易场所应当建立投资者适当性管理制度"，将金交所投资者市场进入的标准交予金交所进行自律管理。目前，只有个别省份出台了专门的交易场所投资者管理规定，如福建省、浙江省等。地方政府将合格投资者标准的认定权交给金交所，这虽然在一定程度上体现了监管型政府向服务型政府的转变，但是也造成各地金交所合格投资者的标准不统一，不利于构建互通型的金融资产交易市场。从整个金融资产交易市场来看，仅有少数金交所制定了较为详细的投资者适当性管理办法，如南宁金融资产交易中心、大同汇通互联网金融资产交易中心、苏州金融资产交易中心等。而从全国大多数金交所来看，个人合格投资者制度建设仍然存在投资能力认定标准差异大、忽视投资者风险承受能力测评、缺乏对投资者教育的重视等问题。

2. 信息披露制度不健全

信息披露的本质是信息的公示，信息披露的主体是负有信息披露的义务人。具体到金融资产交易市场，信息披露义务人主要包括金融资产的转让方、为产品交易提供服务的中介方、金融资产交易市场的运营者即平台方。信息披露在明确披露义务人的同时，也强调了信息披露应当遵守"真实、有效、完整、及时"的原则以及信息披露的可持续性。但是，作为尚处于成长期的金融资产交易市场，由于缺少完善的法律规范体系，金交所在信息披露制度建设方面也存在信息披露立法规范缺失、法律责任不明确、信息披露缺少标准化原则、关键信息披露不足、信息披露平台作用不明显、自愿披露引导性差等问题。

3. 风险防范制度建设缺位

地方政府关于风险防范制度的建设，主要体现在明确风险防范责任人、完善有关交易场所风险处置预案、切实做好风险处置善后工作等方面。地方金融监管部门在对金交所设立申请进行初审后通常还要向上级部门出具风险处置承诺函，体现上级对下级监管职能的监督作用。然而，在我国的金交所实践中，大部分金交所风险防范制度建设缺位，交易平台风险处置能力不足。具体体现在风险内容和防范主体不明确，以及风险防范机制建设忽视监管要求两个方面，如金交所作为从事金融资产交易的平台，对风险的防范主要是基于产品合规性的审查上，而忽视了对其内部管理风险的审视。风险防范的主体主要由经理层下设的"风险控制部"具体负责，这与其较多关注来自市场的风险相一致。但是，金交所作为市场创新产品设计的参与者，在自我风险防控方面缺少主动性和利益导向性，存在放松风险管制、追求利益最大化而忽视风险的情形。金交所忽视风险制度建设还有一个更重要的原因，即过度依赖地方政府的行政监管，弱化自身在金融资产交易中的自律管理职责。

（三）监管不力风险

金交所是为金融资产交易提供场所和服务的平台，属于金融市场基础设施的范畴，其虽然不是传统意义上的金融机构，但是平台交易产品具有金融的属性，将其纳入金融监管体系符合规范市场秩序、防范金融风险的需要。国发〔2011〕38号文、国办发〔2012〕37号文规定了金交所的监管主体是省级人民政府，部分省份出台的交易场所监督管理办法进一步明确了由各级金融办（局）负责金交所的日常监管和风险防范。即便作如此规定，在金交所实践中仍存在批设主体混乱的问题，部分金交所由地级市人民政府或区政府批准设立。根据"谁批设，谁监管"的原则，批设主体不同很容易造成监管规则的不统一，进而为金交所寻求"监管套利"提供机会。同时，金交所业务类型具有综合化特征，"一行两会"式的中央监管体制不适合金交所，选择地方金融办（局）按属地原则对金交所进行监督管理，无论是从监管便利性上看，还是从降低监管成本上而言，都具有一定的可行性。但是地方金融办由于其自身监管独立性和监管对象的原因，存在监管能力不足的问题，监管的效果也因此受到实质影响。主要体现在监管主体法律地位不明确、监管独立性影响监管效果、监管措施缺少惩罚性、监管专业人才匮乏、监管手段落后、监管信息不对称、监管辅助机制缺位等方面。

六、地方衍生品交易平台的风险及识别

本书所涉及的地方衍生品交易中心主要是以现货延期交易平台和环境权益类的区域衍生品交易中心为代表，地方衍生品交易中心的一般风险和其他民间金融交易平台的风险大致相同，其主要风险仍然是从事业务的合法合规风险和市场监管风险，地方衍生品交易中心的许多业务尚处于起步摸索阶段，规模小，知名度低，信息披露也很不完全，并且相关金融监管部门也没有对该类交易平台出具具体明细的监管规范和操作指引。对于现货延期交易平台而言，其本身存在流动性较差、透明度较低的问题，而对于环境权益类的区域衍生品交易中心而言，由于环境权益价值的较大波动性和不

确定性，其市场价值一时很难得到市场的认可，其供需结构以及国家战略对环境保护战略的贯彻落实成效都会对该业务的发展方向和规模产生影响。

而对于衍生工具本身交易的风险，远期期货有基差风险管理，互换有利率汇率风险管理；期权主要是希腊值风险管理，其普遍有保证金交易，故面临原生工具波动较大导致的爆仓风险、强行平仓风险、流动性风险、实物交割风险等特有风险。下面主要就四大金融衍生工具的特有风险进行说明。

（一）远期工具风险

远期合约是指双方约定在未来的某一确定时间，按确定的价格买卖一定数量的某种资产的合约，其中金融远期合约包括远期利率协议、远期外汇协议和远期股票合约等类型。远期工具大多都是金融机构或者企业间签订的非标准化的个体合约，因此其面临的主要风险为流动性风险和违约风险。而本书涉及的现货延期交易机制介于远期合约和期货合约之间，因此也存在远期合约的特有风险。由于是非标准化的、机构之间的合约或者说是对赌协议，远期合约的流动性很差，因此中途很难找到合适的交易对手，信息披露和报价都不透明，如果在原生工具变量发生剧烈波动而使合约一方遭受到巨大损失时，很可能导致违约风险，由于透明度低，暗箱操作、信息披露不充分等问题，会反向加剧流动性兑付风险，进而形成恶性循环。

（二）期货工具风险

期货工具是指在交易所交易的、协议双方约定在将来某个日期按事先确定的条件（包括交割价格、交割地点和交割方式等）买入或卖出一定标准数量的特定工具的标准化协议。按照标的物不同包括商品期货以及金融期货，商品期货包括农产品期货以及贵金属期货，金融期货则包括股指期货、利率期货、外汇期货。金融期货交易机制采取交易所内集中交易机制并采用标准化合约进行结算，并且采用逐日盯市结算和保证金交易等特殊交易机制，因此很大程度上解决了流动性不足和信用违约的风险。但同时带来新的结算风险如强行平仓风险、到期履约风险以及到日期的流动性风险。强行平仓风险是指交易账户保证金不足时持有的衍生品头寸被强制结算的风险；到期履约风险是指期货合约到期时实物交割的风险；到期日的流动性风险是指到期期货合约会面临流动性不足的风险进而无法找到交易对手。在使用期货工具进行套期保值等风险管理活动时，还会面临特殊的套保风险（如基差风险、交叉套保风险和期限错配风险）。基差风险是指期货价和现货价的价差波动给套保者带来的头寸价值变化的风险，套保策略能否正确实施直接关系到套保效果方好坏，基差风险管理不当非但不能起到风险管理的作用，还会带来巨额损失。交叉套保风险是指原生工具和衍生工具不一致时带来的套期保值比率的风险，套期保值比率计算不准确会导致套期保值效果变差进而带来风险。期限错配风险是指套保风险消除日和期货合约到期日不一致所导致的风险，其一般通过滚动套保解决。

（三）互换工具风险

互换是两个或两个以上当事人按照商定条件，在约定的时间内交换一系列现金流的合约。互换可以看作是一系列远期的组合。互换根据现金流计算方式的不同可以分为利率互换、货币互换和其他互换。在利率互换中，双方同意在未来的一定期限内根据同种货币的相同名义本金交换现金流，其中一方的现金流根据事先选定的某一浮动利率计算，而另一方的现金流则根据固定利率计算。常见期限包括1年、2年、3年、4年、5年、7年与10年，也偶见30年与50年的利率互换。而货币互换是在未来约定期限内将一种货币的本金和固定利息与另一货币的等价本金和固定利息进行交换。利率互换与货币互换之差异在于利率互换通常无须交换本金，只定期交换利息差额，货币互换需要期初和期末须按照约定的汇率交换不同货币的本金，期间还需定期交换不同货币的利息。因此，互换合约与其他衍生工具不同的地方在于由于其也是非标准化的合约，即使采用做市商双向报价的交易制度，由于利率和汇率等风险变量在长期会发生不可观测的变化，因此互换工具作为长期风险管理工具在长期会带来较大的风险敞口。但是互换工具一般也是采用风险保证金交易的模式并且在付息期进行合约的重新计算，能够大幅降低信用违约的风险，因此其在场外机构衍生品交易市场得到快速发展。

（四）期权工具风险

期权是指赋予其购买者在规定期限内按双方约定的执行价格购买或出售一定数量某种标的资产权利的合约。期权是一种金融合约，是买卖双方关于未来某种权利的协议。期权多头支付期权费后，只有权利，没有义务；期权空头收取期权费后，只有义务，没有权利。期权协议要素包括买卖双方、约定的权利、约定期限、执行价格、约定交易数量和期权价格（期权费）。期权与期货一样也实行标准化的场内交易、逐日盯市和风险保证金结算制度，但区别在于其存在许多条款的限制。如每个投资者在市场的一方所能持有的头寸限额以及一个期权买方在规定的一段时间内所能执行的期权合约的最大限额，其初始保证金的要求为出售期权的期权费收入+期权标的资产价值的20%-期权处于虚值状态的数额（如果有这一项的话）和出售期权的期权费收入+标的资产价值（看涨期权）或者执行价格（看跌期权）的10%孰高者。

根据经典的布莱克—斯科尔斯期权定价公式，使用期权工具进行风险管理的基本风险来自于期权定价因素即希腊五值——Delta、Theta、Gamma、Vega、rho 的变动。其中，Delta 是指期权价格波动对资产价格波动的一阶导数，Theta 是指期权价格波动对时间增量的一阶导数，Gamma 是指期权价格波动对资产价格波动的二阶导数，Vega 是指期权价格波动对资产价格方差波动的一阶导数，rho 是指期权价格波动对利率波动的一阶导数。期权头寸的方向会影响希腊值对期权价格影响的方向，如时间期限越长对欧式期权价格影响方向不确定，因为欧式期权无法提前执行，因此损失了到期日之前由于分红给期权合约带来的收益，而美式期权由于可以提前执行因此时间期限越长价格越大。又如，看涨期权与利率正相关，而看跌期权与利率负相关等。利用期权工具进行风险管理时还会面临模式失败风险，当几何布朗运动无法刻画原生工具价格变动时，或者当平坦的利率期限结构与实际不相符时就需要重新设定模型，如采用广延统计熵过程对原生工具价格变动进行逼近，采用均值回复模型对利率期限结构进行重新描述，当然考虑在非完全有效市场下由于投资者情绪剧烈波动会带来期权临近行权日的波动率微笑曲面风险，因此，使用期权工具进行风险管理需要专门的投资策略和专业的分析。

第三节 交易平台类民间金融风险评估

一、交易平台类民间金融风险评估概述

（一）交易平台类民间金融风险评估的界定

交易平台类民间金融风险评估是指在风险识别的基础上，根据各类交易平台类民间金融组织形式的特点，通过搜集相关的金融统计资料信息，用各种科学的金融评估

方法对交易平台类民间金融机构的运行状况进行评价，分析影响金融风险发生各种因素的变动趋势，通过对所搜集大量历史的详细损失资料加以分析，运用概率论和数理统计，估计和预测风险发生的概率和损失幅度，并据此衡量这种不确定性的高低或可能造成损失的大小。交易平台类民间金融风险评估包括以下几个步骤和环节：建立风险评估指标体系，选择风险评估模型，对风险状况进行综合评价。

1. 评估指标体系

金融风险评估指标体系是由一系列相互联系和相互作用的监测评估指标所构成的指标群。在设计民间金融交易平台金融风险评估指标体系时，要以金融监测的具体任务和目标为指导，分别设计出具有科学性、实用性和可信性的指标体系。针对目前我国交易平台类民间金融发展的现状，对交易平台类民间金融风险的评估应当包括针对整个交易平台类民间金融市场的宏观评估机制以及针对民间金融交易平台的微观评估机制。宏观评估机制显示的是整个交易平台类民间金融市场的风险水平及趋势，为国家宏观经济政策的制定提供借鉴。微观评估机制可以用于对某一民间金融交易平台风险的预测，也可以用于对准正规金融机构的风险预测。相对应的，民间金融交易平台金融风险评估指标体系包括两类：宏观先行指标和微观审慎指标。宏观先行指标表征地方经济整体运行情况，微观审慎指标用于表征单个机构的金融风险情况。由于交易平台类民间金融风险一般来源于局部金融机构经营状况的恶化，所以微观审慎指标体系的设计应根据不同金融机构本身的特点和实际情况，分别设计出适合交易平台类民间金融的风险评估指标体系。

2. 评估模型选择

构建金融风险评估体系的前提和基础就是选择合适的金融风险评估方法，它决定着金融风险评估体系的效度和质量。目前理论界研究比较成熟，使用广泛的金融风险评估方法主要有指标体系法和模型法两种方法。

（1）指标体系法。指标体系法就是选取一系列相互关联的指标构建金融风险评估指标体系，利用一定的统计分析方法根据所选取的指标对风险的影响程度不同赋予不同的权重，同时利用数理统计分析方法，计算出各个指标的单项得分和综合得分，将其作为金融风险评估的依据。

指标体系法有完整的运作过程，在交易平台类民间金融风险评估机制的建立中，必须对所选取的指标进行数据处理。指标体系法评估一般要经过以下几个步骤（如图7-2所示）：

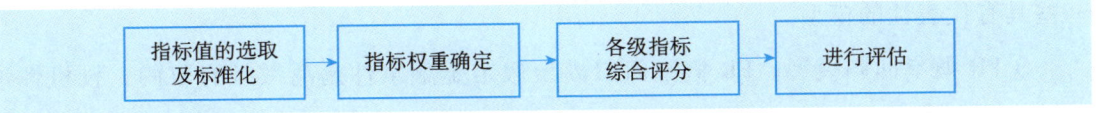

图 7－2　指标体系法的运作过程

第一步，根据所选取的相关指标来收集数据并对所有数据进行标准化处理。可以通过交易平台的年报、监管机构的调查报告和各地的官方统计年鉴来获取所需要的数据，但由于原始数据因其意义不同、形式不同无法进行直接计算，需要对数据进行标准化处理。

第二步，确定各单项指标的权重。引发金融风险的原始因素是复杂多面的，各个单项指标的重要性和影响程度都是有差异的，只有通过特定的统计方法对各个单项指标的权重进行确定，才能保证指标体系预警方法的准确性。

第三步，求取各级指标的综合得分。通过前两个步骤，在对基础数据进行过标准化处理和确定了各个指标的权重之后，可以通过特定的公式计算出各个单项指标的得分和整个指标体系的综合得分。

第四步，根据指标体系的综合得分并结合民间金融交易平台具体的风险状况和风险特点对风险总体水平进行定性分析和逐项描述。

以上四个步骤中，如何确定各单项指标的权重是最关键的一步，其直接决定了评估指标体系的灵敏性和准确性。确定权重的方法有排序法、权重因子判断表法、层次分析法、德尔菲法等。

（2）模型法。模型法是金融评估分析中使用最为广泛的一种分析方法。模型法是以经济学原理为基础，利用经济计量学方法，将警兆指标作为自变量，建立以警情指标为因变量和预测对象的数学模型，模型可以采用单方程形式，也可以是联立方程组形式。大多数的金融危机评估系统采用回归分析法、多元判别分析法、模糊综合评价法、面板数据模型分析法等统计判别方法，以国家宏观经济指标、金融指标或金融机构和企业的财务数据为基础，以特定的金融风险评估指标为变量，通过建立起数学模型来对金融风险发生的概率和可能性进行预测。其中，具有影响力的经典金融风险评估模型有 Frankel 和 Rose（FR）模型，Sachs、Tornell 和 Velasco（STV）模型，Kaminsky、Lizondo 和 Reinhart（KLR）模型；创新模型有 Artificial Neural Network（ANN）模型，Simple Logit（SL）模型，主观概率模型，区制转移模型，IMF 和投行系列模型，Autoregressive Conditional Heteroskedasticity（ARCH）模型，Fisher 判别法，VAR（Value at Risk）和压力测试法、金融稳定评估中的灰色系统理论方法。下面主要介绍一些具有代表性的模型。

①FR 概率回归模型。FR 概率回归模型假定金融事件是离散且有限的，投机性冲击引发的货币危机是由多个因素综合引起的。该模型用 Y 表示金融危机变量，Y 取值为 1 时表示危机发生，Y 取值为 0 时表示危机未发生。向量 x 表示引发金融危机的各种因素，q 是 x 所对应的参数向量，则可以用引发因素 x 的联合概率来衡量金融危机发生的可能性大小，并假定各种引发金融危机的金融事件是离散且有限的，历史数据的评估显示 FR 模型在预测准确度衡量方面存在一定缺陷。该类模型混同了危机前的诱发期和危机后的恢复期，而实际上在这两个时期风险评估指标的表现差异很大，因此修正的 FR 概率回归模型用三元变量 Logit 模型进行危机预测，模型中危机被定义为汇率市场压力指数偏离其均值两个标准差，样本内和样本外数据的预测结果都有所提高。

FR 概率回归模型对货币危机的识别和预测最为简洁，但是存在如下缺点：结论过于简单；指标间存在多重共线性；在定义金融危机发生与否时，模型没有考虑国家之间的差异性；样本数据采用的是年度数据或季度数据，数据难以满足"大数定律"的要求。

②KLR 模型。KLR 模型，又称信号法模型，是当今最受重视的风险评估模型之一。KLR 信号法的预测步骤分为两步：第一步，选取评估指标，通过研究金融危机发生的原因来确定哪些指标可用于金融危机的预警；第二步，对历史数据进行统计分析，寻找与金融危机发生有显著关系的变量，以此作为金融危机发生的先行指标，并计算该指标对危机进行预测的阈值。一旦某国经济中相应的指标变动超过阈值，则称之为金融危机将在 24 个月内发出信号。发出的信号越多，预示着一国在未来两年内发生金融危机的可能性就越大，也就是说，金融系统安全性就越差。

KLR 模型给出了一套用于预测危机的指标体系和相应的阈值，揭示危机发生的根源所在，从而为各国政府与国际社会进行监控并采取防范措施提供了指南。但是也存在如下缺点：由于指标阈值使用到了未来数据，因此会导致样本区间更新时原有信号消失。

③STV 模型。STV 模型是由 Sachs 等构建的分析金融安全的截面回归模型。该模型在分析中使用面板数据为基础，以线性回归方法进行模拟。尽管该方法不能预测危机发生时机，但可以对全球金融环境中哪些国家将受到严重影响进行预测。模型中 Sachs 等人着重考察了实际汇率及国内信贷与货币危机之间的关系。模型研究的重点是

真实汇率和国内贷款额及金融安全间的关系。

STV 模型有如下优点：货币危机指数的构造将金融危机拓展到双危机的范畴；指标选取容易获取，模型构建简单方便使用；注重国别比较，可对金融脆弱性排序。但其也存在如下缺点：实际应用中要求找到一系列相似的样本国；STV 横截面回归模型考虑变量范围过于狭窄，只考虑了汇率、国内私人贷款、国际储备与广义货币供应量的比率等指标；模型的估计方法是线性回归，而实际上很多危机爆发的原因往往都是非线性的；模型对危机指数定义不明确。尽管危机指数综合考虑了银行危机、货币危机和外债危机，但是在模型中却将危机指数简单化，只是应用国际储备减少百分比作代表；STV 模型关注哪些因素对货币危机发生起决定作用，哪些国家发生金融危机，但是人们更希望能够预测危机发生的时间。

④区制转换模型。马尔科夫区制转移法（Markov-Switching Approach）是实证经济学家一个常用的工具，由于区制转移模型简化了标准模型的诸多假设，能够刻画危机的内生性，该模型已经被诸多学者广泛地应用于建立金融风险评估系统，该方法无论是在警示方面，还是在降低错误警报方面，都优于以往的预警模型。国内外众多实证研究发现，该模型能够较为精确地预测危机发生的可能性。使用马尔科夫模型同样有其不足之处：第一个缺陷是关于计算能力的问题，但随着 CPU 计算能力和技术的不断提高，这种缺陷正在逐渐消失；第二个缺陷是在检验马尔科夫模型时，对"不转移作为零假设"这个假设前提的检验较为困难；第三个缺陷是似然函数可能有几个局部最优解，并且有时它们的性态表现并不良好。

⑤人工神经网络模型。人工神经网络（Artificial Neural Network，ANN）是近期发展最快的人工智能领域研究成果之一。人工神经网络是对生物神经网络系统的模拟，其信息处理功能是由网络单元的输入输出特性（激活特性）、网络的拓扑结构（神经元的连接方式）所决定的。ANN 对问题的求解方式与传统方法不同，它是经过训练来解答问题。训练一个 ANN 是把同一系列的输入例子和理想的输出作为训练的"样本"，根据一定的训练算法对网络进行足够的训练，使得人工神经网络能够学会包含在"解"中的基本原理，当训练完成后，该模型可以用来求解相似的问题。

实证研究并没有给出模型检验，但是样本外检验却给出了很高的危机预测结果，三个国家危机爆发前的预测能力接近 80%。ANN 的主要优点是：其灵活的规则和捕捉变量间复杂的非线性相互关系的能力。ANN 可以用来逼近非线性动态函数，将训练后的神经网络用于金融风险评估综合评价，既可以摆脱主观因素及模糊随机性的影响，又能提高评价的准确性。运用神经网络知识存储和自适应特征，通过适应补充学习样本，可以实现历史经验和新知识的完美结合，在发展过程中动态地评价系统的稳定状态。利用神经网络理论的容错特征，通过选取恰当作用函数和数据结构可以处理各种非数值性指标，实现对系统安全状态的模糊评价。ANN 同样存在一些缺陷，一个缺陷是在给定了大量的变量和神经层适应数据的条件下，过度拟合的数量远远超过了其他方法。另一个缺陷是 ANN 的"黑箱"特性，因为没有参数被估计而变量间的相互影响可能是非常复杂的，所以很难确定哪一个指标的行为异常，哪一个指标能推出预测概率。

⑥IMF 和投行系列模型。1997 年东南亚金融危机发生后，具有影响力的研究成果包括两类：一是 IMF 所进行的研究，被称为"in-house"模型，主要包括 DCSD 模型和 PDR 模型，目前这些模型广泛运用在 IMF 的国际金融监测活动中，其中 DCSD 预警模型综合了 FR 方法和 KLR 方法的优点，同时抵消了一部分各自的不足之处，最大限度地利用了 KLR 模型提供的月度预警指标的预测能力。二是一些私人投行如高盛（1998）、德意志银行（1999）和波士顿（2000）等开发的短期金融风险评估系统，主要是高盛的 GS-WATCH 模型、德意志银行的警钟模型（DBAC）和波士顿的新兴市场风险指标模型（EMRI）。

⑦ARCH 模型。ARCH 模型是获得 2003 年诺贝尔经济学奖的计量经济学成果之一。被认为是最集中反映了方差变化特点而被广泛应用于金融数据时间序列分析的模型。ARCH 模型是过去 20 年内金融计量学发展中最重大的创新。所有的波动率模型中，ARCH 类模型无论从理论研究的深度还是从实证运用的广泛性来说都是独一无二的。

ARCH 模型的基本思想是指在以前信息集下，某一时刻一个噪声的发生是服从正态分布。该正态分布的均值为零，方差是一个随时间变化的量（即为条件异方差）。并且这个随时间变化的方差是过去有限项噪声值平方的线性组合（即为自回归）。这样就构成了自回归条件异方差模型。基于 ARCH 模型基础上还有 GARCH 函数簇如 TARCH、EARCH、PARCH、CARCH 等的进一步拓展，研究金融风险的溢出传染效应中也包含了多元 GARCH 如 DCC，BEKK 等模型。

⑧VAR 风险度量。Var 就是一定置信水平下资产在一定期间内的最大可能损失值。它可以把各种风险资产组合以及金融机构总体的市场风险具体转化为一个数值，让使用者能十分清楚地了解其资产在某段时间所面临的最大风险。当然 Var 只是一定概率

保证下的点估计，条件尾部期望 ES（Excepted shortfall）才是作为对风险资产尾部收益率的一致估计，当考虑不同金融风险之间的联合概率结构即非线性相互作用时，Copula Var 则是对其进一步的拓展和完善。

3. 综合评价

在交易平台类民间金融危机评估指标体系中，评估模型输出的信息仅能从民间金融的某个方面来描述金融风险的状态，无法对某个地区整体的金融运行状况进行分析。由于交易平台类民间金融风险的发生会受到众多相互关联的因素的影响，所以需要交易平台类民间金融风险评估体系能从多因素、多层次的角度对某地区的金融风险状态进行综合评价，为金融监管部门对该地区经济金融的监测提供充分的依据。

（二）交易平台类民间金融风险宏观评估机制

宏观评估机制显示的是整个交易平台类民间金融市场的风险水平及趋势，能够为国家宏观经济政策的制定提供借鉴。交易平台类民间金融风险宏观评估指标体系，分为体现风险现状的金融风险指数和体现风险成因的风险影响指标体系，金融风险指数为金融风险指标体系中的各指标的加权平均，风险影响指标体系是指体现交易平台类民间金融风险产生及发展原因的各项指标的集合。其中，风险指示指标主要包括民间利率、准正规金融行业不良贷款率、司法机构受理有关民间借贷的经济纠纷案件、中小企业倒闭数量、区域银行金融机构居民存款额、民间借贷总额等指标变量，风险影响指标主要包括经济总产值、出口贸易、固定资产投资、财政支出、中小企业利润率、广义货币 $M2$、银行贷款、股票价格、房地产价格等指标变量，具体指标变量的解释及含义见附录一。

（三）交易平台类民间金融风险微观评估机制

交易平台类民间金融风险微观评估体系同宏观评估体系不同，它通过对一个机构或一个行业风险水平及其影响因素的历史数据进行分析，得出两者之间存在的规律。根据当前我国交易平台类民间金融发展的现实而言，该评估机制比较适用于对交易平台类民间金融机构或行业的风险管理及预测，见附录一。

民间借贷金融风险可由体制性风险、政策性风险、信用风险、道德风险、高利率风险、操作性风险和流动性风险构成。体制性风险主要反映民间金融受抑制程度、金融结构与经济结构适应度和金融结构与经济结构适应度，政策性风险主要反映产业政策牵制程度、汇率、税收及国外政策变化程度和民间金融机构政策引导程度。信用风险主要反映民间借贷规模、民间借贷者信用状况、民间金融借贷范围、民间借款经营者财务记录状况和民间金融违约情况等。道德风险主要反映民间借资投向高风险行业的比例、民间借资进行非实业投资的比例和借款者隐瞒借款真实用途的程度。高利率风险主要反映民间金融利率偏高程度、企业民间融资利息负重程度和民间金融抵押担保比率和质量。操作性风险主要反映民间金融借贷程序规范程度、民间金融借贷者业务素质与风险意识和借款者在其涉及行业的经营经验。流动性风险主要反映民间金融机构借贷期限匹配程度、民间借款者资金紧张和还款状况和民间金融合约转让流通程度。

二、区域性股权交易平台的风险及评估

前文已经对区域性股权交易平台的风险识别有所分析，其一般风险与一般的交易平台类民间金融机构大同小异，以下简要根据区域性股权交易平台的特有风险制作的评估量表（见附录一），其中准则层风险二级指标主要为制度性风险、功能性风险、流动性风险、财务风险和监管风险。其中，制度性风险主要反映信息披露规范程度、政府政策支持力度以及法律法规健全程度。功能性风险主要反映运营机构建设水平、金融管理人才和制度健全程度。流动性风险主要反映交易方式限制程度和转板制度健全性。财务风险主要反映盈利模式和核心竞争力。监管风险主要反映监管机制的完善程度和监管制度的合理引导程度。

考虑到区域性股权交易平台涉足的私募债、股权转让、股权质押、可转债等相关金融产品与私人投资银行业务有相似的地方，本书提供一个有关私募基金风险监管体系的模板作为参考（见附录一），其主要从政策风险、市场风险、流动性风险、信用风险、声誉风险、操作风险、业务风险、合规风险、子公司管控风险等维度对私募基金总体风险进行综合全面地反映。

三、地方产权交易平台的风险及评估

前文已经对地方产权交易平台的风险识别有所分析，其一般风险与一般的交易平台类民间金融机构大同小异，简要说明地方产权交易平台的特有风险见附录一。其特

有风险主要包括国有资产流失风险、贪污腐败寻租政治风险、资产交易风险和监管风险。其中，国有资产流失风险通过国有资产折价程度进行衡量；贪污腐败寻租政治风险通过制度设计完善程度进行衡量；资产交易风险通过法律责任风险、财务专项审计风险、资产评估风险、转让价格风险、进场交易风险和产权交易风险进行综合度量；监管风险通过审批制度及审批效率、对其他相关机构的监督、监管架构设计、监管规则差异程度、国资监管机构履职情况、政府主导交易情况、产权交易管理制度和多部门联合抽检结果进行综合度量。

四、地方金融资产交易平台的风险及评估

地方金融资产交易平台的业务与股权交易平台从事业务有所重叠，下面就特殊资产证券化业务的风险进行特有风险评估指标体系的简述。资产证券化的实质就是将原有的资产的收益和风险通过一系列的操作，转移到投资者手中，在这个过程中每个参与方都会面临一定的风险，这些风险一部分来自原始资产的质量和证券化的框架，这是普通意义上的证券化风险，我们将这一部分定义为狭义上的资产证券化风险。除此之外，还有早偿风险、利率风险等来自证券化结构之外的风险。这些风险我们定义为证券化产品投资的风险，这两种风险构成广义上的证券化风险（见附录一），其中狭义上的资产证券化风险主要通过资产质量风险、真实销售风险、欺诈风险、相关文件重新解释或失效的风险、法律风险、专家依赖风险、等级下降的风险、财产或意外事故风险、交易管理系统风险等维度进行反映。证券化产品投资的风险主要通过利率风险、利差风险、通货膨胀风险、货币风险、流动性风险、波动性风险、税收风险、事件风险和主权风险等维度进行反映。

五、地方衍生品交易平台的风险及评估

衍生工具的产生本质是金融自由化和金融创新的产物，其价值受制于基础工具，并且具有规避系统性风险的职能，其构造具有跨期性、复杂性、灵活性、杠杆性以及高风险性。金融衍生工具市场参与者中的保值者，目的是通过衍生工具锁定成本，减少已经面临的风险，将不确定性变为确定，有利风险和不利风险都被规避。投机者与保值者相反，投机者希望增加未来的不确定性，他们在基础市场上并没有净头寸，或

需要保值的资产，他们参与金融衍生工具市场的目的在于赚取远期价格与未来实际价格之间的差额。衍生市场中的套利者可以通过衍生工具同时在两个或两个以上的市场进行交易而获得没有任何风险的利润，套利分为在不同地点的市场进行的跨市套利和在不同的现期市场、远期市场上进行的跨时套利两种形式。因此，针对衍生工具交易目的的不同（见附录一），仅对四大基本衍生工具即远期、互换、期货以及期权的套期保值风险、投机风险和套利风险进行简要概述。其中，远期工具的套保风险和套利风险主要由流动性风险和违约风险构成，投机风险主要与原生工具价格走势的风险相关。期货的套保风险主要包括交叉套保风险、期限错配风险、流动性风险、强行平仓风险、实物交割风险和基差风险，投机风险主要包括与原生工具走势相关的流动性风险、强行平仓风险和实物交割风险。套利风险主要包括交叉套保风险和期限错配风险。互换工具的套保风险和投机风险主要包括利率风险、汇率风险、违约风险和流动性风险，套利风险主要包括监管风险。期权工具的套保风险主要有希腊值风险，投机风险主要包括与原生工具走势相关的风险，套利风险主要包括模型失败风险和波动率微笑曲面风险。

第四节　交易平台类民间金融风险防控和处理

一、交易平台类民间金融风险防控

交易平台类民间金融风险防范是交易平台类民间金融风险的防火墙，处于交易平台类民间金融风险控制体系的首位。不同的交易平台类民间金融组织形式，风险来源及成因具有很大的差异，因此对其防范也应分类讨论。

交易平台类民间金融的风险主要从推动规范化发展、建立健全配套制度和机制、营造市场环境三方面进行防范。

推动交易平台类民间金融走向规范化发展包括完善交易平台类民间金融的法律法规体系、建立健全交易平台类民间金融政府监管体系、加强交易平台类民间金融机构内部控制、完善交易平台类民间金融行业自律组织、优化交易平台类民间金融体系结构、引导交易平台类民间金融组织向正规形式演进、推动交易平台类民间金融与正规金融的合作等。

建立健全交易平台类民间金融的配套制度和机制包括确立财产权利制度、建立市场准入机制、建立市场退出机制、建立存款保险制度、建立信用担保制度、健全风险控制体系等。

营造有利于交易平台类民间金融发展的市场环境主要包括加快推进利率市场化改革进程、进一步完善社会征信体系、建立全方位交易平台类民间金融服务体系等。

下面主要从风险管理体系建设和完善的角度对交易平台民间金融风险防控的总体框架进行概述。在风险管理体系建设和完善中，要树立"全面风险管理"理念，以业务增长、业务拓展与风险控制相适应、与风险成本和风险收入相匹配为基本原则，逐步建立起覆盖全方位、全过程和全员的全面风险管理控制体系。

（一）建立扁平垂直的风险控制机构体系

一般来讲，一个完善的风险管理体系应该包括风险管理组织体系、政策体系、决策体系和评价体系等内容。我国交易平台类民间金融机构的风险管理组织架构的弊端是管理层次多，对市场信号反应慢，风险管理的独立性差。交易平台类民间金融风险管理组织体系应从两个层面进行调整：首先，要适应金融机构股权结构变化，逐步建立董事会管理下的风险管理组织架构；其次，在风险管理的执行方面，要改变行政管理模式，逐步实现风险管理横向延伸，纵向管理，在矩阵式管理的基础上实现管理过程的扁平化。我们应该确立自上而下的垂直风险管理体系，提高高管层风险管理意识和责任，制定与自身发展实际相协调一致的风险偏好及风险管理战略，强化风险管理意识和风险控制能力，逐步建立覆盖全方位、全过程和全员的全面风险管理体系。

（二）保持风险控制的独立性

体系的健全和独立是确保金融机构风险管理具有超前和客观分析能力的关键。从国外银行看，都包括从董事会、风险管理部门到风险管理官在内的较为独立的风险管理体系。这种独立性不仅表现在风险控制要独立于市场开拓，还表现在程序控制、内部审计和法律管理方面。如在德国的银行系统，风险控制上奉行"四眼原则"，即至少有四只眼睛同时盯住一笔业务。风险管理的独立性是风险管理有效性的核心，是风险管理权威性的根本保证，是风险管理制约性的关键。这种独立性不仅表现在风险控制要独立于市场开拓，还表现在程序控制、内部审计和法律管理三个方面。从程序控制来看，包括控制和管理政策的确立、控制程序完备性测试、确认交易平台类民间金融机构内部的操作办法符合外部监管的要求等。从内部审计来看，包括采用合适的财务会计政策、建立透明的信息披露制度等。从法律管理来看，包括交易平台类民间金融机构符合法律要求、与监管部门保持联系、为业务活动提供合同文本、警告违约风险等。

（三）提高风险度量水平和管理技术

第一，建立一套适合交易平台类民间金融机构风险度量的指标体系。只有逐步增加描述交易平台类民间金融总体风险、区域风险和机构风险的指标，通过对反映经济和金融指标进行综合监测和度量，才能及时地有针对性地降低和化解地方金融风险。

第二，运用先进科技手段，改变监督方式，达到控制风险的目的。最近几十年以来，金融风险管理领域一个最突出的现象就是金融创新和金融科技的迅速发展，大数据、云计算、区块链技术的创新和发展改变了传统的金融经营业态，也改变了传统的金融监管和风险管理方式，这就要求在运用传统风险管理技术的基础上逐步尝试运用先进的风险管理技术。

第三，努力提高监管人员素质，要提高我国金融监管水平，提高金融监管队伍综合素质，消除金融监管的人为因素、主观障碍是关键。一是要完善培训机制，加强对现有监管人员的培训，采取到国外监管机构进修或到被监管机构操作等形式，对现有监管人员进行现代化国际金融知识、法律、计算机网络技术、外语和专业技能的培训，造就一批适应新形势需要的高素质复合型人才和创新性人才。二是要引进监管人员，可以从系统内把那些政治和综合业务能力素质强、能公正执法、廉洁敢管、责任心强的智慧型、管理型和实干型干部充实到监管部门，或从系统外选拔，把那些熟悉业务和法律，掌握国际金融、外语、外汇、会计知识并有一定工作经验的高级人才充实到监管机构。

二、交易平台类民间金融风险处理

交易平台类民间金融风险防范和风险评估机不可能是绝对完善的，其建立并不能从根本上杜绝交易平台类民间金融风险的爆发。交易平台类民间金融风险爆发后，如何建立有效地交易平台类民间金融风险处理机制，最大限度地降低风险损失，最大限度地保证金融秩序和社会秩序的稳定显得格外重要。近年来，极端的货币政策及经济形势的恶化导致我国交易平台类民间金融风险频发，严重影响了投资者的切身利益，造成了恶劣的社会影响。

（一）交易平台类民间金融风险处理的建立原则

对交易平台类民间金融风险的处理要有一个指导原则，绝不能盲目干涉，具体而言应当遵守及时性、公开性、公正性、公平性、辅助性、保护性等原则。

1. 及时性原则

普遍的情况是救助工作开展后，可用于偿还债务资产大部分已被抢占，债务人或是失踪或是被债权人非法拘禁，债权债务关系异常混乱。这就说明，对交易平台类民间金融风险的处理一定要及时，对交易平台类民间金融风险一定要有充分的准备，最好是在风险尚未爆发之时能够及时介入，防止风险带来的混乱和不必要的损失。

2. 公开、公正、公平性原则

在债权债务清理、偿还的过程中一定要做到公开、公正，防止暗箱操作，这样才能取得群众信任，安抚群众情绪。对于非法抢占债务人剩余财产的一定要彻底清查、及时追回，保证每一位债权人的合法权利都能得到公平对待。

3. 辅助性原则

债权债务双方的交易大多是自愿基础上的市场行为，双方理应成为风险的承担者。政府部门没有义务代债务人偿还债务，其职责仅在于防止非法侵占、清偿行为的发生，以及促成新的具有可行性债务合同的确立，是一种服务于债权债务关系的辅助行为。

4. 保护性原则

风险处理本质上是一种保护措施，它的建立一方面要保证债权人的资产能得到最大限度地清偿，另一方面也要确保债务人的人身、财产安全，给债务人一个重新参与市场竞争、反败为胜的机会。对于那些经营良好，暂时资金短缺的债务人，更要提供一定的宽限和保护。对两者权力的保护并不矛盾，且往往是相辅相成的。

（二）建立交易平台类民间金融风险处理的制度依托

交易平台类民间金融风险处理机制的建立，需要有相关的制度保证，这样才能做到有理有据，才能保证处理行为的可操作性和有效性。

1. 自然人破产制度

适时将破产法的适用范围扩大至自然人，建立包括破产申请制度、自由财产制度、破产免责制度等在内的个人破产制度显得尤为重要。自然人债务风险爆发后，其债权人可以要求将债务人除自由财产外的所有财产全部交给管财人，对其在破产前的一定时期内的不当处分行为行使撤销权。按照个人破产法律制度的规定，对不诚实的债务人，发现其有隐瞒财产逃废债务的行为，可以通过不许免责、不予复权来进行制约；而对诚实的债务人，可在其如实交出可供分配的全部财产后，于一定条件下免去其剩余债务的偿还义务，这样有利于减少债务人一走了之导致的错综复杂的局面。

2. 行业互助、互援制度

交易平台类民间金融行业协会是交易平台类民间金融的一线监管主体和救助主体，对于交易平台类民间金融组织的稳健运转意义重大。针对不同的交易平台类民间金融形式，分别制定具有针对性的行业协会管理条例，不仅要明确行业协会的产生、监管及处罚，还要明确行业协会对其成员的救助手段、救助程序等。行业协会不仅是救助主体，更应当是服务主体，行业协会的建立应当为协会成员提供了一个平台，通过这个平台可以实现交易平台类民间金融主体在经营策略及风险控制等方面的经验交流。同时，鼓励经营状况良好、管理经验丰富、资金充裕的交易平台类民间金融组织对经营困难的交易平台类民间金融组织进行有偿救助，帮助其脱离困境。行业协会内部的互助、互援一方面可以尽量减少交易平台类民间金融组织的破产清算，逐步消化风险损失；另一方面也有利于交易平台类民间金融机构适度扩张，实现金融资源的优化配置。

3. 民间金融交易平台风险救助基金制度

地方政府部门应当设立民间金融交易平台风险基金，该风险救助基金的设立应同交易平台类民间金融风险宏观评估机制相统一，针对不同的评估状态，分别计提风险救助基金。

（三）交易平台类民间金融风险处理的运行

交易平台类民间金融风险处理是交易平台类民间金融风险的最后一道防线，不同交易平台类民间金融风险的处理方法大同小异。面对突发的交易平台类民间金融风险，首先要建立以政府金融办公室为核心的紧急处理指挥中心，协调民政、工商、公安、法院、检察院等部门进行处理工作。各部门的主要职责如下：

民政部门：负责接待上访群众，对群众反映的债权债务关系进行详细登记，对于涉案较大的应入户核实。

工商部门：对民间金融交易平台及涉案企业的财务、财产情况进行稽查，了解公司经营现状。

公安部门：及时调节、处理因交易平台类民间金融风险爆发产生的群体性事件，保护涉案人员的人身安全，同时对重大涉案人员实施出行限制，通缉、追捕在逃人员等。

财政部门：理清债权债务关系，管理民间借贷风险救助基金，进行债务清偿。

法院、检察院部门：依法扣押、冻结、追缴赃款赃物和非法所得，负责对涉案犯罪嫌疑人的审查批捕、起诉和审判工作。

交易平台民间金融风险处理流程如图7-3所示。

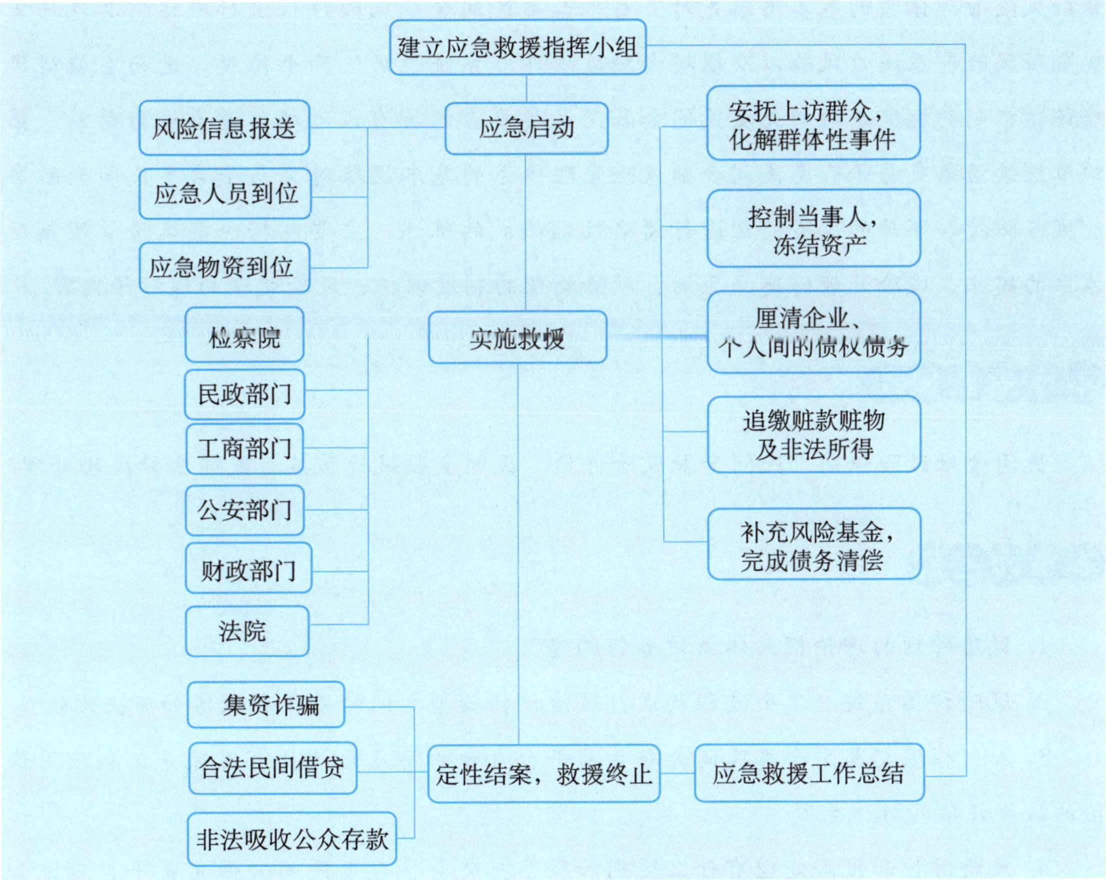

图7-3 交易平台民间金融风险处理流程

本章主要从交易平台类民间金融风险管理体系的基本框架出发，从风险识别、风

险评估和风险防控和处理的角度从一般到个别的逻辑思路对区域民间金融风险以及特定交易平台类的金融风险进行简述和剖析，从而实现了一般风险管理理论和交易平台类民间金融风险管理理论的相互融合，从而推动了风险管理理论具体应用化发展。第一节主要对交易平台类民间金融风险的概念内涵进行界定，并依据其影响的范围和特点进行系统性风险和非系统性风险的划分，最后给出交易平台类民间金融风险管理体系的基本框架。第二节沿着交易平台类民间金融风险管理体系的基本思路先简要介绍了交易平台类民间金融风险的主要类型，并简述了交易平台类民间金融风险识别的一般方法，然后分别对区域性股权交易平台、地方产权交易平台、地方金融资产交易平台、地方衍生品交易中心的主要风险进行简要论述。第三节继续沿着交易平台类民间金融风险管理体系的基本思路先对交易平台类民间金融风险评估进行概述，其包括宏观金融风险即系统性风险以及微观金融风险即非系统性风险两个维度。进而在微观风险评估机制的框架下对四大类民间金融交易类平台的特有风险评估量表进行总结。第四节继续沿着交易平台类民间金融风险管理体系的基本思路对交易平台类民间金融事前风险防控和事后的风险处理进行简略性纲领式的陈述，主要包括一些风险管理制度体系的建立、风险处理的建立原则、风险处理的制度依托、风险处理的运行等内容。

本章重要概念

民间金融风险识别　民间金融风险评估　民间金融风险防控　民间金融风险处理

本章思考题

1. 风险管理的理论框架体系该如何构建？
2. 风险评估系统分几个流程构成？风险评估模型之间的差异和优劣如何去比较？
3. 如何根据交易平台类民间金融交易平台自身的特点设计具有实操意义和应用价值的风险评估指标体系？
4. 风险防控和风险处理有什么区别和联系？交易平台类民间金融交易平台应该如何进行风险防控和风险处理？

本章参考文献

[1] 方先明，孙利. 民间金融风险：形成、传染与演化 [J]. 中央财经大学学

报，2015（7）：28-34.

［2］张欣，苏继超. 民间金融网络中的风险传染机制与监管策略［J］. 统计与决策，2018，34（14）：156-160.

［3］闵国斌. 民间金融风险管理体系研究［D］. 浙江师范大学，2012.

［4］孔金瑞. 我国区域性股权交易市场发展研究［D］. 广西师范大学，2014.

［5］张莉琼. 我国区域性股权交易市场发展研究［D］. 首都经济贸易大学，2016.

［6］刘铁. 区域股权交易市场发展问题与对策分析［D］. 西南交通大学，2017.

［7］蔡雅. 广东省区域股权市场研究［D］. 暨南大学，2015.

［8］洪力. 广东产权交易机构的政府监管研究［D］. 华南理工大学，2017.

［9］张婷. 企业国有产权转让的风险与对策案例研究［D］. 首都经济贸易大学，2015.

［10］来源网址：http：//www.gov.cn/zwgk/2012-07/20/content_2187828.htm.

［11］来源网址：http：//www.china.com.cn/guoqing/gbbg/2012-11/09/content_27060536.htm.

［12］黄夫祥. 地方金融资产交易场所监管问题研究［D］. 西南政法大学，2018.

［13］张淞皓. 天津金融资产交易所业务发展和机制创新研究［D］. 天津商业大学，2018.

［14］罗曦. 场外金融衍生产品交易法律规制研究［D］. 吉林大学，2013.

［15］钟士取，储敏伟. 民间金融风险的测度与预警研究——以温州为例［J］. 上海金融学院学报，2015（1）：44-50.

［16］赵雪瑾. 中国主要金融市场的风险测量、传染路径及预警研究［D］. 华南理工大学，2018.

［17］李建军，卢少红. 区域民间金融风险预警方法与实证分析——以浙江省为例［J］. 金融监管研究，2013（2）：81-96.

［18］吴洪权. 基于KLR的金融安全预警指标研究［D］. 青岛大学，2014.

［19］史雪融. 基于Var模型的中国金融安全预警系统研究［D］. 天津财经大学，2015.

［20］鲍晓晔. 场外衍生品市场法律监管制度研究［D］. 华东政法大学，2014.

［21］刘慧敏. 关于完善我国民间金融制度的研究［D］. 沈阳师范大学，2014.

第八章 交易平台类民间金融与宏观经济

本章导读

本章从我国宏观经济运行背景入手，分析了我国稳健的货币政策通过货币流动、投融资对接、资产替代与交易选择等渠道对交易平台类民间金融发展的推动作用。同时，在坚持稳中求进与高质量发展要求下，金融体系更加强调对实体经济服务能力的提升与金融秩序的好转。对此，维护金融环境稳定对交易平台类民间金融在配合整顿违规高风险经营、加强监管与完善运行风险点与风控方面提出了更高的要求。另外，在我国供给侧改革和市场化改革进程深化推进的背景下，随着交易平台类民间金融实践的不断深入，以金融供给侧改革为重点将显著推动我国资本市场体系的完善与优化，服务实体经济的能力和水平将得到极大的提升。交易平台类民间金融的发展在全面深化供给侧改革和市场化改革过程中将作出自身独特的贡献，对推动我国宏观经济平稳运行与经济结构转型升级发挥了重要作用。

本章学习目标

1. 了解宏观经济对交易平台类民间金融发展的影响。
2. 了解交易平台类民间金融对推动我国宏观经济平稳运行和经济结构转型的积极意义。

3. 熟识交易平台类民间金融与我国货币政策及金融稳定之间的内在联系。
4. 知悉交易平台类民间金融在我国经济领域供给侧改革和市场化改革过程中的角色与作用。

第一节　宏观经济对交易平台类民间金融发展的影响

一、货币政策有效实施过程中交易平台类民间金融的角色与作用

货币政策是货币当局为了达到一定的宏观经济目标而采取的管理和调节货币与信用的政策。它由最终目标、政策工具、操作指标、中介目标等因素构成。货币政策最终目标多偏重于经济增长与稳定物价的统一。货币政策操作工具主要有信贷计划、中央银行贷款、利率政策、存款准备金等。货币政策操作指标主要是商业银行在中央银行的存款以及基础货币。货币政策中介目标是控制现金、狭义货币（$M1$）、广义货币（$M2$）和国家银行贷款规模等一组指标。中国的货币政策，随中国的政策与发展实践而不断发展变化，具有显著的中国特色。

稳健的货币政策是具有中国特色的一种提法，强调的是制定货币政策的指导思想和方针，不同于传统经济学当中关于货币政策操作层面的提法（如"宽松的""中性的"或"紧缩的"货币政策）。稳健的货币政策与稳定币值目标相联系，它包含既防止通货紧缩又防止通货膨胀两方面的要求，它不妨碍根据经济形势需要对货币政策实行或扩张或紧缩的操作。近年来，稳健的货币政策主要分为三个阶段：一是2014—2015年稳健略宽松的货币政策。2014年，全球经济处于深度平衡调整期，总体呈现温和复苏的状态，国内经济也进入结构调整期，"新常态"特征显著。在2014—2015年GDP增速连续低于预期值，我国由高速发展进入中高速发展。当前阶段我国的首要目标仍是稳定经济增长，因此实行稳健略宽松的货币政策，使用连续降准降息来应对经济下行的风险。二是2016—2018年第一季度稳健中性的货币政策。这一阶段的主要目标是国际收支平衡和金融稳定。一方面，央行对于市场机构不具备流通以及债市杠杆严重的金融市场进行整顿；另一方面，我国外汇储备呈现规模萎缩趋势，人民币兑美元的预期较为强烈。人民银行采取跟随市场上调利率策略，货币政策变为稳健中性。三是2018年二季度实施的稳健灵活适度的货币政策。我国从2017年以来外汇储备逐

步稳定，人民银行对 QDII 以及 QFII 逐渐放开。在金融稳定中实施宏观审慎监管。这一阶段，社会信贷与融资和广义货币 M2 规模成为货币政策的间接目标，与之相对应需要更为灵活的货币政策。现阶段，我国经济面临着三重矛盾：一是经济发展方式的转型与经济短期下行压力加大的矛盾；二是长期债务积累和短期去杠杆阵痛的矛盾；三是内部经济下行需要的宽松环境与全球政策紧缩周期直接分化的内外部矛盾。针对该矛盾，我国货币政策面临着宽信用以稳增长、债务处置过程中的防风险、人民币汇率稳定的三个目标。长期以来，我国货币政策在宏观调控一直处于非常重要的位置，现阶段的货币政策也需在三重目标和矛盾中寻求平衡。

2018 年以来，全球经济总体延续复苏态势，但外部环境不确定因素增多，变化加剧。中国经济保持较强韧性，目前处于新旧动能转换阶段，长期积累的风险隐患也逐渐显露，小微企业和民营企业融资难问题依旧显著，经济下行承压。面对当前形势，我国坚持实施稳健的货币政策，以金融服务实体经济为导向，提前布局采取一系列逆周期调节措施，通过定向降准、结构性货币政策工具、持续完善的宏观审慎监管政策、利率市场化改革等措施，有效地激励和引导金融机构加大对小微企业和民营企业等实体经济部门的支持力度，重点释放资本、流动性和利率等方面的约束，疏通货币政策传导渠道，为供给侧结构性改革和高质量发展营造了适宜的货币金融环境。

稳健货币政策的有效贯彻实施更是对宏观经济的影响举足轻重。2018 年以来，我国经济总体平稳运行，结构持续优化，服务业保持了平稳较快的增长趋势，消费对经济增长的贡献程度不断上升，国际收支基本平衡，价格保持平稳水平。当前我国在货币政策等调控下宏观经济健康运行并且稳步发展主要表现在：一是消费尤其是互联网零售对经济增长带动作用显著，制造业与民间投资增速加快。2018 年，社会消费品零售总额为 38 万亿元，同比增长 9.0%，最终消费支出对经济增长的贡献率为 76.2%。2018 年全国固定资产投资（不含农户）63.6 万亿元，同比增长 5.9%，其中制造业投资增长 9.5%，同比提高 4.7%，民间投资同比增长 8.7%，同比提高 2.7%，增速均明显加快。二是产业结构不断优化。三次产业增加值占 GDP 比重分别为 7.2%、40.7%、52.2%，其中第三产业增加值为 47.0 万亿元，增长 7.6%。高技术制造业、战略性新兴产业和装备制造业增加值分别比 2017 年增长 11.7%、8.9% 和 8.1%。服务业中信息传输、软件和信息技术服务业，增长 30.7%，增速同比提高 8.9%。三是居民消费价格水平上升趋势温和，工业生产价格水平涨幅回撤。2018 年 GDP 平减指数同比上涨 2.9%，回落 0.4%，PPI 同比上涨 3.5%，涨幅回落 2.8%。在市场化改革全面深化的背景与供给侧改革、稳健的货币政策等宏微观调控合力作用下，中国经济的增长继续保持着十足的韧性，宏观经济总体在合理区间内持续运行，发展呈现出总体平稳、稳中有进的良好势头。经济结构调整作用明显，社会总供求基本达到平衡，消费与投资稳定增长，物价和就业形势平稳并稳步改善。

作为多层次资本市场的重要组成部分，交易平台类民间金融也会显著受到货币政策的影响，同时也将货币政策的实施效果反馈回去，以进行适时的调整。一方面，人民银行通过控制货币发行、调节政府贷款、公开市场业务、调整存款准备金率和再贴现率、选择性信用管制、直接信用管制等工具对国内基础货币、银行储备、货币供应量、利率汇率以及金融机构信贷活动进行货币规模的调节。另一方面，随着经济的发展以及各类金融业态的不断完善，央行货币政策的目标效果与实施范围将不局限于这些领域。区域股权交易市场、地方产权交易市场和地方金融资产交易市场等这类民间金融交易市场对区域资本市场的货币存量和流量具有一定规模的影响和变动作用。在一些交易平台类民间金融发展成熟、市场规模庞大、业务种类和覆盖范围广的地区，对区域货币规模以及流向更是有显著的调节作用。交易平台类民间金融作为当前阶段又一重要的资源配置平台，对资金的集聚以及引导作用逐步显现。交易平台类民间金融对货币供应的影响主要集中在货币乘数方面。同时，民间金融交易平台通过股产权、金融资产以及衍生品等丰富多样的投资交易形式，极大地扩展了当前资本市场中企业尤其是数量庞大的中小微企业的融资渠道以及各类投资者的投资选择，进而间接影响了货币政策指导下货币在资本市场的规模与流向。不仅如此，交易平台类民间金融通过资产替代渠道以及融资与资产交易选择渠道等方式有效传导了货币政策，推动实现了央行阶段性的政策目标。

(一) 货币规模与流通速度的影响

总体来看，我国货币政策调控支持实体经济的同时又兼顾了内外部均衡，促进了国民经济的平稳健康发展。一方面，银行体系流动性合理充裕，货币信贷总量平稳增长。根据中国人民银行数据，截至 2018 年，我国广义货币（$M2$）余额 182.67 万亿元，同比增长 8.1%；狭义货币（$M1$）余额 55.17 万亿元，同比增长 1.5%；流通中货币（$M0$）余额 7.32 万亿元，同比增长 3.6%。全年净投放现金 2 563 亿元，货币规模均保持平稳增长。全年人民币贷款增加 16.17 万亿元，同比多增 2.64 万亿元；2018 年末社会融资规模存量同比增长 9.8%，其中社会融资规模存量中信托贷款达 7.85 万亿元；企业贷款加权平均利率已连续 4 个月下降，累计下降 0.25 个百分点，其中微型企业贷款利率已连续 5 个月下降，累计下降 0.39 个百分点。另一方面，我国也保持了人民币汇率的稳定。人民币汇率稳定不仅对亚洲经济和世界经济作出了贡献，也符合我国国家利益。2018 年末，CFETS 人民币汇率指数为 93.28，人民币汇率预期总体稳定。同时，国民经济继续运行在合理区间，2018 年 GDP 同比增长 6.6%，消费对经济增长的拉动作用增强，CPI 同比上涨 2.1%。

表 8－1　2018 年中国人民币存贷款结构　　单位：亿元

	2018 年末余额	同比增速	当年新增额	同比多增额		2018 年末余额	同比增速	当年新增额	同比多增额
人民币各项存款	1 775 226	8.2%	134 049	－1 071	人民币各项贷款	1 362 967	13.5%	161 705	26 427
住户存款	716 038	11.2%	71 970	25 985	住户贷款	478 843	18.2%	73 641	2 299
非金融企业存款	562 976	3.8%	21 584	－19 320	非金融企业及机关团体贷款	868 289	10.5%	83 082	16 010
政府存款	325 585	6.8%	20 566	－13 627	非银行业金融机构贷款	10 760	69.2%	4 401	7 584
非银企业金融机构存款	159 798	14.5%	19 569	7 300	境外贷款	5 075	14.8%	581	534
境外存款	10 828	3.5%	361	－1 409					

资料来源：中国人民银行。

表 8－2　2018 年中国社会融资规模

	2018 年末		2018 年	
	存量（万亿元）	同比增速（％）	增量（亿元）	同比增减（亿元）
社会融资规模	200.75	9.8	192 584	－31 386
其中：人民币贷款	134.69	13.2	156 712	18 280
外币贷款（折合人民币）	2.21	－10.7	－4 201	－4 219
委托贷款	12.36	－11.5	－16 067	－23 837
信托贷款	7.85	－8	－6 901	－29 456
未贴现的银行承兑汇票	3.81	－14.3	－6 343	－11 707
企业债券	20.13	9.2	14 756	20 335
地方政府专项债券	7.27	32.6	17 852	－2 110
非金融企业境内股票融资	7.01	5.4	3 606	－5 153
其他融资	5.25	43.3	15 901	5 834
其中：存款类金融机构资产支持证券	1.28	86.7	5 940	3 963
贷款核销	3.01	50.9	10 151	2 565

资料来源：中国人民银行。

$$M = K \times B \tag{1}$$

上述货币供给模型给出了在现代货币制度下货币总供给量的决定因素。其中，M

为货币总供给量，K 为货币乘数，B 为基础货币。由上面的货币供给函数中可以进一步研究其货币乘数与一些经济要素的联系，得到以下表达式：

$$K = \frac{M}{B} = \frac{C+D}{R_r + R_e} = \frac{\frac{C}{D}+1}{\frac{R_r}{D}+\frac{R_e}{D}+\frac{C}{D}} = \frac{1+k}{r_r + r_e + k} \quad (2)$$

其中，C 为流通中的现金规模，D 为存款规模，R_r 为法定存款准备金规模，R_e 为超额存款准备金规模，r_r 为法定准备金率，r_e 为超额准备金率。

货币供给由狭义货币供给规模 $M1$ 和广义货币供给规模 $M2$ 构成，两者的表达式如下：

$$M1 = m_1 \times B = Dd + C = \frac{C+D}{C+R_r+R_e} \times B = \frac{1+c}{c+(r_r+r_e)(1+s)} \times B \quad (3)$$

$$M2 = m_2 \times B = D + C = \frac{C+D+S}{C+R_r+R_e} \times B = \frac{1+c+s}{c+(r_r+r_e)(1+s)} \times B \quad (4)$$

其中，$M1$ 由流通中的现金以及银行活期存款构成，$M2$ 由 $M1$ 以及企事业单位定期存款、居民储蓄存款构成。m_1 为狭义货币乘数，m_2 为广义货币乘数，B 为基础货币，D 为银行所有存款，Dd 为银行活期存款，c 为现金存款比率，S 表示定期存款，s 表示定期存款与活期存款比率。C、D、R_e、r_r 与 r_e 同上。

由上述几个模型可以发现，货币供应量不仅与基础货币有着紧密的关系，也通过货币乘数的调整显著影响着货币供应规模。在货币政策实施过程中交易平台类民间金融在法定存款准备金率和超额准备金等方面对货币乘数产生一定程度的影响。一方面，法定存款准备金率是由现阶段具体经济形势以及政府相关决策计划等多方面因素测算和确定的，而区域和地方民间金融交易平台随着业务规模的扩大，在显著吸收社会资金的同时，也很大程度上影响着银行等传统金融机构的业务发展。央行在测定存款准备金率时也需要进一步考虑他们在业务往来和资金对接等方面联系以及资金流向的变动，这会对央行调控准备金率难度及覆盖范围等方面产生一定影响。另一方面，民间金融交易平台的发展也会影响超额准备金规模的变化。超额准备金是商业银行为应对大额存款交易而在央行准备的资金，而交易平台类民间金融一个重要的功能就是有效解决广大中小微企业融资难、融资贵的问题，能够通过平台的交易运作为企业带来较低成本的资金。这样一来，对传统融资渠道的银行贷款势必产生一定冲击，银行等传统金融机构需要调整其超额准备金份额从而适时进行业务调整以应对资金流向的变化。同时，交易平台类民间金融的发展也推动着商业银行等金融机构的资源整合以及配置效率提升。通过金融科技和业务扩展,并在一些领域与交易平台的交流合作,银行也在不断地增强其降低资金成本的能力,进而降低超额准备金份额对其经营发展的影响。

尽管货币乘数受到传统银行机构现金比率、超额准备金率、定期存款与活期存款间比率等因素的作用,很大程度上决定了从银行层面上货币供给的扩张能力。但随着经济发展以及我国资本市场的不断完善,新的经济业态与创新的资本交易方式,以及日益庞大的传统金融机构外交易规模正在逐渐以其特有的方式及力量影响着货币乘数,推动着我国货币供给的高质量增长。从这个维度可以发现,交易平台类民间金融通过自身业务规模的不断扩大、业务覆盖范围的不断扩充以及服务水平的不断提升,为我国货币供应的平稳增长作出了一定的贡献,有效地匹配和适应了区域以及全国范围内经济发展的需求。各区域股权交易中心通过挂牌展示、登记托管、培训活动、项目路演等方式为中小企业提供了安全可靠的融资服务平台,显著增强了区域实体的投融资水平。截至 2019 年第三季度,广东股权交易中心累计实现各类融资超过 1 000 亿元,江苏股权交易中心以及安徽省股权托管交易中心均实现融资超过 360 亿元,湖南股权交易所实现直接融资 129.73 亿元,质押融资 673.38 亿元。各地方产权交易中心立足于资产转让、产权转让和增资扩股等主要业务,实现了国资国企改革与资产保值增值、产融结合、市场发动以及价格发现等作用。其中,广东产权交易中心年交易规模近 3 400 亿元,通过提供融资服务为各类所有制企业实现融资 2 500 亿元,涉及国有资产年交易额近 1 000 亿元,位列全国第三。地方金融资产交易所业务范围涵盖交易类、债权类、资产管理类等几大类型,并通过"交易+融资"的核心功能,有效地引导金融要素流入实体经济,支持实体企业健康发展,促进经济社会发展。截至 2017 年,北京金交所金融资产交易额达 44 347.28 亿元,广东金交所交易额达 10 786.04 亿元,浙江金交所和天津金交所的金融资产交易额也分别突破了 2 000 亿元和 1 500 亿元。

(二) 投融资对接与经济增长作用

作为中小企业的主要融资渠道,民间金融对我国经济发展的作用是显而易见的。而交易平台类民间金融作为民间金融的重要组成部分,以其特有的形式支持和推动着地方以及我国经济的发展,并在此过程中受到货币政策的作用与影响。

一方面,体现在融资渠道与经济增长上。在当前稳健灵活适度的货币政策下,对社会融资持审慎监管的条件下鼓励企业扩大融资规模，住房贷款、非金融企业贷款和非银金融贷款等贷款规模得到不断提升。但在实际经济运行当中，作为经济发展重要推动力量的民营企业，尤其是占主要部分的中小企业，长期以来饱受融资难问题影响。企业信息透明度较低、经营风险不确定性较大、抵押品缺乏等问题很大程度上影响了商业银行等传统正规金融机构对中小企业的资金支持。信息获取成本高昂、信息不对称的规避偏好和政府的利率监管也在一定程度上加剧了这一问题。同时，沪深两市主板和全国中小企业股权转让系统等全国性证券市场门槛较高，绝大部分中小企业望而却步。当前市场竞争激烈，民营中小企业也需要持续的资金投入去提升经营水平和加快技术革新，资金需求长时间仍存在很大的缺口。区域股权交易中心、地方产权交易中心和地方金融资产交易中心等交易平台类民间金融，不仅极大地丰富和扩大了中小企业的融资渠道，而且通过相对完善的综合服务平台，为企业的经营与发展提供全方位的支持，增强其竞争力与运营水平，以更好地推动区域经济的发展。其中，广东省在交易平台类民间金融的发展方面具有比较突出的代表性。建设层次分明、内涵丰富、功能齐全的多层次资本市场体系，不断提高市场覆盖面，更广泛服务实体经济，是广东省深化资本市场改革、落实金融服务实体经济、促进经济高质量发展的重要内容。广东省从2012年开始谋划和启动区域股权市场建设，先后在广州市、深圳市和佛山市设立了3家区域性股权市场，并发展成为全国数量最多、规模最大、成效最显著的省份。2018年7月，广东省政府根据国务院"一省一市场"的要求，对原广州市和佛山市的区域性股权市场进行整合合并，在此基础成立了广东股权交易中心。广东股权交易中心作为除深圳单列市之外全省唯一的区域股权市场进行运营，并定位为广东省重大金融基础设施和重要金融服务平台。早在2005年10月，广东省国资委正式提出组建全省统一产权交易平台，南方联合产权交易中心于2006年10月成立。2013年6月，广东省人民政府批准设立广东省产权交易集团有限公司。随后2017年8月在广东省金融工作会议中提出"支持广东省产权交易集团做大做强，增强产权市场融资功能"。2018年9月，广东省政府正式批准广东省产权交易集团更名为广东省交易控股集团。2019年1月，在广东省省委会议上，进一步指出要完善广东省产权制度和要素市场配置机制，进一步做大做强产权交易市场。2019年2月，《粤港澳大湾区发展规划纲要》正式出台，广东省产权市场建设进入大湾区时代，广东省交易控股集团作为创新要素流转的重要平台之一，有效推动着大湾区内资源要素的高效便捷流动。广东省产权交易集团通过产股权交易平台、要素资源交易平台、金融资产交易与直融平台、数据信息交易与服务平台等平台的建设,有效发挥了产权交易平台的作用,成效卓著地推动了产融结合和税收的带动作用,通过市场发动、价格发现和价值创造功能显著提升了对广大企业的服务与资产保值增值工作。

另一方面,体现在通货膨胀方面。货币政策作用的发挥对交易平台类民间金融发展产生的影响一定程度上体现在通货膨胀上。流动性过剩是通货膨胀的重要原因之一,而民间金融的存在一定程度上加速了货币的流通以及扩大了货币的供给。其原因是因为商业银行等正规金融受到利率管控、信贷约束和信息获取成本等因素,有些时候正规金融资金不能适应市场需求,结构的失衡导致巨大的资金闲置,而民间金融以其特有的市场化运作方式对这些闲置资金有较强的吸附力。尤其是交易平台类民间金融利用其平台的资源整合优势,加速了区域内资金的配置效率,并通过企业与金融机构的沟通桥梁作用与全方位服务功能,对地方社会资金的聚集与流动具有显著的作用。因此,在货币政策的持续影响下,商业银行等正规金融机构与交易平台类民间金融等民间金融机构会对企业与社会资本产生不同的吸引与分流作用,一定程度上加快了资金在企业中的配置,从而从多个方面对货币供给产生影响,进而会影响通货膨胀等经济指标。

当前我国经济总体向好,也存在着下行压力。在内部环境方面,工业和消费数据呈现大幅回落趋势,规模以上工业增加值同比增速不及市场预期。社会消费品零售总额同比增长下滑,外需对中国经济的拉动作用减弱。信贷结构方面,新增企业贷款规模减少,反映了实体经济融资需求的疲弱。在外部环境方面,世界主要经济体采购经理指数(PMI)不及预期,全球经济增长放缓,2018 年以来有 20 多个国家的央行已经降息,美联储也宣布将联邦基金利率下调。与此同时,我国经济总体情况依然良好:一是宏观杠杆率基本稳住;二是广义货币 $M2$ 和社会融资总量增幅与 GDP 基本相当;三是市场利率整体下行,企业融资成本明显降低;四是相关部门正主动采取措施处理金融风险。对此,中国人民银行继续实施稳健的货币政策,保持货币信贷和社会融资规模平稳增长,促进信贷结构优化,扭转局部性社会信用收缩态势,缓解民营和小微企业融资难融资贵问题,稳妥化解中小银行局部性、结构性流动性风险,深化金融供给侧结构性改革,为实现"六稳"和经济高质量发展营造了适宜的货币金融环境。

(三)货币政策传导中的资产替代与交易选择

传统的货币政策传导渠道包括货币渠道与信用渠道,其中后者又包含银行信贷渠道及资产负债表渠道。为解决中小微企业融资难融资贵问题，深入推进金融供给侧结构性改革，我国实施的货币政策主要通过以下两个渠道对交易平台类民间金融产生作用和影响：一是资产替代渠道。由于受到金融抑制和信贷配给因素等影响，大部分中小企业等资金需求方往往从正规金融获取融资困难较大，此时民间金融以其信息成本和区域因素等优势，替代作用较为明显。除了信贷融资方面，全国性股产权市场方面因门槛和上市条件等因素，也在很大程度上推动了区域股权和产权交易市场的发展。多层次资本市场建设是金融供给侧改革的重要内容，而区域性股权和产权市场的建设作为其重要组成部分，有效补充了主板和新三板市场等资本市场，补齐了长期以来资本市场服务实体经济薄弱环节不足的短板，极大拓宽了资本市场覆盖面，切实缓解了中小企业融资难问题。二是融资与资产交易选择渠道。稳健灵活适度的货币政策通过对实体经济和资本市场等形成利好，继而影响企业融资与资产交易的选择。区域股权交易中心、地方产权交易中心、地方金融资产交易中心等民间金融交易平台为企业提供了产股权交易、金融资产交易、融资服务交易、公共资源交易和文化产权交易等多种资产交易形式，稳健的货币政策所营造的适宜的货币金融环境将显著推动交易平台类民间金融的发展。

二、保持金融稳定环境下对交易平台类民间金融发展的要求

近些年来，世界政治经济格局发生了深度调整变化。现阶段，世界主要发达经济体增长呈现放缓趋势，经济运行分化现象逐渐显露，其中日本经济持续波动，期间美国经济增长较为迅猛，但也出现放缓迹象；英国经济依旧低迷，脱欧不确定性加大；欧盟地区经济增长降温，欧元区消费者信心水平不断降低；新兴市场经济体分化加剧，阿根廷深受金融市场动荡影响；贸易摩擦升级与政策不确定性表现为显著风险，对各经济体有不同程度的冲击，脆弱性进一步暴露，下行压力持续加大。外部不确定性的增加，使得中国经济金融体系面临的外部环境日趋复杂。

在此环境下，在世界主要经济体中，中国经济仍然保持了较高增长水平。同时，随着防范化解重大风险、精准脱贫、污染防治三大攻坚战的展开，经济增长质量持续改进，供给侧结构性改革在复杂多变的环境中持续向前推进，中国金融体系弹性增强，金融运行总体稳定。

表 8-3　主要发达经济体宏观经济金融指标

指标	2018年第一季度			2018年第二季度			2018年第三季度			2018年第四季度		
	1月	2月	3月	4月	5月	6月	7月	8月	9月	10月	11月	12月
实际GDP增速（环比,%）	2.2			4.2			3.4			2.2		
失业率（%）	4.1	4.1	4.0	3.9	3.8	4.0	3.9	3.8	3.7	3.8	3.7	3.9
CPI（同比,%）	2.1	2.2	2.4	2.5	2.8	2.9	2.9	2.7	2.3	2.5	2.2	1.9
DJ工业平均指数（期末）	26 149	25 029	24 103	24 163	24 416	24 271	25 415	25 965	26 458	25 116	25 538	23 327
实际GDP增速（同比,%）	2.4			2.2			1.6			1.2		
失业率（%）	8.6	8.5	8.5	8.4	8.2	8.2	8.1	8.0	8.0	8.0	7.9	7.9
HICP综合物价指数（同比,%）	1.3	1.1	1.3	1.3	1.9	2.0	2.1	2.0	2.1	2.2	1.9	1.6
EURO STOXX50（期末）	3 609	3 439	3 362	3 537	3 407	3 396	3 525	3 393	3 399	3 198	3 173	3 001
实际GDP增速（同比,%）	1.3			1.4			1.5			1.4		
失业率（%）	4.3	4.2	4.2	4.2	4.2	4.0	4.0	4.0	4.1	4.1	4.0	4.0
CPI（同比,%）	3.0	2.7	2.5	2.4	2.4	2.4	2.5	2.7	2.4	2.4	2.3	2.1
富时100指数（期末）	7 534	7 232	7 057	7 509	7 678	7 637	7 749	7 432	7 510	7 128	6 980	6 728
实际GDP增速（环比,%）	-1.3			2.8			-2.5			1.9		
失业率（%）	2.4	2.5	2.5	2.5	2.2	2.4	2.5	2.4	2.3	2.4	2.5	2.4
CPI（同比,%）	1.4	1.5	1.1	0.6	0.7	0.7	0.9	1.3	1.2	1.4	0.8	0.3
日经225指数（期末）	23 098	22 068	21 454	22 468	22 202	22 304	22 554	22 865	24 120	21 920	22 351	20 015

资料来源：中国人民银行《中国货币政策执行报告》，各经济体相关统计部门及中央银行。

专栏 8-1

我国现阶段经济形势

据人民银行与国家统计局数据，2018 年中国实现 GDP 达到 90.03 万亿元，同比增长 6.6%，高于国际货币基金组织统计的全球经济增长水平，也高于多数新兴市场经济体同期的经济增速；就业形势基本稳定，全年新增城镇就业超过 1 300 万人；通货膨胀总体温和，2018 年 CPI 同比上涨 2.1%，涨幅比 2017 年上升 0.5 个百分点；国际收支总体平衡，2018 年，我国经常账户顺差 491 亿美元，保持在合理的顺差区间。非储备性质的金融账户保持顺差，跨境资本呈现净流入。2018 年，非储备性质的金融账户呈现顺差 602 亿美元。储备资产增加。2018 年，我国储备资产因国际收支交易增加 189 亿美元，其中外汇储备增加 182 亿美元。

总体来看，近些年来我国宏观经济金融数据符合市场预期。中国经济金融发展、改革，以及重大风险处置化解，不仅释放了金融风险，增强了金融体系的稳定性，为未来五年甚至更长一段时期中国经济的成功转型和健康发展打下基础，赢得主动性，也为全球经济增长和持续复苏作出了重要贡献。但是，尽管我国经济金融体系中多年累积的周期性、体制机制性矛盾和风险正在水落石出，但经济运行中结构性矛盾仍较突出，任务依然艰巨。在推进供给侧结构性改革和防范化解重大风险的过程中，随着金融监管的加强，一些周期性的风险事件逐渐暴露，金融市场乃至宏观经济将感到"阵痛"。在 2017 年金融工作会议构建以及 2018 年"两会"完善的新的架构下，金融监管协调机制切实加强，货币政策、财政政策、监管政策、产业政策之间的协调机制更加有效，以中央银行为核心的宏观审慎管理理念和框架逐步确立，系统性风险防范机制进一步强化。同时，审慎管理的基本制度逐步改进，以治理影子银行为导向出台资产管理新规，以治理金融控股集团野蛮成长为导向出台非金融企业投资金融机构监管指导意见，加快制定金融控股公司监管办法。此外，系统性风险监测评估不断加强，央行金融机构评级体系初步建立，跨境融资和资本流动宏观审慎政策不断完善。2017 年以来，一系列措施收到了显著成效，宏观杠杆率过快上升势头得到遏制，金融风险总体收敛，金融乱象得到初步治理，市场约束显著增强，金融机构合规意识、投资者风险意识显著提升。

根据监管分工，地方政府按照属地原则承担对本地区小额贷款公司、融资担保公司、区域性股权市场、典当行、融资租赁公司、商业保理公司、地方资产管理公司、投资公司、开展信用互助的农民专业合作社、社会众筹机构、地方各类交易场所等民间金融机构和平台的具体监管和风险处置。民间金融作为我国多层次资本市场中的重要组成部分，弥补了正规金融机构缺位，对盘活存量资金以及提高资源配置效率具有重要作用。在我国供给侧结构性改革进程中，民间金融是缓解小微企业融资难融资贵问题、进而推动产业转型升级的重要推手之一。近年来，区域股权交易中心、地方产权交易中心和地方金融资产交易中心等交易平台类民间金融的蓬勃涌现和快速发展，在金融体系职能、支持实体经济方面更是发挥了积极作用。但值得注意的是，交易平台类民间金融在加速区域资源配置效率、推动地方经济迅速增长的同时，也存在部分地区民间金融交易平台风控意识薄弱、仍进行高杠杆操作、利用自身渠道销售大量规模的资管产品等问题，涉及众多投资者、潜在风险巨大，违规经营过程中隐藏着潜在十分巨大的金融风险隐患。同时，相关地方职能机构也存在着为追求区域交易平台发展规模，而放松对这类机构的监管力度，导致一些地方的确存在着民间金融交易平台野蛮生长、秩序混乱等现象。这些都在一定程度上影响着区域乃至全国范围内的金融稳定，甚至有可能导致"灰犀牛"引发的金融风险，必须时刻保持警惕。

因此，在金融系统坚持稳中求进的工作总基调与高质量发展的要求下，要加强金融服务实体经济力度和改善金融秩序，推动金融改革开放取得进展。对此，交易平台类民间金融要在整顿违规高风险经营、协同监管力度提升与完善落实运行的风险点及风控等方面进一步做好工作，努力实现防范化解重大金融风险攻坚战的良好开局，维护金融稳定环境，为经济持续健康发展和社会大局稳定作出贡献。

（一）配合整顿违规高风险经营

当前阶段，交易平台类民间金融在经营过程中主要存在着以下风险：

1. 金融资产交易场所成为金融风险隐患

一段时间以来，各地政府大量批设以"金融资产交易所"或"金融资产交易中心"为名的地方金融资产交易场所。截至 2017 年底，全国共有金融资产交易场所 70 家，潜藏较大风险。一是部分金融资产交易场所实质上已成为游离于有效监管之外的全牌照金融机构，几乎将"保险、信贷、黄金"外可以产生现金流收益的资产都纳入了交易范围，演化为影子银行。但大多数金融资产交易场所的资本实力有限，一旦出现兑付风险，风险可能向交易场所的股东或金融机构传导。二是部分金融资产交易场所将收益权等拆分转让，变相突破私募发行的200人限制，使不具备风险识别和承受能力的普通投资者承担了高风险。三是部分金融资产交易场所因缺乏有效监管，沦为控股股东的"提款机"。

2. 部分民间金融交易平台销售大量资管产品，涉众风险突出

部分地方监管的交易平台与金融机构合作，介入资产管理业务，销售大量资管产品。这类机构和平台往往承诺"保本保收益"来诱导投资者，造成投资者刚性兑付预期，但相关发行人往往存在高杠杆融资、违规发行甚至资不抵债等问题，风险隐患极大。对此，交易平台类民间金融积极配合国家及地方职能监管部门坚决打击违规高风险经营等金融不稳定因素，成效显著。

（二）协同加强监管范围与力度

在我国宏观审慎监管日趋完善的环境下，交易平台类民间金融仍存在着部分监管空白与监管套利，有演化为系统性风险的潜在可能。早在2011年，国家决定对各类交易场所进行清理整顿，当年11月，国务院出台了《国务院关于清理整顿各类交易场所切实防范金融风险的决定》（国发〔2011〕38号）；2012年7月，出台了《国务院办公厅关于清理整顿各类交易场所的实施意见》（国发办〔2012〕37号）。并决定由中国证监会牵头，成立联席会议对各类交易场所进行整治和验收，规定各类交易场所在通过联席会议的验收后方可开展业务。近年来，大部分地方政府已对其监管的民间金融交易平台开展了专项清理整顿，但也同时存在部分地方政府没有切实承担属地监管责任和风险处置责任的现象，各类机构和平台违法违规行为并未得到根本整治。同时，也出现部分地方政府在未完成清理整顿的情况下，忽视潜在风险，继续批设各类交易平台。例如，金融资产交易场所属于国务院清理整顿交易场所政策的范畴，2017年初，各地方政府相继开展了清理整顿各类交易场所"回头看"工作，但清理整顿工作推动一段时间后，金融资产交易场所数量不减反增，由2016年末的66家增加到2017年末的70家，有些省份金融资产交易场所数量甚至多达5—6家。截至2018年末，全国范围内仍然有70多家金融资产交易所及交易平台。

目前，有关部门吸取了近些年来的监管经验，加强了对相关交易平台的清理整顿，取得了积极成效，地方监管的各类民间金融交易平台风险正有序释放，地方金融风险呈整体收敛态势。但地方监管的各类民间金融交易平台仍存在一些问题，尤其是信息科技等新技术不断发展带来的互联网金融等新业态不断涌现，民间金融交易平台存在借助互联网开展交易进一步隐蔽其违规行为的可能，风险扩散速度和涉众规模将大幅提高，需要进一步加强警惕。为切实保障投资者合法权益，塑造健康的地方金融生态环境，应进一步明确地方政府属地监管和风险处置责任，积极防范和化解地方政府承担金融监管职责的交易平台风险。

（三）完善运行风险点及风控

建设层次分明、内涵丰富、功能齐全的多层次资本市场体系，不断提高市场覆盖面，更广泛服务实体经济，是我国深化资本市场改革、落实金融服务实体经济、促进经济高质量发展的重要内容。区域股权交易中心、产权交易中心和金融资产交易中心等交易平台类民间金融在广东省的产生与蓬勃发展极大地缓解了广大中小企业的融资难问题，服务中小微企业能力显著提升，资产配置效率持续提高，有力地推动了地方经济的健康发展。但交易平台类民间金融在我国快速发展以及运行的过程中，仍然同时存在着以下几个风险点及风险防控措施：一是市场运营机构风险，包括运营机构本身是否合规经营、信息系统安全保障、客户资金被挪用和产品违约风险等。这需要交易平台类民间金融机构与证券监管部门建立协同监管机制，加强对运营机构检查。督促运营机构加大信息技术方面的投入，严格按照监管要求的规范、等级进行建设。同时，建立核心数据异地备份制度。要求运营机构建立完善的客户资金第三方存管制度。要求运营机构建立完善的合规、内控制度体系，按要求报备并予以公开。加强投资者教育。严格执行投资者适当性制度。树立买者自负、风险自担的股权文化等。二是交易平台类民间金融参与企业可能在区域性交易市场进行销售原始股、非法集资等各类违法及欺诈活动。这需要监管部门建立与交易中心数据信息互联互通机制，及时了解掌握企业动态情况，及时查处各类违法违规行为。运营机构加强会员机构管理，督促其履行尽职调查、辅导及相关监督职责。同时，联合相关政府部门，建立企业黑名单制度。三是地方各类其他交易场所违规组织开展区域性股产权市场相关活动。这需要加强对地方其他各类交易场所开展区域性股权市场业务活动的检查力度，确保区域性股产权市场的唯一性。

第二节 交易平台类民间金融发展对宏观经济与经济结构转型的影响

一、交易平台类民间金融在供给侧改革中肩负新使命

"十二五"以来,诸多矛盾和问题在一定程度上阻碍了我国经济发展。这其中既有供给侧结构性的,也有需求侧结构性的,既有周期性的,也有结构性的,但主要矛盾是供给侧结构性的,其深层根源是体制机制问题。这主要是由国内外多方面因素共同造成的。从国际层面看,2008年爆发的金融危机对实体经济产生较大冲击,我国出口行业严重受阻,进一步加剧了国内产能过剩和经济下行趋势。从国内层面看,金融危机前我国经济连续多年高速增长,增速保持在10%左右,2001—2008年出口和投资年均增长20%以上,带动众多行业产能井喷式增长。自2008年后,为应对国际金融危机冲击带来的全球需求萎缩,采取了强力度的刺激政策,许多行业产能大幅增长,供给侧结构性矛盾持续累积。2015年,以习近平同志为核心的党中央深刻意识到我国经济运行主要矛盾是供给侧结构性矛盾,提出推进供给侧结构性改革,强调用改革的办法推进结构调整,增强供给结构对需求变化的适应性和灵活性。

现阶段,我国经济发展主要存在以下两个问题:一是供需关系问题。我国产能过剩严重,供需关系结构性失衡,同时供给侧结构和需求侧结构不配套情况较为严重。二是结构性问题。产业机构问题突出表现在产业结构、区域结构、要素投入结构、排放结构、经济增长动力结构和收入分配结构六个方面,需要通过结构性改革有针对性地解决。供给侧结构性改革的要素主要包括劳动力、土地、资本、制度创造、创新等。从2015年底,供给侧改革以去产能、去库存、去杠杆、降成本、补短板为重点,旨在调整经济结构,使要素实现最优配置,提升经济增长的质量和数量。在劳动力要素方面,主要调整完善人口政策,改善人口增长与经济发展间关系;在土地要素方面,主要推进土地制度改革,加快农村三权分置改革和集体建设用地、宅基地试点工作,推动城乡土地制度改革落实;在资本要素方面,主要加快金融体制改革,有力解决金融抑制问题;在技术要素方面,主要实施创新驱动发展战略,提高发展质量和效益,加快培育形成新的增长动力;在制度要素方面,主要深化简政放权改革,深入推进"简

政放权、放管结合、优化服务"的行政审批制度改革。而供给侧改革的目标旨在降低企业融资成本、增强金融对实体经济的支撑能力、进一步简政放权,助力创新创业、激活微观,增强企业竞争力和减轻企业税费负担,其根本目的在于进一步提升我国的社会生产力水平。

金融供给侧改革是我国供给侧结构性改革的一项重要内容,深化金融供给侧改革,有利于推动金融业高质量发展。改革开放以来,我国金融业发展取得了历史性成就。一方面,稳步有序推进金融改革,治理金融风险,金融业保持快速发展,金融改革开放有序推进,金融产品日益丰富,金融服务普惠性增强,金融监管得到加强和改进。但另一方面,我国金融业的市场结构、经营理念、创新能力、服务水平还不适应经济高质量发展的要求,诸多矛盾和问题仍然突出。习近平总书记在2019年2月中共中央政治局关于完善金融服务与防范金融风险学习会议中指出,深化金融供给侧结构性改革必须贯彻落实新发展理念,强化金融服务功能,以金融体系结构调整优化为重点。优化融资结构和金融机构体系、市场体系、产品体系,为实体经济发展提供更高质量、更有效率的金融服务,增加中小金融机构数量和业务比重,改进小微企业和"三农"金融服务。建设一个规范、透明、开放、有活力、有韧性的资本市场,完善资本市场基础性制度,把好市场入口和市场出口两道关,加强对交易的全程监管。同时,围绕建设现代化经济的产业体系、市场体系、区域发展体系、绿色发展体系等提供精准金融服务,构建全方位、多层次金融支持服务体系。习近平总书记也在会上强调,在推进金融供给侧改革的同时也要注意防范化解金融风险特别是防止发生系统性金融风险。在加快金融市场基础设施建设的同时,完善金融从业人员、金融机构、金融市场、金融运行、金融治理、金融监管、金融调控的制度体系,规范金融运行。习近平总书记的重要指示为交易平台类民间金融在我国深化金融供给侧改革过程中的发展提供了宝贵的指导意见。

建设好区域性股权市场、地方性产权交易市场、地方性金融资产交易市场和区域衍生品交易中心等交易平台类民间金融,是资本市场供给侧结构性改革的一项十分重要的内容。同时,降低企业杠杆率也是供给侧结构性改革重点任务之一。按照2016年发布的《关于积极稳妥降低企业杠杆率的意见》的要求,有关部门和市场主体采取推进盘活存量资产、优化债务结构、有序开展市场化银行债权转股权、发展股权融资等七大综合性措施,在积极稳妥推动降低企业杠杆率和防范化解潜在债务风险工作的基础上,明确提出了推动企业在资本市场上开展多种形式融资的建议。区域性股权交易市场为小微企业提供了直接的融资服务，地方性产权交易市场和金融资产交易市场等交易平台又进一步丰富了广大中小微企业的资产交易渠道，进一步激发了企业资产的活性，也提升了资产的质量。同时，随着交易平台类民间金融建设的深入推进和持续完善，会显著加强民间金融服务于实体经济的能力与水平，扩大资本市场覆盖面，提升了资本市场的普惠性，在我国深化供给侧改革尤其是金融供给侧改革的过程中，作出民间金融交易平台特有的贡献。

二、交易平台类民间金融在市场化改革中开拓新局面

改革开放以来，市场化改革进程稳步推进，我国的经济社会发展取得了突出的成就。当前，我国已进入市场化改革全面深化阶段。在党的十九大报告以及中央经济工作会议中均对全面深化市场化改革有了明确的要求，习近平总书记也对此多次作出了重要指示。结合现阶段经济发展情况，我国将在以下几个方面重点深化市场化改革进程，交易平台类民间金融也在其中的引导和深入发展下进一步加快着我国的市场化进程。一是要坚持社会主义市场经济改革方向，经济体制建设着力于市场机制、微观主体、宏观调控等方面，以构建完备有效、充满活力、政府与市场边界清晰的现代市场经济体制为目标；二是要重点推动产权改革，以完善产权制度和要素市场化配置为重要工作，努力实现产权有效激励、要素自由流动、价格反应灵活、竞争公平有序和企业优胜劣汰；三是将增强微观主体活力放在突出位置，全面实施市场准入负面清单制度，改善民营企业发展的制度环境，切实推进产权保护和公平竞争制度建设，清理阻碍统一市场和公平竞争的各种规定和做法，支持民营企业发展，充分发挥各类市场主体的积极性和创造性；四是要深入推进要素市场化配置改革，发挥要素市场在资源配置中的基础和关键性作用，加速推动包括区域性股权市场和产权市场等在内的多层次资本市场发展，支持股权融资、债券融资和保理融资等多种形式的民间金融融资，切实解决民营企业和中小微企业融资问题；五是要改善民营企业发展的制度环境，切实推动产权保护和公平竞争制度建设，畅通政府职能部门的服务沟通渠道，在保护企业家精神的激励作用下推动我国的创新创业进一步做大做强；六是要推进政府管理和服务改革，重点加强审批制度和商事制度改革，努力提升政府部门的服务意识。

交易平台类民间金融是多层次资本市场建设的重要内容，民间金融交易平台的实践及发展为我国全面深化市场化改革作出了重要贡献。区域内股权市场、产权市场、

金融资产市场、商品要素市场、公共资源市场和衍生品市场的蓬勃发展以及相关交易平台的协同推进在地方经济发展中起到了十分重要的作用，也从区域上在去杠杆、防控金融风险和增强地方经济活力等方面承担着十分重要的角色。资本市场在金融运行中具有牵一发而动全身的作用。建设层次分明、内涵丰富、功能齐全的多层次资本市场体系，不断提高市场覆盖面，更广泛服务实体经济，是地方深化资本市场改革、落实金融服务实体经济、促进经济高质量发展的重要内容。

近年来，部分省政府根据国务院"一省一市场"的要求，对原有的区域性股权市场进行整合合并，在此基础成立了省域范围内的股权交易中心。以广东省为例，广东股权交易中心成立后，将作为除深圳单列市之外全省唯一的区域股权市场进行运营，并定位为省重大金融基础设施和重要金融服务平台。截至2018年，广东股权交易中心累计注册挂牌展示企业14 468家，登记托管企业3 654家，会员机构780家，实现各类融资超过1 000亿元，市场规模和综合实力均位居全国前列，在资本市场新平台上发挥着十分重要的作用。同时，区域性股权交易平台以服务中小微企业为宗旨，力促中小微企业融资发展、规范发展。广东股交以平台为纽带，累计为7万多家企业提供近500多场培训活动及300多场项目路演，实现直接和间接融资超过千亿元，通过辅导培育助力20家企业申报IPO，超过130家企业登陆新三板，初步形成了较为完善的中小企业资本市场服务体系。此外，区域性股权交易市场在发挥信息集中、资本集聚和专业服务优势的基础上，还为国有企业混合所有制改革、市场化债转股提供服务，促进了国有企业完善治理结构与国有股权形成市场化价格，推动了国有资产保值增值。

2016年7月，国务院国资委会与财政部联合发布了《企业国有资产交易监督管理办法》，明确将企业国有产权转让、增资扩股、资产转让行为一并纳入产权市场，赋予了产权市场股权融资的资本市场功能。在党的十九大报告中，也将经济体制改革中以完善产权制度和要素市场化配置作为重点。产权交易平台作为金融要素市场体系中的重要组成部分，有效地促进了资本资产的集聚、转换和配置，不断适应和满足经济社会发展过程中快速扩大和丰富的投融资需求。同时，产权交易平台通过持续创新产品和业务，进一步带动了金融要素的市场化配置，促进了区域多元化金融服务体系的完善。广东省产权交易平台涵盖资产转让、产权转让和增资扩股三大主要业务，实现了国资国企改革服务、国有资产保值增值、产融结合以及市场发动和价格发现等作用，年交易规模近3 400亿元，通过提供融资服务为各类所有制企业实现融资2 500亿元，涉及国有资产年交易额近1 000亿元，位列全国第三。产权交易平台作为区域经济改革发展战略实施平台，通过运行机制不断完善市场的内在功能，更好地发挥了资本市场对区域经济的促进作用，提供了一个更具专业化和市场化的产权流转和投融资平台，为区域资本要素流转和区域经资源配置优化提供优质的服务。

金融资产交易平台作为具有较强公信力的独立第四方国有金融资产交易平台，作为进一步落实"市场在资源配置中起决定性作用"市场经济体制改革要求的实践成果，有效推动了我国金融资产和金融资源合理配置的效率提升，显著增强了金融流动性管理，作为市场化改革的重要内容为区域经济的发展作出了十分重要的贡献。各省在省委省政府的关心和指导下，在省金融办、一行两会等相关监管部门的大力支持下，已有部分省市成立了金融资产交易中心，其主要业务范围涵盖金融股权、实物资产、金融不良资产、地方小贷公司资产收益权、担保资产增信、定向债权投资工具、票据收益权、资产权益流转、投融资顾问服务、类资产证券化产品、跨境人民币业务等各类交易，为各类金融资产提供从注册、登记、托管、交易到结算的全程式服务。金融资产交易中心作为交易平台类民间金融的重要载体，为各类金融资产提供公开、公平、公正的交易平台，实现资金需求方、供给方的灵活交易，促进金融资产流转和产品创新，在坚持政府指导与市场化运作背景以及资产证券化与利率市场化浪潮下，对金融资产具有显著的盘活和增量作用。目前，广东金融资产交易中心、北京金融资产交易中心、浙江金融资产交易中心、江苏省金融资产交易中心和山东金融资产交易中心等各省市金融资产交易中心正蓬勃发展，交易市场服务水平不断提升，有效地增强了金融资产的高效流动。

本章小结

交易平台类民间金融作为民间金融的重要组成部分，在其运行过程中受到货币政策的影响，并通过货币乘数等因素也影响着货币政策实施效果。同时，资产替代与资产交易选择等渠道有效地在民间金融交易平台中传导了货币政策，从民间金融交易平台层面协同推进了央行阶段性的政策目标，以其特有的形式支持和推动着地方以及我国经济的发展。中国经济金融体系中多年累积的周期性、体制机制性矛盾和风险正在逐步显现，在我国宏观审慎监管日趋完善的背景下，交易平台类民间金融仍存在着部分监管空白与监管套利，有演化为系统性风险的潜在可能。为切实保障投资者合法权益，塑造健康的地方金融生态环境与保持金融稳定，地方监管部门应协同各类交易平台进一步明晰属地监管和风险处置措施，共同防范和化解交易平台风险。

我国已进入市场化改革全面深化阶段，金融供给侧改革与全面深化市场化改革对交易平台类民间金融的发展提出了更高的要求。完善和扩大交易平台类民间金融市场，对于建设层次分明、内涵丰富、功能齐全的多层次资本市场体系具有十分明显的推动作用。随着民间金融交易平台的市场覆盖面不断提高，其实体经济的服务能力与水平将显著增强。当前面临着粤港澳大湾区建设、自由贸易试验区深化改革创新和多层次资本市场建设的重要发展机遇，民间金融交易平台未来将从"科技创新专板"、互联互通跨境投融资平台、省域商事服务平台和区域性私募股权交易市场运营机制等方面进一步创新和拓展业务规模，推动资本市场形成服务于企业科技创新的多层次机制，提高金融资源与各类要素的市场化配置水平，为宏观经济发展与经济结构转型作出独特贡献。

本章重要概念

交易平台类民间金融　宏观经济运行　经济结构转型

本章思考题

1. 交易平台类民间金融通过哪些渠道贯彻和传导货币政策？
2. 现阶段交易平台类民间金融存在哪些风险从而影响金融稳定？
3. 金融供给侧改革对民间金融交易平台建设提出了什么要求？
4. 市场化改革全面深化阶段交易平台类民间金融面临着什么机遇？

本章参考文献

［1］中国人民银行．《2018年第四季度中国货币政策执行报告》［R］．2019.2.21.

［2］全颖，杨大光．互联网金融发展、支付货币电子化及对货币供给的影响［J］．中国流通经济，2016，30（7）：122-128.

［3］潘彬，杨鑫，肖继宏，文凤华．民间金融与中国宏观经济——理论机制与实证分析［J］．中国管理科学，2018，26（3）：51-58.

［4］中国人民银行．《2019年第二季度中国货币政策执行报告》［R］．2019.8.9.

［5］中国人民银行．《中国金融稳定报告（2018）》［R］．中国金融出版社，2018，1.

［6］《习近平：深化金融供给侧改革 推动金融业高质量发展》［N］．证券时报，2019.2.25.

第九章 总论：民间金融与交易平台

本章导读

本书各章对交易平台类民间金融理论与实务作了较为详细的描述与探讨。本章拟对本书作出总括，对金融行业、金融管理及交易平台作出归纳，对未来的发展作进一步的演绎。首先，我们应如何总结分析改革开放以来，我国金融业的发展情况以及金融监督管理体制的相应变化？如何理解民间金融的概念？其次，对交易平台作出归纳，民间金融背景下的交易平台有什么特征、属性，其从何而来，现实中又有哪些机遇与挑战，如何更好地发展，以服务于实体经济？这些正是本章所要研究的问题。

本章学习目标

1. 了解我国的金融业发展情况与金融监督管理情况。
2. 辨析中央金融、地方金融与民间金融的概念。
3. 探讨金融监督管理工作的开展。
4. 理解改革开放以后，我国金融业发展的脉络，以及由此产生的金融监督管理改革。
5. 理解金融监督管理工作中各类交易平台的概念特征。
6. 把握金融交易平台的机遇与挑战。

第一节 中央金融、地方金融与民间金融

一、改革开放以来金融业的发展创新

改革开放之前,我国金融业主要是指中国人民银行。当时,中国人民银行承担着中央银行、监管机构与商业银行的三重功能。改革开放以来,经济的发展带来了金融业的发展创新。按照时间、性质和规模,可以将金融业的发展创新大致分为四个层次或者称为四次浪潮,这四次浪潮分别产生了新的细分行业。

第一个层次是银行业、保险业、证券业三大传统金融行业,大致产生于20世纪80年代。虽然证券业起源于1990年末,但是按照行业性质、产生的时间、重要性也可以大致归入第一次浪潮或者第一个时期,以下分类方法也类似于此。第一个层次是金融业的支柱产业,也是金融业产值的主要来源。

第二个层次是第一层次三大传统金融行业的衍生行业,包括信托、基金、期货、融资租赁、资产管理等,大约出现在20世纪90年代。其中,信托业出现得较早,中国国际信托投资公司产生于1979年,很多信托公司产生于80年代,但是从其性质与重要性出发,将其归入第二层次之中。第二层次的金融机构很多由三大传统金融行业的企业出资组建而成,企业资本与营业收入都较大。第二个层次的细分行业也是规模较大的、影响力较强的细分行业。

第三个层次是中小金融,以小额贷款公司、融资性担保公司等为代表,产生与兴起的时间大约在21世纪第一个十年。这一次浪潮以小型机构为主,以营业业务量小为特征。第三层次的机构具有浓厚的民间资本特征,数量非常多,导致金融业的机构数量急剧扩大,给金融监管带来了巨大的挑战。

第四个层次是互联网金融。近十年,即21世纪的第二个十年,移动互联网大潮催生了互联网金融以及与互联网金融有一定关系的投资公司、社会众筹机构等。具体而言,互联网金融是传统金融机构、互联网企业独自或者合作,利用互联网信息技术实现传统的金融业务和信息中介服务的新型金融业务模式或者细分行业。互联网金融的业务模式至少包括互联网支付、网络借贷、互联网众筹融资、互联网基金销售、互联网保险、互联网信托、互联网消费金融、互联网货币等,其中所衍生出来的新型机构

至少包括：第一，互联网金融服务中介机构，包括互联网支付与基金、保险、信托产品的销售平台（如支付宝、京东金融）；第二，互联网众筹平台（如淘宝众筹）；第三，互联网借贷平台，常见的有 P2P 借贷和网络贷款平台（如借呗、拍拍贷）。

改革开放以后，中国金融业四个层次细分行业机构与创立时间等有关情况如表 9 – 1 所示。

表 9 – 1　　　　　　　　中国金融业四个层次细分行业有关情况

层次	行业	第一个机构	创立时间
第一层次：三大传统产业	商业银行	中国农业银行	1979.2 恢复成立
	保险	中国人民保险公司	1979.10 恢复业务
	证券	上海证券交易所	1990.12
第二层次：传统产业的衍生产业	信托	中国信托投资公司	1979.10
	基金	朱信基金	1991.8
	期货	郑州粮食批发市场	1990.10
	融资租赁	中国东方租赁公司	1981.4
	资产管理	中国信达资产管理公司	1999.4
第三层次：中小金融	小额贷款公司	深圳市中安信业公司	2003.10
	融资性担保公司	中国经济技术投资担保有限公司	1993.12
第四层次：互联网金融	互联网金融服务中介机构	支付宝	2004.12
	互联网众筹平台	淘心愿（淘宝众筹）	2013.12
	互联网借贷平台	拍拍贷	2007.6

二、金融监督管理体制的改革演变

我国的金融监督管理权力集中于中央。金融创新发展日新月异，不断给金融业的监管体制带来挑战，促其不断地进行改革。改革开放以后，人民银行把商业银行的职能剥离出来，执行中央银行与金融监督管理的双重职能。银行、证券和保险三大金融行业之间最初有一定程度的隶属关系，很多商业银行设立了各自的证券营业部门，甚至人民银行也设立过证券营业部。出于风险防控的考虑，需要建立风险防火墙实行分业经营，证券部门从银行独立出来，设立了证券公司，并且在股权上和银行脱钩。人民银行也将其对金融业的监督管理职能分别剥离出来，先后于 1992 年 10 月设立证监会、1998 年 11 月设立保监会、2003 年 4 月设立银监会，正式确立了"一行三会"的金融业监督管理架构，即中国人民银行与中国银行业监督管理委员会、中国证券监督管理委员会、中国保险监督管理委员会。"三会"的成立，与银行、证券、保险三大金融业分别对应。

第二层次金融业与"三会"的监管分工较好地对应起来。"三会"成立之时，第二层次金融业已经存在，其很多业务也是从银行、证券、保险衍生出来的，很容易按照业务属性和渊源进行监管职能的分工。信托、融资租赁属于间接融资，资产管理机构是由银行的业务派生出来，都划归银监会管理。基金、期货属于资本市场业务，自然划归证监会。

2005年以后，金融业第三层次兴起，产生大量的小型金融机构，迫使金融监管分工调整，部分职责转移至地方政府。小额贷款公司、融资性担保公司虽然早已有之，但是大规模发展则是在2005年之后。其业务虽然是间接融资或者与之相关，属于银监会的职能范围，最初也是由银监会负责监管，但是随着机构数量与业务的急剧增长，给银监会的工作带来了极大挑战，银监会及其地方派驻机构没有足够的人手来管理相关业务，不得不将监督管理权限和责任移交给地方政府。另外，一些交易场所的不良经营带来了极大的社会风险，2011年开始进行各类交易场所清理整顿工作，其工作量之大，使得此项工作由证监会牵头，各地方政府和相关部门配合，地方政府承担具体工作。

与此同时，各地政府纷纷成立各自的金融管理部门以承担起相应的职责。本来，按照原有"一行三会"的分工格局，"一行三会"实行垂直管理体制，地方的金融管理工作由"一行三会"负责，即由中央垂直管理。然而，到了21世纪第一个十年，职责分工等情况发生了改变。中央金融管理部门将一些职责授予地方政府。为了承担起金融管理的责任，各地各级政府纷纷成立金融工作领导小组，下设办公室承担具体的工作。后者就逐渐发展成为本地政府的地方金融监督管理部门，往往称为金融工作办公室或者局，简称为金融办（局），承担着地方政府监督、管理与发展金融事业的职责，服务于地方经济发展。地方政府在中央部门的授权下，行使对地方金融业的监督管理职能，可以有效应对金融业发生的新形势、新变化，监督管理辖区内地方金融细分行业合法合规地经营，有效控制、防范、处置金融风险，同时通过对外招商与发起设立两种办法，扩大金融业规模，鼓励金融创新，从而使金融工作成为推动本地经济发展的有效抓手。

金融业第四层次的爆发式增长极大地挑战了原有监管分工模式。2013年以后，互联网经济与互联网金融爆发式增长，互联网公司和投资公司如雨后春笋般发芽生长，同时也带来了大量的问题和挑战，大量的P2P网络贷款公司产生了诸多经济金融问题，甚至对社会安定产生了负面影响。随着经济社会的发展，更多带有金融、融资性质的行业进入金融监管部门的视野，越来越多的行业划入金融监管的范围。

金融业的创新发展现状，使地方政府正式承担起更重要的监管职责。面对繁重的监管压力，就全国的金融安全问题，中央要求地方加强金融监管。2017年，习近平总书记在第五次全国金融工作会议上提出地方政府要在坚持金融管理主要是中央事权的前提下，按照中央统一规则，强化属地风险处置责任。在坚持中央对全国金融工作集中统一领导的前提下，面对新形势、新要求，中央授权地方政府对某些新的细分行业进行管理，对原有的一些分工进行调整，扩大了地方政府的金融监管权限范围，目前，地方政府对金融的监督管理权限范围是"7+4"。地方政府原有的金融管理部门称为金融工作局或者金融工作办，在正式明确承担监管职责之后，各地方政府的金融管理部门纷纷重组更名为"地方金融监督管理局"。比如广东省的相应部门称为"广东省地方金融监督管理局"，加挂"广东省人民政府金融工作办公室"牌子。目前，各省加强了对金融工作的重视，成立了相应的机构；就地级市而言，很多地方成立了金融工作部门，虽然对金融监督管理工作的重视有过反复的过程，但是截至2019年，各地纷纷成立了独立的部门，名称定为"地方金融监督管理局"或者"政府金融工作局（办公室）"或者"金融发展局"等，各项工作也正在推进中。

面对金融业发展的形势，中央也对中央国家机关的金融监督管理机构与职能作出改革。2017年，经党中央、国务院批准，国务院金融稳定发展委员会成立，作为国务院统筹金融稳定和改革发展重大问题的议事协调机构，执行统筹金融改革发展与监管等多项职能。2018年中国银行业监督管理委员会和中国保险监督管理委员会合并重组为中国银行保险监督管理委员会。当前金融业由"一行两会"进行监管，即中国人民银行、中国银行保险监督管理委员会和中国证券监督管理委员会，继续实行分业经营与监管的体制。

总之，经济的发展推动金融的创新，金融的创新发展不断挑战原有的金融监督管理体制，也不断地推进改革。

三、中央金融、地方金融与民间金融概念辨析

本书第一章对交易平台类民间金融进行了界定。本章从金融行业管理的角度对中央金融、地方金融与民间金融的有关概念作出辨析。

（一）中央金融与地方金融

在现有的"一行两会"与央地分工的监管格局下，从金融业监督管理工作的具体分工出发，可以将金融业分为中央部门直接管理的行业和地方政府具体管理的行业两个层级。将中央部门直接管理以及所管理的行业企业统一简称中央金融，主要包括银行业、证券业、保险业、信托业、期货业、资产管理公司行业等。

中央要求地方负责对小额贷款公司、融资担保公司、区域性股权市场、典当行、融资租赁公司、商业保理公司、地方资产管理公司等金融机构实施监管，强化对投资公司、农民专业合作社、社会众筹机构、地方各类交易所等的监管。地方政府具体管理金融行业以及所管理的金融行业企业（当前包括上述"7+4"个细分行业）可以统一简称为地方金融。

（二）地方金融的分层

地方金融也分为两个层次，区分不同的监管职责。第一个层次需要"实施监管"，包括小额贷款公司、融资担保公司、区域性股权市场、典当行、融资租赁公司、商业保理公司、地方资产管理公司七个细分行业，这些行业有明确的管理办法，已经进入规范化日常管理。第二个层次需要"强化监管"，包括投资公司、农民专业合作社、社会众筹机构、地方各类交易四个行业，尚未实行常态化的金融监督管理，但是需要努力加强监管或者整顿，逐步进入规范化日常管理。

（三）民间金融

2017年7月，习近平总书记在第五次全国金融工作会议上指出："所有金融业务都要纳入监管，及时有效识别和化解风险。"这是金融监管工作的目标和方向。当前全社会对金融业务的界定和具体范围的认识还没有完全明确或者固定，还在逐步加深认识之中。比如，以前对于典当行的管理，就没有纳入金融监管之中，后来才明确纳入地方金融监管的范围。当前全社会的金融业务可能还存在未纳入金融监管的情况。现在没有被金融监督管理部门正式纳入管理范围的、具有融资性质的业务和机构，在未来也将会纳入正式的监管之中。

可以将尚未纳入金融监管，但是具有融资性质的业务和相应机构统称为民间金融。民间只是有别于正规的金融监管，但是其机构的所有制有可能是民营成分，也有可能包含国有成分。民间金融并不是违法或者地下经营，而只是尚未纳入正规的金融监管，将来应该纳入正规的金融监管之中。

（四）本书题目的"民间金融"

本丛书以"民间金融"为主题，本书的题目为"交易平台类民间金融理论与实务"，这里的"民间金融"指中央金融之外的金融行业，包括受到地方政府金融监管部门管理的金融行业，即"7＋4"，以及尚未接受金融监管部门管理，但是可能具有金融属性的行业。民间的含义不等于民营，相关企业的所有制性质有可能是民营企业，也有可能有国有经济成分。除了本章以外，本书所论述的"民间金融"，即为地方金融。

四、中央金融与地方金融工作的发展探讨

（一）中央金融与地方金融工作职能重点

中央层级金融工作与地方层级金融工作各有侧重点，承担不同的职责。

1. 中央金融工作重点是发展、监管、改革三项任务

习近平总书记在第五次全国金融工作会议上指出金融工作要"紧紧围绕服务实体经济、防控金融风险、深化金融改革三项任务"，这是全国金融工作的任务，也是中央层级金融工作的任务，可总结为发展、监管、改革三项任务。三项任务是相辅相成的。发展就是要发展金融，服务于实体经济，推动经济发展。监管就是要加强各方面的建设，强化金融监管。改革要面向金融体系不断完善，提升金融对外开放，改进金融监管。

2. 地方金融工作重点是发展与监管两项任务

地方金融工作能够自主实施的改革并不多，主要是按照中央的金融改革要求，进行贯彻实施。因此，地方金融工作所能主动实施的主要是发展与监管。

发展就是要为地方金融的发展提供有利条件，以吸引金融要素的积聚，服务地方经济的发展。具体而言，一是在地方进行软硬件建设，为金融发展创造良好的条件；二是通过招商引资或者自主设立的办法，设立更多的金融机构；三是多措并举，吸引和鼓励金融业更好地为地方经济服务。

监管就是要监督管理好本地的金融行业，防范金融风险的发生。一是要配合中央

金融管理部门"一行两会"在本地的金融管理工作。二是对七个行业实施监管，对四个行业加强监管。三是积极摸排，对尚未纳入金融管理但是带有金融性质的业务进行追踪，及时上报或者采取措施。四是与"一行两会"密切配合，摸排地下非法金融业务，及时采取措施。

（二）中央金融与地方金融的协调探讨

全国的金融监督管理工作应该按照中央要求，加强金融监管协调、补齐监管短板。当前在工作协调中，还存在一些短板和不足。金融监督管理工作由"一行两会"与多级政府负责，应该增强监管的整体性与协调性。互联网、大数据、人工智能化等技术给金融业带了诸多创新，面对机遇与挑战，金融监管工作也可以利用这些新技术、新设施，利用各种数据信息，运用人工智能化手段进行智能化监督管理，用新的手段应对新的形势。在协调全国各地金融发展的平衡性上，应该让市场在资源配置中起决定性作用，用市场的办法逐步解决历史遗留问题。随着金融业的创新发展，现有的分工机制可能还会遇到新的挑战，应该加强调研与预判，提前谋划。

第二节　民间金融与交易平台

本书以"交易平台"为题，本节试图对各类交易平台作出总结，分析历史与现实，并讨论民间金融背景下的交易平台的发展。

一、金融交易平台的概念、历史与现实

交易平台，即是交易场所，是集中进行商业交易的场所。需要说明的是，普通的商品交易市场由商务部门进行统一管理，不在本书讨论之列。本书所讨论的交易平台，并非普通意义的交易场所，而是在民间金融概念下的各类交易平台。本书将这些交易平台统称为"金融交易平台"。按照行业监管的要求，这些平台都必须接受金融管理部门的监管。金融交易平台，是具有金融特征，必须受到金融管理部门监督和管理的各类交易平台的总称。其有别于本书所列举的金融资产交易平台。

本书列举与讨论了股权交易平台、产权交易平台、金融资产交易平台、区域衍生

品交易平台，同时列举若干案例。本节对交易平台的有关问题作出总结与讨论。

（一）金融交易平台的特征

紧扣监管部门的文件精神，并从金融业务的本质出发，对金融交易平台的特征作出总结。金融监管部门所必须管理的金融交易平台具有如下特征：第一，交易对象基础资产涉及产权、债权类，以及货币、贵金属类。第二，交割方式涉及衍生工具，包括远期、期货、期权、互换，以及一些新型的交易方式，如延期交易等。第三，发行方式和交易方式与证券类似，包括集中竞价、"T+0"交易、保证金制度等。只要具有上述特征之一的交易平台，都是金融交易平台，或者称为金融交易场所。本书前文所提及的七大交易所也在金融交易平台（或者场所）之列。为了使本节的研究对象与前者加以区别，加上"地方"，称为地方金融交易平台。

地方金融交易平台与金融监督管理部门"清理整顿各类交易场所"所指向的交易平台是一致的。当前正在进行清理整顿各类交易场所"回头看"的"三年攻坚战"，工作指向的重心在金融资产类交易场所、邮币卡类交易场所和大宗商品类交易场所。金融资产类交易场所的交易对象具有金融属性，邮币卡类交易场所涉及与证券类似的发行方式和交易方式，大宗商品类交易场所涉及衍生品交易，这些都符合金融交易平台的特征。

（二）金融交易平台的发展历史

普通的商品交易平台在我国古已有之，但是我国金融交易平台，包括证券交易所，却是从民国时代才开始有的。在改革开放之前，正规的金融交易平台消失。正规的现代金融交易平台都是在改革开放之后才被允许成立的。各类交易的情况则各不相同。外汇与贵金属方面，民间的地下外汇交易市场一直持续不断。债权债券方面，从20世纪80年代中后期起，在一些地方就存在着国库券柜台交易或者民间集中交易。在衍生品方面，据有关资料记载，1990年10月，郑州粮食批发市场成立并运行，推行期货和远期交易机制，使其具有金融交易平台的特征，这应该算是改革开放以后第一个正规的衍生品交易平台。在此之后，多地效仿开设期货交易所。1993年11月4日，国务院下达国发〔1993〕77号文件《国务院关于坚决制止期货市场盲目发展的通知》。1994年5月16日，国务院办公厅〔1994〕69号文件《转发国务院证券委员会关于坚决制止期货市场盲目发展若干意见请示的通知》，开始对期货市场进行治理整顿。

2000年以后，随着网络技术的发展，大宗商品电子盘交易发展起来。各地结合各自的特色产品，办起了多类交易场所。2011年以后，国家开始清理整顿各类交易场所，地方金融交易平台泛滥与金融风险显现的问题得到了遏制。

（三）发展地方金融交易平台的意义

从交易平台的发展过程看，各地结合本地特色与实体经济的需要，兴办服务于实体经济的地方金融交易平台，很多平台对经济的发展起到了良好的促进作用。

第一，地方金融交易平台有利于实体经济的发展。地方金融交易平台的交易品种有股权、债权、不良资产以及大宗商品等，这些都是在实体经济蓬勃发展起来后形成的，这些交易是为农业、制造业和金融业而服务的。举例而言，股权交易平台服务于企业直接融资，金融资产交易平台服务于不良资产交易等，这些对实体经济都很有益处。

第二，地方金融交易平台是对七大交易所的有益补充。本书前文提及的七个交易所交易的基础资产分属于证券、期货和黄金三种类别。在资本市场上，需要有多层次的证券交易市场，地方股权交易平台和上海、深圳两个证券交易所构筑起完整的证券市场，是对沪深两市的有益补充。就衍生品市场而言，现有的四个国家级期货市场品种与交易方式还不能完全满足市场的需求，许多产品还没有成为交易品种，除了期货以外，期权等其他衍生工具还没有得到良好的发展。充分利用和发展地方金融交易平台，将可以更好地满足市场需求。

第三，发展好地方金融交易平台，将有利于发挥价格发现功能。在金融交易平台上进行集中交易，有利于对接供给与需求双方，形成公平价格，有利于形成价格发现功能。如果发展好地方金融交易平台，将可以打造统一的市场，发挥价格发现功能。

第四，地方金融交易平台有利于经济中心城市的发展。在国家或者区域经济中心城市设立地方金融交易平台，服务于实体经济和金融业，有利于资源向中心城市流动。这必须是发生在本地实体经济和金融业等服务业发达的前提下才有可能形成的效应。

（四）地方金融交易平台在发展中存在的问题

地方金融交易平台在发展的过程中也遇到不少问题，有些交易平台脱实向虚，投机行为泛滥，对社会与经济造成不良影响。地方金融交易平台的发展也充满挑战。

第一，对金融交易平台的监督管理工作还没有形成日常化与正常化。当前对地方金融交易平台的界定还不明确，称为"各类交易场所"，相关的理论研究还较少，行业法律法规还没有。对这个行业的监督管理还处于临时性的"清理整顿"之中，这不利于行业发挥功能，不利于行业的长远发展。

第二，设立地方金融交易平台有时还被误以为是地方经济发展的"灵丹妙药"。这是对平台作用的夸大与误解。地方金融交易平台有利于经济中心城市的发展，但设立地方金融交易平台并不是金融创新，也不是发展地区经济的必要条件，更不一定是发展地区经济的有利条件。建立金融交易平台，如果没有相应的实体经济和金融业作为支撑配套，金融交易平台无法得到足够多的业务交易量，其维护成本较高，不但没办法发展起来，而且还需要防控风险，则其反而成为区域发展的累赘。

第三，各种金融交易平台之间存在多种业务重叠。在各类金融交易平台之间，以及金融交易平台与其他机构之间，存在多种交易品种重叠，形成市场分割，不利于实现市场的价格发现功能。比如，金融资产交易平台与产权交易平台就有业务重叠，两者都交易企业股权；金融资产交易平台与拍卖公司都拍卖不良债权资产。

第四，地方金融交易平台设立过多，存在多方面问题。一是诸多平台经营不善。全国各地的金融资产交易平台达到70多家，其中不少平台业务量稀少，发展艰难。尽管经营不善，但是各地视平台牌照为一种稀缺资源，不肯轻易失去，而平台企业的退出机制尚未建立，行业的重组之路还有待探索。二是不利于形成统一市场，阻碍价格发现功能的形成。各地平台数量过多，按地域分割市场，资源和要素无法充分流动，在一定程度上阻碍市场价格发现功能的形成。

二、发展地方金融交易平台的探索

发展地方金融交易平台的意义与困难并存，机遇与挑战同在。发展地方金融交易平台需要从战略高度审视交易平台的功能。采取措施，使金融交易平台步入正常化的监督管理工作之中。采取措施，优化金融交易平台的功能与经营，使其更好地发挥功能，服务于实体经济。本书提出一些建议。

（一）建立地方金融交易平台行业常态化监督管理机制

1. 建立监督管理法规

在结束清理整顿工作之后，交易场所的管理工作需要步入正常轨道，需要制定一部全国通用的金融交易场所管理法规，对金融交易场所的范围、各种场所的类别作出明确的界定，对各类金融交易场所的进入、退出、业务开展、监督管理办法作出规定。而后，建立地方金融交易平台的业务指引，使其各项业务做到有法可依，有章可循。

2. 开展日常化监督管理工作

按照现有的分工机制脉络，由中国证监会主管全国各类交易场所的监督管理工作，地方政府金融监管部门负责辖区内的各类交易场所的日常监督管理工作，把清理整顿工作转变为日常化的监督管理工作。

（二）优化地方金融交易平台行业布局

目前各地金融交易平台存在种类过杂、数量过多的问题，相关金融企业数量多而实力不强。通过优化地方金融交易平台行业布局，做强做大平台企业，更好地服务实体经济。

1. 减少交易平台种类的数量

优化金融交易平台的种类设置，合并同类项，只设立少量几类金融交易平台。现有的交易平台对号入座，合并重组与转型。

2. 减少同类交易平台的数量

使用市场化的办法推进同一行业内平台之间的重组兼并，以减少平台的数量。可以规定交易平台的业务量门槛，对于那些业务量过少而不达标的平台，限期合并重组，以此逐步减少交易平台的数量。

通过减少交易平台的种类，提高交易平台的门槛，大量减少交易平台的数量，让金融交易平台做大做强，成为具有一定规模与实力的金融企业。一方面，可以提高交易的集中度，更好地发挥市场的价格发现功能与信息耦合功能，更好地服务实体经济。另一方面，也可以降低监管压力，降低金融风险发生的可能性。

（三）优化地方金融交易平台行业监管机制

协调好金融监督管理部门力量，利用新技术优化监管手段。在现行的金融监管管理体制下，协调好一行两会、中央与地方的分工关系，增强监管工作的协调性与整体性。当前互联网、大数据与智能化技术的广泛应用，这给监管带来挑战，同时也带来全新机遇。利用大数据信息，构筑一个全方位的信息网络，使得监管部门能够掌握金融企业的所有业务信息，并且进行智能化分析与处理，从而全面加强监管，把金融风险降低到最低的程度。

近十年来,国家推动各类交易平台的清理整顿工作,通过回头看,做好三年攻坚战的工作任务。任务非常艰巨与繁重,相信经过清理整顿,各类交易平台的金融风险将逐步降低与消除,各类交易平台的管理工作将进入日常化监管轨道。多措并举,各方合力,增强工作的整体性与协调性,采取更多的措施,优化各类交易平台的设置与经营,更好地服务于地方经济,为促进我国经济发展作出应有的贡献。

三、正规金融监管之外的民间交易平台发展探讨

如上文所述,当前对各类交易平台的清理整顿工作还在持续进行中,交易平台的范围很广泛,而金融管理部门还没有对应该接受金融监管的交易场所类别作出全面明确的定义。有些交易平台有可能具有某方面的金融属性,但是监管部门还没有正式规定其应该接受金融监管,这些交易平台有时候被称为"类金融"。按照我国现有的法律规则,法无禁止则可为。只要法律没有禁止的业务,都是合法的业务。建议有关部门对相关的业务平台加以引导,扬长避短。

(一)鼓励大胆创新,服务实体经济

我国民间金融作为正规金融的补充,根植于民间,可以有效地结合市场实际作出创新与变化,发展迅速,对实体经济的发展具有重要的促进作用。对于目前尚未有明确禁止也无明确法律地位的业务或者平台,只要对社会没有危害性,都应该得到保护。应该鼓励其与实体经济相结合,开拓市场,努力推进业务。对那些能够与实体经济相结合,推动经济发展,或者促进社会进步的业务和平台,都应该得到鼓励和政策支持,促进其做大做强,为地方经济服务,使民间金融更好地服务于地方经济。

(二)密切跟踪,谨防风险

对那些虽无明文界定,但是有可能属于金融类业务的平台,应该密切跟踪,研判业务,对有可能形成风险的业务,制定预案,加以防范。对相关的业务,也要做好研究工作,对其金融属性尽早作出界定。该纳入金融管理范围的,要尽早纳入金融监管。对不具有金融属性,不需要纳入金融管理范围的业务平台,就无须干预。

交易平台从商业交易到现代金融交易,走过了一段很长的历程,其内容和形式逐

步丰富。交易平台作为商业与金融的一种形式，起源于民间，对实体经济的发展具有良好的促进作用。以改革为动力，一手抓监管，努力让监管工作及时跟上金融业创新发展的步伐，以审慎监管为原则，严控金融风险；另一手抓发展，在保证不超越法律底线和不出现金融风险的前提下，鼓励交易平台大胆创新，拓展业务，为实体经济服务，推动经济发展。

本章小结

1. 金融业的发展创新与金融监督管理的改革发展相伴而行。改革开放以来，我国的金融业发展经历了四次浪潮，产生了四个层次的细分行业，国家的金融监督管理体制发生相应的改革，从人民银行统管金融业的监督管理工作，后来实行"一行三会"体制，如今"一行两会"、央地分工的工作协作机制建立。对中央金融、地方金融与民间金融概念作出辨析，探讨未来中央与地方金融管理工作的开展。

2. 从民间金融的背景出发，探索交易平台的概念特征。提出金融交易平台的概念，即具有金融特征，必须受到金融管理部门监督和管理的各类交易平台的总称，对金融交易平台的特征作出总结，以明晰金融管理部门的业务范围。对金融交易平台的历史发展脉络、现实的意义和困难进行了讨论。对金融交易平台的未来发展提出政策建议，一是要尽快制定相关的行业管理法律法规，实施常态化监督管理；二是要优化行业布局，减少平台数量，做强做大平台，更好地服务实体经济；三是要强化监管的整体性和协调性，利用新技术优化监管手段。对正规金融监管之外的民间交易平台发展进行探讨。

本章重要概念

细分行业　中央金融　地方金融　民间金融　金融交易平台

本章思考题

1. 试述我国改革开放以后金融业的发展情况。
2. 试述我国改革开放以后金融监督管理体制的改革发展情况。
3. 中央金融、地方金融与民间金融的概念和特点是什么？
4. 金融交易平台的概念与特征是什么？

5. 金融交易平台的现实意义和困难在哪里？

6. 如何发展好地方金融交易平台行业？

本章参考文献

[1] 习近平，在第五次全国金融工作会议上的讲话，2017-7-15，http://www.81.cn/jmywyl/2017-07/15/content_7676960.htm.

[2] 王学勤，浅谈我国交易场所发展之路，期货日报，2018-3-26，http://stock.eastmoney.com/news/1699，20180326848249410.html.

案例篇

第十章 区域性股权交易平台案例

案例一 深圳前海股权交易中心

前海股权交易中心有限公司是在深圳前海深港现代服务业合作区建设的国有企业控股、市场化运作的区域性股权交易市场,目前是中国最大的场外交易市场。本节以前海股权交易中心为例,展开详细介绍。

一、公司定位

前海股权交易中心(以下简称中心)是根据国务院"38号文"精神,基于深圳市委、市政府打造"第二深交所"的布局所设立,是广东省区域性股权交易市场的核心组织机构,注册资本5.77亿元。中心在股东结构上引入国内三家顶级证券公司——中信证券、国信证券、安信证券(见表10-1),采取公司制经营、职业化管理、团队化运营、市场化运作,力求打造一个新型资本市场。中心利用互联网平台资源,为广大处于初创和发展阶段、尚未进入沪深交易所的中小微企业,提供个性化、定制化的金融方案,在商业银行和沪深交易所之外,开辟另一个新型融资渠道,帮助企业实现成长梦想。

表 10－1　　　　　　　　前海股权交易中心股东及控股比例

股东	持股比例
中信证券股份有限公司	27.03%
国信证券股份有限公司	22.52%
安信证券股份有限公司	18.02%
深圳证券信息有限公司（深交所下属企业）	9.91%
深圳市创新投资集团有限公司	7.21%
深圳市远致投资有限公司	6.31%
深圳市联合产权交易所股份有限公司	5.41%
深圳市前海开发投资控股有限公司	3.60%

二、公司运作模式及特点

（一）构建场外资本市场服务新体系

中心以中小企业个性化需求为基点，突破交易所市场的基本范式，逐步形成了服务中小企业的系列安排：一是通过企业挂牌展示，形成企业与市场的初步对接；二是通过私募债结合金融产品设计，满足企业初级融资需求；三是通过建立企业跟踪服务制度，统筹协调企业走向资本市场的各种事项，确保股权融资在"知根知底"的前提下实施；四是通过系列培训咨询，为企业提供量身定做的智力支持，提升企业经营管理水平。

（二）开辟场外资本市场运作新模式

为了简化手续，中心以手续简便、费用低廉、量身定制、快捷高效为重心，对企业挂牌的形态要求、行业限制、股份改制、行政审批、信息披露等多个环节进行全面省简，使企业挂牌展示流程一目了然；为了降低成本，中心实行企业挂牌展示、初始登记免费服务，并且减少融资中介，使得融资成本大幅下降；为了快捷高效，中心运用互联网技术实行"7×24 小时"运作，便于投融资双方随时随地交流互动，不受时间、空间限制。

（三）建立场外资本市场新秩序

中心以"市场自治、规则公开、卖者有责、买者自负"为原则，目标是在没有行政刚性监管的前提下，实现市场有序运转。为此，第一，中心建立了覆盖市场各层面、贯穿业务全过程、集业务运作和风险管理于一体的制度规则体系，并面向所有市场参与者公开；第二，在制度规则基础上实施流程管理，通过流程管理固化业务、锁定风险；第三，明晰发行人责任，特别是加大发行人的违规成本；第四，鼓励有专业经验和风险承受能力的投资者入场，以价值投资的方式充实市场行为、丰富市场内涵；第五，切实建立投资者风险自担和利益保障机制，并落实到每一项具体投资行动上。此外，特别重要的是，要通过各种制度安排尽量摒弃炒作、杜绝投机，确保市场在真实投资的基础上运行。

（四）打造场外资本市场新平台

中心的目标是以互联网技术为依托，构建一个挂牌展示公司数量众多、投资者分布广泛、投融资活动灵便的市场体系，进而逐渐演化成为面向未来的新型金融生态环境。因此，中心充分利用互联网技术、借鉴互联网运作方式，欲达成以下目标：第一，减少信息不对称，形成众多企业的在线展示平台，让投资者更及时、更清晰、更方便地了解企业；同时，实现合格投资者与展示企业之间的互动交流。第二，打造诚信小环境，市场各方参与者可以充分交流、评价，平台完整记录市场各方行动，基于有效评价机制形成诚信档案。第三，构建无边界组织，建设和运营一个开放的平台，与银行、券商、PE等机构灵活对接，集结各方资源，形成跨越传统公司边界的分工专业、运作协同、利益共享的新型组织模式。

（五）营造场外资本市场新生态

中心的愿景是：以"相聚在梧桐树下，归真资本市场精神"为理念，对内，形成一个高度适应性和充分人性化的新组织，采取公司化运营、职业化管理、团队化经营和专业化服务，提供场外资本市场运作的组织保障；对外，通过设立"梧桐奖""伯乐奖"及其他方式以求外智，通过建立战略合作关系和业务联动以求外力，通过业务联通、共同开发以求外援，凝聚社会力量共同建设场外资本市场，形成一个发现价值、共创财富的"无边界"体系。

三、公司业务介绍

（一）企业挂牌展示

企业挂牌是指符合中心挂牌条件的企业，申请在中心网站向投资者展示其企业信息，并由中心提供信息展示服务的行为。企业挂牌主要目的是通过中心平台全面、充分展示企业自身竞争优势和投资亮点，发掘投融资机会。企业可展示的信息包括但不限于：公司基本信息、股东情况、竞争优势、产品与服务、行业发展状况、管理团队、发展规划及融资需求等。企业可结合自身情况决定展示内容的详尽程度，为充分展现企业投资价值，中心鼓励挂牌企业充分、全面、客观地展示信息。

（二）债权和产品融资

中心采用新型私募债模式，为解决中小企业融资难开辟新路。通过"去中介化"的创新方式，减少传统中小企业私募债中券商保荐、审计、评级、承销等环节，并引入担保公司为债券担保增信，在减少融资成本、缩短融资时间、提高融资效率的同时，有效弥补中小企业自身信用评级较低的问题，获得投资人较高的认可度。

中心发行的前海私募债，采取信息定向披露的方式，由中心审批、备案，并办理托管等程序，最大限度为中小企业融资提供便利。

中心发行的资产收益权回购债权产品，操作方式灵活，资金使用效率高。

（三）登记托管（初次登记托管免费）

依据《前海股权交易中心登记、托管与结算业务规则》等相关规定，中心可以为非公众企业股权，以及以非公开方式发行的其他权益（以下简称权益），提供专业、便捷、安全的全方位登记托管服务，包括但不限于以下方面：（1）权益的初始登记；（2）权益的转让过户登记；（3）对司法扣划，因继承、捐赠、依法进行财产分割或因法人合并、分立、解散、破产等引起的权益变动办理其他过户登记；（4）因质押、冻结等引起的权益变更登记；（5）送股、转增或派息等权益派发；（6）接受权益持有人委托，安全保管其权益资产；（7）为企业及权益持有人提供相关的信息查询、咨询和培训服务。

（四）企业登记托管条件

企业在中心办理登记托管业务需满足以下条件：（1）最近 12 个月的净利润累计不少于 300 万元；（2）最近 12 个月的营业收入累计不少于 2 000 万元，或最近 24 个月营业收入累计不少于 2 000 万元，且增长率不少于 30%；（3）净资产不少于 1 000 万元，且最近 12 个月的营业收入不少于 500 万元；（4）最近 12 个月银行贷款达 100

万元以上或机构股权投资达 100 万元以上。

（五）股权转让见证业务

股权转让见证是指中心作为公正、公信的独立机构依法见证转让、受让双方对转让事项真实的意愿表达并签署相关法律文件的过程。股权转让见证后，企业可凭中心出具的见证书，向深圳市市场监督管理部门申请办理股权变更登记。

股权转让见证业务适用范围：被转让标的企业注册地在深圳。具体而言，中心可以承办以下股权转让行为的见证业务：（1）有限责任公司股权转让；（2）合伙企业出资份额转让；（3）个人独资企业的出资额转让；（4）其他经政府部门授权中心从事的见证业务。

（六）自助式股权融资

中心将遵循互动、对价的原则，不关注交易，摒弃炒作。对投资者进行分级管理，针对不同级别的投资者提供不同的分类服务，打造个性化的高端私募市场。实行"去中介化"模式，提倡投资者与融资企业通过中心的网络平台直接对话、直接定价、直接交易。

（七）培训咨询

公开培训课程——对挂牌企业关键岗位进行系统性培训。

内训课程——针对挂牌企业特有问题进行定制课程培训。

咨询项目——通过对企业问题的诊断，针对挂牌企业特有问题提出解决方案。

四、公司实践

2013 年 5 月 30 日，中心正式开业，当日挂牌企业即达到 1 200 家，一举抢占了全国场外资本市场的制高点，并始终保持了在"新四板"中的领先地位。目前，中心挂牌企业已超过 1 万家，成为全国最大规模的场外资本市场。从整体上来看，中心主要依靠自身力量进行市场化运作，形成了独树一帜的"前海模式"，有力地推动了全国"新四板"市场的建设和发展。

经过两年多的运作，中心已经初步构建了一个全方位、系列化服务中小企业的生态型市场体系,逐步形成了三个系列的战略布局:一是创建一个中小企业挂牌展示系统;二是全方位满足企业从创立到成长、上市不同阶段的需求;三是针对细分市场的出现,设立若干专业性子公司,进行垂直化服务战略布局。

中心首率先推出了企业挂牌展示系统,并与融资及其他服务环节相分离,使之成为一个独立的市场形态,有效改善中小企业成长的外部环境。针对交易所市场状况,中心提出了"十无"模式,实际上是对目前资本市场中的各项规定进行了十个方面的改变,也是对场内资本市场规则的重要突破和创新,特别是中心规定的市场准入门槛相对较低,并且成本不高,打破了原来交易所市场只有股份制企业才能筹资的障碍。

目前,中心已在国家发改委、证监会、人民银行的审批性债权业务之外,初步创建了一个适应中小企业发展需要的私募债发行新平台。此外,中心正在构建全国最大规模的股权交易平台。该平台致力于实现场外股权交易的规模化定制,以全面满足股权投资时代的发展需要。规模化定制真正实现后,一方面,能够有效满足广大中小企业和投资人的股权投融资需求,为社会资本进入实体经济提供合法途径;另一方面,将形成一个既能集合资源、又能分散风险的市场体系,真正促进中小企业发展。

中心成功设立若干个服务细分市场的专业化公司,构建平台生态圈。根据"平台生态、统筹服务、细分市场、自主经营"的原则,中心不断嫁接外部资源,引入高端人才和专业团队,目前已经设立了超过30家服务细分市场的专业化公司,涉及股权投资、并购基金、培训咨询、企业孵化等众多领域。此外,除对自身直接参与的中介服务做到遵守底线要求、防止利益输送外,中心还充分考虑到了自身与引入的其他中介机构之间的关系,制定了严格的中介机构准入及管理、投资者准入等一系列重要制度,清晰地划分责权利边界;同时,在业务开展过程中,要求相关部门制定严谨的业务流程和操作规范,确保业务开展合法合规。

案例二 广东股权交易中心

一、广东股权交易中心概述及发展历程

(一)概述

2012年,根据《关于加快推进广东省OTC市场建设的工作方案》文件精神,广

东省对区域性股权市场进行了统一的规划和布局,规划建设广州和深圳前海(深圳监管)、广东金融高新区三家区域性股权市场。广东股权交易中心是根据《国务院办公厅关于规范发展区域性股权市场的通知》(国办发〔2017〕11号)、《区域性股权市场监督管理试行办法》(证监会令第132号)有关要求,在原广东金融高新区股权交易中心、原广州股权交易中心的基础上新组建的广东省(深圳市除外)唯一合法的区域性股权市场运营机构,是广东省重大的地方金融基础设施平台、广东省重要的中小微企业综合金融服务平台,旨在拓宽中小微企业直接融资渠道,创新企业投融资方式,推动产业、科技与金融资本融合发展,增强金融服务实体经济和防控金融风险能力,健全多层次资本市场体系,打造全国领先、具有强大影响力和竞争力的区域性股权市场。

1. 股权结构

广东股权交易中心总股本为3.109 831亿元人民币,由国有金融控股集团、大型券商、交易所等不同类型共计九个股东共同出资设立,其股权结构图如表10-2所示。

表10-2　　　　　　广东股权交易中心股份有限公司股权结构

股东	持股比例
广东粤财投资控股有限公司	21.006 9%
广州金融控股集团有限公司	21.006 9%
广州开发区金融控股集团有限公司	21.006 9%
佛山市南海金融高新区投资控股有限公司	1.848 9%
佛山市金融投资控股有限公司	1.848 9%
招商证券	12.018 3%
广发证券	12.018 3%
广东产权交易集团	7.395 9%
深圳证券交易所	1.848 9%

资料来源:广东股权交易中心。

2. 运营宗旨

广东股权交易中心的运营宗旨是拓宽中小微企业直接融资渠道,创新企业投融资方式,推动产业、科技与金融资本融合发展;增强金融服务实体经济和防控金融风险能力,健全多层次资本市场体系;构建广东省重要的地方金融基础设施及服务中小微企业综合金融服务平台;打造全国领先、具有强大影响力和竞争力的区域性股权市场。

3. 经营范围

广东股权交易中心的经营范围是:组织安排企业股份(股权)、可转换为股票(股权)的公司债券和国务院有关部门认可的其他证券分非公开发行与转让;为企业提供权益登记、托管、挂牌、鉴（见）证交易、过户、结算服务；受企业委托办理权益分配代理人服务；为市场参与者提供融资并购、财务顾问、居间、培训、咨询、信息、技术等场所、设施及配套服务；投资管理、受托资产管理及依法获批准从的其他业务。

（二）发展历程

广东股权交易中心的发展历程如表 10-3 所示。

表 10-3　　　　　　　　　　广东股权交易中心的发展历程

时间	主要事件
2012 年 8 月 9 日	广州股权交易中心正式开业运营
2013 年 10 月 30 日	广州股权交易中心专属融资服务产品——"股融通 1 号"正式上线
2013 年 6 月 21 日	广州股权交易中心知识产权交易板块正式上线
2013 年 7 月 11 日	广东金融高新区股权交易中心有限公司正式成立
2014 年 6 月 20 日	广州股权交易中心"青创板"股权众筹平台获授牌筹建
2016 年 5 月 16 日	由广州市人民政府与深圳证券交易所合作共建的"广州科技金融路演中心"正式落户广州股权交易中心
2016 年 11 月 4 日	由广州市金融工作局与深圳全景网络有限公司合作共建的"广州新三板路演中心"正式落户广州股权交易中心
2016 年 12 月 2 日	广州股权交易中心挂牌展示企业突破 5 000 家
2017 年 12 月 22 日	"广州市文化创意企业板"正式开板运营
2018 年 7 月 6 日	在原广东金融高新区股权交易中心、原广州股权交易中心的基础上新组建的广东股权交易中心正式成立
2018 年 7 月 13 日	广东股权交易中心向中国证监会顺利完成首次信息报送
2018 年 8 月 13 日	"华侨板"汕头运营中心亮相第四届侨交会
2018 年 9 月 20 日	广东股权交易中心成功打造知识产权质押融资"佛山模式"
2018 年 11 月 12 日	广东股权交易中心成功举办桂城高企科技板挂牌仪式并与广东高成长投资控股有限公司签订战略合作协议
2019 年 6 月 30 日	广东股权交易中心挂牌企业达 14 803 家

二、广东股权交易中心业务运作

广东股权交易中心除了做一些基础的业务之外，还做融资业务、财务顾问业务、企业股改业务等业务。

（一）广东股权交易中心的基本业务

广东股权交易中心有登记托管、挂牌展示和清算交收等基础服务。

1. 登记托管业务

区域内非上市企业委托广东股权交易中心进行股份（权）及其他依法可登记的权益进行管理，为托管企业提供权益账务开立和管理、权益过户、持有人名称管理、查询等业务。

2. 挂牌展示业务

企业在广东股权交易中心挂牌后，可通过广东股权交易中心专属平台全面、充分地展示企业竞争优势和亮点，发掘投融资机会；挂牌企业可展示的信息包括但不限于企业基本信息、股东情况、竞争优势、产品与服务、行业发展状况、管理团队、发展规划及融资需求等。企业在广东股权交易中心挂牌后，企业股东和合格投资者可在广东股权交易中心组织下，利用股权交易系统进行股权（股份）、债权（债券）报价和转让，亦可委托中心在其合格投资者范围内有针对性地寻找意向买卖方进行协议买卖。

3. 清算交收业务

广东股权交易中心根据挂牌企业的股权（股份）、债权（债券）交易双方交易合同的约定，为交易双方提供买卖的股权（股份）、债权（债券）、资金的清算，股权（股份）、债权（债券）的交割和资金的支付；主要服务包括基于客户结算资金第三方存管的股权交易系统为交易双方提供线上清算交收服务，或基于客户结算资金独立存管，为交易双方提供股权、债权线下清算交收服务。

（二）广东股权交易中心的重点业务

广东股权交易中心有融资服务、财务顾问、企业股改、特色板块和企业孵化培育等主要业务。

1. 融资业务

（1）企业融资规划。广东股权交易中心安排专业团队，对有融资需求的挂牌企业在尽职调查的基础上，根据经营禀赋、发展阶段、财务状况、项目推进等状况，协助企业确定合理的融资需求，明确融资目的、融资方式、融资期限和进度、融资金额、融资成本等融资要素。

（2）可转换公司债券融资。为充分发挥区域性股权市场优势，广东股权交易中心按照《区域性股权市场监督管理试行办法》（证监会令第132号）对可转换为股票的公司债券的相关要求，结合自身在前期各项业务开展中积累的经验，并充分总结其他区域性股权市场可转债业务模式的基础上，探索开展可转债业务。可转债发行主体为广东省境内依法设立的公司，包括挂牌和暂未挂牌的有限责任公司、股份公司。发债规模要与实际经营情况相匹配，原则上中小微企业单次发债金额不超过 3 000 万元，行业龙头骨干企业单次发债金额不超过 1 亿元。优先选择国家重点支持行业、领域并具有一定发展潜力的企业。

（3）私募股权融资。挂牌企业可以非公开方式在广东股权交易中心进行股权性质的融资。广东股权交易中心安排专业团队，指导并协助企业确定私募股权融资规划、撰写私募股权融资商业计划书，为企业甄选符合战略目标的投资者，协助企业向意向投资者路演、推介。协助挂牌企业接受投资者尽职调查，完成私募融资相关法律文件的起草，并通过广东股权交易中心绿色通道为双方办理工商登记变更相关事项，协助投融资双方建立良好的沟通机制。

（4）股权质押融资。挂牌企业以其股东持有的一定比例股权作为债权担保，通过广东股权交易中心向银行或其他机构、个人贷款（借款）的融资活动。广东股权交易中心专业团队可受托对挂牌企业进行尽职调查，了解并评估挂牌企业融资需求，对企业股权价值进行评估，协助企业制定股权质押融资方案；中心挂牌企业股权质押融资可获得大型投资机构提供的增信，对挂牌企业股权以外的抵押（质押）物不做强制性要求。

（5）知识产权融资。广东股权交易中心与合作银行、融资担保机构、大型投资机构（VC/PE）和专业服务机构会员等共同合作，开发出"知融通""高企挂牌贷"等系列产品，为各类科技型挂牌企业提供个性化的综合性融资解决方案，科技型挂牌企业可以合法拥有的专利权、商标权、著作权等知识产权为支持，通过质押和（或）引资、入股等形式获得资金。

（6）互联网非公开股权融资。初创项目或初创企业的权益人可通过"中国青创板""高校双创板"综合金融服务平台，以线上互联网非公开股权融资、线下融资路演对接的模式，吸引专业投资机构的投资。广东股权交易中心通过业务规则设计和平台技术支撑实现创业者与投资者的投融资对接，落实所有相关的法律程序，并实现资金与权益的同步交割。

（7）银行信贷融资。广东股权交易中心为挂牌企业提供从银行获取信贷资金的全程服务，提供包括但不限于一对一融资规划、贷前调查辅导、信贷审批资料准备专属指导、协调信贷审查和审此中借款条件的确定、促进银行和借款方顺利达成借款协议、协助借款方办理相关借款手续等。

(8) 融资路演。广州科技金融路演中心、佛山市科技几人路演中心和广州新三板企业路演中心落户广东股权交易中心，广东股权交易中心充分发挥资本市场中介延伸功能，为高成长性科技型企业和新三板企业搭建了路演桥梁。同时路演平台采取"现场路演＋网上路演"方式，向全国专业投资机构、上市公司进行推介，以经济、高校、透明的方式促进投融资信息对接。

(9) 其他创新融资产品。广东股权交易中心不断创新研发投融资服务产品，完善融资服务体系，提升市场服务能力。在传统的增资扩股、定向增资股权融资及银行信贷、小贷信贷等债权融资服务基础上，根据挂牌企业实际需求，成功推出"股融通""知融通""股易贷""租易贷""股权增值贷""高企挂牌贷"，以及可转换为股票的债券、互联网非公开股权融资等创新融资产品，着力解决中小微企业融资难、融资贵的问题。

2. 财务顾问业务

广东股权交易中心根据初创期、成长初期中小微企业发展壮大过程中的各类需求，在强化基础服务和融资服务的同时，联合会员单位研究开发出系列财务顾问服务方案，为挂牌企业提供发展战略、公司治理、财务管理、内部控制、资本运作、资产及债务重组等方面的分析、咨询、解决方案设计、实施指导等综合服务。财务顾问服务项目主要包括：企业诊断、战略规划、财务规范、税务筹划、股权激励、高新申请、扶持政策申请、并购重组、股份制改造、新三板及上市辅导等。

3. 企业股改业务

广东股权交易中心为挂牌与拟挂牌企业提供企业股份制改造系列服务，建立健全中小企业有效的内部控制制度和运行机制。作为私募证券发行的唯一场所，广东股权交易中心具有综合成本低、流动性强、产品设计灵活等优势，让公司提前享受股权溢价收益。在与多家券商、资深股改服务机构达成战略合作的同时，广东股权交易中心还积极推动建设新三板推荐试点平台工作，在未来将推出转板新三板绿色通道服务，为拟股改企业提供优先辅导的通道，加速企业挂牌、上市效率。

4. 特色板块业务

广东股权交易中心根据企业的行业特色、发展阶段提供个性化综合金融服务，在挂牌基础上先后为不同类型企业打造了"华侨板""高成长板""科技创新专板""广州科技创新企业板""科技板""天使板""人才板""中国青创板""广东省高校双创板"等特色板块，通过发挥区域性股权市场的综合金融服务功能，为各类特色企业建设专属的综合金融服务创新平台。

5. 孵化培育业务

广东股权交易中心根据挂牌展示企业发展不同阶段和服务需求的个性化，不断强化全流程的综合金融服务，为企业提供全方位的孵化培育系列服务，先后推出"粤企航"品牌服务（含粤企航大讲堂、粤企航计划）及"粤融资本"系列投融资培训服务。

（三）广东股权交易中心的风险防控

1. 运营机构风险防控

针对运营机构本身是否合规经营，广东股权交易中心与证券监管部门建立协同监管机制，加强对运营机构检查。针对信息系统安全保障风险，广东股权交易中心将加大信息技术方面的投入，严格按照监管要求的规范、等级进行建设。建立核心数据异地备份制度。针对客户资金被挪用风险，广东股权交易中心将建立完善的客户资金第三方存管制度。针对产品违约引起的风险事件，广东股权交易中心将建立完善的合规、内控制度体系，按要求报备并予以公开；同时加强投资者教育，严格执行投资者适当性制度，树立买者自负、风险自担的股权文化。

2. 挂牌企业风险防控

重点防范企业以在区域性股权市场挂牌为名进行销售原始股、非法集资等各类违法及欺诈活动；监管部门建立与股交中心数据信息互联互通机制，及时了解掌握挂牌企业动态情况，抓早抓小，及时查处各类违法违规行为；运营机构加强会员机构管理，督促其履行尽职调查、辅导及相关监督职责；联合相关政府部门，建立企业黑名单制度。

3. 地方各类交易场所风险防控

对地方各类其他交易场所违规组织开展区域性股权市场相关活动，加强对地方其他各类交易场所开展区域性股权市场业务活动的检查力度，确保区域性股权市场的唯一性。

三、广东股权交易中心的功能定位与贡献

（一）广东股权交易中心的功能定位

区域性股权市场蓬勃发展，有力推动了多层次资本市场体系建设。而广东股权交

易中心作为一个区域性股权交易市场的运营机构，有其独特的功能定位。主要体现在区域性、私募性、小微性、可发行的证券品种、合格投资者制度以及中介服务。

1. 区域性

广东股权交易中心立足于广东省，省级人民政府负责审批及日常监管；依法对区域性股权市场进行监督管理，负责风险处置；指定地方金融监管部门承担对区域性股权市场的日常监督管理职责，依法查处违法违规行为，组织开展风险防范、处置工作；根据法律、行政法规、国务院有关规定，制定区域性股权市场监督管理的实施细则和操作办法；对运营机构实施监督管理，向社会公告运营机构名单，并报中国证监会备案。未经公告并备案，任何单位和个人不得组织、开展区域性股权市场相关活动。

2. 私募性

2011年，国务院下发《国务院关于清理整顿各类交易场所切实防范金融风险的决定》，规定除依法设立的证券交易所或国务院批准的从事金融产品交易的交易场所外，任何交易场所均不得将任何权益拆分为均等份额公开发行，不得采取集中竞价、做市商等集中交易方式进行交易；不得将权益按照标准化交易单位持续挂牌交易，任何投资者买入后卖出或卖出后买入同一交易品种的时间间隔不得少于五个交易日；除法律、行政法规另有规定外，权益持有人累计不得超过200人。除依法经国务院或国务院期货监管机构批准设立从事期货交易的交易场所外，任何单位一律不得以集中竞价、电子撮合、匿名交易、做市商等集中交易方式进行标准化合约交易。广东股权交易中心严格执行此规定，通过私募方式运作平台，切实防范金融风险。

3. 小微性

广东股权交易中心所服务的企业95%以上为民营中小微企业。市场准入门槛低，挂牌财务指标要求不高（股权清晰、无重大违法违规、无重大财务虚假）。而主板、中小板等公开市场门槛较高，需要证监会核准。股权转让交易不活跃，淡化流转交易、重视基础服务。

4. 证券品种限制性

区域性股权市场是为其所在省级行政区域内中小微企业证券非公开发行、转让及相关活动提供设施与服务的场所。未经国务院有关部门认可，不得在区域性股权市场发行除股票、可转换为股票的公司债券之外的其他证券。除区域性股权市场外，地方其他各类交易场所不得组织证券发行和转让活动。所以广东股权交易中心可组织股票、可转换公司债券的发行。

5. 投资者严选性

在区域性股权市场发行、转让证券的对象必须是合格投资者。广东股权交易中心同时也规定，合格投资者应当具有较强风险识别和承受能力，并符合下列条件之一：

（1）证券公司、期货公司、基金管理公司及其子公司、商业银行、保险公司、信托公司、财务公司等依法经批准设立的金融机构，以及依法备案或者登记的证券公司子公司、期货公司子公司、私募基金管理人；

（2）证券公司资产管理产品、基金管理公司及其子公司产品、期货公司资产管理产品、银行理财产品、保险产品、信托产品等金融机构依法管理的投资性计划；

（3）社会保障基金、企业年金等养老基金、慈善基金等社会公益基金，以及依法备案的私募基金；

（4）依法设立且净资产不低于一定指标的法人或者其他组织；

（5）在一定时期内拥有符合中国证监会规定的金融资产价值不低于人民币50万元，且具有两年以上金融产品投资经历或者两年以上金融行业及相关工作经历的自然人。

6. 运营机构的中介性

广东股权交易中心可以自行或者组织有关中介机构开展下列业务活动：

（1）为参与本市场的企业提供改制辅导、管理培训、管理咨询、财务顾问服务；

（2）为证券的非公开发行组织合格投资者进行路演推介或者其他促成投融资需求对接的活动；

（3）为合格投资者提供企业研究报告和尽职调查信息；

（4）为在本市场开户的合格投资者买卖证券提供居间介绍服务；

（5）与商业银行、小额贷款公司等开展业务合作，支持其为参与本市场的企业提供融资服务；

（6）中国证监会规定的其他业务。

据此，广东省政府对广东股权交易中心的三大定位为重大地方金融基础设施、重要中小微企业综合金融服务平台和省属唯一证券交易场所。广东股权交易中心的发展目标是以专业化与市场化为主线，用一到两年的时间，将广东股权交易中心打造成为全国领先、具有强大影响力和竞争力的区域市场，以完善多层次的资本市场，提高资本市场的整体水平。如图10-1所示，广东股权交易中心属于区域性股权市场的运营机构，对完善多层次的资本市场具有关键性作用。

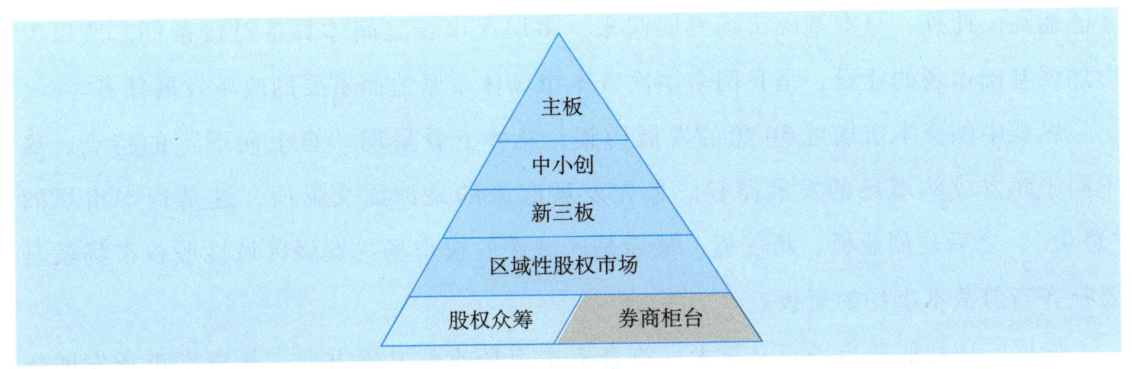

图 10-1　我国多层次资本市场

（二）广东股权交易中心的贡献

广东股权交易中心打造的区域性股权市场，对区域经济的直接贡献主要是促进了多层次资本市场的发展，提升了资本市场的整体水平，解决了企业融资难、融资贵的问题，促进了企业的发展，带动了区域的经济。下文重点阐述广东股权交易中心对建立多层次资本市场体系的贡献。

1. 完善多层次资本市场

我国多层次资本市场体系的总体框架已经构建，但市场发展不平衡、结构不合理，各个层次缺乏有机对接等问题十分突出，严重制约资本市场整体功能的发挥。当前资本市场正面临新一轮的改革，当务之急既要稳定市场、激活市场，更要立足长远，大力加强区域性股权市场等基础层次的建设，着力提升资本市场的整体水平，从根本上解决困扰资本市场的难点痛点问题。

关于中小微企业融资难、融资贵问题，有两个体制性的原因：一是资本市场资源配置功能扭曲失效。实体经济"正金字塔"和金融服务"倒金字塔"的矛盾是现实存在的，这一问题在资本市场表现得尤为明显和严重。由于不同层次市场发展极不平衡，金字塔尖的 3 000 多家上市公司占据着绝大部分的金融资源和金融服务。一家企业上市成功，仿若一步登天，各类金融服务蜂拥而至，金融的过度供给不仅不能使资源优化配置，反而造成配置扭曲和浪费。同时对处于塔基的中小微企业产生巨大的挤出效应，进一步加剧"两难"问题。二是由于企业自身不规范问题所致。中小企业公司治理失效、财务管理混乱、信息不对称十分普遍，这些问题不解决，两难问题就是"死结"，无论政策力度再大、金融中介机构再积极，"最后一公里"是无法突破的。这一问题依靠高端资本市场的横向改革、内部调整是难以达到目标的，必须通过加快基础市场建设，实现不同层次市场的均衡发展，提升资本市场的整体水平加以解决，水涨才能船高。此外，只有基础市场发展起来，多层次市场之间才具备对接条件。所以大力加强基础市场的建设，是我国多层次资本市场体系紧迫而重要的改革发展任务。

纵观中国资本市场近30年的发展历程，总体上看呈现"自上而下"的特点，这不同于西方成熟市场的发展路径。最先发展起来的是沪深交易所，这是资本市场的"塔尖"，之后是创业板、新三板，最后是区域性股权市场。发展区域性股权市场就是要补齐当前资本市场的短板。

发展区域性股权市场意义重大，符合资本市场改革发展方向，是资本市场发展新的历史使命的必然要求。其重大意义体现在：一是可以补齐资本市场功能短板，提高资本市场服务覆盖面；二是促进中小微企业完善公司治理，提升规范水平，从源头上解决中小微企业融资难、融资贵问题；三是有助于完善多层次资本市场体系，促进资本市场资源配置功能有效发挥；四是促进构建地方金融体系，成为地方政府推动金融服务实体经济的重要抓手。

2. 助力多层次资本市场的建设

广东股权交易中心的建设大大促进了我国多层次资本市场的发展。截至2019年6月30日，广东股权交易中心有挂牌展示企业14 803家（其中挂牌3 612家，展示11 191家），托管公司总数3 703家，累计实现融资总规模1 120亿元，中介机构会员总家数841家，合格投资者开立账户的投资者总数为10 805户，各项综合指标上都走在全国前列。

广东股权交易中心自成立以来，实现了快速发展，并取得了重大突破，一定程度上促进了多层次资本市场的建设，其成果为：形成较强的市场影响力，市场规模位居全国前列；服务企业数量第一（不含异地挂牌）、融资总额第一；培育新三板挂牌企业130余家。市场化运作机制扎实，创新能力突出，率先提出有限公司挂牌；形成先挂牌、后收费的服务理念；率先推出大学生青年创业板，17个省市参与；与商业银行等金融机构合作推出"股融通"系列纯股权质押产品；形成知识产权质押融资"佛山模式"。企业服务体系完善，特色板块建设成果显著，如基础服务、融资服务、财务顾问服务；企业路演体系；科创企业全生命周期的精准服务体系。

此外，广东股权交易中心在广东全省设立20多个服务基地及运营中心。省、市、区、镇30多个政府职能部门建立合作，开展特色板块建设和企业服务对接。省级：团省委、发改、金融、经信、知识产权、教育厅。市级：科创委、金融局。区级：顺德、南海、禅城、广州开发区等。另外还包括汕头、中山、肇庆、惠州、江门、东莞等市。

挂牌展示企业覆盖广东省全部地级市（数据截至2019年6月30日），全省服务格局初步形成，如表10-4所示。可见，区域性股权市场的建设，使得区域内的大量企业获得了与其自身风险相适应的融资，促进了区域内企业的发展，进而促进了区域经济的发展。

表10-4 各地区挂牌企业数量示意表

区域	挂牌企业数
广州	6 324
佛山	2 964
东莞	242
中山	442
惠州	103
深圳	450
珠海	232
江门	62
阳江	16
云浮	43
肇庆	64
茂名	25
清远	114
韶关	49
湛江	233
河源	36
汕尾	5
梅州	61
汕头	629
揭阳	15
潮州	29
合计	12 138

资料来源：广东股权交易中心。

四、广东股权交易中心的未来展望

（一）建立高效的交易机制

广东股权交易中心的交易活跃度不够。整体来看，区域股权交易市场的交易机制总体较为单一，多数采用的是协议转让交易方式。对比国外资本市场及场内资本市场的运行规律，做市商制度是多被采用的交易机制。对于场内资本市场而言，场外市场中的挂牌企业在转让股份时价格一般较高。同时，区域性股权交易市场投资者以机构投资者为主，投资者数量和规模还有待进一步扩大，这导致该市场内的交易相对不活跃。在区域性股权交易市场挂牌的企业多是小微企业，领域多，数量多，且企业质量参差不齐，就投资者而言很难或者说需要花费太多精力甄别优质企业，投资难度大。在投资渠道众多的情况下，从监管和披露信息的完整性来看，无疑首选主板、中小板、创业板。股权交易市场活跃不活跃，并不取决于当地政府的鼓吹和推动，而是资本起决定性作用。资本是逐利的，并且要求快速兑现，但众多区域性股权市场缺乏这两种优势。建议创新交易制度，除了协议转让制度外，还可以考虑加入竞争制度，同时加入做市商制度，合理评估挂牌企业价格，创新各种制度以增加区域股权交易市场活力。

（二）大力推动企业挂牌

大力推动企业挂牌，促进广东中小微企业转型升级。目前，广东省正处于以更大作为实现"四个走在全国前列"的历史节点，粤港澳大湾区建设、自由贸易试验区深化改革都需要建立与之相适应的资本市场体系，也为广东股权交易中心今后的发展提供了巨大的空间。2018年11月，继上交所"科创板"推出后，国务院常务会议随即决定，要求和鼓励广东等八个全面创新改革试验区的区域性股权市场设立"科技创新专板"，以形成资本市场服务科技创新企业的多层次机制。目前，广东股权交易中心已向省政府提交建设"广东科技创新专板"建设方案，省政府办公厅正在征求各部门意见。下一步，广东股权交易中心将充分利用广东省经济金融资源优势，在省、市金融监管机构和各级政府部门的支持、指导下，以"科技创新专板"建设为引领，在基础设施建设、业务创新、政策服务等方面不断优化提升，围绕普惠金融、产业金融、科技金融等领域重点发力，强化融资服务能力建设，拓宽企业直接融资渠道，完善全省服务布局，探索开展"先挂牌后上市"孵化培育模式，力争用两年左右时间，把广东股权交易中心打造成为全国领先、具有强大影响力和竞争力的区域股权市场，为广东高质量发展提供强有力金融支撑。

（三）充分发挥扶持政策综合运用平台功能

充分认识推动区域性股权市场加快经济发展的重要作用，加大政策支持力度，打造资本市场广州名片。发挥市场基础功能，引导更多优质企业进入市场，并推动金融机构、类金融机构、股份公司托管股权，规范股权管理，防范风险。夯实地方政府扶持中小微企业发展政策综合运用平台的功能。

区域性股权市场是地方政府批准设立并在它的主导下建立起来的，是地方重要的金融基础设施，也是扶持中小微企业的政策综合运用平台。"中央军"有"中央军"的优势，"地方军"有"地方军"的优势。有的时候需要中央支持地方，有的时候也需要地方支持中央。区域性股权市场的服务对象是广大的中小微企业，有利于促进创新创业，助推地方经济转型，社会意义和经济意义都是很大的。目前一些地方出台了不少的政策支持措施，比如对挂牌企业补贴、管理政策引导基金等，取得了一些成效。这方面，协会可以搜集一下共享，及时更新，各地都要相互学习借鉴，尽快出台措施，把政策用足，为市场化运用贴息、担保、投资这些政策提供支持，在工商登记、税收优惠、财政补贴、人才土地等方面，要形成区域性股权市场的政策高地。区域性股权市场应该在省级行政区域内，开展必要的业务宣传。同时也推动地方宣传部门正面的引导，全面介绍区域性股权市场的功能作用，市场定位、运行情况，服务当地小微企业的典型案例，营造良好的外部环境。总之，区域性市场要依靠地方政府，聚集地方金融要素，搭建以股权融资为核心的综合金融服务平台。为中小微企业提供股权融资转让、路演宣传、培育孵化、咨询辅导全方位一揽子的金融服务，同时为地方经济的发展作出应有的贡献。

第十一章　地方产权交易中心案例

案例一　广东联合产权交易中心

一、交易平台以及交易双方背景

广东联合产权交易中心成立于2017年5月，是广东省国资委、金融办根据省委省政府的决策部署，整合广东产权市场资源组建的全省统一的产权交易平台。联合产权交易中心成立两年来，按照"统一信息发布、统一交易规则、统一交易系统、统一收费标准、统一交易监管、统一交易鉴证"的要求对全省产权市场进行了有效整合，与南方联合产权交易中心、深圳联合产权交易所、广州产权交易所、珠海产权交易中心形成"1+4"全省统一的市场体系，为企业提供产（股）权交易、资产处置、增资扩股、国企投行、融资服务等一揽子综合性产权交易服务。

2018年联合产权交易中心共完成国有资产交易551.36亿元（国务院国资委统计口径），规模跃居全国第三，成功完成了广物房地产股权转让、珠海华发增资、深国际联合置地增资等一大批重点股权转让、增资项目，在促进国有资本有序流转、助推国企混合所有制改革、服务粤港澳大湾区发展等方面发挥了重要作用。

目前，联合产权交易中心正积极建设完善符合产权交易资本市场的服务体系和市场体系，牵头设立"一带一路"产权交易市场专业分会，打造辐射全国的基础类、权益类、国家级产权交易平台。

2018年3月,广东省物资产业(集团)有限公司(以下简称物产公司或转让方)所持"广东广物房地产(集团)有限公司45%股权及相关债权"项目,在南方联合产权交易中心(以下简称南方产权)的组织下,通过广东联合产权交易中心公开挂牌转让。项目的网络竞价环节历经15小时鏖战、497轮报价,最后由标的企业原股东行使优先购买权成为最终受让方,成交价格达510 248万元,这场备受地产行业关注的"广物地产股权"之战也随之尘埃落定。本次转让也成为南方产权近年来国资产权交易竞拍次数最多、历时最长的项目。

广东广物房地产(集团)有限公司(以下简称广物地产)是广东省国资委监管企业广东省广物控股集团有限公司(以下简称广物控股)的三级子企业,是一家专注于房地产开发的大型企业,主要经营住宅房地产、商业及办公写字楼物业开发。广物地产业务根植广州,深耕海南,辐射泛珠三角区域,土地储备面积超过1 000万平方米。经过多年努力,广物地产已成长为一家成熟且专业化程度较高的房地产企业,被业界誉为"起步最短、发展最快、功能最齐、潜力最大"。受近年房地产政策调控、地产市场急剧变动、行业资金监管进一步趋紧等宏观环境因素影响,广物地产的经营业绩增长出现下滑,整体融资环境不容乐观,企业后续发展需要更强有力的支持。同时,广物控股为广物地产约37亿元债务提供了融资担保,承担着较大的金融风险,国有资产保值增值压力较大。

根据《中共广东省委广东省人民政府关于进一步深化国有企业改革的意见》《广东省人民政府办公厅关于深化省属国有企业改革的实施方案》《省属国有企业结构调整优化方案》等系列文件的精神,调整国有资本布局结构、做强做优国有企业、增强企业活力成为国企改革的重中之重。为响应广东省委、省政府、省国资委关于国企主业结构调整的战略部署,实现混合所有制下国有资本在充分竞争领域的长远发展,广物控股研究决定有序退出传统住宅类房地产领域、启动广物地产股权转让工作。

二、交易平台操作

(一) 项目初期准备

1. 风险防控

早在项目接洽初期,南方产权已成立专项工作小组与转让方对接,小组成员覆盖交易、法务、风控、信息技术等方向，务求在每个交易细节上进行全方位思考，给予转让方更多专业的意见。同时，专项工作小组对项目的重点、难点进行了梳理，针对原股东部分股权被查封、标的转让形式、广物控股担保责任解除、原股东优先购买权行权方式、重大瑕疵披露等关键风险点，逐一与转让方进行分析、细化，抓住工作重点，有效提升工作效率。

2. 尽调服务

广物地产成立至今，拥有全资或控股子公司共60多家，涉及的尽调资料繁多，增加了项目尽职调查工作的难度。南方产权协助转让方对提供的尽调资料进行分类整理，并建议转让方同时提供纸质及电子文档材料，以便意向受让方进行查阅。此外，南方产权还专门为意向方提供尽调场地、办理尽调保密手续，并派专职人员留守现场、为意向方答疑，发现不清晰的地方及时向转让方反馈，落实具体情况。

（二）转让项目方案

1. 优先购买权

第一，原股东优先购买权是法律赋予原股东的权利，优先购买权行权时间对整个交易能否顺利完成有重大影响。鉴于广物地产原股东不放弃优先购买权，南方产权在与转让方沟通讨论并综合考虑各方因素后，建议转让方与各原股东提前充分沟通，就优先购买权的行权时间进行共同决策，形成一致意见，尽可能缩短通知、传递、回复等后续行权环节，加快推进交易进程。广物地产于2018年2月9日召开了股东会，并经决议通过，约定本次交易优先购买权行权时间。如形成竞价的，应在竞价活动结束次日起5个工作日内以书面方式确认是否行使同等条件下的优先购买权；如采用协议转让方式，应在出具通知书次日起5个工作日内以书面方式确认是否行使同等条件下的优先购买权。如未在约定时间内行使同等条件下的优先购买权，则视为放弃优先购买权。

第二，根据《最高人民法院关于适用〈中华人民共和国公司法〉若干问题的规定（四）》，适用《公司法》第七十一条第二款、第三款或者第七十二条规定的"书面通知""通知""同等条件"时，可以参照产权交易场所的交易规则。为此，南方产权协转让方据广物产股东会决议设定优先购买权行权方式，并在转让信息披露中作详细公告。转让方将合格意向受让方在网络竞价系统当中的最高受让报价书面告知原股东，征询原股东是否行使优先购买权。

根据有关约定，原股东应在转让方出具征询函次日起 5 个工作日内以书面方式确认是否行使同等条件下的优先购买权，否则视为放弃优先购买权。在受让报名环节要求意向受让方对信息披露内容、相关交易制度等进行书面确认，确保交易各方清楚知晓整套交易流程及相关规则，降低后续纠纷风险。

第三，为最大限度地发现市场价值、实现国有资产保值增值，本次交易采用"自由竞价＋限时竞价"的网络竞价方式。同时，鉴于为给予非原股东竞买人充分报价的机会，竞价中特别设置了"追加报价"环节，具体操作方式如下：限时竞价阶段结束、产生非原股东最高报价竞买人后，竞价系统立即进入追加报价环节；非原股东最高报价竞买人在该环节拥有一次提高报价机会，加价幅度不受限制，报价时限为 5 分钟；非原股东最高报价竞买人在追加报价环节中的最终报价视为本次网络竞价的最高受让报价。经非原股东最高报价方确认后，转让方将该报价书面告知原股东，征询原股东是否行使优先购买权。

2. 债权债务关系

鉴于广物地产所处房地产行业特殊性，企业债权债务关系较复杂，既涉及担保类型的或有负债，也涉及以资管计划为通道的债权债务投资。同时，广物控股为标的企业及其对外投资公司的银行贷款和其他融资行为提供了约 37 亿元的担保，房地产融资担保风险较高。南方产权协助转让方厘清债权债务关系，并在转让方案中设置对相关金融债权债务及担保的承接义务。具体包括：受让方须以承诺保本保息的方式，承接相关资管计划的劣后级份额（原为广物控股持有，属于间接担保的资金）；受让方须在签订产权交易合同后受让相关资管计划的优先级份额（原为第一创业公司持有，属于标的企业的债务），并提供三份无条件不可撤销银行履约保函（合计金额不低于 65 亿元），同时解除广物控股的相关债务；广物地产涉及的韶关"三旧"改造项目的未分配利润作为债权，一并转让给受让方。

3. 转让结果

项目推进期间，南方产权通过预披露、网站平台、会员渠道、微信平台、投资者信息平台等方式对项目进行线上线下重点推介，吸引了多房地产业投资者的关注。通过广泛的市场发动，最终征集到碧桂园、保利、阳光城、卓越集团等国内多家龙头房企参与竞价。该项目竞价活动于 2018 年 3 月 16 日上午 10 时开始，转让底价为 357 548 万元，经历 15 小时的持久战，最终报价为 510 248 万元，项目溢价率达 42.7%。

三、案例启示

广物地产股权债权的顺利转让,为新时代背景下国有资本深入推进改革、退出非主营业务、实现结构布局调整提供又一成功案例。从项目引进、准备、挂牌到最终的竞价成交,可以得到以下启示:

一是依法合规保障原股东优先购买权,充分披露行权式,尊重非优先购买权竞买人报价权。在本次交易中,优先购买权的行权时间、方式由各股东自行决策并完整全面予以公告,在符合法律规定前提下操作更加灵活,大幅提高行权效率,为项目顺利推进奠定良好基础。通过网络竞价中特设"追加报价",保障项目充分竞价,有效提高了竞价增率,兼顾各方利益诉求,实现国资最大化增值,进一步发挥市场的资源配置作用。

二是产权交易机构是国资国企优化资债结构、提升企业竞争力的主要平台。交易前,转让方的股东(广物控股)为广物地产及其对外投资公司的银行贷款和其他融资行为提供了约37亿元的担保,承担着较大的金融风险。通过本项目的挂牌转让,广物控股及物产公司成功剥离原有担保责任、转移或有金融风险,大大降低企业杠杆率,企业资债结构得到进一步优化,通过"瘦身健体"获得更健康的"体魄",进一步提升国有企业克争力,实现"降杠杆、保增长、促发展"的战略目标,为企业调整产业结构实现型升级提供"催化剂",为企业可持续健康发展提供"助推器"。

三是作为中国资本市场的重要组成部分,产权交易机构是推进国资国企改革的重要渠道。物产公司在2007年以450万元的价格投资广物地产,通过本次公开交易,回收资金510 248万元,股权投资回报率达到1 100多倍,广物控股及物产公司的现金流得到极大提升,成功实现国有资产最大化增值。根据《关于深化国有企业改革的指导意见》(中发〔2015〕22号)的精神,产权市场的资本市场属性正式在国家顶层设计层面得以确立,为产权市场指明了发展方向。在国家大力推动供给侧结构性改革的时代背景下,随着国资、国企改革的深入推进,产权资本市场作为与证券市场并列的资本市场重要组成部分,其交易内容日益多元化,投融资服务能力不断提升,将充分发挥产权流转、市场融资、资产配置三大功能,持续为国有资本布局的优化调整、做优做强国有企业提供全方位和强有力的支撑,为国资国企高质量发展、创新驱动发展保驾护航。

案例二　广州碳排放权交易所

金融衍生工具类的民间金融除了传统的大宗商品期货、期权交易之外，随着近几年的发展，又进一步衍生出了一些新型民间金融工具，它们主要是基于国家政策支持，用于解决某种社会问题的衍生金融工具。

"碳排放权"金融交易，又称为"碳金融"，属于地方金融范畴，是为了贯彻落实国家生态文明建设，区域环境保护，控制区域内企业或个人碳排放量，把"碳排放"变成一种规范通用的可以在市场上购买的商品，无碳排放权利的企业或个人不得随意排放二氧化碳。随着更多的企业与个人参与，线下交易效率太低，已经不能满足企业与个人的正常碳排放需求，广州碳排放权交易所应运而生。

本案例将从概述及发展历程、业务运作、对区域经济的贡献、未来展望四个方面展开分析广州碳排放权交易所。

一、广州碳排放权交易所概述及发展历程

（一）概述

1. 环境权益交易背景

近年来，伴随着我国经济的飞速发展和城镇化水平的持续提高，气候变化、环境污染、能源短缺、资源匮乏等问题日趋凸显，已经严重制约着城市高质量、可持续发展，在很大程度上影响了人们满足美好生活的需求。因此，新时代城市高质量发展必须树立和践行绿水青山就是金山银山的理念，将生态环境保护和能源资源节约提升到城市发展战略的高度，纳入城市运营的核心工作中，实现经济效益、社会效益和环境效益的统一。

市场化机制作为一种资源配置高效、体系设计灵活、更有助于激发企业自主性的管理工具，越来越多地被用于破解环境、能源、资源领域的问题。我国《国民经济和社会发展第十三个五年规划纲要》提出，建立健全排污权有偿使用和交易制度，建立健全用能权、用水权、碳排放权初始分配制度，创新有偿使用、预算管理、投融资机制，培育和发展交易市场。国务院印发的《生态文明体制改革总体方案》中较为详细

地阐释了推进用能权交易制度、碳排放权交易制度、排污权交易制度和水权交易制度的内容。这些都为构建多层次环境权益交易市场提供了必备的顶层政策支撑。

2. 碳交易市场定义与发展

碳交易市场，顾名思义就是把以二氧化碳为代表的温室气体视作"商品"，通过给予特定企业合法排放权利，让二氧化碳实现自由交易的市场。

根据经济学相关理论，碳交易市场包括碳供给方与碳需求方。如图11-1所示，随着市场价格的上升，出售碳资产被认为是有利可图的，企业愿意向碳市场投入更多碳权，因此碳供给曲线（S）是向上方倾斜的；碳供给量增加，由于市场价格越高，使用碳成本越高，就会减少企业生产，碳需求下降，因此碳需求曲线（D）是向下倾斜的。

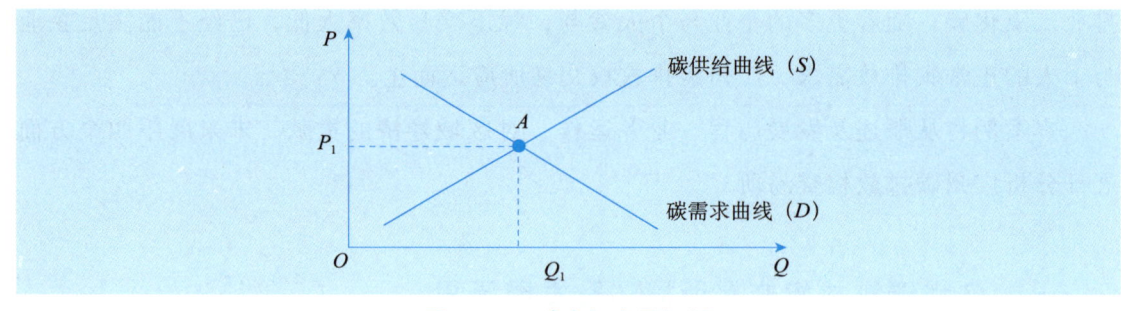

图11-1　碳市场交易机制

再来看价格的变动导致的市场的自我调节机制。碳市场交易价格由供给方与需求方相互力的大小来决定，在A点的右侧，碳供给曲线（S）在碳需求曲线（D）的上方，供过于求，为买方市场，碳价格下降；在A点的左侧，碳供给曲线（S）在碳需求曲线的下方，供不应求，为卖方市场，碳价格上升。碳价格波动会导致市场供求发生变化，直至达到A点，碳供给等于碳需求，市场出清，此时碳价格为均衡价格。

专栏11-1

碳供给方与碳需求方相关概念

碳供给方包括项目开发商、减排成本较低的排放实体、国际金融组织、碳基金、各大银行等金融机构、咨询机构、技术开发转让商等。碳需求方包括履约买家（减排成本较高的排放实体）与自愿买家（出于企业社会责任或准备履约进行碳交易的企业、政府、非政府组织、个人）。

现在国际倡导降低碳排放量,各个国家有各自的碳排放量,就是允许排放碳的数量,相当于配额。有些国家(如中国),实际的碳排放量可能低于分到的配额,或者环保做得好的国家实际的碳排放量低于配额,那么这些国家可以把自己用不完的碳排放量卖给那些实际的碳排放量大于分到的配额的国家。欧盟排放权交易体系(EU-ETS)于 2005 年 4 月推出碳排放权期货、期权交易,碳交易被演绎为金融衍生品。2008 年 2 月,首个碳排放权全球交易平台 BLUENEXT 开始运行,该交易平台随后还推出了期货市场。其他主要碳交易市场包括英国的英国排放交易体系(UKETS)、澳大利亚的澳大利亚国家信托(NSW)和美国的芝加哥气候交易所(CCX)等,它们也都实现了比较快速的扩张。加拿大、新加坡和日本也先后建立了二氧化碳排放权的交易机制。

专栏 11-2

国际碳交易平台网站链接汇总

欧盟排放权交易体系(EUETS):https://www.emissions-euets.com/

碳排放权全球交易平台(BLUENEXT):http://www.bluenext.com/

英国排放交易体系(UKETS):http://ukets.org/

澳大利亚国家信托(NSW):https://www.nationaltrust.org.au/

芝加哥气候交易所(CCX):http://www.ChicagoClimateExchange.com/

3. 案例主体介绍

广州碳排放权交易所(以下简称广碳所)的前身为广州环境资源交易所,于 2009 年 4 月成立,广碳所由广州交易所集团独资成立,致力于搭建"立足广东、服务全国、面向世界"的第三方公共交易服务平台,为企业进行碳排放权交易、排污权交易提供规范的、具有信用保证的服务。广碳所由广东省政府和广州市政府合作共建,正式挂牌成立于 2012 年 9 月,是国家级碳交易试点交易所和广东省政府唯一指定的碳排放配额有偿发放及交易平台。2016 年 4 月,广碳所上线了全国唯一一个为绿色低碳行业提供全方位金融服务的平台——"广碳绿金",有效整合了与绿色金融相关的信贷、债券、股权交易、基金、融资租赁和资产证券化等产品,打造出多层次绿色金融产品体系。

发展至今,平台成就突出。以 2018 履约年度为例,广东碳市场配额交易量为

4 991.05 万吨,交易金额为 8.37 亿元,较 2017 履约年度同比增长 164.15% 和 243.22%,均居全国首位。广东碳市场配额交易量和交易金额占全国各碳市场总量的 56% 和 46%,较 2017 履约年度占比增加 25.94 个和 25.78 个百分点。全国各碳市场 2018 履约年度交易总量为 8 912.14 万吨,交易金额为 18.19 亿元,较 2017 履约年度同比增长 41.80% 和 50.89%,广东碳市场交易量额增速高于全国水平。

专栏 11-3

履约年度相关概念

履约年度是指管控单位在规定的截止日期前向主管部门提交等同于其上一年度实际碳排放量的配额或者可使用国家核证自愿减排量以抵消其上一年度一部分的碳排放的行为(配额清缴)。每年 6 月 30 日之前,各试点地区的重要排放单位,须在当地主管部门规定的期限内,按实际年度排放指标完成碳配额清缴,否则将依法进行处罚。履约通常以一个自然年作为周期,并在年中对上一年情况进行核查,这标志着碳市场上一年运行的结束,也是对其机制的总结与检验。

目前,广碳所正全力建设环境能源综合交易服务平台,绿色金融综合服务平台、碳普惠制平台等多个重要平台,为"加快转型升级、建设幸福广东"以及广州打造国家碳金融中心城市提供支撑与动力,为全面深化绿色发展和建设生态文明提供保障。

(二)发展历程

广州碳排放交易所发展已 10 年有余。前身为广州环境资源交易所,在国家发改委同意广东等五省开展碳排放交易试点工作后,正式改名为广州碳排放交易所,发展期间不断进行创新和突破,取得了重大成就,不仅碳交易主营业务成交量取得进一步突破,而且不断开拓创新碳交易市场与业务,由对公业务发展到私人碳交易,由线下交易发展到网上交易,由局部地区扩散到了周边城市。广州碳排放权交易所发展历程(2008—2019 年)具体如表 11-1 所示。

表 11-1　　　　　广州碳排放权交易所发展历程(2008—2019 年)

时间	主要事件
2008 年 1 月起	广州产权交易所着手筹建广州环境资源交易所
2009 年 6 月 30 日	广州环境资源交易所正式挂牌运营

续表

时间	主要事件
2009年7月19日	国家发展与改革委员会发出通知,确定首先在广东等五省八市开展试点工作启动低碳省区和低碳城市试点
2011年10月29日	国家发改委办公厅发出通知,同意广东省等两省五市开展碳排放权交易试点
2012年7月10日	广东省政府批复同意广州碳排放权交易所注册设立
2012年9月7日	广东省人民政府印发《广东省碳排放权交易试点工作实施方案》,明确广州碳排放权交易所是广东省碳排放权交易平台
2012年9月11日	广东省碳排放权交易试点启动暨广州碳排放权交易所揭牌仪式在广州联合交易园区举行。国家发展改革委副主任解振华、广东省省长朱小丹等领导为广州碳排放权交易所揭牌。同日,解振华副主任、广东省副省长徐少华参观广州碳排放权交易所并为广东省碳排放权一级市场正式启动鸣锣
2013年12月19日	广东省碳排放权二级市场交易正式启动。当日总成交量为120 029吨,累计成交金额722.174万元
2014年6月5日	广东碳市场正式启动个人碳交易。当天共成交188 050吨碳配额,成交金额达1 128.4万元
2014年12月24日	广州碳排放权交易所推出国内首单碳排放配额抵押融资业务
2015年3月9日	广碳所顺利完成国内第一单国家核证自愿减排量(CCER)线上交易
2015年9月16日	广碳所正式推出广东省碳排放配额回购交易业务,进一步打造广州碳排放权交易所模式的一站式碳金融综合解决方案
2016年1月20日	广州碳排放权交易所与清远市人民政府在清远签署全面推进碳市场合作协议
2016年6月1日—3日	国内首个碳金融方面的专业培训项目——"碳金融师"培训在广州碳排放权交易所举行
2016年6月13日	广州碳排放权交易所公布指定开户代理机构及联系方式(第一批),正式启动代理开立自营账户业务
2018年1月19日	研究发布的中国碳市场100指数荣获广州公共资源交易中心2017年度创新项目一等奖
2018年3月21日	正式搬迁至广东绿色金融改革创新试验区广州绿色金融街
2019年3月22日	广东碳市场配额累计成交量突破亿吨大关,标志着广东成为国内首个成交量突破亿吨的试点碳市场

资料来源:广州碳排放权交易所。

二、广州碳排放权交易所业务运作

(一)主营业务运作

从全社会生产的角度来看,碳排放权交易的流程主要是:碳排放配额(GDEA)发放—生产活动[根据GDEA配额生产,同时可使用国家核证自愿减排量(CCER)和省级碳普惠核证减碳量(PHCER)进行配额抵减]——剩余未使用GDEA上市交易或结转至下一履约年度。

专栏 11-4

GDEA、CCER、PHCER 与碳普惠制相关概念

广东省碳排放配额（GDEA）是指纳入广东省碳排放管理和交易的企业每年所分配到的在实际生产过程中所能产生的最大碳排放配额量，超过配额的控排企业可以从广州碳排放权交易所交易平台上购买其他企业剩余配额，相应企业若存在剩余配额也可以在交易平台上市交易。在 2018 年以后，配额发放实行部分免费发放与部分有偿发放，其中有偿发放的比例不超过 5%，采用不定期竞价发放的形式。

国家核证自愿减排量（CCER）是指依据国家发展和改革委员会发布施行的《温室气体自愿减排交易管理暂行办法》的规定，经其备案并在国家注册登记系统中登记的温室气体自愿减排量，即通过实施项目削减温室气体而获得的减排凭证。具体来说，控排企业可以通过采用新能源等方式自愿减排，这种自愿减排量经过国家认证之后，就可以称为 CCER。它可以在控排企业履约时用于抵消部分碳排放使用，不仅可以适当降低企业的履约成本，同时也能给减排项目带来一定收益，促进企业从高碳排放向低碳化发展。因此，CCER 抵消使用对于全国碳市场建设有着重要的意义。

广东省碳普惠核证减碳量（PHCER）是指广东省纳入碳普惠制试点地区的相关企业或个人自愿参与实施的减少温室气体排放和增加绿色碳汇等低碳行为所产生的核证自愿减排量。相关企业或个人申请参与碳普惠试点活动后，应承诺不再重复申报国家核证自愿减排量（CCER）。

碳普惠制是指运用相关市场机制，通过社会广泛参与促使减少温室气体排放及增加碳汇行为的制度，包含碳普惠行为的确定、碳普惠行为产生减排量的量化及获益等环节，碳普惠制核证减排量的单位：二氧化碳当量。经广东省各地自愿申报和评选，首批纳入广东省碳普惠制试点地区分别是：广州、东莞、中山、惠州、河源、韶关六个市。

通过对碳权分配及使用流程的概述，我们对广州碳排放权交易所的主营业务有了一定的了解，上述提到的广东省碳排放配额（GDEA）、国家核证自愿减排量（CCER）、广东省碳普惠核证减碳量（PHCER）都可以通过平台进行交易。主要相关设施包含交易大厅、数据中心、信息发布系统、交易系统、结算交收系统等与交易相关的支撑体系。

广州碳排放权交易所的交易大厅主要负责碳排放权的日常交易,其主要组成部分有:交易参与人、交易标的与规格、交易时间、交易方式、交易费用、开收盘价与涨跌幅等,以下将详细介绍这几部分。

1. 交易参与人

交易参与人是指在广碳所进行碳排放配额交易的各方参与人,交易参与人主要由控排企业、单位和新建项目企业组成,其他符合规定的投资机构、其他组织和个人也可参与交易。交易参与人既可以是碳供给方,在平台上出售剩余碳排放权,也可以是碳需求方,在平台上购买碳排放权以获得超量碳排放权利。

此外,广州碳排放权交易所主要采取会员制管理,交易参与人应成为广碳所会员或委托广碳所会员参与交易。会员是指根据有关规定,经广碳所审核批准,有权在广碳所从事碳排放权交易及其他相关业务的机构或个人。

只要申请成功成为机构会员或者个人会员,且具备开展业务一定的资质,都可以在交易平台开展以下五种业务:自营业务,即按规定在广碳所利用自有资金和依法募集的资金,或自有碳排放权,以自身名义开设的交易账户参与碳排放权交易的业务;经纪业务,即按规定为机构和个人在广碳所办理开立碳排放权交易账户的业务;托管业务,即按规定接受委托方委托在广碳所代为持有或交易碳排放权的业务;公益业务,即按规定购买碳排放权并自愿注销的业务等。

2. 交易标的与规格

广州碳排放权交易平台交易标的、交易单位、报价单位、最小交易量、最小价格波动单位如表 11-2 所示。

表 11-2　　　　　　广州碳排放权交易平台交易标的与规格

	执行标准
交易标的	广东省碳排放配额(GDEA)
	国家核证自愿减排量(CCER)
	广东省碳普惠核证减碳量(PHCER)
交易单位	吨二氧化碳(tCO_2)
报价单位	元/吨(保留小数点后两位)
最小交易量	1 吨
最小价格波动单位	0.01 元/吨

资料来源:广州碳排放权交易所。

3. 交易时间

如表 11-3 所示,广州碳排放权交易所为上午两小时,下午两小时合计四个小时的交易时间,已足够满足交易双方的日常交易需求,规定交易时间有利于更好地控制碳交易价格的波动所带来的风险,交易双方也有足够的时间进行选择与匹配,同时也有利于交易系统的正常维护。

表 11-3　　　　　　　　　广州碳排放权交易所交易时间

交易日	交易时间		注意事项
周一至周五	9：30—11：30	13：30—15：30	以交易系统服务器时间为准,国家法定节假日和广碳所公告的休市日休市

资料来源：广州碳排放权交易所。

4. 交易方式

根据交易量大小与交易对象的不同,平台交易方式主要分为挂牌点选与协议转让两种方式。

(1) 挂牌点选。挂牌点选是指交易参与人提交卖出或买入挂单申报,确定标的数量和价格,意向受让方或出让方通过查看实时挂单列表,点选意向挂单,提交买入或卖出申报,完成交易的交易方式。

交易参与人向交易系统提交挂牌点选交易挂单申报,征集意向受让方或意向出让方。挂单申报需提交交易标的的代码、数量、单价、买卖方向等信息。申报完成后对应的交易标的或资金会被冻结,并进入挂单队列。

意向受让方或意向出让方查看实时挂单列表,点选意向挂单,提交申报完成交易。根据"价格优先、时间优先"的原则,意向受让方只可点选价格最低的卖出挂单,意向出让方只可点选价格最高的买入挂单。成交价为挂单申报报价,成交数量为卖出或买入申报数量。

未成交的挂单申报可随时撤销,部分成交的挂单申报可随时撤销未成交部分,并重新提交挂单申报。

(2) 协议转让。协议转让是指非个人类交易参与人通过协商达成一致并通过交易系统完成交易的交易方式。交易参与人采用协议转让的,其单笔交易数量应达到10万吨或以上。

协议转让交易中,申报价格应不高于前一个交易日收盘价的130%,不低于前一个交易日收盘价的70%。

交易参与人向交易系统提交协议转让交易挂单申报,挂单申报除需提交交易标的代码、数量、价格和买卖方向等信息外,还应录入意向方信息。经意向方在系统中确认并由广碳所审核后成交。

协议转让的成交价格不纳入广碳所即时行情,成交量在交易结算后计入当日配额成交总量。

5. 开盘价、收盘价、涨跌幅及交易费用

(1) 开盘价。广碳所当日开盘价为挂牌点选交易方式前一交易日的收盘价。

(2) 收盘价。日开盘后9:30:00—9:31:59内的挂牌点选成交不计入当日收盘价。当日9:32:00后(含)的挂牌点选成交数量小于100吨(含)时,收盘价以当日开盘价为收盘价;当日9:32:00后(含)的挂牌点选成交数量大于100吨时,收盘价为挂牌点选当日9:32:00后(含)所有成交的加权平均价。

(3) 涨跌幅。采取挂牌点选交易方式的成交价格须在开盘价±10%区间内。

(4) 交易费用。为培育市场,在广东省碳排放权交易试点期内,交易经手费按交易总金额的5‰双向收取。

专栏11-5

交易平台展示

如图11-2所示,左图为2019年9月9日星期一(已收市)碳配额交易实时行情数据,右图为对应这一天的中国碳市场100指数波动。从图中可以看出,碳排放交易价格的开盘价为25.96元/吨,收盘价为26.93元/吨,这一天有约1元/吨的涨幅,证明碳市场具有一定的活跃性。从这一天我们可以看出,中国碳市场100指数在不断上升。

最新配额成交行情 (2019-09-09)			
成交数量:	3 582吨	成交金额:	89 571.6元
开盘价:	25.96元	最高价:	26.95元
最低价:	24.01元	当前价:	26.93元
涨跌:	0.97元	涨跌幅:	3.74%

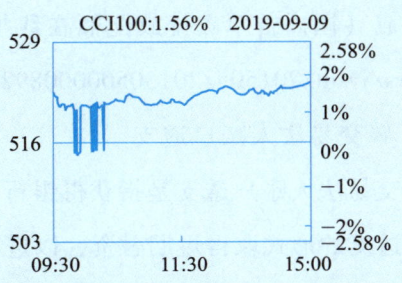

图11-2 碳配额交易实时行情(左)、中国碳市场100指数(右)

虽然碳交易成交金额远远比不上主板市场交易,但碳市场的发展是可期的。中国碳市场100指数是以拟纳入全国碳市场管控的行业上市公司为样本,经本指数方法学挑选出的绿色表现良好的企业,可为投资者进行绿色投资提供参考,进而激励参与中国碳市场的企业更多地进行环境信息披露并提高绿色表现水平。

(二) 衍生业务运作

在严格遵循有关法律法规，按照省、市政府和发改委的管理和指导，广碳所陆续推出碳资产质押、抵押融资、碳交易法人账户透支、配额回购、配额托管、远期交易等创新型碳金融业务，为企业碳资产管理提供灵活丰富的途径。

1. 碳资产质押、抵押融资

碳资产质押/抵押贷款，是指企业以已经获得的，或未来可获得的碳资产作为质押物/抵押物进行担保，获得金融机构融资的业务模式。在碳交易机制下，碳资产具有了明确的市场价值，为碳资产作为质押物/抵押物发挥担保增信功能提供了可能，而碳资产质押/抵押融资则是碳排放权和碳信用作为企业权利的具体化表现。作为活跃碳市场的一种新型融资方式，碳质押/抵押融资业务的发展有利于企业的节能减排，具有环境、经济的双重效益。

以碳资产质押融资为例，其主要业务流程：企业向广州排碳排放权交易所有偿申购获得初始碳排放权配额；企业将碳资产凭证质押给商业银行，获得贷款；质押贷款到期，企业正常还款后收回质押的碳资产，质押贷款到期若企业未能偿还贷款，由广州碳排放权交易所出售企业的碳资产为企业偿还贷款。广州碳排放权交易所按照委托合同出售碳排放权，获得收入偿还银行贷款。

2015年5月26日，广东省发改委与广碳所顺利地为广州大学城华电新能源有限公司办理了碳排放配额解除抵押手续，标志着国内首单碳排放配额在线抵押融资业务圆满完成（国内首单碳排放配额在线抵押融资业务链接：http://cnemission.com/article/news/jysdt/201505/20150500000892.shtml）。

2. 碳交易法人账户透支

碳交易法人账户透支是指获得银行授信的管控企业，在银行约定的账户、额度和期限内以透支的形式取得短期融资，以进行碳排放权交易，法人透支业务仅适用于人民币。

业务流程主要如下：控排企业向广州碳排放交易所提交法人账户透支意向申请；广州碳排放交易所对意向申请进行初步审核，将符合要求的控排企业推荐给银行；商业银行对推荐的控排企业进行授信审批，并拨发碳排放权交易融资资金；控排企业进行碳排放权交易；控排企业还款。

3. 碳排放配额回购交易

配额回购交易是指配额持有人（正回购方）将配额卖给购买方（逆回购方）的同

时,交易双方约定在未来的日期,正回购方再以约定价格从逆回购方购回总量相等的配额的交易。

参与配额回购交易应满足以下条件:交易参与人应为具有自营业务资质的广碳所机构会员;交易参与人三年内未出现广东省发展改革委或广碳所认定的违规违约行为;申报时单宗挂单达到 10 万吨或以上。

配额回购交易价格(包括交易日价格和回购日价格)由交易双方在回购协议中约定,但回购日价格不得高于或低于交易日价格的 ±30%。

4. 碳排放配额托管

配额托管业务是指广东省控排企业和广碳所投资机构(以下简称委托方)将自有配额委托给具有托管业务资质的广碳所机构会员(以下简称托管方)代为持有或交易,并约定托管目标的碳资产管理业务。

控排企业当年度发放的免费配额可用于托管的数量比例应限制在 50% 以内,其他年度履约后剩余的配额不受此限制。委托期限内,从委托方向托管方划转配额的行为不改变配额的所有权。

为防范市场风险,实行托管业务保证金制度。托管协议经广碳所备案后五个交易日内,托管方应按照如下标准向广碳所缴纳初始业务保证金:初始业务保证金≥初始托管配额数量×配额价格×20%,其中配额价格以缴纳初始业务保证金当日的前一交易日广东省碳排放配额挂牌点选收盘价计算。

5. 碳排放权远期交易

碳远期交易双方约定在将来某个确定的时间以某个确定的价格购买或者出售一定数量的碳额度或碳单位,其是适应规避现货交易风险的需要而产生的。

当前,碳现货市场体系日臻完善,且取得了积极成效,但碳市场普遍存在交易品种单一、交易方式不灵活、交易工具较少、交易流动性不足等现象,这在一定程度上提高了企业的碳资产管理难度和履约成本,影响了市场化减排机制功能与成效。

碳排放权远期交易的启动,有助于弥补碳现货市场由于配额交易过度集中、流动性不足造成的价格非合理性波动;有助于降低交易成本、规避远期风险;有助于各类碳金融产品创新;是碳市场建设的有益探索,为多层次碳金融市场的建立打下坚实基础。

目前,广州碳排放交易所在积极探索碳排放权远期交易产品。截至 2019 年 9 月 20 日,碳排放权远期交易业务开展 81 笔,累计交易碳排放权 551.59 万吨,成交金额

6 727.54 万元。

(三) 业务风险控制

相较于传统金融市场，碳金融市场的形成和起步较晚，相关的配套制度、平台和机制建设尚不完善，因此，碳金融市场在运行过程中会面临更多的问题和不确定性。从碳金融交易本身出发，考虑到其交易标的、内容的复杂性和多样性、交易时间的跨期性，碳金融风险呈现种类多、形成原因复杂且较难预测的特征。因此，建立碳金融风险管理机制对平台的发展是至关重要的。

广州碳排放权交易所的风险控制管理体系包括现货全额交易制度、涨跌幅限制制度、配额持有量限制制度、大户报告制度、交易监督制度、不良信用记录制度、风险警示制度、应急管理制度和其他风险控制措施。其制度具体内容如表 11-4 所示。

表 11-4　　　　　　　　广州碳排放交易所风险管理制度

序号	制度	主要内容
1	现货全额交易制度	广碳所碳排放权现货交易实行全额资金交易制度。在广碳所平台进行的碳排放权现货交易，交易参与人在本所结算专用账户中的可用资金应当不低于其申购交易品种的全额价款。交易参与人可用资金不足的，其买入申报无效
2	涨跌幅限制制度	广碳所对挂牌点选交易和协议转让交易实行价格涨跌幅限制。挂牌点选交易的成交价格应在开盘价 ±10% 区间内，协议转让交易的成交价格应在开盘价 ±30% 区间内
3	配额持有量限制制度	广碳所配额交易实行配额持有量限制制度，即广碳所按照交易主管部门的相关规定与配额注册登记系统的相关要求对交易参与人的配额持有量进行限制并采取相应管理措施的制度
4	大户报告制度	当市场参与人持仓量达到主管部门对相应主体持仓限额要求的 80% 及以上，或者被本所指定为必须对持仓情况进行报告的，应当于下一交易日收市前向本所进行报告
5	交易监督制度	(1) 涉嫌内幕交易、操纵市场等违法违规行为；(2) 权益买卖的时间、数量、方式等受到法律、行政法规、部门规章和规范性文件及本所业务规则等相关规定限制的行为；(3) 可能影响交易价格或者交易量的异常交易行为
6	不良信用记录制度	广碳所将出现违反相关法律、法规以下交易行为的交易参与人列入不良交易信用记录并进行严格管理：(1) 单独或者串通操纵市场；(2) 提供虚假、伪造、不实的交易业务申请或备案材料；(3) 业务开展过程中泄露客户商业机密或敏感信息；(4) 以签订补充协议等方式，掩盖非法目的或者规避监管要求；(5) 未按广碳所规定缴纳保证金或其他相关费用且经合理催告后仍拒不缴纳
7	风险警示制度	广碳所认为必要的，可以单独或者同时采取要求交易参与人报告情况、谈话提醒、书面警示、发布风险警示公告等措施中的一种或者多种，以警示和化解风险

续表

序号	制度	主要内容
8	应急管理制度	广碳所实行应急事件的管理制度，应急事件包括交易异常情况、意外事件和不可抗力等其他应急处置事项
9	其他风险控制措施	广碳所定期对交易参与人、指定结算银行遵守交易规则及其他实施细则的落实情况进行检查。广碳所定期按照相关规定对交易、交易参与人、指定结算银行的交易风险控制情况形成报告，按要求上报主管部门。广碳所定期对交易参与人、结算银行及广碳所工作人员进行有关国家政策法规、交易规则、从业准则、操作规范等培训

资料来源：广州碳排放权交易网。

三、广州碳排放权交易所对区域经济的贡献

（一）直接经济效应

直接经济效应是指对碳金融市场参与主体通过碳金融交易所获得的直接的经济利益。碳金融市场参与主体有碳需求者、碳供给者、中介机构。

对于碳需求者，出于投机、在未达到企业自身最大生产能力、当期企业销售扩张、原材料价格下降堆积存货等原因，购买了碳排放权扩大自身的生产，调节了自身的生产。此外，生产与金融手段相结合，有机会获取更大的经济利益，例如，企业判断碳价处于低位，就会买入大量的碳排放权进行储存，除了提供日常正常的生产经营外，等待碳价的上升，再卖出剩余的碳排放权，实现碳资产增值。

对于碳供给者，出售碳资产以获得经济利益，碳供给方的组成主要有农林户团体或组织、控排企业这两类，农林户通过植树造林，维护农林地，树木所产生的碳资产通过平台进行交易，获得直接经济收益，达到了提高可支配收入，精准扶贫的效果；对于控排企业来说，所未使用的无偿或有偿的碳交易配额，通过交易获得资金，对于企业的生产经营来说多了一条资金渠道来源。

对于中介机构，即广州排放权交易所这一主体来说，其交易双方在平台上交易需要双向收取2‰的交易费用，所以，其交易平台的交易量越大，其交易费用收入越高，截至2019年9月9日，通过广州碳排放权交易所交易的碳排放权量已达132 959 089吨，若按25元/吨的价格（不考虑协议转让定价部分）来计算，广州碳排放权交易所共获得$132\ 959\ 089 \times 25 \times 0.002 \times 2 = 13\ 295\ 908.9$元人民币的收入，若交易量继续扩大，未来收入可期。

专栏 11-6

广州碳排放权交易所交易费用计算公式

单笔交易费用 = 单笔碳排放权交易权成交量 × 成交价格 × 0.005 × 2

不考虑协议转让定价部分：是指通过交易双方之间签署协议而非通过平台的方式进行碳排放权交易所产生的手续费另行计算。

（二）间接经济效应

间接经济效应是指通过产权明晰（碳排放权交易）来改善污染企业生产经营活动中所产生的社会福利损失。根据外部性理论，污染企业生产产品所必须排放的二氧化碳造成了负外部性效应，其负效应不仅由环境承担，其他社会个体也要共同承担，环境与其他社会个体必须承担的该部分成本称为社会福利损失，通过明晰产权，让排放企业承担该部分损失，相当于间接地改善了社会福利，实现帕累托最优。

图 11-3 可以更加清晰地看出改善过程。由于一开始企业无须承担生产过程中过度排放的碳所造成的污染成本，污染企业生产过程中会根据私人的供给曲线 S_1 与需求曲线 D 达到私人的均衡水平 A，此时产量为 Q_1，产品的价格为 P_1。但是，对于该生产活动，在整个社会看来应该包括过度排放的污染成本，所以社会成本要比私人成本更高，图中体现为 S_2 曲线，因此会与需求曲线 D 交出新的均衡点 B，此时的产量为 Q_2，价格为 P_2，具有更低的产量与更高的价格。阴影部分的面积表示社会福利损失，其值为 $P_1Q_1 - P_2Q_2$，为环境污染治理成本。为了改善环境，根据科斯定理，应明晰产权，企业应承担过度排放所产生的污染成本，承担阴影部分面积的成本，企业通过碳排放权交易市场获得了排放权利，但同时增加了生产成本，使产量从 $Q_1 \rightarrow Q_2$，价格从 $P_1 \rightarrow P_2$，产量减少，价格增高，阴影部分面积减少，社会福利改善，间接的经济效益增加。

但在现实层面，政府往往会对每个污染企业设定一个排放限量，在此限量之下，可假设为未产生负外部性，当超过限量时，则必须从碳交易市场上购买排放权利，相当于承担了社会福利损失，间接的经济效益增加。当需控排的企业变得越来越多，广州碳排放权交易所的建立提高了交易效率，对于改善广东省环境、减少环境治理成本以及满足企业需求有着重要的作用。

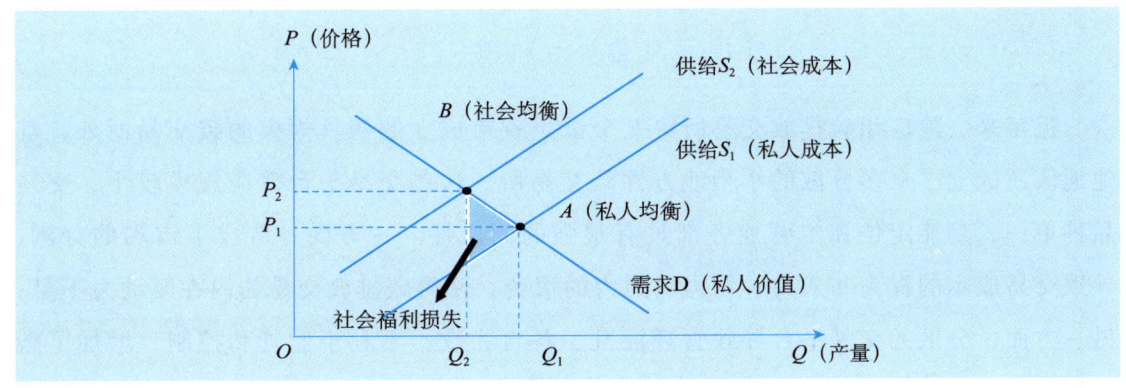

图 11-3 污染企业生产的负外部性效应

四、广州碳排放权交易所的未来展望

(一) 积极探索碳排放权交易下的林业碳汇交易模式

目前,在广州碳排放权交易所交易的市场参与主体主要由控排企业和机构投资者组成,以 2018 履约年度为例,机构投资者参与交易量占总交易量的 73%,其交易量比重占 65% 左右,其中以广东省本土机构投资者居多,其次为北京市。控排企业占总交易量的 20%,个人投资者仅仅占了 7%,可以看出,个人对碳排放权投资这一观念目前还比较陌生,许多投资个人并不清楚"碳"也可用作投资,其平台的宣传力度还有待增强,应朝着构建多元化投资市场方向进行。

碳汇,一般是指从空气中清除二氧化碳的过程、活动、机制。在林业中主要是指植物吸收大气中的二氧化碳并将其固定在植被或土壤中,从而减少二氧化碳在大气中的浓度。林业碳汇是指通过实施造林再造林和森林管理、减少毁林等活动,吸收大气中的二氧化碳并与碳汇交易结合的过程、活动或机制。广州碳排放权交易所在现有碳排放配额交易的基础上,积极探索林业碳汇的交易模式,拟将碳排放权交易与碳汇交易相结合,纳入交易平台的范畴,进一步扩大碳交易的总量,把更多的资源纳入到碳交易当中来,实现碳普惠,对于广东省绿色经济的发展,乡村振兴与精准扶贫有重大的帮助。

专栏 11-7

树木减排小知识

科学研究表明,树木每生长 1 立方米的蓄积,平均吸收 1.83 吨二氧化碳,释放 1.62 吨氧气。一颗树木一年可吸收 4~18 千克二氧化碳。

(二) 向全国统一的碳排放交易平台过渡

近年来，除广州碳排放交易所等七个试点省市成立的初具规模的碳交易所外，其他地区还成立了众多分散的小型地方性碳交易所。这些交易平台普遍规模较小，交易品种单一，功能定位和主营业务都具有很强的同质性。一方面，造成了市场的分割，导致交易成本的提高和人力、物力、财力的浪费，使得碳排放交易的内在驱动力不足；另一方面，分散的交易平台导致管理混乱、各自为政，不利于监管和控制，增加了碳交易市场的潜在风险。

1. 从区域向整体推进

中国各省之间、东西区域之间经济发展状况不同，要建立全国性的排放权交易体系，必须首先考虑地区发展不平衡带来的减排成本差异大的问题。可以根据不同地区的经济发展情况，在地理位置和经济状况相近的省份间，逐渐整合现有的各类分散碳交易所，建立区域性排放交易体系，并根据地区能耗与碳排放情况，有区别地制定减排目标和配额分配制度。待市场逐渐成熟、规范后，再由国家强制制定统一的碳排放指标的定价标准，最终形成全国性的市场。

2. 从基础交易到金融创新

我国金融机构在产品开发设计水平、风险管理能力等方面与国际上的金融机构相比还有很大的差距，在碳金融领域不足尤为突出。因此，应当首先发展基础产品。在场内交易平台尚未健全时，鼓励投资者参与 CER（核证减排）和 VER（自愿减排）一级市场的交易。在逐渐形成功能齐全、流动性强、全国统一的交易平台时，再开发 CER 和 VER 等与碳减排相关的二级市场的金融衍生品。

3. 从国内市场到国际市场

国内金融机构应当首先立足国内市场，在试点地区总结经验的基础上，逐步形成国内统一的交易市场，成立与碳金融相关的配套和中介服务机构，让更多金融主体参与到碳市场中来，培育碳金融的专业人才。待时机成熟后，国内金融机构应当主动走出国门，与国际碳交易市场接轨，开发与国际碳减排指标挂钩的金融产品，丰富碳金融产品种类，增强碳市场的流动性，从而提高我国金融机构在全球碳市场的话语权和竞争力。

(三) 进一步加强国际碳交流合作

虽然广州碳排放权交易所已经成为中国碳交易量最大的平台，但与全球范围内碳市场相比仍具有一定的差距。目前，我国尚无类似证券交易那样的统一碳交易平台，主要碳交易的市场和标准都在国外，而国内大部分交易平台的机制体制绝大部分以参考国外的做法为主，缺乏有效创新，处于被动发展状态中。

1. 引入境外碳交易投资者

广州碳排放权交易所积极引进境外碳交易投资者。截至2019年，广州碳排放交易所通过引进境外投资机构，其成交量已达177.2万吨，成交金额达2 572.8万元人民币。积极引入境外碳交易投资，不仅有利于提高碳交易总量，激发市场活力，而且有利于健全国内碳交易平台交易机制，提高国际影响力。

2. 加强与国际碳市场合作对接

近年来，受国际金融危机与世界经济衰退的影响，国际碳市场体系发展缓慢，尤其是国际碳商品的价格大幅下降严重阻碍了国际碳市场的发展与完善。如今，欧盟碳市场与加州碳市场、欧盟碳市场与澳大利亚碳市场都有不同程度的对接。目前，中国碳市场通过CDM机制与《京都协定书》一些附件中的国家的碳市场实现单边对接，但我国企业并未充分获得碳市场对接的全部收益。实际上，中国碳市场建设的目标要求碳市场与国际碳市场的对接，促进节能技术的研发并降低减排成本。中国碳市场建设需要从国际碳市场对接的实践中学习经验。

目前，广州碳排放交易所已与欧洲能源交易所（EEX）、全球环境信息研究中心（CDP）等签署战略合作协议，促进国际碳市场间，环境信息披露等领域的合作与发展。

3. 加强国际碳学术交流合作

我国碳金融在目前为止仍处于一个初期的发展阶段，其碳交易机制建设、碳交易定价等方面需要较强的理论基础来支撑，国内高校对于碳金融的研究相对于国际上来说是有所差距的，故加强对外国际碳学术交流合作有利于提高我国学术界对碳金融的认知能力，更有利于我国碳金融体系的完善。

目前，广州碳排放交易所已与爱丁堡大学、昆士兰大学、德国国际合作机构GIZ等高校和机构建立了产学研合作的多元国际合作。

第十二章　金融资产交易平台案例

广东金融资产交易中心

广东金融资产交易中心有限公司（以下简称广金中心），作为最具代表性的地方金融资产交易平台之一，在其业务运作过程中结合金融市场与实体经济市场的发展规律与趋势，不断创新金融产品与业务运作模式，在推动地方金融经济发展的同时，再次验证了民间金融存在的必要性。为充分了解民间金融、地方金融资产交易平台的业务运作模式，本章以广金中心为例，展开详细介绍。

一、公司成立背景

广东省作为全国经济大省、金融大省，经济总量、金融资产总量一直居于全国之首，拥有众多知名金融交易市场。然而，与全国金融及经济市场相比，广东金融市场存在这着行业结构不平衡、金融要素市场平台不够活跃、金融资产流动性不强等诸多问题。截至2012年，广东省内还尚未建立全省区域内具有较强公信力、风险控制严格的金融资产交易场所，大量金融资产流出省外，到其他省市、其他区域进行挂牌交易。在此背景下，广东省委省政府作出了"建立具有较强辐射力的金融市场交易平台""全面建设金融强省"等一系列战略部署。为促进广东金融市场的发展与进一步完善，充分挖掘市场在资源配置中的决定性作用从而实现金融要素资源的快速流转与有效配置，广金中心在此大背景下应运而生。

二、公司成长路径

广金中心自成立以来，不断根据金融经济市场发展状况调整自身布局，实现了快速有效的发展。2013年1月，广东省产权交易集团有限公司、珠海金融投资控股有限公司和珠海大横琴投资有限公司三大公司签署战略合作协议，向省政府申请设立广金中心；2014年6月，经广东省政府同意，省金融办批复同意筹建广金中心；2015年10月，在国家级横琴新区发起设立，完成工商注册登记；并于同年12月20日正式揭牌运营。此后，广金中心为推动金融资产与金融资源的合理配置，增强金融流动性管理，按照"市场在资源配置中起决定性作用"的精神，在不断增强公司内部管理的同时，积极开展各项业务，不断创新公司产品。在公司成立次年的第一次董事会上，公司决定经营班子的选聘采用市场化机制；2014年4月，公司获得省金融办批准的开展投资收益权转让业务的资质；2015年6月30日，公司率先推出、拥有自主知识产权的"担保资产增信交易"（以下简称保信易）产品获省金融办批准；2014年9月，广金中心入围广东省国资系统体制机制改革创新试点企业（全省50家）。

三、公司定位与业务介绍

广金中心是极具公信力的独立第四方国有金融资产交易平台，是广东省唯一经省级财政部备案的金融企业国有资产交易平台，2016年6月获批"广东国际金融资产交易中心"牌照，是全国唯一的离岸金融资产交易先行先试平台。此外，它还是首个获批开展银行不良资产跨境转让试点业务的国内省级金融资产交易场所。鉴于自身业务性质，广金中心被定位为金融资产交易平台。

公司采取会员服务制度，充分发挥互联网金融资产交易功能，在非标性、私募性金融资产交易方面独具创新优势和特点，主要业务范围涵盖金融股权、实物资产、金融不良资产、地方小贷公司资产收益权、担保资产增信、定向债权投资工具、票据收益权、资产权益流转、投融资顾问服务、类资产证券化产品、跨境人民币业务等各类交易，为各类金融资产提供从注册、登记、托管、交易到结算的全程式服务，其中又以不良资产业务为其核心主要业务。现阶段，广金中心实现了快速高效的发展，已经形成"6+2"大类产品体系，具体包括广金中心自主研发、首家推出的拥有自有知识产权的创新产品担保资产增信交易；金融企业股权交易、实物资产交易、不良资产交易、交易见证、投资顾问服务、融资顾问服务、定向债务融资工具等传统交易类产品；资产权益流转、小贷资产收益权、应收账款收益权、票据收益权等类资产证券化产品；金融资产跨境交易；受托交易产品，开展主动管理业务；提供全方位的增值服务，针对需求提供登记、托管、结算、咨询、评级和设计金融综合解决方案等各项综合交易服务。

四、平台运作方式

广金中心为践行并实现"金融创新，先行先试，引领金融资产流转支持实业发展；依托粤港澳，面向全中国，打造国内领先的金融资产交易平台""服务金融资产交易市场，激发金融资产高效合理流动"等发展理念与使命，充分发挥金融资产交易平台的功能，通过平台化运作模式，在发展正规金融的基础上，不断助推民间金融的发展以最大限度地激活广东省乃至全国金融市场的发展。广金中心将自身定位于一个金融资产交易平台，作为连接交易双方的桥梁而存在，其平台化运作模式不仅仅包含常见的一对一的单向反映模式，还包括一对多、多对多的双向反映模式，在提供信息化及其对接服务的同时间接参与交易，极大地盘活了金融资产的流动性，从而实现金融资产的高效配置。

广金中心在进行各类交易活动时，在严格遵循自愿平等、诚实信用和公开、公平、公正原则的基础之上，利用市场化手段创新金融资产交易、处置方式，尤其是针对被门槛相对较高的正规金融机构排除在外的金融资产的处置方式。此外，广金中心针对不同业务品种制定出了具体业务交易规则并严格执行，确保了基本原则与具体原则双轨运行机制，在发展正规金融的同时，为民间金融的运作开辟新的路径。

广金中心实行会员服务制度，主要分为交易类、服务类、经纪类和其他四大类。在金融交易活动实施环节，广金中心总体上按照挂牌申请、审核受理、信息发布披露、受让意向登记、组织交易、成交签约、交易资金结算、出具交易凭证等统一程序进行，针对交易活动过程中出现的其他具体问题，则采取主动出击，具体问题具体分析的方法解决。在挂牌交易上，其主要交易方式有协议转让、竞价转让与其他合法合规方式。此外，由于广金中心在具体业务运作过程中主要扮演的是平台化角色，仅依据有关交易制度进行合规性形式审核，不对交易风险作出保障，交易风险由交易双方自行承担。

在产品体系构建上，广金中心紧贴市场，以最大限度地满足客户需求为服务目标，不断丰富产品类别及拓展业务类型，打造立体化金融资产交易平台，创设了一批既符合金融市场需求又具有深远社会影响的产品。截至目前，广金中心已形成了"6+2"大类的产品体系，其中，通过信用增进措施服务于金融担保资产的创新产品就是其中之一。"担保资产增信交易"在传统的资产处置手段之外建立了商业化市场处置机制，通过商业交易行为拓展了金融机构资产快速处置渠道，增强金融机构向中小企业融资的信心，有效缓解了中小企业融资难状况。经过近几年的探索和发展，广金中心已与近300家银行、非银行金融机构展开合作，累计交易量突破26 000多亿元，迅速从竞争激烈的行业内脱颖而出，建立了较强的市场公信力。

五、广金中心的贡献

广金中心的成立，一方面，填补了广东省金融资产交易平台的空白；另一方面，有利于广东省建立资源配置力和竞争力较强的现代金融体系，形成辐射力较强的国际化金融中心区域，提升广东省在全国金融市场的地位和影响力，进一步推动广东金融强省的建设。广金中心通过具体业务运作支持了包含矿产资源、有色金属、化工、家电、交通、新能源等行业的实体企业，成为广东省金融改革创新的主力军，一个集业绩领先、文化领先、产品领先、架构领先、技术领先、理念领先于一体的国际化金融资产交易中心已初步形成。

作为广东省最具公信力的地方金融资产交易平台，其业务运作模式以民间金融平台为主要运营形式对现行相对完善的正规金融体系进行了有益补充，在其"6+2"产品体系中得到了具体体现。例如，为充分发挥社会资金的作用，充分挖掘市场在资源配置过程中的决定作用，广金中心推出符合市场需求的新型产品——担保资产增信交易，其方案设置就是在传统的资产处置手段之外新增商业化市场处置机制，通过商业化交易行为拓展了金融机构资产快速处置渠道，有效缓解了被正规金融体系排除在外的民间金融交易主体的交易难题。

第十三章　区域衍生品交易平台

天津渤海商品交易所股份有限公司

一、基本情况

渤海商品交易所（简称渤商所，BOCE）是天津市委、市政府为落实国家战略部署，建设中国国际贸易中心和大宗商品定价中心，于2007年发起筹备，2009年正式成立的大宗商品现货交易市场。渤商所以创新的现代现货交易制度为基础，经过4年多的发展，已经构建起了覆盖全国的市场服务、资金结算、仓储物流、信息发布四大服务网络体系，建成了一个全新的覆盖全国、服务全国的现代现货市场体系。

渤商所目前已上市大宗生产资料和生活资料品种130多个，覆盖钢铁产品、有色金属、煤炭能源、矿产资源、石油化工、大宗农林、生活消费品等领域，日成交金额近200亿元，拥有325家会员单位，1 270家营业部。渤商所市场服务体系的员工超过3万人。渤海商品交易所服务于实体企业和实体经济的转型升级；服务于各地方政府的产业整合和经济带打造；服务于战略资源商品的引进和人民币国际化的国家战略；服务于大型企业购销模式的市场化阳光化改革；服务于构建现代市场消除消费品质量风险的民生工程。

渤海商品交易所还与芝加哥商业交易所（CME）、德意志交易所集团（DBAG）等形成了战略合作关系，正在构建覆盖全球、服务全球的网上自由贸易区。按照既定发展计划，渤商所是国家发展和改革委批准的国家电子商务试点单位，也是高新技术企业平台。

渤商所的大宗商品现货市场与我国商品期货市场形成了多层次市场，中央电视台已在渤商所设立了"中国现货市场报道中心"。渤商所实现了对传统实物贸易方式的革命性提升，形成了信息化时代的大宗商品实物贸易体系，为能源、矿产、化工、钢铁、有色金属、大宗农林、生活消费品等领域的生产者、消费者、经营者提供信息化的贸易服务。

目前已经有数十家行业龙头企业，包括中国石化、中国神华、中国兵工物资、新疆生产建设兵团、武汉钢铁集团、河北钢铁集团、山东钢铁集团、中国化工集团、渤海化工集团、紫金矿业集团、五粮液集团、中国医药集团、中国建材集团、中国轻工总公司、山东信发集团、川威集团、宝钛集团等在渤商所挂牌销售其优质产品，并带动其挂牌产品行业上下游的商流、物流、资金流、信息流向渤商所现代现货市场汇集。渤商所总部目前有十多个业务部门，包括发展研究中心、产品交收服务中心、国际事业部、贸易融资部、技术中心、信息部、交易结算部、授权机构服务部、培训部等。

二、现货延期交易模式

（一）现货延期交易模式

渤海商品交易所是综合型现货商品交易所，致力于用"电商平台+交易所"的模式打造大宗商品电子交易平台，通过覆盖全国的市场服务网、资金结算网、仓储物流网和信息宣传网，为生产、消费和经营企业的实物贸易提供功能完备的服务保障，是企业"买货、卖货、融资、融货"的理想平台。其具体模式如图13-1所示。

（二）与现货交易区别

现货延期交易指的是买卖双方可以在任一交易日申请实物交收或者转让所持有合同，在延期期间内需要缴纳一定的延期补偿费。现货延期交易与现货交易本质上都是实物交割，在交易日双方必须按照合同以实物进行交割，区别于期货市场的合约交割。但是交易机制层面上，现货延期交易的交割时间自由，不需要像药交中心等普通电子现货交易一样在规定时间内完成实物交割，在一定程度上缓解了"三角债"问题。现货延期交易具有加大杠杆与套期保值的功能。现货交易则是现货延期交易的发展基础，

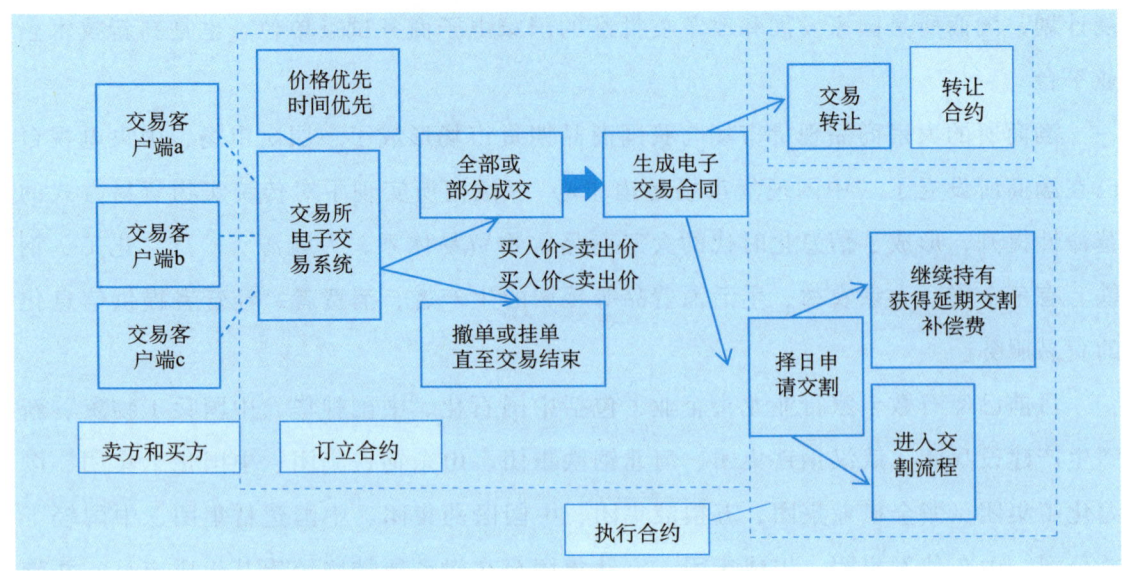

图 13-1 渤海商品交易所现货延期交易模式

其短时间的大规模交易量及时反映了价格行情，为延期交易及其他衍生品提供了巨大参考价值。现货延期交易与电子现货交易的对比如表 13-1 所示。

表 13-1　　　　　　　　现货延期交易与电子现货交易之比较

类别	现货延期交易	普通电子现货交易
交割物品	实物	实物
交割日期	没有限制	有较短时间限制
持仓时间	可长可短，由交易双方自由决定	卖方按平台规定时间内出仓并提交给买方
支付方式	延期申请方需要缴纳一定比例的延期补偿费	买方在规定时间内完成实物的全额支付
市场功能	套期保值等	及时反应价格波动等

专栏 13-1

广东省药品交易所

现货交易是衍生品交易的基础，对实体经济的发展有着至关重要的作用。本书以广东省药品交易中心为例，分析其电子现货交易平台的多方面价值及与现货延期交易平台之间的区别。广东省药品交易中心（以下简称药交中心）是于 2013 年由时任广东省省长朱小丹推动，广东省产权交易集团和国家食品药品监督管理总局南方医药经济研究所共同设立的一个公益医疗机构集中采购平台。药交中心交易模式全部为电子化，实现了"平台之外无交易"。借助于互联网，药交中心采取了实时监控、信息采集等高效率运营的模式。药交中心首创了"在线交易""在线竞价""在线融资""在线结算""在线监管"的五个在线电子交易服务。这是一个业务创新也是一个技术创新。药交中心利用电子平台、信息化技术手段,发展了五个核心的电子化特色服务,开创了"天天交易、季度竞价"的交易体系。

三、风险管理制度

交易所风险管理实行履约保证金制度、涨(跌)停板制度、订货限额制度、大户报告制度、代为转让制度和风险警示制度。

交易所实行履约保证金制度的履约保证金为电子交易合同标的商品合约价值的20%。交易所有权根据市场情况,采取单边或双边、同比例或不同比例、部分交易商或全部交易商提高履约保证金比例的措施。

交易所实行上市交易品种价格涨(跌)停板制度,由交易所制定各上市交易品种的每日最大价格波动幅度,上市交易品种正常的涨(跌)停板幅度为上一交易日结算价的 ±8%。当某一交易品种在某一交易日(该交易日记为第 N 个交易日)出现涨(跌)停板单边无连续报价的情况,则第 N+1 个交易日该交易品种的涨(跌)停板幅度调整为 ±6%;若第 N+1 个交易日未出现与第 N 个交易日同方向涨(跌)停板单边无连续报价的情况,则第 N+2 个交易日涨(跌)停板恢复为 ±8%;若某一交易品种在第 N+1 个交易日出现与第 N 个交易日同方向涨(跌)停板单边无连续报价的情况,则第 N+2 个交易日该交易品种的涨(跌)停板幅度调整为 ±3%;若第 N+2 个交易日未出现与第 N+1 个交易日同方向涨(跌)停板单边无连续报价的情况,则第 N+3 个交易日涨(跌)停板恢复为 ±8%。当某一交易品种电子合同连续两个交易日(即 N 交易日、N+1 交易日)的累计涨(跌)幅达 14%,则第 N+2 个交易日该交易品种的涨(跌)停板幅度调整为 ±3%;若第 N+2 个交易日未出现与第 N+1 个交易日同方向的涨(跌)停板单边无连续报价的情况,则第 N+3 个交易日涨(跌)停板恢复为 ±8%;若第 N+2 个交易日出现与第 N+1 个交易日同方向的涨(跌)停板单边无连续报价的情况,则在第 N+2 个交易日收市后,交易所将执行强制减少订货量措施。

强制减少订货量措施是指交易所将当日以涨(跌)停板价申报的未成交的止损"转让"申请,以当日涨(跌)停板价,与该电子交易合同净盈利交易商所持订货量自动撮合成交。同一交易商持有双向订货量,则其净订货部分的"转让"申请参与强制减少订货量计算,其余"转让"申请与其对锁订货自动对冲。

订货限额是指交易所规定单个交易商可以持有的,按买入或卖出单方向计算的某一交易品种订货量的最大数额。当某一交易品种单边总订货量大于 100 万手时,每个交易商该交易品种单边订货限额为该合同单边总订货量的 20%;当某一交易品种单边总订货量小于或等于 100 万手时,每个交易商该交易品种单边订货限额为 20 万手。

交易所实行大户报告制度。当交易商某一交易品种的订货数量达到交易所对其规定的订货限额 80% 以上(含本数)时,交易商应向交易所报告其资金情况、订货情况。

当交易商出现下列情况之一时,交易所对其订货实行代为转让:

(1) 该交易商交易资金不足,且未能在下一交易日 9:30 前补足的。

(2) 订货量超出其限额规定的。

(3) 该交易商存在交易所认定的违规行为的。

(4) 根据交易所的紧急措施应予代为转让的。

交易所实行风险警示制度。当交易所认为必要时,可以分别采取或同时采取要求交易商报告情况、谈话提醒、书面警示、公开谴责、发布风险警示公告等措施中的一种或多种,以警示和控制风险。

附录一： 交易平台类民间金融风险宏观评估指标体系及其解释

表 1　　　　　　　　　　　　　民间借贷金融风险指标

	指标名称	指标解释
风险指示指标	民间利率	反映的是民间金融市场的利率水平，一般而言，民间利率同民间金融风险成正比
	准正规金融行业不良贷款率	准正规金融行业不良贷款率是指典当行、寄售行、小额贷款公司等机构的逾期贷款、呆账贷款和呆滞贷款占贷款余额的比重。准正规金融行业的不良贷款率反映了该行业的贷款风险水平
	司法机构受理有关民间借贷的经济纠纷案件	司法机构受理的民间借贷纠纷同群众的民间金融参与度成正比，直接反映了一定区域内民间金融的活跃程度和风险水平
	中小企业倒闭数量	小企业作为民间金融市场上的主要机构债务人，其破产、倒闭往往由民间金融利率高企所致，同时也导致民间债权、债务关系的断裂，引发一系列的民间金融风险
	区域银行金融机构居民存款额	银行居民存款的增长，一般而言是非常平稳的，民间金融市场的异常活跃可能导致资金从正规金融部门向民间金融部门的转移，使得银行居民存款对均衡量产生严重偏离
	民间借贷总额	反映民间资本的总体规模水平
风险影响指标	经济总产值	反映经济基本面总体状况
	出口贸易	反映宏观外贸水平
	固定资产投资	反映资产投资状况
	财政支出	反映政府部门的财政政策
	中小企业利润率	反映与民间金融对应的服务群体的还款能力
	广义货币 M2	反映货币政策状况
	银行贷款	反映社会基本融资规模
	股票价格	反映资本市场前景
	房地产价格	反映投资周期的景气程度和泡沫状况

表 2　　民间借贷金融风险指标层次结构模型

目标层	准则层	指标层
民间借贷金融风险	体制性风险	民间金融受抑制程度
		金融结构与经济结构适应度
		政策落实到位程度
	政策性风险	产业政策牵制程度
		货币政策调整程度
		汇率、税收及国外政策变化程度
		民间金融机构政策引导程度
	信用风险	民间借贷规模
		民间借贷者信用状况
		民间金融借贷范围
		民间借款经营者财务记录状况
		民间金融违约情况
	道德风险	民间借资投向高风险行业的比例
		民间借资进行非实业投资的比例
		借款者隐瞒借款真实用途的程度
	高利率风险	民间金融利率偏高程度
		企业民间融资利息负重程度
		民间金融抵押担保比率和质量
	操作性风险	民间金融借贷程序规范程度
		民间金融借贷者业务素质与风险意识
		借款者在其涉及行业的经营经验
	流动性风险	民间借贷期限长短
		民间金融机构借贷期限匹配程度
		民间借款者资金紧张和还款状况
		民间金融合约转让流通程度

表 3　　区域性股权交易平台的特有风险指标体系

目标层	准则层	指标层
区域股权交易平台特有风险	制度性风险	信息披露规范程度
		政府政策支持力度
		法律法规健全程度
	功能性风险	运营机构建设水平
		金融管理人才
		制度健全程度
	流动性风险	交易方式限制程度
		转板制度健全性
	财务风险	盈利模式和核心竞争力
	监管风险	监管机制的完善程度
		监管制度的合理引导

表 4　地方产权交易平台特有风险指标体系

目标层	准则层	指标层
地方产权交易平台特有风险	国有资产流失风险	国有资产折价程度
	贪污腐败寻租政治风险	制度设计完善程度
	资产交易风险	法律责任风险
		财务专项审计风险
		资产评估风险
		转让价格风险
		进场交易风险
		产权交易风险
	监管风险	审批制度及审批效率
		对其他相关机构的监督
		监管架构设计
		监管规则差异程度
		国资监管机构履职情况
		政府主导交易情况
		产权交易管理制度
		多部门联合抽检结果

表 5　金融资产交易平台风险指标体系

类型	指标	解释和说明
金融资产交易平台风险	资产质量风险	借款人的信用等级 抵押资产的变现能力 现金流稳定程度 违约概率和违约损失率
	真实销售风险	真实销售/担保融资 法律（实质/形式）
	欺诈风险	融资活动参与者数量和条款复杂性
	相关文件重新解释或失效的风险	证券失效风险 合同协议失效风险
	法律风险	法律法规健全程度以及变化程度
	专家依赖风险	代理人、会计师、评估师和其他专家提供的无保留意见书或证书、甚至定义的交易标准等
	等级下降的风险	交易和条款的复杂程度
	财产或意外事故风险	抵押物投保情况 抵押物所有权明晰程度
	交易管理系统风险	设备故障、交易机构管理的人为失误、工作流程和监管体制的不完善；资产池服务公司的支付中断；受托机构有关资金受托后的安全性以及转给投资者的及时性

续表

类型	指标	解释和说明
证券化产品投资的风险	早偿风险	当月死亡率：$SMM = $ 本月早偿额/月底抵押贷款组合的原计划本金 固定早偿率：$CPR = 1 - (1 - SMM)^{12}$ 早偿不确定系数：$$\frac{P_{SMM-10\%} - P_{SMM+10\%}}{2 \times P_{BasecaseSMM}}$$ 其中，$P_{SMM-10\%}$ 表示 SMM 下降 10% 的价格 $P_{SMM+10\%}$ 表示 SMM 上升 10% 的价格 $P_{BasecaseSMM}$ 表示基础情况下的价格
	利率风险	固定利率证券风险：久期风险和凸度风险 浮动利率证券风险：距离下一个息票利率调整日的时长；投资者期望利差指数的变化；利率上限
	利差风险	利差期限：$\frac{P_{oas-100bps} - P_{oas+100bps}}{2 \times P_{oas}} \times 100$ 其中，P_{oas} 表示在基础 OAS 下债券的价格 $P_{oas-100bps}$ 表示 OAS 下降 100 个基点后的债券价格 $P_{oas+100bps}$ 表示 OAS 上升 100 个基点后的债券价格
	通货膨胀风险	浮动利率债券/固定利率债券
	货币风险	币种差异
	流动性风险	买卖价差
	波动性风险	利率波动性
	税收风险	税率变化
	事件风险	自然灾害或行业事故 接管或公司重组（杠杆收购）
	主权风险	经济体系和结构；财政政策和公共债务；货币政策和通货膨胀；国际收支的灵活性；外部金融头寸；政治体系；社会环境；国际关系

表 6　　基础衍生工具风险指标体系

衍生工具类型	风险类型	解释说明
远期	套保风险	流动性风险
		违约风险
	投机风险	与原生工具价格走势相关的风险
	套利风险	流动性风险
		违约风险
期货	套保风险	交叉套保风险
		期限错配风险
		流动性风险
		强行平仓风险
		实物交割风险
		基差风险
	投机风险	与原生工具走势相关的风险，流动性风险，强行平仓风险，实物交割风险
	套利风险	交叉套保风险
		期限错配风险

续表

衍生工具类型	风险类型	解释说明
互换	套保风险	利率风险，汇率风险，违约风险，流动性风险
	投机风险	利率风险，汇率风险，违约风险，流动性风险
	套利风险	监管风险
期权	套保风险	Delta、Theta、Gamma、Vega、Rho 希腊值风险
	投机风险	与原生工具走势相关的风险
	套利风险	模型失败风险，波动率微笑曲面风险

附录二：《关于规范金融机构资产管理业务的指导意见》

为规范金融机构资产管理业务，统一同类资产管理产品监管标准，有效防控金融风险，更好地服务实体经济，经国务院同意，中国人民银行、中国银行保险监督管理委员会、中国证券监督管理委员会、国家外汇管理局日前联合印发了《关于规范金融机构资产管理业务的指导意见》（银发〔2018〕106号，以下简称《意见》）。

《意见》根据党中央、国务院"服务实体经济、防控金融风险、深化金融改革"的总体要求，按照"坚决打好防范化解重大风险攻坚战"的决策部署，坚持严控风险的底线思维，坚持服务实体经济的根本目标，坚持宏观审慎管理与微观审慎监管相结合的监管理念，坚持有的放矢的问题导向，坚持积极稳妥审慎推进的基本思路，全面覆盖、统一规制各类金融机构的资产管理业务，实行公平的市场准入和监管，最大限度地消除监管套利空间，切实保护金融消费者合法权益。

《意见》按照产品类型统一监管标准，从募集方式和投资性质两个维度对资产管理产品进行分类，分别统一投资范围、杠杆约束、信息披露等要求。坚持产品和投资者匹配原则，加强投资者适当性管理，强化金融机构的勤勉尽责和信息披露义务。明确资产管理业务不得承诺保本保收益，打破刚性兑付。严格非标准化债权类资产投资要求，禁止资金池，防范影子银行风险和流动性风险。分类统一负债和分级杠杆要求，消除多层嵌套，抑制通道业务。加强监管协调，强化宏观审慎管理和功能监管。

《意见》坚持防范风险与有序规范相结合，合理设置过渡期，给予金融机构资产管理业务有序整改和转型时间，确保金融市场稳定运行。

下一步,各相关部门将按照职责分工,认真贯彻落实《意见》的各项要求。金融机构应按照《意见》的相关规定,依法合规开展资产管理业务。

附件:

中国人民银行 中国银行保险监督管理委员会 中国证券监督管理委员会 国家外汇管理局关于规范金融机构资产管理业务的指导意见

近年来,我国资产管理业务快速发展,在满足居民和企业投融资需求、改善社会融资结构等方面发挥了积极作用,但也存在部分业务发展不规范、多层嵌套、刚性兑付、规避金融监管和宏观调控等问题。按照党中央、国务院决策部署,为规范金融机构资产管理业务,统一同类资产管理产品监管标准,有效防控金融风险,引导社会资金流向实体经济,更好地支持经济结构调整和转型升级,经国务院同意,现提出以下意见:

一、规范金融机构资产管理业务主要遵循以下原则:

(一)坚持严控风险的底线思维。把防范和化解资产管理业务风险放到更加重要的位置,减少存量风险,严防增量风险。

(二)坚持服务实体经济的根本目标。既充分发挥资产管理业务功能,切实服务实体经济投融资需求,又严格规范引导,避免资金脱实向虚在金融体系内部自我循环,防止产品过于复杂,加剧风险跨行业、跨市场、跨区域传递。

(三)坚持宏观审慎管理与微观审慎监管相结合、机构监管与功能监管相结合的监管理念。实现对各类机构开展资产管理业务的全面、统一覆盖,采取有效监管措施,加强金融消费者权益保护。

(四)坚持有的放矢的问题导向。重点针对资产管理业务的多层嵌套、杠杆不清、套利严重、投机频繁等问题,设定统一的标准规制,同时对金融创新坚持趋利避害、一分为二,留出发展空间。

(五)坚持积极稳妥审慎推进。正确处理改革、发展、稳定关系,坚持防范风险与有序规范相结合,在下决心处置风险的同时,充分考虑市场承受能力,合理设置过渡期,把握好工作的次序、节奏、力度,加强市场沟通,有效引导市场预期。

二、资产管理业务是指银行、信托、证券、基金、期货、保险资产管理机构、金融资产投资公司等金融机构接受投资者委托，对受托的投资者财产进行投资和管理的金融服务。金融机构为委托人利益履行诚实信用、勤勉尽责义务并收取相应的管理费用，委托人自担投资风险并获得收益。金融机构可以与委托人在合同中事先约定收取合理的业绩报酬，业绩报酬计入管理费，须与产品一一对应并逐个结算，不同产品之间不得相互串用。

资产管理业务是金融机构的表外业务，金融机构开展资产管理业务时不得承诺保本保收益。出现兑付困难时，金融机构不得以任何形式垫资兑付。金融机构不得在表内开展资产管理业务。

私募投资基金适用私募投资基金专门法律、行政法规，私募投资基金专门法律、行政法规中没有明确规定的适用本意见，创业投资基金、政府出资产业投资基金的相关规定另行制定。

三、资产管理产品包括但不限于人民币或外币形式的银行非保本理财产品，资金信托，证券公司、证券公司子公司、基金管理公司、基金管理子公司、期货公司、期货公司子公司、保险资产管理机构、金融资产投资公司发行的资产管理产品等。依据金融管理部门颁布规则开展的资产证券化业务，依据人力资源社会保障部门颁布规则发行的养老金产品，不适用本意见。

四、资产管理产品按照募集方式的不同，分为公募产品和私募产品。公募产品面向不特定社会公众公开发行。公开发行的认定标准依照《中华人民共和国证券法》执行。私募产品面向合格投资者通过非公开方式发行。

资产管理产品按照投资性质的不同，分为固定收益类产品、权益类产品、商品及金融衍生品类产品和混合类产品。固定收益类产品投资于存款、债券等债权类资产的比例不低于80%，权益类产品投资于股票、未上市企业股权等权益类资产的比例不低于80%，商品及金融衍生品类产品投资于商品及金融衍生品的比例不低于80%，混合类产品投资于债权类资产、权益类资产、商品及金融衍生品类资产且任一资产的投资比例未达到前三类产品标准。非因金融机构主观因素导致突破前述比例限制的，金融机构应当在流动性受限资产可出售、可转让或者恢复交易的15个交易日内调整至符合要求。

金融机构在发行资产管理产品时，应当按照上述分类标准向投资者明示资产管理产品的类型，并按照确定的产品性质进行投资。在产品成立后至到期日前，不得擅自改变产品类型。混合类产品投资债权类资产、权益类资产和商品及金融衍生品类资产的比例范围应当在发行产品时予以确定并向投资者明示,在产品成立后至到期日前不得擅自改变。产品的实际投向不得违反合同约定,如有改变,除高风险类型的产品超出比例范围投资较低风险资产外,应当先行取得投资者书面同意,并履行登记备案等法律法规以及金融监督管理部门规定的程序。

五、资产管理产品的投资者分为不特定社会公众和合格投资者两大类。合格投资者是指具备相应风险识别能力和风险承担能力,投资于单只资产管理产品不低于一定金额且符合下列条件的自然人和法人或者其他组织。

(一) 具有 2 年以上投资经历,且满足以下条件之一:家庭金融净资产不低于 300 万元,家庭金融资产不低于 500 万元,或者近 3 年本人年均收入不低于 40 万元。

(二) 最近 1 年末净资产不低于 1 000 万元的法人单位。

(三) 金融管理部门视为合格投资者的其他情形。

合格投资者投资于单只固定收益类产品的金额不低于 30 万元,投资于单只混合类产品的金额不低于 40 万元,投资于单只权益类产品、单只商品及金融衍生品类产品的金额不低于 100 万元。

投资者不得使用贷款、发行债券等筹集的非自有资金投资资产管理产品。

六、金融机构发行和销售资产管理产品,应当坚持"了解产品"和"了解客户"的经营理念,加强投资者适当性管理,向投资者销售与其风险识别能力和风险承担能力相适应的资产管理产品。禁止欺诈或者误导投资者购买与其风险承担能力不匹配的资产管理产品。金融机构不得通过拆分资产管理产品的方式,向风险识别能力和风险承担能力低于产品风险等级的投资者销售资产管理产品。

金融机构应当加强投资者教育,不断提高投资者的金融知识水平和风险意识,向投资者传递"卖者尽责、买者自负"的理念,打破刚性兑付。

七、金融机构开展资产管理业务,应当具备与资产管理业务发展相适应的管理体系和管理制度,公司治理良好,风险管理、内部控制和问责机制健全。

金融机构应当建立健全资产管理业务人员的资格认定、培训、考核评价和问责制度,确保从事资产管理业务的人员具备必要的专业知识、行业经验和管理能力,充分了解相关法律法规、监管规定以及资产管理产品的法律关系、交易结构、主要风险和风险管控方式,遵守行为准则和职业道德标准。

对于违反相关法律法规以及本意见规定的金融机构资产管理业务从业人员,依法采取处罚措施直至取消从业资格,禁止其在其他类型金融机构从事资产管理业务。

八、金融机构运用受托资金进行投资，应当遵守审慎经营规则，制定科学合理的投资策略和风险管理制度，有效防范和控制风险。

金融机构应当履行以下管理人职责：

（一）依法募集资金，办理产品份额的发售和登记事宜。

（二）办理产品登记备案或者注册手续。

（三）对所管理的不同产品受托财产分别管理、分别记账，进行投资。

（四）按照产品合同的约定确定收益分配方案，及时向投资者分配收益。

（五）进行产品会计核算并编制产品财务会计报告。

（六）依法计算并披露产品净值或者投资收益情况，确定申购、赎回价格。

（七）办理与受托财产管理业务活动有关的信息披露事项。

（八）保存受托财产管理业务活动的记录、账册、报表和其他相关资料。

（九）以管理人名义，代表投资者利益行使诉讼权利或者实施其他法律行为。

（十）在兑付受托资金及收益时，金融机构应当保证受托资金及收益返回委托人的原账户、同名账户或者合同约定的受益人账户。

（十一）金融监督管理部门规定的其他职责。

金融机构未按照诚实信用、勤勉尽责原则切实履行受托管理职责，造成投资者损失的，应当依法向投资者承担赔偿责任。

九、金融机构代理销售其他金融机构发行的资产管理产品，应当符合金融监督管理部门规定的资质条件。未经金融监督管理部门许可，任何非金融机构和个人不得代理销售资产管理产品。

金融机构应当建立资产管理产品的销售授权管理体系，明确代理销售机构的准入标准和程序，明确界定双方的权利与义务，明确相关风险的承担责任和转移方式。

金融机构代理销售资产管理产品，应当建立相应的内部审批和风险控制程序，对发行或者管理机构的信用状况、经营管理能力、市场投资能力、风险处置能力等开展尽职调查，要求发行或者管理机构提供详细的产品介绍、相关市场分析和风险收益测算报告，进行充分的信息验证和风险审查，确保代理销售的产品符合本意见规定并承担相应责任。

十、公募产品主要投资标准化债权类资产以及上市交易的股票，除法律法规和金融管理部门另有规定外，不得投资未上市企业股权。公募产品可以投资商品及金融衍生品，但应当符合法律法规以及金融管理部门的相关规定。

私募产品的投资范围由合同约定，可以投资债权类资产、上市或挂牌交易的股票、未上市企业股权（含债转股）和受（收）益权以及符合法律法规规定的其他资产，并严格遵守投资者适当性管理要求。鼓励充分运用私募产品支持市场化、法治化债转股。

十一、资产管理产品进行投资应当符合以下规定：

（一）标准化债权类资产应当同时符合以下条件：

1. 等分化，可交易。

2. 信息披露充分。

3. 集中登记，独立托管。

4. 公允定价，流动性机制完善。

5. 在银行间市场、证券交易所市场等经国务院同意设立的交易市场交易。

标准化债权类资产的具体认定规则由中国人民银行会同金融监督管理部门另行制定。

标准化债权类资产之外的债权类资产均为非标准化债权类资产。金融机构发行资产管理产品投资于非标准化债权类资产的，应当遵守金融监督管理部门制定的有关限额管理、流动性管理等监管标准。金融监督管理部门未制定相关监管标准的，由中国人民银行督促根据本意见要求制定监管标准并予以执行。

金融机构不得将资产管理产品资金直接投资于商业银行信贷资产。商业银行信贷资产受（收）益权的投资限制由金融管理部门另行制定。

（二）资产管理产品不得直接或者间接投资法律法规和国家政策禁止进行债权或股权投资的行业和领域。

（三）鼓励金融机构在依法合规、商业可持续的前提下，通过发行资产管理产品募集资金投向符合国家战略和产业政策要求、符合国家供给侧结构性改革政策要求的领域。鼓励金融机构通过发行资产管理产品募集资金支持经济结构转型，支持市场化、法治化债转股，降低企业杠杆率。

（四）跨境资产管理产品及业务参照本意见执行，并应当符合跨境人民币和外汇管理有关规定。

十二、金融机构应当向投资者主动、真实、准确、完整、及时披露资产管理产品募集信息、资金投向、杠杆水平、收益分配、托管安排、投资账户信息和主要投资风险等内容。国家法律法规另有规定的，从其规定。

对于公募产品，金融机构应当建立严格的信息披露管理制度，明确定期报告、临时报告、重大事项公告、投资风险披露要求以及具体内容、格式。在本机构官方网站或者通过投资者便于获取的方式披露产品净值或者投资收益情况，并定期披露其他重要信息：开放式产品按照开放频率披露，封闭式产品至少每周披露一次。

对于私募产品，其信息披露方式、内容、频率由产品合同约定，但金融机构应当至少每季度向投资者披露产品净值和其他重要信息。

对于固定收益类产品，金融机构应当通过醒目方式向投资者充分披露和提示产品的投资风险，包括但不限于产品投资债券面临的利率、汇率变化等市场风险以及债券价格波动情况，产品投资每笔非标准化债权类资产的融资客户、项目名称、剩余融资期限、到期收益分配、交易结构、风险状况等。

对于权益类产品，金融机构应当通过醒目方式向投资者充分披露和提示产品的投资风险，包括产品投资股票面临的风险以及股票价格波动情况等。

对于商品及金融衍生品类产品，金融机构应当通过醒目方式向投资者充分披露产品的挂钩资产、持仓风险、控制措施以及衍生品公允价值变化等。

对于混合类产品，金融机构应当通过醒目方式向投资者清晰披露产品的投资资产组合情况，并根据固定收益类、权益类、商品及金融衍生品类资产投资比例充分披露和提示相应的投资风险。

十三、主营业务不包括资产管理业务的金融机构应当设立具有独立法人地位的资产管理子公司开展资产管理业务，强化法人风险隔离，暂不具备条件的可以设立专门的资产管理业务经营部门开展业务。

金融机构不得为资产管理产品投资的非标准化债权类资产或者股权类资产提供任何直接或间接、显性或隐性的担保、回购等代为承担风险的承诺。

金融机构开展资产管理业务，应当确保资产管理业务与其他业务相分离，资产管理产品与其代销的金融产品相分离，资产管理产品之间相分离，资产管理业务操作与其他业务操作相分离。

十四、本意见发布后，金融机构发行的资产管理产品资产应当由具有托管资质的第三方机构独立托管，法律、行政法规另有规定的除外。

过渡期内，具有证券投资基金托管业务资质的商业银行可以托管本行理财产品，但应当为每只产品单独开立托管账户，确保资产隔离。过渡期后，具有证券投资基金托管业务资质的商业银行应当设立具有独立法人地位的子公司开展资产管理业务，该商业银行可以托管子公司发行的资产管理产品，但应当实现实质性的独立托管。独立托管有名无实的，由金融监督管理部门进行纠正和处罚。

十五、金融机构应当做到每只资产管理产品的资金单独管理、单独建账、单独核算，不得开展或者参与具有滚动发行、集合运作、分离定价特征的资金池业务。

金融机构应当合理确定资产管理产品所投资资产的期限，加强对期限错配的流动性风险管理，金融监督管理部门应当制定流动性风险管理规定。

为降低期限错配风险，金融机构应当强化资产管理产品久期管理，封闭式资产管理产品期限不得低于90天。资产管理产品直接或者间接投资于非标准化债权类资产的，非标准化债权类资产的终止日不得晚于封闭式资产管理产品的到期日或者开放式资产管理产品的最近一次开放日。

资产管理产品直接或者间接投资于未上市企业股权及其受（收）益权的，应当为封闭式资产管理产品，并明确股权及其受（收）益权的退出安排。未上市企业股权及其受（收）益权的退出日不得晚于封闭式资产管理产品的到期日。

金融机构不得违反金融监督管理部门的规定，通过为单一融资项目设立多只资产管理产品的方式，变相突破投资人数限制或者其他监管要求。同一金融机构发行多只资产管理产品投资同一资产的，为防止同一资产发生风险波及多只资产管理产品，多只资产管理产品投资该资产的资金总规模合计不得超过300亿元。如果超出该限额，需经相关金融监督管理部门批准。

十六、金融机构应当做到每只资产管理产品所投资资产的风险等级与投资者的风险承担能力相匹配，做到每只产品所投资资产构成清晰，风险可识别。

金融机构应当控制资产管理产品所投资资产的集中度：

（一）单只公募资产管理产品投资单只证券或者单只证券投资基金的市值不得超过该资产管理产品净资产的10%。

（二）同一金融机构发行的全部公募资产管理产品投资单只证券或者单只证券投资基金的市值不得超过该证券市值或者证券投资基金市值的30%。其中，同一金融机构全部开放式公募资产管理产品投资单一上市公司发行的股票不得超过该上市公司可流通股票的15%。

（三）同一金融机构全部资产管理产品投资单一上市公司发行的股票不得超过该上市公司可流通股票的30%。

金融监督管理部门另有规定的除外。

非因金融机构主观因素导致突破前述比例限制的，金融机构应当在流动性受限资产可出售、可转让或者恢复交易的 10 个交易日内调整至符合相关要求。

十七、金融机构应当按照资产管理产品管理费收入的 10% 计提风险准备金，或者按照规定计量操作风险资本或相应风险资本准备。风险准备金余额达到产品余额的 1% 时可以不再提取。风险准备金主要用于弥补因金融机构违法违规、违反资产管理产品协议、操作错误或者技术故障等给资产管理产品财产或者投资者造成的损失。金融机构应当定期将风险准备金的使用情况报告金融管理部门。

十八、金融机构对资产管理产品应当实行净值化管理，净值生成应当符合企业会计准则规定，及时反映基础金融资产的收益和风险，由托管机构进行核算并定期提供报告，由外部审计机构进行审计确认，被审计金融机构应当披露审计结果并同时报送金融管理部门。

金融资产坚持公允价值计量原则，鼓励使用市值计量。符合以下条件之一的，可按照企业会计准则以摊余成本进行计量：

（一）资产管理产品为封闭式产品，且所投金融资产以收取合同现金流量为目的并持有到期。

（二）资产管理产品为封闭式产品，且所投金融资产暂不具备活跃交易市场，或者在活跃市场中没有报价、也不能采用估值技术可靠计量公允价值。

金融机构以摊余成本计量金融资产净值，应当采用适当的风险控制手段，对金融资产净值的公允性进行评估。当以摊余成本计量已不能真实公允反映金融资产净值时，托管机构应当督促金融机构调整会计核算和估值方法。金融机构前期以摊余成本计量的金融资产的加权平均价格与资产管理产品实际兑付时金融资产的价值的偏离度不得达到 5% 或以上，如果偏离 5% 或以上的产品数超过所发行产品总数的 5%，金融机构不得再发行以摊余成本计量金融资产的资产管理产品。

十九、经金融管理部门认定，存在以下行为的视为刚性兑付：

（一）资产管理产品的发行人或者管理人违反真实公允确定净值原则，对产品进行保本保收益。

（二）采取滚动发行等方式，使得资产管理产品的本金、收益、风险在不同投资者之间发生转移，实现产品保本保收益。

（三）资产管理产品不能如期兑付或者兑付困难时，发行或者管理该产品的金融机构自行筹集资金偿付或者委托其他机构代为偿付。

（四）金融管理部门认定的其他情形。

经认定存在刚性兑付行为的，区分以下两类机构进行惩处：

（一）存款类金融机构发生刚性兑付的，认定为利用具有存款本质特征的资产管理产品进行监管套利，由国务院银行保险监督管理机构和中国人民银行按照存款业务予以规范，足额补缴存款准备金和存款保险保费，并予以行政处罚。

（二）非存款类持牌金融机构发生刚性兑付的，认定为违规经营，由金融监督管理部门和中国人民银行依法纠正并予以处罚。

任何单位和个人发现金融机构存在刚性兑付行为的，可以向金融管理部门举报，查证属实且举报内容未被相关部门掌握的，给予适当奖励。

外部审计机构在对金融机构进行审计时，如果发现金融机构存在刚性兑付行为的，应当及时报告金融管理部门。外部审计机构在审计过程中未能勤勉尽责，依法追究相应责任或依法依规给予行政处罚，并将相关信息纳入全国信用信息共享平台，建立联合惩戒机制。

二十、资产管理产品应当设定负债比例（总资产/净资产）上限，同类产品适用统一的负债比例上限。每只开放式公募产品的总资产不得超过该产品净资产的140%，每只封闭式公募产品、每只私募产品的总资产不得超过该产品净资产的200%。计算单只产品的总资产时应当按照穿透原则合并计算所投资资产管理产品的总资产。

金融机构不得以受托管理的资产管理产品份额进行质押融资，放大杠杆。

二十一、公募产品和开放式私募产品不得进行份额分级。

分级私募产品的总资产不得超过该产品净资产的140%。分级私募产品应当根据所投资资产的风险程度设定分级比例（优先级份额/劣后级份额，中间级份额计入优先级份额）。固定收益类产品的分级比例不得超过3:1，权益类产品的分级比例不得超过1:1，商品及金融衍生品类产品、混合类产品的分级比例不得超过2:1。发行分级资产管理产品的金融机构应当对该资产管理产品进行自主管理，不得转委托给劣后级投资者。

分级资产管理产品不得直接或者间接对优先级份额认购者提供保本保收益安排。

本条所称分级资产管理产品是指存在一级份额以上的份额为其他级份额提供一定的风险补偿，收益分配不按份额比例计算，由资产管理合同另行约定的产品。

二十二、金融机构不得为其他金融机构的资产管理产品提供规避投资范围、杠杆约束等监管要求的通道服务。

资产管理产品可以再投资一层资产管理产品，但所投资的资产管理产品不得再投资公募证券投资基金以外的资产管理产品。

金融机构将资产管理产品投资于其他机构发行的资产管理产品，从而将本机构的资产管理产品资金委托给其他机构进行投资的，该受托机构应当为具有专业投资能力和资质的受金融监督管理部门监管的机构。公募资产管理产品的受托机构应当为金融机构，私募资产管理产品的受托机构可以为私募基金管理人。受托机构应当切实履行主动管理职责，不得进行转委托，不得再投资公募证券投资基金以外的资产管理产品。委托机构应当对受托机构开展尽职调查，实行名单制管理，明确规定受托机构的准入标准和程序、责任和义务、存续期管理、利益冲突防范机制、信息披露义务以及退出机制。委托机构不得因委托其他机构投资而免除自身应当承担的责任。

金融机构可以聘请具有专业资质的受金融监督管理部门监管的机构作为投资顾问。投资顾问提供投资建议指导委托机构操作。

金融监督管理部门和国家有关部门应当对各类金融机构开展资产管理业务实行平等准入、给予公平待遇。资产管理产品应当在账户开立、产权登记、法律诉讼等方面享有平等的地位。金融监督管理部门基于风险防控考虑，确实需要对其他行业金融机构发行的资产管理产品采取限制措施的，应当充分征求相关部门意见并达成一致。

二十三、运用人工智能技术开展投资顾问业务应当取得投资顾问资质，非金融机构不得借助智能投资顾问超范围经营或者变相开展资产管理业务。

金融机构运用人工智能技术开展资产管理业务应当严格遵守本意见有关投资者适当性、投资范围、信息披露、风险隔离等一般性规定，不得借助人工智能业务夸大宣传资产管理产品或者误导投资者。金融机构应当向金融监督管理部门报备人工智能模型的主要参数以及资产配置的主要逻辑，为投资者单独设立智能管理账户，充分提示人工智能算法的固有缺陷和使用风险，明晰交易流程，强化留痕管理，严格监控智能管理账户的交易头寸、风险限额、交易种类、价格权限等。金融机构因违法违规或者管理不当造成投资者损失的，应当依法承担损害赔偿责任。

金融机构应当根据不同产品投资策略研发对应的人工智能算法或者程序化交易，避免算法同质化加剧投资行为的顺周期性，并针对由此可能引发的市场波动风险制定应对预案。因算法同质化、编程设计错误、对数据利用深度不够等人工智能算法模型缺陷或者系统异常，导致羊群效应、影响金融市场稳定运行的，金融机构应当及时采取人工干预措施，强制调整或者终止人工智能业务。

二十四、金融机构不得以资产管理产品的资金与关联方进行不正当交易、利益输送、内幕交易和操纵市场，包括但不限于投资于关联方虚假项目、与关联方共同收购上市公司、向本机构注资等。

金融机构的资产管理产品投资本机构、托管机构及其控股股东、实际控制人或者与其有其他重大利害关系的公司发行或者承销的证券，或者从事其他重大关联交易的，应当建立健全内部审批机制和评估机制，并向投资者充分披露信息。

二十五、建立资产管理产品统一报告制度。中国人民银行负责统筹资产管理产品的数据编码和综合统计工作，会同金融监督管理部门拟定资产管理产品统计制度，建立资产管理产品信息系统，规范和统一产品标准、信息分类、代码、数据格式，逐只产品统计基本信息、募集信息、资产负债信息和终止信息。中国人民银行和金融监督管理部门加强资产管理产品的统计信息共享。金融机构应当将含债权投资的资产管理产品信息报送至金融信用信息基础数据库。

金融机构于每只资产管理产品成立后5个工作日内，向中国人民银行和金融监督管理部门同时报送产品基本信息和起始募集信息；于每月10日前报送存续期募集信息、资产负债信息，于产品终止后5个工作日内报送终止信息。

中央国债登记结算有限责任公司、中国证券登记结算有限责任公司、银行间市场清算所股份有限公司、上海票据交易所股份有限公司、上海黄金交易所、上海保险交易所股份有限公司、中保保险资产登记交易系统有限公司于每月10日前向中国人民银行和金融监督管理部门同时报送资产管理产品持有其登记托管的金融工具的信息。

在资产管理产品信息系统正式运行前，中国人民银行会同金融监督管理部门依据统计制度拟定统一的过渡期数据报送模板；各金融监督管理部门对本行业金融机构发行的资产管理产品，于每月10日前按照数据报送模板向中国人民银行提供数据，及时沟通跨行业、跨市场的重大风险信息和事项。

中国人民银行对金融机构资产管理产品统计工作进行监督检查。资产管理产品统计的具体制度由中国人民银行会同相关部门另行制定。

二十六、中国人民银行负责对资产管理业务实施宏观审慎管理，会同金融监督管理部门制定资产管理业务的标准规制。金融监督管理部门实施资产管理业务的市场准入和日常监管，加强投资者保护，依照本意见会同中国人民银行制定出台各自监管领域的实施细则。

本意见正式实施后，中国人民银行会同金融监督管理部门建立工作机制，持续监测资产管理业务的发展和风险状况，定期评估标准规制的有效性和市场影响，及时修订完善，推动资产管理行业持续健康发展。

二十七、对资产管理业务实施监管遵循以下原则：

（一）机构监管与功能监管相结合，按照产品类型而不是机构类型实施功能监管，同一类型的资产管理产品适用同一监管标准，减少监管真空和套利。

（二）实行穿透式监管，对于多层嵌套资产管理产品，向上识别产品的最终投资者，向下识别产品的底层资产（公募证券投资基金除外）。

（三）强化宏观审慎管理，建立资产管理业务的宏观审慎政策框架，完善政策工具，从宏观、逆周期、跨市场的角度加强监测、评估和调节。

（四）实现实时监管，对资产管理产品的发行销售、投资、兑付等各环节进行全面动态监管，建立综合统计制度。

二十八、金融监督管理部门应当根据本意见规定，对违规行为制定和完善处罚规则，依法实施处罚，并确保处罚标准一致。资产管理业务违反宏观审慎管理要求的，由中国人民银行按照法律法规实施处罚。

二十九、本意见实施后，金融监督管理部门在本意见框架内研究制定配套细则，配套细则之间应当相互衔接，避免产生新的监管套利和不公平竞争。按照"新老划断"原则设置过渡期，确保平稳过渡。过渡期为本意见发布之日起至2020年底，对提前完成整改的机构，给予适当监管激励。过渡期内，金融机构发行新产品应当符合本意见的规定；为接续存量产品所投资的未到期资产，维持必要的流动性和市场稳定，金融机构可以发行老产品对接，但应当严格控制在存量产品整体规模内，并有序压缩递减，防止过渡期结束时出现断崖效应。金融机构应当制定过渡期内的资产管理业务整改计划，明确时间进度安排，并报送相关金融监督管理部门，由其认可并监督实施，同时报备中国人民银行。过渡期结束后，金融机构的资产管理产品按照本意见进行全面规范（因子公司尚未成立而达不到第三方独立托管要求的情形除外），金融机构不得再发行或存续违反本意见规定的资产管理产品。

三十、资产管理业务作为金融业务，属于特许经营行业，必须纳入金融监管。非金融机构不得发行、销售资产管理产品，国家另有规定的除外。

非金融机构违反上述规定，为扩大投资者范围、降低投资门槛，利用互联网平台等公开宣传、分拆销售具有投资门槛的投资标的、过度强调增信措施掩盖产品风险、设立产品二级交易市场等行为，按照国家规定进行规范清理，构成非法集资、非法吸收公众存款、非法发行证券的，依法追究法律责任。非金融机构违法违规开展资产管理业务的,依法予以处罚;同时承诺或进行刚性兑付的,依法从重处罚。

三十一、本意见自发布之日起施行。

本意见所称"金融管理部门"是指中国人民银行、国务院银行保险监督管理机构、国务院证券监督管理机构和国家外汇管理局。"发行"是指通过公开或者非公开方式向资产管理产品的投资者发出认购邀约,进行资金募集的活动。"销售"是指向投资者宣传推介资产管理产品,办理产品申购、赎回的活动。"代理销售"是指接受合作机构的委托,在本机构渠道向投资者宣传推介、销售合作机构依法发行的资产管理产品的活动。